法鼓山年鑑
2013

◆方丈和尚對 2013 年的祝福

得心自在迎新春

阿彌陀佛！非常歡喜與大家一起迎接 2013 年的到來，果東在這裡恭喜大家，祝福大家：身心自在、福慧自在。

迎接新年「心」氣象

在華人社會來講，大家習慣以動物生肖的特性為新年賦予新氣象。比如今年生肖年屬蛇，而蛇具有長壽、幸運、冷靜等象徵意義；也有人稱今年是「小龍年」，認為蛇即是地上的「小龍」，形體雖小，卻同等代表龍所象徵的尊貴、吉祥、自在等意涵。從這點我們可看到民間對於新年的心理期待。

同樣的，佛法也很重視心。《華嚴經》講：「應觀法界性，一切唯心造。」佛法的真理，不離緣起法則，世間一切現象，皆因緣起而有，因緣起而變動。然而在各種變動之中，能夠保持應對，而促發個人或團體進退的動力，則來自於心的作用。

過去二十多年來，法鼓山提倡「心靈環保」，所重視的也就是從心靈的修養、心靈的提昇做起。法鼓山創辦人聖嚴師父勉勵我們：「環境是我們的鏡子，心是我們的老師。」面對各種外境變化，學習著向內觀照自己的心非常重要。因此，法鼓山今年從聖嚴師父珍貴的墨寶集中，選出「得心自在」四字，作為祝福春聯及年度推廣的主題，希望能與大家一起共勉：「心自在，身自在。身心自在，福慧自在。」

安住當下得自在

自在是無礙的意思，沒有罣礙、沒有恐懼、沒有患得患失的現象。當我們察覺到不自在的時候，通常是一種心理感受。人很不容易活在當下，起心動念之間，常常與過去、未

來拉扯不清，或是雜念、妄想紛飛。然而過去已經過去了，做錯的事可以反省，但不必懊惱；而未來還沒有來，不必擔心牽掛，只要把握當下，踏踏實實安住於當下的時間與空間，心便可得一分自在。

也有一些人言不由衷、知行不合一，這是因為沒有觀照自己的心，沒有察覺起心動念只是剎那生起的煩惱，因此前一刻說的話、做的事，下一刻就

法鼓山 2013 年以「得心自在」作為推廣主題，方丈和尚願大家一起共勉：「心自在，身自在。身心自在，福慧自在。」

推翻，無法對自己的言行負責。心如果較安定自在，就能夠清楚覺察自己所說的每一句話、所做的每一個動作，進一步對自己的行為負責。

通常一般人覺得身心不自在，最主要還是來自於人際關係與外在環境。所謂環境，是透過我們的身體與心理感官，與外界接觸以後，經由自我主觀的判斷所產生的認識。我們所聽到的、看到的、接觸到的外界環境，如果沒有主觀的自我判斷，就不會對環境生起反應。正因有自我主觀的判斷，分別什麼是「我」喜歡的，什麼是「我」討厭的，所以在環境之中經常不自在。

一切不自在，都是源於自我中心執著。一旦覺察身心不自在要趕快調整，就如聖嚴師父所說：「把環境當成鏡子，心是最好的老師。」如此，我們的身心就不會經常受外境影響，儘管生活中仍有許多變化的因素，比如身體不便、生理不適，但心境經常能夠保持平靜、安穩，便是「心不隨境轉」。

擴大心量修福慧

除了「心不隨境轉」，還可進一步練習「境隨心轉」，關鍵就在於擴大心量，把眾生——即世間一切有情與無情的生命，當成是我們的大環境。如果大環境整體改善了，我們每個人也將受惠，如果我們自己提昇了，對大環境也能奉獻一分力量。

因此講「自在」，除了盡責負責，還要進一步去幫助他人、改善環境。把環境裡的一切人事物因緣，都當成是讓我們成長與奉獻的機會，當各種狀況發生時，只想到如何處理事、如何幫助他人，不考慮自己的問題。如果是抱持這種心態，煩惱必能減少，而慈悲智慧增長，這才是真正的自在。

從佛法來講，環境實際上是心境的寫照，如何在自、他與環境之間取得自在的平衡，

那就需要有個行為準則，建議可用聖嚴師父提出的「四要」：「需要、想要、能要、該要」作為參考。

落實「四要」心安定

需要的不多，想要的太多。「需要」是生活之中的必需條件，「想要」則是一種欲望。要釐清「需要」與「想要」，除了自我主觀的判斷，從整體的客觀立場來考量會更清楚。

能要該要的才要，不能要不該要的絕對不要。「能要」與「該要」，要從因果因緣來衡量。如果是個人需要而自己能力許可，憑努力付出而獲得，這是能要、該要。如果能力不足，並非實至名歸，包括名利、權勢、地位，乃至於情感，均不可強求。非分之名、非分之利、非分之財，都是不能要、也不應該要的。

近年來，國內外景氣低迷、世界各地災難頻仍，要使我們的心完全不受影響並不容易，很多人擔心生計或者工作不穩定、沒有保障。不過，同是面對大環境的變動，有些人卻能夠自在從容，步步踏實，朝著設定的大方向努力以赴，不僅不受外境影響，反而成為環境中一股安定的力量。

如果能夠在生活之中落實「四要」，就可以把自己的身心照顧好，進一步也保護他人、保護環境。即使外在環境不斷變化，而我們很清楚人生的價值觀就在於奉獻利他，不論扮演何種角色，都是盡責盡分，而時時自在，處處自在。

最後，祝福大家過個「得心自在」年：心自在，身自在，身心自在，福慧自在。阿彌陀佛！

編輯體例

一、本年鑑輯錄法鼓山西元 2013 年 1 月至 12 月間之記事。

二、正文分為三部，第一部為綜觀篇，含括法鼓山方丈和尚（果東法師）、法鼓山僧團、法鼓山體系組織概述，俾使讀者對 2013 年的法鼓山體系運作有立即性、全面性且宏觀的認識。第二部為實踐篇，即法鼓山理念的具體實現，以三大教育架構，放眼國際，分為大普化、大關懷、大學院、國際弘化。各單元首先以總論宏觀論述這一年來主要事件之象徵意義及影響，再依事件發生時序以「記事報導」呈現內容，對於特別重大的事件則另闢篇幅做深入「特別報導」。第三部為全年度「大事記」，依事件發生時間順序記錄，便於查詢。

三、同一類型的活動若於不同時間舉辦多場時，於「記事報導」處合併敘述，並依第一場時間排列報導順序。但於「大事記」中則不合併，依各場舉辦日期時間分別記載。

四、內文中年、月、日一律以阿拉伯數字書寫，如：2013 年 3 月 21 日。其餘人數、金額等數值皆以國字書寫。

五、人物稱呼：聖嚴法師皆稱聖嚴師父。其他法師若為監院或監院以上職務，則一律先職銜後法名，如方丈和尚果東法師、副住持果品法師。一般人員敘述，若有職銜則省略先生、小姐，如法鼓山社會大學校長曾濟群。

六、法鼓山各事業體單位名稱，部分因名稱過長，只在全書第一次出現時以全名稱呼，其餘以簡稱代替，詳如下：

法鼓山世界佛教教育園區簡稱「法鼓山園區」、「法鼓山總本山」

中華佛教文化館簡稱「文化館」

法鼓山社會福利慈善事業基金會（法鼓山慈善基金會）簡稱「慈基會」

法鼓佛教學院簡稱「佛教學院」

中華佛學研究所簡稱「中華佛研所」

法鼓山僧伽大學簡稱「僧大」

法鼓山社會大學簡稱「法鼓山社大」

法鼓山人文社會基金會簡稱「人基會」

聖嚴教育基金會簡稱「聖基會」

護法會北投辦事處簡稱「北投辦事處」

林邊安心服務站簡稱「林邊安心站」

七、檢索方法：本年鑑使用方法主要有四種：

其一：了解法鼓山弘化運作的整體概況。請進入綜觀篇。

自〈法鼓山方丈和尚〉、〈僧團〉、〈法鼓山體系組織〉各篇專文，深入法鼓山弘化事業的精神理念、指導核心，及整體組織概況。

其二：依事件分類，檢索相關報導。

請進入實踐篇。事件分為四類，包括大普化教育、大關懷教育、大學院教育，及國際弘化，可於各類之首〈總論〉一文，了解該類事件的全年整體意義說明；並於「記事報導」依事件發生時間，檢索相關報導。

各事件的分類原則大致如下：

- 大普化教育：

凡運用佛教修行與現代文化，所舉辦的相關修行弘化、教育成長活動。

例如：禪坐、念佛、法會、朝山、誦戒、讀經等修行弘化，佛學課程、演講、講座、讀書會、成長營、禪修營、教師營、兒童營、人才培育等佛法普及、教育成長，對談、展覽、音樂會、文化出版與推廣等相關活動，以及僧團禮祖、剃度，心六倫運動，法鼓山在臺灣所舉辦的國際性普化、青年活動等。

- 大關懷教育：

凡對於社會大眾、信眾之間的相互關懷，急難救助以及心靈環保、禮儀環保、自然環保、生活環保等相關活動。

例如：關懷感恩分享會、悅眾成長營、正副會團長與轄召召委聯席會議等信眾關懷教育，佛化祝壽、佛化婚禮、佛化奠祭、助念關懷、心靈環保博覽會等社會關懷教育，以及海內外慈善救助、災難救援關懷，國際關懷生命獎等。

- 大學院教育：

凡為造就高層次的研究、教學、弘法及專業服務人才之教育單位，所舉辦的相關活動。

例如：中華佛學研究所、法鼓佛教學院、法鼓大學、法鼓山僧伽大學等所舉辦的活動，包括國際學術研討會、成長營、禪修，以及聖嚴教育基金會主辦的「聖嚴思想國際學術研討會」等。

- 國際弘化：

凡由法鼓山海外分院道場、據點等，所主辦的相關弘化活動、所參與的國際性活動；以及法鼓山於海外所舉辦的弘化活動等。

例如：美國紐約東初禪寺、象岡道場、加州洛杉磯道場，加拿大溫哥華道場，以及海外弘化據點，包括各國護法會，以及各聯絡處及聯絡點等。各地所舉

辦、參與的各項活動。包括各項禪修、念佛、法會及演講、慰訪關懷等。

　　另有聖嚴教育基金會與美國哥倫比亞大學共同設立的「聖嚴漢傳佛學講座教授」，海外人士至法鼓山拜訪，海外學術單位至法鼓山園區參學等。

其三：依事件發生時間順序，檢索事件內容綱要。請進入大事記。

其四：檢索法會、禪修、讀書會等相關資料統計或圖表。請進入附錄，依事件類別查詢所需資料。

　　例如：大普化教育單位所舉辦的法會、禪修、佛學課程之場次統計，主要出版品概況等。國際會議參與情形以及聖嚴師父相關主要學術研究論文一覽等。

※ 使用範例：

範例 1：查詢事件「第七屆大悲心水陸法會」

　　　　方法 1：進入實踐篇→大普化教育→於 11 月 30 日→可查得該事件相關報導

　　　　方法 2：進入大事記→於 11 月 30 日→可查得該事件內容綱要

範例 2：查詢單位「法鼓佛教學院」

　　　　進入綜觀篇→〈法鼓山體系組織〉一文→於大學院教育中，可查得該單位 2013 年的整體運作概況

範例 3：查詢「法鼓山 2013 年各地主要法會統計」

　　　　進入附錄→法鼓山 2013 年各地主要法會統計

目錄

3 方丈和尚對 2013 年的祝福

6 編輯體例

12 綜觀篇

法鼓山方丈和尚──2013 年的果東法師────── 14

法鼓山僧團 ────────────── 20

法鼓山體系組織 ──────────── 24

52 實踐篇

【壹】大普化教育 ——————————— 55

· 總論 ————————————————— 56

· 記事報導 ———————————————— 60

【貳】大關懷教育 ——————————— 177

· 總論 ———————————————— 178

· 記事報導 —————————————— 182

【參】大學院教育 ——————————— 219

· 總論 ———————————————— 220

· 記事報導 —————————————— 224

【肆】國際弘化 ——————————— 263

· 總論 ———————————————— 264

· 記事報導 —————————————— 268

327 大事記

415 附錄

- 法鼓山 2013 年主要法會統計 ———————— 416
- 法鼓山 2013 年主要禪修活動統計 ———————— 418
- 法鼓山 2013 年主要佛學推廣課程統計 ———————— 420
- 法鼓山 2013 年心靈環保讀書會推廣統計 ———————— 422
- 法鼓山 2013 年主要出版品一覽 ———————— 423
- 法鼓山 2013 年參與暨舉辦之主要國際會議概況 ———————— 425
- 2012-2013 年聖嚴師父暨法鼓山相關學術研究論文一覽 ——— 426
- 法鼓山全球聯絡網 ———————— 428

綜觀

法鼓山方丈和尚
倫理盡分，得心自在

法鼓山僧團
禪心行願，多元弘化

法鼓山體系組織
法鼓山體系組織概況

法鼓山方丈和尚──2013年的果東法師

倫理盡分‧得心自在

教育是佛法的本質。二千六百多年前，釋迦牟尼佛於菩提樹下悟道，及至遊化人間，隨其說法遷徙的一千二百餘弟子，都是學生，而佛陀與弟子遊化之處，皆是學堂。「這所學校，可大可小，小至一間教室，大至整片山林。」法鼓山創辦人聖嚴師父亦曾以「學校」說明法鼓山道場特質，因此，法鼓山以世界佛教教育園區定名，從理念至硬體建設，教育為總綱，其中又以「心靈環保」為核心主軸、三大教育為實踐方針，繼起佛陀教育的本來面目。

2013年3月在法鼓山園區，前美國白宮科技與中小企業策略顧問克里斯汀‧康瑪福（Christine Comaford）女士來訪，方丈和尚果東法師以《法華經‧法師品》中的「入如來室，著如來衣，坐如來座」經句分享，入如來室是生起大慈悲心，著如來衣是態度柔和忍辱，坐如來座則是了解一切現象皆是因緣所生。「面對各種境界，保護自心不受外境影響，同時不改慈悲願力，即是心靈環保的人生觀與價值觀。」

在7月的精神講話中，方丈和尚引用聖嚴師父在《一缽千家飯──法鼓山攝影集》一書自序與眾勉勵談到：今天的佛教，應當結合服務、關懷和教育三大體系的呈現，才能回應明天的佛教及未來的世界佛教所需。

心靈環保，恆為法鼓四眾自持利他的核心主軸，在年度主題定為「得心自在」的2013年，僧俗四眾對於佛教本懷及聖嚴師父的教導，均展現深刻的體踐力行。方丈和尚也以其和合、歡喜的關懷特質，將法鼓山理念傳布四方。

以下即從教界交流、護法弘法及公益關懷，記述方丈和尚年度弘化行履。

教界交流

自2006年接下第二任方丈以來，方丈和尚雖然鮮少提及個人心境，然而法鼓山信眾遍及海內外，團體貢獻獲各界肯定，對於聖嚴師父後繼者的用心，向來為各界所關注。

「擔任方丈，最困難的是什麼？」12月，來訪法鼓山拜會的韓國曹溪宗義正禪師一行如是提問。「最困難的是自以為『我』就是方丈，如果沒有這個自以為是，擔任

『方丈』則沒有困難。我只是扮演方丈的角色，與僧俗四眾共同完成法鼓山理念。我沒有個人的事，也就沒有個人的困難。」

7月行腳馬來西亞，星洲媒體集團總編輯蕭依釗及《星洲日報》副總編曾毓林，就亞洲佛教發展議題，向方丈和尚請益。談及新興宗教現象，或可能使外界將其與佛教並論，導致混淆，法鼓山對此如何回應？「我們的做法，就是積極推廣正信佛法，實踐法鼓山理念，社會大眾自然有所選擇。」方丈和尚說明，日常生活不離戒、定、慧三學，佛教慧命展現於三寶弟子的一言一行中，這就是最明顯的區別。

清清楚楚明白扮演的角色，盡責盡分，是方丈和尚強調的奉獻立場，也是法鼓山倡導心六倫的願心。

9月赴澳洲，出席在墨爾本舉行的「珍惜世界，消弭衝突」（Cherish the World, Bringing an End to Conflict）跨宗教座談中，方丈和尚進一步詮釋佛教的倫理觀，以「百川匯入大海」，譬喻各宗教都在同一法界之中，如同漢傳佛教所講「海印三昧」，森羅萬象都在其中。籲請各宗教以「求同存異」建立共識，互敬、互助、互愛、互諒，增進彼此了解與合作。

行訪澳洲期間，方丈和尚也應墨爾本聖公會（the Anglican Church of Australia）菲利普・哈根斯主教（Bishop Philip Huggins）之邀，與當地神職人員及學者，就「內在的省思」議題進行交流。席間分享了法鼓山「心靈環保」理念，是從禪法而來，行持則在起心動念間觀照是否與慈悲、智慧相應；與人相處則從謙卑出發，彼此尊重、互相

方丈和尚7月於馬來西亞《星洲日報》禮堂，與近五百位大眾分享「心靈環保」。

欣賞。這也是聖嚴師父在千禧年後，一直積極地倡導宗教交流、世界倫理與人類和平的真諦。

在這一年，由方丈和尚代表法鼓山所展開的宗教對話，往來不斷。上述之外，尚包括韓國曹溪宗海印寺頂宇法師、馬來西亞慧光基金會創辦人瑪欣德長老廈門佛協副會長淨心法師、中國大陸遼寧省大連市副市長周曉飛、浙江溫州市佛協副會長達照法師、蘇州西園戒幢律寺方丈普仁法師等相繼來訪，交流法鼓山經驗。

綜覽法鼓山推動的教育理念與具體作法，方丈和尚6月出席廈門「第五屆海峽論壇——閩臺佛教交流圓桌會議」，其一席發言，四大指標，儼然做了總結。

方丈和尚11月於西雅圖的皈依儀式上，祝福小菩薩，小菩薩也對方丈和尚恭敬合掌。

一、佛教的終極關懷，在於提昇人的品質，建設人間淨土。

二、佛教的中心思想，在於慈悲與智慧，即心靈環保。

三、佛教的當代意義，在於生活化、人性化與人間化。

四、佛教的當代關懷，在於推動全面教育。

方丈和尚表示，法鼓山是宗教團體，也是教育團體，而以淨化人心、淨化社會為融貫教育的共同目標，這正是法鼓山的使命：「以心靈環保為核心，弘揚漢傳禪佛教，透過三大教育，達到世界淨化。

護法弘法

2005年，法鼓山以「大悲心起」為落成開山主題，祈願世人皆能聽聞佛法，開啟自性無盡寶藏。「大悲心起」並非新創字眼，然以「起」字收束的主題，從字義到字音，均巧妙轉動了大悲心，彰顯活活潑潑、當下實踐的菩薩道精神。

方丈和尚談起2013年年度主題「得心自在」時指出，法鼓四眾推動理念，從初發心至最終成就，不僅求觀音、念觀音，還要學觀音、做觀音。年度行腳遍及海內外的方丈和尚，儘管各地關懷主題不同，卻可見觀音精神巧妙融貫其中。

5月及10月，方丈和尚兩度前往北美關懷，到訪美國紐約、新澤西、洛杉磯、舊金山、佛羅里達，以及加拿大溫哥華等地。在「得心自在」年，新澤西州分會購置了新

道場處所，加州洛杉磯道場首辦菩薩戒，加州舊金山分會首辦大型戶外「千人禪修」活動，紐約象岡道場舉辦北美年會，華盛頓州西雅圖分會則成立屆滿十二週年；而在佛羅里達州的塔拉哈西聯絡處，首次舉辦皈依典禮，接引近四十名西方眾，誓願終生成為三寶弟子。

凡此種種，皆見四海信眾承續聖嚴師父願心、推廣法鼓山理念，成果卓著。方丈和尚每每親送關懷，除感恩護法信眾發心同行菩薩道，亦多所提醒，常常提起心靈環保，效法觀音菩薩，成就利他。

10月，應紐約漢傳佛教文化協會邀請，於法拉盛（Flushing）舉行「抱願不抱怨」專題講座，方丈和尚於記者會中指出，發願，是向諸佛菩薩最深刻的學習。「一般人許願，多是為自己求，卻不一定實踐；抱願則是學習菩薩道精神，許願、祈願，尚須還願，才能產生積極作為。」期勉大眾以利他為願心指引，從小願開始、從近願實踐，一點一滴成就利益眾生的大願。

7月啟動的東南亞關懷行，方丈和尚於關懷信眾之際，亦以「願」為主軸，於各地發表演說。包括：於馬來西亞《星洲日報》主講「抱願不抱怨」、馬來西亞道場發表「有願就有力」、怡保共修處主講「轉念，轉出新希望」。在新加坡，則以「抱願不抱怨」為題開示，人生每個階段都是圓滿，心懷感恩，抱願不抱怨，足以化解種種問題，度過生命的關卡。

2013年，也是方丈和尚接位以來首次訪問澳洲。9月的澳洲關懷行，除了祝福雪梨分會成立十週年，主持新會所啟用儀式之外，並於墨爾本、雪梨兩地舉行演說，主題分別為「心靈環保的生活實踐」及「禪——隨身幸福」。

在雪梨大學（University of Sydney）舉行的「禪——隨身幸福」講座中，方丈和尚說道，雪梨的生活幸福指數為全球所欽羨，可是幸福的定義因時因地不同，心態則是關鍵。「少欲則知足，多也好，少也好，沒有也很好。盡心盡力，放下得失心，運用禪的觀念和方法，能讓我們擁有隨身的幸福。」

方丈和尚9月為雪梨分會新禪堂主持灑淨儀式，眾人歡喜迎接新禪堂的啟用。

值得一提的是，每年均提出微妙金句與眾共勉的方丈和尚，今年的「菩提心十隨」，或可引為觀音精神的註腳，便是「隨時發心、隨念清淨、隨處觀音、隨聲應身、隨緣迎接、隨力奉獻、隨遇心安、隨喜自在、隨佛修行、隨願所成」。

公益關懷

儘管海外行程驟增，方丈和尚對於團體內部，與分赴臺灣各地關懷的腳步，同樣不停歇。

每年定期舉辦的大學院教育聯合畢結業典禮、佛化聯合婚禮、佛化聯合祝壽、自我超越禪修營、榮董聯誼會、正副會團長及召委成長營，乃至法行會、法緣會歲末關懷等活動，方丈和尚總是到場表達關懷；團體年度重點活動的法鼓傳燈日暨傳燈法會、萬人禪修、剃度典禮及大悲心水陸法會，方丈和尚更是全程參與。

對於「方丈」的角色扮演，方丈和尚隨緣接受一切弘法助緣。3月至9月，由文化中心製播的《與方丈和尚有約》影視節目，固定於每週一上午於法鼓山網路電視臺首播。節目主題，從佛法入門、青年求職、生死自在，到如何減輕壓力，面向多元。播出後，常收到海內外信眾回饋，表示能夠定期與方丈和尚有約，非常歡喜。

公開對談與公益關懷，開啟了佛法與世法的另一種對話。4月，在具有三百年歷史的文化古都臺南，受邀以「抱願不抱怨，看見幸福城市——從心六倫做起」為題，與臺南市長賴清德公開對談中，方丈和尚分享幸福的思維，不離周邊一切人、事、物，以環境為修福修慧道場，找回自心的本來面目，隨時、隨處、隨遇幸福。

6月，出席由罕見疾病基金會與天下文化聯合舉辦的《週末的那堂課》新書發表會，

身為該書推薦序作者之一，方丈和尚解讀罕見疾病病友及病友家屬，如同人間的菩薩、天使，他們盡責、負責，也還願、發願，創造了奇妙的人生旅程。

此外，方丈和尚接受的演說與邀請，尚包括行政院地方行政研習中心、臺中榮總義工隊、彰化縣政府

4月，方丈和尚和臺南市長賴清德對談心六倫，帶領大眾用「心」看見幸福。（左起依序為成功大學校長黃煌輝、方丈和尚、賴清德市長、成功大學學務長林啟禎）

及藝文團體「優人神鼓」等。無論是在公職、義工或是文化藝術的領域，許多人都認同「人生如夢如戲」的比喻，佛法亦有相應詮釋。3月，方丈和尚於中興新村，為近四百名公職舉行的「心倫理——演好人生大戲」講座便提出，人生大戲的扮演，須有三

方丈和尚12月於「正副會團長、轄召、召委暨委員授證營」上勉勵新任悅眾，掌握社會脈動與法鼓山的精神，在利人的過程中，消融習氣，成就菩提。

種認識：「認識自己、認識因緣、認識環境」，演出心態則要盡責負責、務實踏實，如此便能在人生旅程中，身心自在，福慧自在。

結語

2013年深秋，美國紐約東初禪寺的地下室齋堂，一場名為「五五俱樂部」的讀書會，難得有一遠到「同學」入席，正是方丈和尚。難辭盛情之請，方丈和尚談起出家後隨聖嚴師父所學。當時光之旅回溯2009年2月師父捨報佛事期間，現場忽然靜默。只見分享者拭去眼角淚痕，「我就是學習聖嚴師父的精神，盡形壽、獻生命，不會的就學，學了就奉獻。」

開春之際，方丈和尚詮釋「得心自在」主題說道：世間一切現象，皆因緣起而有，因緣起而變動。在各種變動之中，能夠保持應對，促發個人或團體進退的動力，皆來自心的作用。回望其年度弘法行跡，從「心倫理」、「抱願不抱怨」、「觀音精神」串起的心靈環保關懷之旅，正是方丈和尚一路走來的心境路程。

法鼓山團體以僧團為核心，居士菩薩為護法，包括專職、護法組織到各個基金會，都是團體不可或缺的組成。職務實無高低之分，唯有任務不同，分工而又合作，共同為淨化人心、淨化社會而努力。

在實踐推廣「得心自在」的2013年，方丈和尚滿懷感恩，遍及各地的弘法身影，恰如相勉各界的贈言：「只要願意奉獻，忙得快樂、累得歡喜，過程中的點點滴滴，都將成為菩薩道上修福修慧的資糧。」

法鼓山僧團

禪心行願，多元弘化

2013年的僧團，持續秉承法鼓山的使命「以心靈環保為核心，弘傳漢傳禪佛教，透過三大教育，推動世界淨化」，以穩健踏實的腳步弘法不懈。從總本山到各分支道場，從大普化、大學院、大關懷的三大教育，到國際弘化，以及禪修、文化、教育、關懷四大弘化工作，無不積極推動，落實以禪法精神為核心的心靈環保，致力於安定人心，也為社會注入安定的力量。

除此之外，本年度更著眼於佛法在時空向度上的延展，期使漢傳禪佛教弘傳普及，正法久住，因而全面結合數位以及雲端科技、行動裝置服務等，致力進行各項數位學習與數位典藏計畫，諸如首創大悲心水陸法會雲端牌位；佛學課程近三千支影片上線；以及「聖嚴法師文物史料數位典藏專案」的推動，俾使大眾能清晰理解聖嚴師父的思想與生命脈絡。由於成績斐然，普化中心更受邀出席「佛教與數位學習發展研討會」，以〈法鼓山數位學習的發展與現況〉為題，分享「法鼓山心靈環保學習網」建置與發展歷程，成果備受肯定。

現以法務推廣、僧眾培育、道場建設、國際參與等四個面向，分別介紹如下：

法務推廣

一如2013的年度主題「得心自在」，2013年的法務推廣，時時引領大眾回歸自心，從「心」出發，無論是禪修、佛學教育、法會共修等，皆緊扣心靈環保的核心精神，期使人心得以淨化，進而得到內心的自在。

首先，在聖嚴師父捨報圓寂四週年之際，於園區以及全球各分支道場，同步舉辦傳燈法會，近七千位信眾藉由傳燈、發願，緬懷師父的教澤，更從中堅定奉獻利他的菩薩願行，提昇學法、護法、弘法的熱誠及願力。

而邁入第七年的水陸法會，2013年延續數位牌位理念，首創「雲端牌位」，以「轉換心念，世界因你而改變」為主要精神意涵，結合慈悲觀的修持與三檀等施觀念，體現「無緣大慈，同體大悲」的精神；除網路之外，更結合行動科技，首度開放手機

連線參與共修。法會期間，共有近五萬人上網註冊，登錄了近八十萬筆消災、超薦牌位，祈福者遍布亞洲、歐洲、北美洲、大洋洲三十六國，規模空前，不僅利益無數大眾，更為二十一世紀的佛教寫下新的一頁。

於禪修推廣上，為因應現代忙碌多元的環境，以接引普羅大眾循序漸進學習禪修，傳燈院完成禪修地圖，讓禪修的學習更能循序漸進，也更符合現代人及個別需要；結合了地區力量首度舉辦的「輕鬆學禪」班，更有效的接引更多青年學習禪修。

此外，萬人禪修活動再度於臺北市政府前廣場、國父紀念館舉辦，以「以禪心過好生活，以禪行關懷世界」為精神主軸，在禪修心法中融入微笑禪以及浴佛禪等概念，因此，在原本攝心、安定的氛圍之外，更為活動增添溫暖與淨心的氛圍。

在佛學課程的舉辦上，2012年為接引初機學佛者及服務銀髮族而開設的「快樂學佛人」，以及「法鼓長青班」，由於普受好評，因此，2013年開班數持續成長，「法鼓長青班」更首度於海外的美國加州洛杉磯道場開辦；首度舉辦的「普化教育悅眾充電營」，則讓擔任學長或關懷員的悅眾幹部，更生起願心，實踐從付出、服務奉獻中得到成長，進而堅定自利利他的信念。

數位學習推廣方面，普化中心運用現代科技，融合豐碩的實體課程與數位課程，將漢傳禪佛法、法鼓山的理念以及聖嚴師父的教法，透過網路上傳，並首度製作APP，提供行動裝置服務。至2013年年底，累積上線的課程數有四百多個，上傳的影片近三千支，讓佛法跨越時空，更無遠弗屆地普及於人間。

於關懷方面，慈基會「八八水災專案」、「四川大地震賑災專案」、「海地大地震賑災專案」分別於年底圓滿，這三項專案在災區打造安心工程，陪伴受災民眾走上重建之路，重拾希望與笑顏。而歲末關懷則從總本山的法鼓山世界佛教教育園區及北投農禪寺開始，桃園齋明寺、高雄紫雲寺等分寺院及護法會各辦事處接續舉辦，僧眾們共同投入關懷工作，以慈悲與智慧，在寒冬中傳遞佛法溫暖的力量，並實踐聖嚴師父透過慈善事業，以心靈環保安定人心、轉化心靈的教誨。

結夏安居期間，僧團法師和一千多位信眾圍坐在臺中寶雲別苑的草坪上，共同分享護法故事。

僧眾培育

聖嚴師父曾指出,僧團必須承擔起弘法利生的如來家業,推廣、落實法鼓山理念於不墜;而在奉獻服務中,也須同步提昇弘化能力。因此,僧團每年度都為僧眾舉辦種種相關培訓。

2013年度所舉辦的課程,包括宗教師禪修培訓、宗教師弘講培訓、領執培訓以及為領眾能力的悅眾領導課程等。其中的領執培訓於7月14日展開,前一日適逢蘇利颱風登陸臺灣,給園區帶來不小的破壞,因此第一天的課程,便改成全員投入颱風善後大普請,讓新入眾的僧眾體驗農禪家風的精神。

此外, 6月的結夏安居,前三梯分別為法門研修以及兩梯禪七,最後一梯的僧活營,一百多位僧眾至臺中分院進行「點亮城市之旅」,將學習的課堂搬至寺院之外,透過實地參訪以及講座,與各界對話;12月「一起向前走——監院級以上執事經驗交流營」則凝聚了核心執事的共識,也為教團的發展規畫出未來的藍圖。

道場建設

法鼓山體系道場的建築,落實了禪修的內蘊與心靈環保的精神,向來普獲各界的好評及肯定。於2012年落成啟用的農禪寺新建水月道場建築,繼齋明寺新建禪堂之後,再度獲得臺灣建築專業刊物《建築師》「2013臺灣建築獎」首獎肯定。此外,法鼓山園區以及齋明寺,也於內政部舉辦的「2013臺灣宗教百景甄選活動」中,雙雙獲選。

興建中的臺中寶雲寺,於6月30日舉行上梁安寶大典,象徵寶雲寺的落成進入倒數階段,由僧團一百多位僧眾與現場近千位信眾,進行一場殊勝莊嚴的法會,期使寶雲寺為臺灣中部地區提供一處安定人心、淨化社會的道場。

國際參與

2013年,法鼓山僧團在國際上的參與,則展現了豐沛的成果,進行多場跨國、跨宗教的重要交流活動。

在跨國際的參與上,首先,於1月受邀出席於印度吠舍離(Vaishali)大愛道比丘尼寺舉行的「第十三屆國際佛教善女人大會」,由中華佛研所所長果鏡法師以及助理研究員常諗法師代表參加,與來自三十二國的六百多位佛教界代表分享臺灣比丘尼眾珍貴的成長經驗。3月,法鼓山僧伽大學與韓國海印寺僧伽大學簽署學術交流合作協議,未來將致力於學僧、教師和研究員的互訪,對提昇僧伽教育及拓展學術研究的資源多所饒益。

跨宗教的交流方面,5月法鼓山獲邀出席於義大利展開,由教廷宗教對話委員會以及

2013年大悲心水陸法會首創的「雲端牌位」，延續數位牌位理念，結合了慈悲觀的修持與三檀等施觀念，讓祝福跨時空延伸。

外交部駐教廷大使館共同舉辦的「國際宗教對話研討會」，共有天主教、藏傳佛教、日本佛教及漢傳佛教等各國宗教代表參與對話，由惠敏法師代表法鼓山與談，同時也是唯一臺灣佛教代表，法師並發表論文〈超越自他的倫理觀——佛教對於內在與社會安樂的觀點〉，以科學研究證實佛法俾益於個人的情緒調適以及身心健康，並能增進社會和諧。9月，方丈和尚果東法師於澳洲弘法，除了關懷護法信眾，並出席於曼寧漢市市政中心（Manningham City Center）舉辦的跨宗教對談活動，與十一位宗教代表，就「珍惜世界，消弭衝突」（Cherish the World, Bringing and End to Conflict）為主題進行對談，分享法鼓山提倡的全球倫理。

藉由參與各項國際活動，法鼓山展現了漢傳佛教在當代的適應與開創，在與各國、各界對話的同時，分享法鼓山經驗，並持續推廣心靈環保的理念，為各宗教的合作，以及世界和平的理想，貢獻一己之力。

結語

回顧2013年，僧團展現了對於掌握及實踐聖嚴師父理念的自覺及共識，每位僧眾莫不在各自的崗位上致力推動弘化工作；另一方面，也邁出腳步、打開眼界，擴大社會與國際參與，誠如都監果光法師所期勉的：「從自我做起，落實心靈環保。」並且在奉獻利他的同時，提昇禪修、經教以及管理等面向。

「時時以佛法的慧命為念，念念以大眾的道業為首，事事以眾生的苦樂為著眼，處處以諸佛的道場來照顧。以智慧處理自己的問題，用慈悲解決他人的煩惱，以忍辱培養福澤，用精勤增長善根。」謹遵聖嚴師父的教導，2013年的僧團，同心同願，為住持與傳承漢傳佛法，再踏出堅定而無愧的一步；也為漢傳佛教的未來，走出了更寬廣的道路。

法鼓山體系組織

法鼓山體系組織概況

　　回應時代脈動與潮流趨勢，2013年法鼓山體系組織持續展開各項契理契機的禪修推廣、佛法弘揚、學術研究、救援關懷等相關活動，在僧俗四眾同心努力下，以大普化、大關懷、大學院、護法會團、相關基金會及服務中心、支援運籌行政中心等六個體系組織，推廣利益眾生、安頓人心的佛法甘露。

　　以下分別就六大體系，在2013年的主要工作及活動內容，進行重點概述。

一、大普化體系

　　大普化體系契應心靈環保的內涵，融攝修行與教育，於佛法上，開創跨越時空弘法多元新面貌；於社會上，擔任啟蒙心靈的領航角色。大普化體系含括：寺院、禪修中心、普化中心、文化中心及國際發展處，以禪修、法會、講座、營隊、各式課程，以及文字、音聲、影像出版等方式，分享和弘傳佛法的法益。

（一）寺院

　　法鼓山海內外各地寺院道場，在臺灣計有十二個分寺院、兩個別苑、四個精舍，包括法鼓山世界佛教教育園區、北投中華佛教文化館、農禪寺、雲來寺、臺北安和分院、桃園齋明寺、臺中分院、南投德華寺、臺南分院、臺南雲集寺、高雄紫雲寺、臺東信行寺，及桃園齋明別苑、臺中寶雲別苑，另有臺北中山、基隆、臺南安平、高雄三民等精舍；在海外部分，包括美國紐約東初禪寺、象岡道場、加州洛杉磯道場，加拿大溫哥華道場及馬來西亞道場。

　　其中，農禪寺水月道場獲臺灣建築專業刊物《建築師》「2013臺灣建築獎」首獎肯定，評審團讚譽「將宗教文化抽象化為自然光影」；法鼓山園區及齋明寺，於內政部舉辦的「2013臺灣宗教百景甄選活動」中，雙雙獲選。兩項殊榮，皆表徵社會大眾肯定法鼓山道場建築的境教之美與功能。

1. 國內部分

　　在園區方面，全年修行、弘化活動不斷，大型活動包括1月護法總會及各地分院聯合

舉辦的「得心自在・2012年歲末感恩分享會」；迎接小龍年新春，則於2月9日除夕至17日初八，展開「2013得心自在年」新春系列活動，以除夕撞鐘、法會、鈔經、供燈祈福等共修活動，廣邀大眾共享溫馨知性的禪意好年；而為緬懷聖嚴師父教澤，在師父圓寂四週年之際舉辦的傳燈法會，包括園區及國內十處分支道場，今年首次舉辦同步念佛共修，有近七千名僧俗四眾齊心傳燈，接續師父溫暖人間、共創淨土的悲願。

3月起，園區進行「法鼓山尋寶趣、與大自然共舞、探索心花園、感恩祈願朝山行」等四項參訪活動，接引大眾在禪悅境教中領略安定身心的實用方法；此外，5月舉辦的「朝山・浴佛・禮觀音」、9月禪修月、11月「第七屆大悲心水陸法會」等，均發揮了園區禪悅境教的功能，全年來自海內外各機關團體、民間企業的修學參訪活動不斷，體驗園區融攝漢傳禪佛教、教育與生活的安定氛圍。

而國內其他各分院道場，主要藉由法會、禪修、佛學課程等活動，從事佛教教育的推廣，以及對社會、文化的關懷。法會方面，包含新春普佛、大悲懺、元宵燃燈供佛、清明報恩、梁皇寶懺、浴佛、中元等法會，接引民眾熏習正法。規模較大者，如農禪寺與臺中分院的梁皇寶懺法會，

水陸法會是法鼓山規模最大的法會共修。圖為水陸法會期中的淨土壇佛事。

分別有逾三萬及六千人次的參與，其中啟建已具十七年歷史的農禪寺梁皇寶懺法會，2013年接引逾千位的初機佛子首次參加法會。

禪修活動方面，除了例行的禪坐共修，各分院也廣開初級禪訓班，並不定期舉辦戶外禪、禪一、禪二等初階、短期禪修課程，以更方便、親切的方式，接引民眾體驗禪修的安定與放鬆。其中，信行寺的「禪悅四日營」，結合休閒與修行，引領現代人體驗禪悅輕安，全年共舉辦四梯次，每梯次有近七十人參加。

在結合教育與佛法的活動方面，各分支道場以舉辦系列講座的方式，邀請僧團法師及專家學者，分享佛法在生活中的實際運用，如安和分院4至8月的「自在人生」系列講座、臺中分院4至11月的「寶雲講談」，皆以如何運用佛法化解人生困境，建立自在人生為主題。5至6月，雲集寺、臺南分院、安平精舍聯合邀請成大教育研究所教授饒夢霞，舉辦四場「教育暨關懷系列講座」，講析兩性平權及生涯規畫；高雄紫雲寺邀請專科醫師、諮商心理師、臨床心理師及資深特教老師，舉辦「生命關懷系列健康人生講座」、「親子好關係系列講座」，分享生命、親子溝通與教養等議題。

本年的不定期大型活動，如農禪寺於2月舉辦臺北市佛教會新春團拜，北部地區各寺院道場二百多位教界長老、法師、護法居士齊聚一堂，為社會大眾祈求新年平安。臺南分院除了於4月舉辦「抱願不抱怨，看見幸福城市」座談會，由方丈和尚與臺南市長賴清德以「心六倫」為主軸進行對談；並於10、11月舉辦兩場「幸福城市守護您」講座，邀請點燈文化基金會董事長張光斗、成大教授許永河主講「提燈找到幸福」、「苦與樂」，每場均有兩百多人參加。

2013年，文化館、農禪寺、雲來寺、信行寺因長年推動社會關懷與教育，分獲臺北市及內政部續優宗教團體表揚，表徵戮力社會公益獲大眾肯定。

2. 海外部分

海外道場方面，包含北美的美國紐約東初禪寺、象岡道場、加州洛杉磯道場、加拿大溫哥華道場，與亞洲的馬來西亞道場；2013年五地道場均在四眾弟子同心同願的努力下，透過禪修推廣、國際參與、宗教交流等多元活動，在全球扎根心靈環保的理念。

5月分別在象岡道場、洛杉磯道場傳授在家菩薩戒，其中洛杉磯道場的菩薩戒會，為美國西岸首度舉辦，共有兩百二十五位東、西方戒子圓滿受戒功德，邁向成佛之道。

（1）北美地區

東初禪寺為北美弘法的前哨站，全年的例行共修，除了以中文進行的念佛、禪坐、法會、佛學課程之外，為接引西方大眾，也開辦以英文講授的禪坐共修、禪訓班、一日禪及佛學研讀會，其中多場禪修活動，並邀請了聖嚴師父西方弟子南茜・波那迪（Nancy Bondari）、李世娟（Rebecca Li）帶領。

而備受歡迎的「週日講座」，2013年有多場講經活動，包括《楞嚴經》、《六祖壇經》、《藥師經》、《阿彌陀經》等，分別由住持果醒法師、果明法師、果傳法師、常諦法師主講；而行之多年的週三中文佛學課程，由常諦法師講授，2至6月導讀聖嚴師父著作《絕妙說法——法華經講要》，9至12月主講《梁皇寶懺》，引導大眾認識經典要義與懺法內涵。

另一方面，東初禪寺6月參加由美國佛教聯合會主辦的「生命末期療護」華語義工培訓，除了義工參與課程，果解法師並受邀分享臨終關懷的經驗；7月舉辦「楞嚴教理研習

5月，一百多位信眾在象岡道場圓滿受戒功德，歡喜邁向成佛之道。

營」，邀請聖嚴師父法子果如法師講授；9月，師父法子繼程法師帶領「半日禪」、「書法禪」、「月光禪」，每場活動皆有四十多人參加。

象岡道場以禪修推廣為主要活動，例行活動為每週四晚上及每週日上午的禪坐講經共修。2013年除開辦兩場初級禪修課程外，全年共舉辦了十場禪一、六場禪二、一場禪五、兩場禪七、四場禪十及兩場健行禪。除監院常聞法師，亦邀請聖嚴師父西方法子賽門·查爾得（Simon Child）於5月與11月，分別帶領默照禪十及禪五；查可·安德烈塞維克（Žarko Andričević）則帶領12月的默照禪十。

另外，美國佛羅里達州立大學助理教授俞永峯分別於3、12月，帶領初階及話頭禪七，分享聖嚴師父的禪修教法；為接引西方青年人體驗禪法，也於4月及8月間各舉辦一場青年禪三。

而睽違三年的紐約地區「第六屆在家菩薩戒」則於5月在象岡道場舉辦，由方丈和尚果東法師、東初禪寺住持果醒法師、關懷中心副都監果器法師擔任菩薩法師，包括十九位西方眾，共有一百零四人受戒。

美國西岸的弘法重鎮加州洛杉磯道場，啟用甫滿週年，念佛、禪坐、法會、佛學課程等例行活動終年不輟。法會方面，包括1月1日慶祝新年舉辦的觀音法會，2月則有除夕三昧水懺、新春普佛、元宵燃燈供佛，以及傳燈等；5月上旬的浴佛法會，並安排親子同樂、孝親茶禪、禪的體驗等活動，感念佛恩、親恩的雙重恩典，下旬則舉辦美西地區「第一屆在家菩薩戒」，一百一十位東西方戒子，把握因緣契入法鼓山理念，共學菩薩精神；9月的地藏法會，由三學院監院果慨法師帶領，圓滿後並進行水陸法會說明會。

禪修活動上，除每月定期進行禪一及不定期的禪訓班，2013年並舉辦話頭禪七與默照禪七，分別由果醒法師及果明法師帶領；而為推廣念佛禪法門，本年也舉行兩場念佛禪二和一場念佛禪一。

佛學講座方面，包括副寺果乘法師講《普門品》、果傳法師講「三時繫念佛事概說」、果舫法師導讀聖嚴師父著作《聖嚴法師教淨土法門》、師父法子繼程法師主講「《心經》的生活」；2013年並開辦聖嚴書院佛學班初階課程，引領大眾建立佛法正知見；也開設「法鼓長青班」，讓長者在快樂學習中，汲取新知、活化思維。9月則展開「悅眾培訓課程」，由北美護法會會長張允雄帶領，內容包括凝聚團隊共識、團隊溝通與帶領技巧等。

加拿大的溫哥華道場，持之有年的念佛、菩薩戒誦戒會、大悲懺法會，以及各級禪訓班、禪坐共修等例行活動，發揮了接引初機的功能；也藉著禪一、禪三、禪七等活動，提昇學佛習禪精進的向心力。

青年院監院果祺法師、常元法師於4月到溫哥華道場弘法，並舉辦禪七、帶領青年營

隊、戶外禪等活動；5月，方丈和尚果東法師、關懷中心副都監果器法師前來關懷，除舉辦佛法講座，分別主講「得心自在──演好人生大戲」及「菩提心菩薩行」，並主持皈依儀式、關懷護法悅眾等活動。

各項活動中，2013年的佛學課程，包括7至8月，常延法師導讀聖嚴師父著作《修行在紅塵──維摩經六講》；8至9月，果醒法師弘講《楞嚴經》；9至10月，每週二、三舉辦的佛學講座，則由果舫法師導讀師父著作《聖嚴法師教淨土法門》、主講「《梁皇寶懺》講要」、「水陸概說」等，引領大眾深入經藏。

設於海外的紐約法鼓出版社，2013年持續每季定期出版英文《禪》雜誌（*Chan Magazine*）。

（2）亞洲地區

2013年的馬來西亞道場，定期共修活動包括中英文禪坐、念佛、合唱團練唱、菩薩戒誦戒會，另有禪修、法會、佛學課程等；並於8月舉辦慈悲三昧水懺相關活動，包括由三學院監院果慨法師主講「心淨國土淨──懺悔法門之自他兩利」、「細說水懺」，解析懺悔法門的內涵與意義；與馬來西亞佛教青年總會聯合主辦

果慨法師（左）與馬來西亞企業家蘇意琴（右）對談，分享生活中對佛法的體驗。

「法水沁涼──慈悲三昧水懺」系列活動，由果慨法師、常藻法師與當地企業家蘇意琴、馮以量等對談，分享生活中對佛法的體驗、「生命關懷」的經驗和見解，並於當地育才小學舉辦慈悲三昧水懺法會，有近五百位信眾、義工虔誠懺悔，清淨自己的身、口、意三業。

在禪修方面，全年度開辦多場中英文初級禪訓班、禪一、戶外禪等；4月於當地雲頂清水岩舉辦舒活二日禪，內容包括禪坐、八式動禪、托水缽、經行等禪修體驗。12月，監院常藻法師受邀前往檳城主持二日禪修營，分享漢傳禪法的方法與禪修利益。

法會活動上，除了每月的大悲懺法會，尚包括年初的除夕拜懺、新春普佛、傳燈、元宵燃燈供佛，另有4月清明報恩及5月浴佛法會。

佛學課程方面，除了每週進行的《學佛五講》，另有2月僧大常慶法師主講「《法華經》概說」、「根塵識與反聞自性」；8月，「水陸法會說明會」；10月，開辦三堂「快樂學佛人」課程，有近一百三十位來自吉隆坡、怡保、檳城、新加坡等地的學員

參加；11月，由常藻法師主講「成佛必備的資糧——菩薩戒」，講說菩薩戒的內容，以及受戒的意義。

7月下旬，方丈和尚果東法師前來弘法關懷，除接受當地《南洋日報》、《星洲日報》，以及英文季刊《東方地平線》（*Eastern Horizon*）等媒體聯訪，分享法鼓山的理念，並進行三場佛法講座，主題分別是「抱願不抱怨」、「有願就有力」及「轉念，轉出新希望」，分享佛法轉念的智慧。

（二）禪修中心

禪修中心其下設有禪堂（選佛場）、傳燈院、三峽天南寺、青年發展院等四單位，藉由系統化、層次化的各項禪修活動，推廣生活化的漢傳禪法，讓現代人藉由禪修放鬆身心，進而提昇人品。

2013年，禪修中心提出「以禪心過好生活，以禪行關懷世界」的理念，年度最大型活動為5月在臺北市政府前廣場、國父紀念館展開的萬人禪修，本年度將微笑禪、浴佛禪融入禪修心法，再次將禪堂搬到街頭，帶領民眾在喧囂熙攘的臺北街頭，體驗清楚專注中的放鬆自在，將緊張、壓抑的生活轉化為健康、平衡，帶動人與人之間善的循環。

而為圓滿成就萬人禪修，禪修中心、傳燈院於2至5月分別在三義DIY心靈環保教育中心、天南寺、北投清江國小舉辦行前共識營、勤務培訓、模擬演練等，由副都監果元法師、監院常源法師帶領，共有近千位種子義工參加，展現法鼓山萬行菩薩們群策群力，同心同願的精神。

1. 禪堂

以辦理精進禪修為主的禪堂，2013年共舉辦二十場禪修，包括初階、話頭、默照、念佛禪，以及教理研習等活動。內容如下：

類別	初級禪訓五日營	中英禪五	青年禪七	初階禪七	念佛禪七	話頭禪七	默照禪七	念佛禪十	精進禪十	話頭禪十	默照禪十	禪修教理研習營	教師心靈環保進階研習營
場次	1	1	1	4	2	1	1	2	1	1	1	3	1

三場教理研習營其中兩場，由僧大副教授果徹法師主講「中觀的智慧」，分別於2及9月在齋明寺、園區禪堂展開，這是法師第四次上《中論》課程，講述內容包括〈觀六情品〉及〈觀五陰品〉，透過邏輯的論證，破能所，建立「緣起性空」的中道正見；另一場則於5月在禪堂舉辦，邀請聖嚴師父法子果如法師帶領，研習內容為水陸法會總壇儀軌及教授天臺教觀，指導學員落實解行並重的修行。

四場初階禪七，分別於1、3、10月在信行寺各舉辦一場，另一場於9月在園區舉辦；6月，邀請聖嚴師父法子繼程法師於園區主持精進禪十及中英禪五，接引西方人士修學漢傳禪法，帶領練習禪修的方法和觀念，引導簡易的禪坐、體驗呼吸和放鬆。

8、9月間的兩場念佛禪七，分別在齋明寺、天南寺進行，禪眾在果如法師帶領下，

體會隨眾修行的精進力量，法師勉眾不要以獲得身心安定為滿足，更要發起大願心、實踐菩薩道。

2. 傳燈院

以推廣禪修為主要任務的傳燈院，除了舉辦禪修活動，提供培訓課程資源，也結合地區力量，接引大眾更有次第地學習禪修方法；並接受公私機關團體之邀，帶領各項禪修課程。

其中，引領初學者在身心放鬆中體驗禪味的「Fun鬆一日禪」，2013年在園區及雲來寺共開辦五場；3至12月，於週日在德貴學苑舉辦「遇見心自己」入門禪修活動，全年共十五場，內容包括放鬆身心、生活中運用禪法、靜心對治煩惱等，由法師講授放鬆身心的心法，有近五百人次參加。

另一方面，為使初級禪訓班結業學員，進一步了解、體驗與適應禪七規矩與作息，開辦了四場中級1禪訓班，提供精進修行的氛圍，每場有近一百人參加。

為培養更多禪修的師資及種子人才，在社會各角落共同為推廣禪修而努力，2013年傳燈院持續開辦初級禪訓班、立姿動禪、坐姿動禪、中級1禪訓班的義工學長培訓，共四場；「Fun鬆一日禪」的輔導學長培訓也有兩場；而針對中級1禪訓班的輔導學長，則舉辦了兩場培育課程，讓禪眾們對中華禪法鼓宗的內涵能有更深層的體會。

2013年外部機關申請的禪修教學，以「禪修指引」為主，包括法務部、內政部、臺灣電力公司等政府單位及國營事業，還有民間企業臺中現代美術館等；並於4月與藝文表演團體優人神鼓合作，在中正紀念堂廣場帶領大眾體驗動禪。

傳燈院的「般若禪坐會本部」，7、8月分別於三義DIY心靈環保教育中心舉辦禪坐帶領人培訓課程，以凝聚共識、分享經驗，9月，於宜蘭九寮溪自然步道舉辦北區聯合戶外禪，共計有十六個地區、近五百位禪眾參加，再加上十六位僧大男眾法師及支援的義工，總人數近六百人；10月，於天南寺展開全省禪坐會組長成長營。而萬人禪修活動主旨之一的微笑禪，則延伸為地區的微笑禪教案，禪法隨身帶，從內展現禪悅法喜的微笑禪，豐富地區禪坐共修的內容。

另外，專為接引在臺外籍人士學習漢傳禪修方法的國際禪坐會（International Meditation Group, IMG）除了每週六例行於德貴學苑展開共修，全年並舉辦十一場英文禪一。

「Fun鬆一日禪」活動中，法師引導禪眾體驗禪的清楚放鬆。

禪坐會舉辦聯合戶外禪,透過互動、照護的方式,將關懷帶入各地區。

3. 天南寺

三峽天南寺的例行活動,包括禪坐共修、念佛禪共修,全年度並舉辦四場初級禪訓班二日營、五場禪二、三場念佛禪一;另一方面,為提昇悅眾實踐萬行菩薩的精神,也於3月開辦聖嚴書院福田班、10月舉辦參學員培訓課程,內容包括天南寺自然生態導覽、服務行儀及基礎禪修等,期許能帶領參訪民眾體驗天南寺之禪悅境教。

大型活動方面,「2012歲末感恩分享會」首先於1月進行; 2月新春期間舉辦「遊心禪悅喜迎春」系列活動,包括點燈供花祈福法會、親子茶禪、禪修體驗、導覽天南風光等,共有逾千人次參加,並展開為期一個月的「遊心禪悅‧聖嚴法師書法展」。4月舉辦慈悲三昧水懺法會,由常願法師、常哲法師帶領大眾精進拜懺,淨化身心。

4. 青年發展院

青年院致力於接引年輕人認識佛法、接觸禪修,各項活動規畫及課程設計,活潑新穎而豐富,全年度三場的「青年卓越禪修營」,1月在三義DIY心靈環保教育中心舉辦冬季營隊,7月及8月則分別在園區與天南寺展開夏季活動,共有來自臺灣、中國大陸、香港、馬來西亞、美國等地三百多位青年參加,2013年營隊以禪修之旅為內容,將禪修與佛法的基本觀念與方法運用在遊戲中,引導學員透過分享,汲取經驗,成長自己。

此外,2月及9月,分別在德貴學苑舉辦兩梯次「心潮茶主人」培訓,內容含括基礎及實作課程,學習藉由喝茶,觀照自心、覺察生命;而為培育心潮鼓手,則於2至7月展開培訓課程,8月於臺北青少年育樂中心進行首次正式對外公演,共有二十五位通過音感肢體測驗及青年卓越禪修營、禪五等考驗的學員,展現禪武精神,傳遞安定力量。

3月,青年院與中華民國愛在飛翔國際社會服務協會、探險家國

青年學員在心潮鼓手「打坐、打拳、打鼓」三合一課程中,覺察身心的鬆緊、急緩、動靜的覺受。

際影業公司合辦「愛的探險家‧讓愛飛翔」國際公益志工活動講座，邀請表演工作者徐若瑄、品冠，在德貴學苑與六十餘位青年展開座談，鼓勵青年將關懷觸角更深入國際間缺乏教育和醫療的貧窮國家。

8月，首度於臺東信行寺舉辦第一屆「心‧生活高中營」，引導15至19歲的高中學子培養人際互動，增進學習視野，共有近百位學員透過電影討論、名人演講、生涯規畫、法鼓八式動禪等，體驗和諧的「心」生活，啟動自己的夢想。

（三）普化中心

負責規畫、研發、推廣並整合大眾學佛服務的普化中心，設有數位學習組、信眾教育院等單位。2013年，持續貫徹生活實用、自利利人的教育特色，並融合豐碩的學習資源及現代科技，深入社會各層面，推廣佛學教育，將漢傳禪佛法、法鼓山的理念、聖嚴師父的教法，跨越時空距離，廣與全球大眾分享。

佛學課程方面，藉由聖嚴書院各項為期三年的佛學班初階、精讀、專題及禪學班等課程，完整了解佛學與禪修教理法脈，進而建立正知正見與方法，並將所學落實在生活中，2013年共新開十四班，總計九十三班，逾七千位學員參加；福田班新開十班，共有一千兩百多位學員學做福慧具足的萬行菩薩。

此外，專為學佛新手設計的「快樂學佛人」系列課程，全年於臺灣及海外共開設二十七班。分齡課程「法鼓長青班」，課程集學習、健康、活力、分享等特色，引導長者歡喜領受美好晚年，2013年共開辦十九班，其中4月及10月於新北市新莊社區與美國加州洛杉磯道場開辦的班次，是長青班首度於社區以及海外開課；而5月於臺東縣成功鎮老人會館開辦的班次，不僅獲得鎮公所的支持，尤其在以基督教信仰為主的社區開班，是交流互動的新契機，也為法鼓山大普化教育樹立新的里程碑。

另一方面，為提昇普化教育關懷員的服務品質與內涵，普化中心3月於三義DIY心靈環保教育中心舉辦第一屆「普化教育悅眾充電營」，8月分別在北投雲來寺、臺中寶雲別苑舉辦關懷員培訓課程，聚集來自快樂學佛人、長青、福田、佛學、禪學等各班的關懷員參加，並邀請資深讀書會帶領人方隆彰分享「如何在小組內啟發團體動力」，期許關懷員以初發心的態度來學習，並用長遠心來護持學員、分享佛法。

長者在「法鼓長青班」課程中，親手創作供佛小園藝。

推廣自主學習、共讀共享的「心靈環保讀書會」，截至年

底，臺灣與海外共成立一百二十個讀書會，遍布各分支道場、護法會辦事處及公私立機關團體，皆由讀書會培訓課程結業的學員帶領。而為培養讀書會帶領人種子學員，本年共開辦兩場初階培訓課程，以深化帶領人的領導技巧。

在數位學習推廣方面，「心靈環保學習網」除線上直播「法鼓講堂」佛學課程，並整合運用實體課

關懷員培訓課程中，由資深關懷員分享實務經驗。

程與數位課程，廣與各地民眾共享法鼓山的學佛資源，並開始製作APP，提供行動裝置服務。至2013年年底，累積課程數四百多門，學員人數達兩萬三千多人。普化中心副都監果毅法師並於10月受邀出席「佛教與數位學習發展研討會」，以〈法鼓山數位學習的發展與現況〉，分享「法鼓山心靈環保學習網」建置與發展歷程。

（四）文化中心

文化中心為法鼓山主要的文化出版、推廣單位，其下設有專案規畫室、文化出版處、營運推廣處、史料編譯處。其中，文化出版處下有叢書部、雜誌部、文宣編製部、影視製作部、產品開發部；營運推廣處下有行銷業務部、通路服務部、客服管理部；史料編譯處下有史料部、國際翻譯組。對外出版單位為法鼓文化。

為了將聖嚴師父留下的著作、手稿、信函等法寶完整保存並推廣活用，2013年文化中心相關單位，特與中華佛研所合作，設立「聖嚴法師文物史料數位典藏與理念推廣研究」專案，建構數位典藏系統及影音界面，將師父的法寶以更多元、完整、立體、跨越時空的方式，貼近社會大眾。

本年叢書部共出版三十一項新品，包含新書二十七種、影音產品三種及桌曆一種；包括六本聖嚴師父的新書：《得心自在——心自在，身自在；身心自在，福慧自在》、《放鬆禪》、《當下禪》、《幸福禪》、《安身禪》、《禪在哪裡？——漢傳禪法在西方Ⅱ》。其中《放鬆禪》、《當下禪》、《幸福禪》、《安身禪》出自全新書系「禪修follow me」，精選自師父禪修文稿，為整日煩忙的上班族，各提供四十則禪的方法及觀念，以解決工作上各類身心問題。《禪在哪裡？——漢傳禪法在西方Ⅱ》則是集結師父在美國教授禪法的開示精華，教導如何將禪法融入生活中。

影音產品《法鼓山之美Ⅱ——法華之美、溪流之美》DVD，呈現法鼓山園區法華鐘與山林野溪的禪悅境教；《尋禪——禪的音樂絲路》CD，由當代經典禪樂大師瞿春泉編曲製作，藉由充滿禪韻的音符，喚醒每個人內在的佛心；《空花‧水月》CD，則是

由康吉良創作、演唱的全新專輯，以音符譜寫人生的幸福旅程，專輯中並收錄了農禪寺水月道場落成典禮主題曲〈水月頌〉。

4月出版由常聞法師撰寫的《報告師父，我要出家——西洋僧的修行筆記》，則是一位隨聖嚴師父出家的外籍法師最誠實的修行筆記，描述他如何跨越自己個性和語言文化障礙，尋找自我、面對自我的過程；8月出版的《讓世界更美麗——四川賑災五週年紀實》，記錄了2008年512四川汶川地震後，法鼓山從最初的災區物質援助、家園重建，到推動長期心靈環保的各項心路歷程。

10月份出版的2014年法鼓文化桌曆《農禪水月》，取景自法鼓山農禪寺，藉由農禪寺「水月道場」所呈現的「空中花，水中月」的景觀，讓眾人即景觀心，發現自我的本來面目；《我的師父——聖嚴法師智慧小故事》於12月出版，由果祥法師撰寫、劉如桂繪圖的兒童繪本，收錄三十篇聖嚴師父的智慧小故事，並搭配溫馨趣味的插畫，讓讀者體驗師父的幽默與絕妙小智慧。

除了實體書的出版，叢書部也積極回應電子閱讀的時代需求，授權「udn讀書吧」上架《帶著禪心去上班——聖嚴法師的禪式工作學》、《工作好修行》、《放下的幸福》、《歡喜看生死》、《智慧一○○》、《我願無窮——美好的晚年開示集》、《聖嚴法師教默照禪》、《聖嚴法師教禪坐》、《拈花微笑》、《心在哪裡——漢傳佛法在西方》、《福慧自在：金剛經生活》，共十一本電子書。另外，也授權中華電信Hami書城上架六本聖嚴師父的著作：《心在哪裡——漢傳佛法在西方》、《我願無窮——美好的晚年開示集》、《帶著禪心去上班——聖嚴法師的禪式工作學》、《歡喜看生死》、《工作好修行》及《智慧一○○》，接引社會大眾透過電子書也能親近佛法與禪法。

雜誌部2013年出版十二期《法鼓》雜誌（277～288）、十二期《人生》雜誌（353～364）。《法鼓》雜誌方面，法鼓山的發源地——農禪寺，新建水月道場於2012年底落成啟用，277期（2013年1月號）延續「農禪寺新建工程落成系列報導」，以2版全版篇幅，報導護法信眾回寺參加「感恩聯誼會」、分享三十年來一路護持的故事；278期更以兩個跨版，報導落成相關系列活動，與全球讀者分享農禪家風的傳承與創新。282期3版頭題，報導了北美護法會新澤西州分會新道場灑淨整建；而中臺灣弘法中心寶雲寺，6月舉行的「上梁安寶暨寶雲基石頒贈典禮」，也於284期1版、兩個版大篇幅報導，為法鼓山的成長發展，留下完整詳實的記錄。

本年《法鼓》雜誌仍依循三大教育屬性，於各版進行多元深入的報導。大學院教育部分，除了持續關注法鼓大學建校進度、法鼓佛教學院舉辦或參與各項國際學術會議，也增添佛教學院各社團的活動報導、學生心得等；自281期起，並於2版開闢「小沙彌回法鼓山」專欄，刊登各地護持法鼓大學的活動報導、人物故事、心得回響等，

鼓勵信眾加入大願興學行列。

大普化教育部分，2013年法鼓長青班首度到社區開課、首辦「普化教育關懷員培訓」，分別於282期、285期報導；推廣放鬆、實用的漢傳禪法，第二年於臺北街頭舉辦「萬人禪修」、海外舊金山首辦「千人禪修」，279期至283期、287期都有相關報導。普化中心、禪修中心、青年院等開辦的課程，本年刊登多篇學習心得，一方面分享學員奉獻成長的歡喜，一方面也鼓勵讀者參與各項課程活動，從學習中成長自我。

大關懷教育部分，人基會「心劇團」新劇《媽媽萬歲》巡演、校園「深耕計畫」，《法鼓》雜誌284期起跟隨「心劇團」腳步，展開「轉動幸福」系列報導，一同關懷臺灣新住民。此外，關懷512川震災區、南臺灣八八災區，包括：四川生命教育營隊（279、285期）、法鼓山援建四川五週年（282期）、甲仙安心站營隊（286期）等，本年皆持續關注報導。

法鼓文化出版多種書籍與《法鼓》、《人生》雜誌，致力於漢傳佛教文化的深耕與法鼓山理念的推廣。

其他特別報導還有：2012大悲心水陸法會（277期）、2013傳燈法會（279、280期）、聖基會首辦「兒童生活教育作文及繪畫比賽」（279期）、「正念與慈悲禪定國際研討會」（280期）、方丈和尚與臺南市長賴清德對談「看見幸福城市」（281期）、方丈和尚東南亞、澳洲、北美巡迴關懷（284、286、288期）、2013年僧團結夏暨僧活營（284期）、2013北美年會（288期）等。

專欄部分，扣合年度主題，本年刊登「平常身心‧得心自在」，連載由法鼓文化選編、聖嚴師父歷年著作和開示文稿；「聖嚴師父小故事」、「方丈和尚會客室」、「種福田的菩薩」、「打開法鼓山學佛地圖」等專欄，皆廣受讀者歡迎。

在《人生》雜誌方面，2013年嘗試以不同的表現形式來分享佛法，在封面、扉頁以插畫呈現每期專題內容，為雜誌換上新的面貌，以適應現代人閱讀習慣的轉變。各期專題及新闢專欄更聚焦於漢傳佛教的修行法門介紹與實踐，將禪法落實在生活日用中，讓漢傳佛教的智慧更具現代性與實用性，持續闡揚人生佛教的理念。

各期專題中，含括實用的修行法門系列專題，1月號（353期）出版「大家來放鬆」、4月號（356期）「大家來持咒」、8月（360期）「大家來拜《梁皇寶懺》」，透過圖解及內容解析，和Q&A問答，介紹常見的修行法門，釐清觀念與方法的困惑，

使讀者解、行並進,對於相應的行門更容易上手。

2013年並企畫製作民初四大高僧系列專題,分別為9月(361期)「虛雲老和尚──空花水月做佛事」、10月(362期)「印光大師──老實修行念佛好」、11月(363期)「太虛大師──人生佛教真實踐」、12月(364期)「弘一大師──放下提起平常心」,封面由知名插畫家劉建志繪畫四位高僧法像,內容分從生平事略、高僧行誼、人格特質、影響貢獻、閱讀大師等面向,深入大師的內心世界與弘法悲願。

「經典」類專題有7月號(359期)「《法華經》尋寶趣」,介紹經中所言及的大乘佛教觀念、經典結構、譬喻、善知識及修行法門等,引導讀者認識這部漢傳佛教中影響廣大的經典,了解此經的殊勝與重要。

佛教文化類專題,有2月號(354期)「佛教節慶好修行」、3月號(355期)「到寺院參學去」、5月(357期)「煩惱泥中養心蓮」、6月(358期)「我的樂佛提案」,結合當代社會議題,分享佛教文化相關內容,為現代人提供心靈成長與自我提昇的生命養分。

專欄方面,延續廣受好評的「遇見西洋僧」,再闢「西洋僧New Talk」專欄,聚焦漢傳佛教僧侶於西方弘法常被詢及的問題;而備受歡迎的「禪味點心坊」、「農禪悟語」、「佛藝好修行」、「電影不散場」(電影與人生)、「巨浪迴瀾」、「東亞佛寺之旅」、「華嚴心鑰」等專欄,透過佛法觀點,穿透紛呈的世間百態,也展現佛法的多樣化與活潑性。特別報導、焦點話題、當代關懷與人生新聞等專欄,則為讀者即時報導教界動態與國際弘法發展。

接受體系內各單位委託製作各類文宣、結緣品的文宣編製部,2013年主要出版品包括《2012法鼓山年鑑》、《金山有情》季刊(43~46期)、《法鼓佛教院訊》季刊(22~25期)、法鼓山《行事曆》等,以及聖基會《阿彌陀佛與淨土法門》、《今生與師父有約》等九本中、英文結緣書籍。而廣受歡迎的《大智慧過生活》校園版套書,2013年全臺共有三百一十七所學校、二十二個地區地檢署提出申請,總發行量逾二十三萬冊。

影視製作部2013年自製影片,包括《農禪水月》、《師徒故事》動畫系列、《法鼓山的禪悅

「映畫心世代」首部作品《愛‧飛翔》,從劇本、演出、拍攝到剪輯,全部由年輕世代承擔。

境教》、《與方丈和尚有約》、《2013法鼓山大事記》等三十七部；而在教學類的影片方面，共完成《方丈和尚精神講話之師父開示》四集、《87年僧眾禪七》二十集、《大法鼓英文版》七十二集、《大法鼓西班牙語版》二十集、《新版大哉斯鼓》英文版及韓文版等一百一十七集的字幕製作。

而為讓年輕人更了解法鼓山的理念，影視製作部2013年與法青會合作，從年輕人關心的議題出發，製作系列公益微電影「映畫心世代」，首部作品《愛‧飛翔》12月於法鼓山網路電視臺正式上線。

研發環保用品、生活飾品等各類產品的商品開發部，2013年共開發八十六項新品，包括聖嚴師父墨寶桌飾、御守吊飾、念（手）珠、復刻佛像，與有機棉製成的成人上衣、兒童T恤等，以禪修與佛法的日用，豐富現代的生活。

（五）國際發展處

國際發展處專責推廣海外弘化、國際交流與國際事務聯繫等相關業務，2013年在支援國際團體、各國人士及宗教組織、學校來訪事宜方面，共協助八十餘場，並安排營隊及禪修等課程，讓參訪者領受法鼓山境教的心靈之旅。

其中，3月安排參加香港東蓮覺苑弘法精舍所主辦「LCS領袖才能與溝通技巧培訓課程」的十八位青年在參訪之餘，並實際體驗禪修，及與僧大四年級學僧進行交流；4月，義大利上智大學（Istituto Universitário Sophia）校長彼耶羅‧科達（Piero Coda）、美國普度大學（Purdue University）教授唐納德‧米契爾（Donald W. Mitchell）等一行人，參訪園區，並與僧團法師、佛教學院師生座談，了解法鼓山大學院教育的辦學特色。

7月，國發處與國際扶輪社於園區共同舉辦「國際青少年宗教體驗營」，共有來自歐、美等十八個國家的三十三位青少年體驗漢傳禪佛教的宗教生活；同月，二十八位參與外交部「2013年國際青年臺灣研習營」的海地、布吉納法索、馬達加斯加、法國等八國青年代表，則在參學室導覽人員帶領解說下，認識漢傳佛教，體驗宗教文化。

10月，美國長島大學（Long Island University）環球學院師生於園區展開比較宗教及文化學程，學習漢傳佛教與時俱進的內涵及作為，並與僧大學僧交流；天主教聖母聖心傳教修女會（Missionary Sisters of the Immaculate Heart of Mary）總會長薩芙瑞亞（Saveria Jeganathan）、總顧問泰莉（Tellie Lape）也於10月帶領十四位修女至園區參訪，並與僧團都監果光法師、國發處監院果見法師等僧團代表交流，分享比丘尼及修女的養成教育和修行生活。

二、大關懷體系

大關懷體系秉持聖嚴師父「以關懷完成教育功能，又以教育達成關懷任務」的期勉，主要服務項目有急難救助、大事關懷及推廣「四種環保」，為社會注入安定的力

量。其下組織為關懷院、慈善基金會兩單位。

（一）關懷院

為提供大眾生死教育的學習，關懷院於5月與9月，分別在桃園齋明寺及高雄紫雲寺舉辦助念成長課程，內容包括認識法鼓山大關懷教育、佛事的意義、梵唄與法器練習等，由監院常健法師帶領，分享積極的生命關懷，共有四百多位北部及大高雄地區助念組成員與信眾參加。

7月，方丈和尚與關懷中心副都監果器法師應臺中市政府之邀，前往分享法鼓山推動環保自然葬法的理念與作為，期許大眾在人生最後一段旅程中，因慈悲奉獻而圓滿。

（二）慈善基金會

以對整體社會的關懷為著力點，戮力推動「安心、安身、安家、安業」的四安工程，2013年慈基會在各項例行關懷活動上，101年度全臺歲末關懷於1月底圓滿，共關懷近兩千五百戶家庭；第二十二、二十三期的「百年樹人獎助學金」，全年共有近三千四百人次受益。

而在「百年樹人獎助學金」後續關懷上，則有「服務回饋日」活動，受獎學子學習用奉獻心回饋社會、體驗施比受有福的意涵，其中10月5日有四百五十二位學子，與法鼓山義工一同到屏東大鵬灣海域，撿拾廢輪胎、空酒瓶及塑膠棄物，透過淨灘，落實自然與心靈環保，展現愛護鄉土的行動。

為落實對偏鄉與關懷家庭學童的關懷，除例行的年節關懷與不定期派遣義工慰訪與探視，慈基會於5月與臺灣高速鐵路股份有限公司合作，圓滿北部關懷學童搭乘高鐵的願望；6月，則與臺北市立動物園合辦「Dreamnight@Zoo仲夏圓夢曲」國際慈善活動，邀請大臺北地區受助關懷家庭暢遊動物園，引導他們感受生命的多姿多彩，燃起面對未來的勇氣與希望。

賑災救援方面，在臺灣，「八八水災賑災專案」自2009年啟動，設置甲仙、六龜，林邊三處安心站，發揮在地即時服務及心靈陪伴功能，2013年持續頒發獎助學金、辦理年節關懷、舉辦心靈環保體驗營、成長探索營、青春棒棒堂、社區關懷與慰訪等多元活動，協助鄉親

2013年，南部三處安心站舉辦多梯次營隊，豐富青少年的學習經驗。圖為甲仙地區國中生暑期造訪園區合影。

及年輕學子，安定身心。

其中，三處安心站於1月，分別在高雄市澄清湖、屏東縣小琉球、南投縣日月潭等地進行「寒假青少年探索教育成長營」，透過具有自我挑戰的探索之旅，帶領青少年學員發現潛能，拓展不同的生命視野；7至8月的暑期營隊，則帶領探訪特色鄉鎮，凝聚愛心愛土的願力。

而為建立社區情感，促進鄰里互動，甲仙安心站分別於1、5、11月舉辦三場「走出戶外、『銀』向陽光」長者關懷活動，帶領參訪佛光山佛陀紀念館、臺南北門區「井仔腳」鹽田區、七股潟湖生態及屏東縣瑪家鄉原住民文化園區等，鼓勵長者走出戶外。

獲頒「百年樹人獎助學金」的甲仙、六龜、林邊學子們，於屏東大鵬灣海域淨灘，展現回饋社會、愛護鄉土的行動。

另一方面，「八八水災賑災專案」於2013年年底圓滿，為感恩南部三處安心站義工四年來的護持與奉獻，11月在臺東信行寺舉辦「修行與休閒——義工感恩行」禪修活動，由副祕書長常法法師帶領，引導義工們回顧感恩、迴向發願，為四年來的服務工作畫下圓滿句點，也發願繼續在菩薩道上前行。

於海外，在四川地震賑災專案上，主要包括舉辦心靈環保體驗營、頒發獎助學金。首先於1月底為已就讀大一的獎助學金受助學生舉辦四天三夜的「生命教育」大學心靈環保體驗營，7月及8月暑假期間則舉辦四梯次的營隊，引領學子探索自我與生命意義；第九與第十次川震獎助學金的頒發，則分別於4月及10月在綿陽中學、南山中學、民興中學、秀水第一中心小學展開，共嘉惠三百三十八位學子。2013年持續於重點學校開設生命教育課程，由義工帶領同學，透過互動引導，建立個人價值感。

援助海地共和國2010年的地震災後重建任務，同樣於2013年圓滿，慈基會在10月派遣義工造訪當地青少年職業學校、街頭學校以及兒童醫院等多處重點救助單位，了解實際執行狀況。其中，青少年職業學校的學生，目前已可在安全的教室中，學習一技之長，靠自己的力量改善生活。

11月，菲律賓中部地區遭受超級颱風「海燕」（Haiyan）侵襲，慈基會於第一時間啟動緊急救援系統，募集民生物資送往受災地區，並透過政府單位了解災區需求，期盼協助民眾早日重返安定生活。

教育訓練亦是慈基會的重點工作之一。其中，3月於高雄三民精舍舉辦「慰訪義工知能培訓課程」；8月，在北投雲來寺舉行「北區慰訪員初階教育訓練」，透過相關影片學習慰訪實務及技巧，也安排禪坐會資深悅眾帶領體驗放鬆，期許在慰訪過程中仍不

忘放鬆，讓自己的身心安定。

三、大學院體系

大學院體系以研究、教學、弘法、服務為標的，包括法鼓佛教學院、法鼓山僧伽大學、中華佛學研究所、法鼓大學籌備處等四單位，藉由學校教育、學術研討、國際交流以及跨領域的交流合作等多元管道，開拓學子的寬廣視野，培養專業的漢傳佛教弘化人才。

（一）法鼓佛教學院

承繼聖嚴師父的悲願，佛教學院是國內第一所獨立宗教研修學院，包含博士班與碩士班、學士班，構築完整佛教研究的高等教育體系，本年共招收學士班十名、碩士班二十一名、博士班四名新生入學，其中學士班有三名外籍生。

佛教學院舉辦「正念與慈悲禪定國際研討會」，學者探討「正念」與「慈悲」的跨領域運用。

2013年國際學術交流與研討方面，3月與佛教蓮花基金會、臺北教育大學教育學系共同主辦「正念與慈悲禪定國際研討會」，於園區展開四場主題演講、二場綜合座談、三場正念工作坊，共有三百五十位佛學、醫學、心理諮商、教育輔導等專家探討佛教的正念及禪修方法在教育、心理、醫療領域的運用；7月，與比利時根特大學（Universiteit Gent）佛學研究中心於根特大學會議中心（Het Pand）聯合舉辦「阿毘達磨研討會」（From Abhidhamma to Abhidharma：Early Buddhist Scholasticism in India, Central-Asia, and China），共有十二國學者深入研討佛陀法義；10月的「漢譯《長阿含經》國際研討會」，由佛教學院、中華佛學研究所，以及蔣經國國際學術交流基金會、德國漢堡大學（University of Hamburg）共同舉辦，來自日本、德國、澳洲、斯里蘭卡等地十多位學者，進行《長阿含經》的深入研討。

此外，校長惠敏法師3月出席由玄奘大學、原始佛法三摩地學會等舉辦的「國際三傳佛教論壇」、7月參加「2013中國佛教研究研討會」，並發表論文，分享佛學研究成果。杜正民教授、洪振洲老師也於11月前往日本東京大學參加中印佛學研究與電子佛典交流會議，介紹中文電子佛典的發展現況與未來方向；12月參加於日本京都大學舉行的「2013年太平洋鄰里協會年會暨聯合會議」（PNC 2013 Annual Conference and Joint

Meetings），並針對佛教學院數位典藏與數位文獻分析，發表專題演說。

另一方面，為拓展學生思惟與國際視野，並深化「正念與慈悲禪定國際研討會」的探討主題，佛教學院於3至6月期間，結合博士班「禪與現代社會專題」課程，邀請美國加州大學柏克萊分校（University of California, Berkeley）東亞語言系蘭卡斯特教授（Lewis Lancaster）、長庚醫院榮譽副院長朱迺欣、美國臨床心理學家芭芭拉·萊特博士（B.R. Wright, Ph D.）、史第夫·龍博士（Stephen Long, Ph D.）、臺灣大學心理學研究所連韻文副教授等，舉辦學術演講及帶領工作坊，以國際議題連結現代社會。

其他講座，還包括11月國際知名「心智與生命研究院」（Mind & Life Institute, MLI）一行十二人，在院長亞瑟·札炯克（Arthur Zajonc）帶領下參訪佛教學院，展開「二十六年關於冥想的學習與研究」專題演講，也與佛教學院師生進行兩場座談：同月，美國法界佛教大學（Dharma Realm Buddhist University）教授恆實法師（Rev. Heng Sure），以西方弘化為題，進行四場演講，分享修行與學術的結合。

鼓勵學生前往海外交流學習，是佛教學院辦學方向之一，2013年有兩位學生獲教育部「學海飛颺補助大專校院選送學生出國研修及實習計畫」補助，分別前往美國柏克萊聯合神學院（Graduate Theological Union, Berkeley）、天普大學（Temple University）進行一年的短期研修。暑假期間，佛教學院除選送五位碩士生前往印度雪域佛學院學習藏文與經典，惠敏法師也帶領師生至中國大陸甘肅、四川兩省考察與參訪，增進漢藏佛教文化、學術交流。

校園活動上，4月舉辦創校六週年校慶，以社團成果展、五分鐘說書競賽等，分享學生的成長，並邀請前臺大校長陳維昭分享讀書歷程，當日也成立佛教學院校友會，首屆會長由現任嘉義中埔天律山妙法寺住持、2012年甫從佛教學院碩士班畢業的地印法師擔任；6月的佛教學院暨僧大畢結業典禮，共有三十九位畢結業生圓滿學習，彼此互勉運用所學，利益眾生。

10月則舉辦海外實習分享會，有八位碩士班學生分享前往印度、泰國與美國的學習心得與成長體悟；12月底的圖書館週系列活動，以「人文與科技的相遇」為主題，內容包括五分鐘說書競賽、中西參大賽、資料庫利用課程等，彰顯圖資館的各項功能與服務。

佛教學院六週年校慶活動，舉辦「五分鐘說書競賽」，發表者透過即興互動，分享心目中的好書。

佛教學院行願社同學定期陪伴養護之家長者，傳達關懷，也展現利他的菩薩行願。

此外，由教職師生於2012年4月發起的環保社團「淨心淨土・金山環保」，2013年持續投入海洋淨灘活動，範圍擴及北海岸與桃園觀音鄉海岸，以實際的淨灘行動，落實自然環保；學生社團「行願社」也定期慰訪社福機構，本年首度參與全國大專校院學生社團評選，獲社團評鑑績優獎，顯見結合學業與志業，積極投入社會關懷，受到大眾肯定。

佛教學院英文部落格也於11月正式上線啟用，首頁標名為「在臺灣，一個研究與實踐佛法的地方」（A Place for the Study and Practice of Buddhism in Taiwan），以相片集錦呈現校園生活實景，引領外籍人士認識佛教學院的辦學理念與特色。

推廣教育方面，佛教學院推廣教育中心2013年在慧日講堂、愛群教室、德貴學院開辦課程，共開辦三期、四十六門課程，提供大眾研讀佛學的管道。

（二）中華佛學研究所

致力推動漢傳佛教的學術研究、會議與出版的中華佛研所，2013年10月與佛教學院、政治大學宗教研究所、華人宗教研究中心聯合主辦「漢傳佛教的跨文化交流」國際學術研討會，邀請中、日、韓、美、印等國際佛教學者，針對「漢傳佛教的跨文化交流」專題，回顧與開展國際學界的相關研究，進行跨區域對話。

學術研究上，2013年佛研所進行「近世漢傳佛教詩學論述的自然話語與感官論述──以宋元明清詩僧為中心」、「中華禪法鼓宗禪修史料彙編」等兩項研究專案；定期出版的《中華佛學學報》，於7月出版第二十六期。

（三）法鼓山僧伽大學

培育法門龍象的僧伽大學，學制設有佛學系、禪學系。本年有男眾三位、女眾十一位，共十四位新生入學；也有二十六位行者剃度出家，邁向成佛利他之道。

2013年首先於1月底舉辦「第十屆生命自覺營」，共有一百九十二位來自臺灣、香港、中國大陸、新加坡、馬來西亞、澳洲等地學員，在園區體驗出家生活，啟動生命自覺的心旅程；3月的招生說明會，除介紹僧大的學制與教育理念，法師及學僧也為學員導覽校園及男、女寮，了解僧大學習及生活起居的環境。

在課綱方面，除了例行的教學、禪修課程，僧大課程著重思惟、語文與口語能力的養成。5月舉辦「講經交流」會，除了以《八大人覺經》、《阿彌陀經》、《普門品》等佛教經典為題，另有分享法鼓山理念、介紹聖嚴師父、心五四等為內容，多元題材

結合生命內涵,展現弘講的學習成果;6月的畢業製作暨禪修專題發表會,十七位學僧運用文字、影像、音聲等媒材,呈現新世代弘法的創意與願力;10月承辦法鼓山大學院教育單位秋季說書比賽,共有十五位法師、學僧及大學院體系教職、義工參加,分享閱讀樂趣。

此外,僧大還為學生安排許多弘化學習,如寒暑假至全臺各分院參與活動,支援園區「第七屆大悲心水陸法會」前置作業;與慈基會義工實地慰訪關懷家庭及住院病友,深入了解大關懷教育的精神。

學僧刊物《法鼓文苑》第五期於10月出版,本期主題「僧教育這條路」,學僧們整理了創辦人聖嚴師父對僧才教育的理念脈絡,僧大副院長常寬法師、果光法師,戒長法師果徹法師等,也分享在團體中的安住之道。

香港東蓮覺苑參訪僧大,與學僧進行交流。

國際交流方面,僧大3月與韓國海印寺僧伽大學簽署學術交流合作協議,由院長方丈和尚果東法師代表簽訂,雙方將交流學術資源,拓展僧伽教育的視野。另一方面,3月香港東蓮覺苑弘法精舍「LCS領袖才能與溝通技巧培訓課程」學員於法鼓山園區體驗禪修,由四年級學僧帶領分享;5月中國大陸閩南佛學院師生一百三十六人參訪園區,僧大學僧也出席分享法鼓山僧伽教育的理念及特色。

(四)法鼓大學籌備處(法鼓人文社會學院)

在2013年1月20日法鼓山「歲末感恩分享會」中,方丈和尚果東法師與惠敏法師,向所有護法信眾表示,籌設中的法鼓人文社會學院將與佛教學院合併成為「法鼓大學」,可說是集中資源、發揮所長、承先啟後、開創歷史;惠敏法師也說明,法鼓大學將是華人地區第一所以佛教教育為主體的大學,以培育世界一流的佛教人才為己任,也是邁向頂尖、創造佛教歷史的契機。

循此契機,2月透過正式程序推動設置「法鼓學校財團法人」董事,並經教育部核定;3月陸續完成董事、董事長及監察人的聘任;5月則申請「法鼓學校財團法人」法人登記;12月,法鼓大學「禪悅書苑」取得使用執照,不僅是校園工程進度的重要里程碑,也讓法鼓大學的設校與成立,又向前邁進一大步。

在學程開設方面，第一階段將依既有的立基條件、法鼓山核心價值，並因應政府推動「人文創新與社會實踐」政策，循序開設已通過的「生命教育」、「社會企業與創新」、「環境與發展」、「社區社群再造」等四個碩士學位學程；此外，也將同時設置各研究中心，累積研究成果與專業師資團隊。

2013年，法鼓大學籌備處於1月及6月在德貴學苑舉辦兩場專題講座，邀請聖嚴師父法子繼程法師主講「得心自在」、「禪門過關」，分享在生活中運用禪修方法及佛法觀念，體驗心的自在，每場有近四百人參加。

四、護法會團體系

護法會團體系由在家居士組成，2013年度透過會團本部及海內外各地護法會、辦事處、共修處、聯絡處等單位組織，持續協助僧團提倡全面教育及落實整體關懷的理念，接引大眾在學佛路上，歡喜同行。

（一）會團本部（護法總會）

護法會團本部，現有護法會、法行會、法緣會、社會菁英禪修營共修會、榮譽董事會、法青會、教師聯誼會、禪坐會、念佛會、助念團、合唱團、義工團與信眾服務處，各會團彼此支援，並定期舉辦禪坐、念佛、讀書會等共修。

年度大型活動由護法總會及各地分院聯合舉辦的「得心自在‧2012年歲末感恩分享會」揭開序幕，共有七千三百多位信眾參加；5月的「正副會團長、轄召、召委聯席會議」，近一百五十位悅眾相聚臺中寶雲別苑，歡喜承擔報師恩；7至8月舉辦四場「感恩與關懷」活動，由僧團都監果光法師、行政中心副執行長常續法師說明法鼓山2014年年度主題、總體策略目標，凝聚彼此共識。

「新勸募會員授證典禮」於9月與10月，分別於高雄紫雲寺及北投雲來寺進行，方丈和尚為兩百多位新進會員授證，期勉傳承「弘揚佛法，續佛慧命」，成為法鼓山鼓手；「2014正副會團長、轄召、召委暨委員授證營」則於12月底在園區展開，惠

高雄南區護法信眾抱著小沙彌撲滿回紫雲寺，以行動展現願力。

敏法師帶領兩百六十多位悅眾巡禮法鼓大學校園工程，悅眾具體了解校園規畫，也堅定護持願心。

護法總會自2013年2月起，啟動「行動報師恩——小沙彌回法鼓山」活動，鼓勵大眾帶小沙彌回法鼓山，承續聖嚴師父興學大願。首場由北二與北五轄區共四百八十位護法信眾率先響應，帶著小沙彌撲滿前

教聯會於陽明山進行戶外禪，戴上眼罩，眾人化身毛毛蟲緩步前進，過程中清楚感受微風、陽光，體驗身心全然放鬆。

往北投農禪寺、桃園齋明寺捐出善款。2013全年共近三千人次參與，圓滿師父的悲願。

此外，護法總會委託文化中心製作的心靈環保生活手冊《幸福，從心開始！》於5月出版，書中收錄六篇聖嚴師父對「心靈環保」與「心五四」的簡要開示，配合義工的心得分享，引導讀者具體實踐心靈環保的觀念與方法，也接引社會大眾認識法鼓山的理念。

各會團2013年的重要活動，包括榮譽董事會舉辦三場榮董事頒聘典禮暨聯誼會，方丈和尚、榮董會會長劉偉剛出席關懷，共有九百多位榮董到場祝福並分享學佛成長。法行會、法緣會的例會中，由僧團法師講說經典大意或導讀聖嚴師父著作；12月，法行會舉辦「感恩音樂晚會暨新舊任會長交接典禮」，新任會長許仁壽期勉用佛法感化自己，感動他人。

教聯會全年舉辦一場心靈環保自我成長營及兩場進階研習營，均由佛研所所長果鏡法師帶領，引導學員運用「四它」覺察妄念、調伏瞋心；10月於陽明山進行戶外禪，體驗大自然生生不息的力量。合唱團5月在北投農禪寺舉辦悅眾成長營，內容包括發聲練習、音樂饗宴、練唱共修等，由團本部團長李俊賢帶領。

法青會各地分會則不定期開辦法音宣流、禪味鈔經班、梵唄班、身心SPA、一日心靈茶禪等成長課程，接引青年學子學習各種修行方法。其中身心SPA活動，於2至11月期間在德貴學苑展開五梯次，由青年院常元法師、常義法師帶領瑜伽伸展、禪坐體驗、遊戲動中禪等；一日心靈茶禪則於2至12月期間舉辦，全年共六場，由常元法師帶領品茶香、體驗禪淨。

7月於德貴學苑舉辦「王道之路——心潮青年四堂課」，美國紐約東初禪寺住持果醒法師以身心覺察、錄影放影、王與被王、青年的煩惱等主題，演說禪法在生活的應用，學習用禪修反思生活方向與目標。

（二）各地辦事處及共修處

護法會各地辦事處廣邀大眾參與地區共修。圖為中正萬華辦事處於青年公園帶領民眾體驗法鼓八式動禪。

2013年全臺灣共有四十一處辦事處、十九處共修處，新成立的雲林虎尾共修處歷經兩年籌備，於11月17日舉辦灑淨法會，由臺南分院監院果謙法師為新成立的共修處主持灑淨啟用儀式。虎尾共修處的成立，讓全臺各縣市都有法鼓山共修場所，就近接引民眾修學佛法。

各地辦事處及共修處的功能，主要在於提供行政辦公及信眾共修、聯誼之用，共修內容包括禪坐、念佛、菩薩誦戒會、法器練習，以及開辦讀書會、佛學及禪藝課程等，其他諸如百年樹人獎助學金頒發、聯合祝壽、歲末關懷及水陸法會等大型活動舉辦之際，辦事處及共修處也提供人力支援，共同成就。

其中，護法會中正萬華、中壢、海山、內湖等辦事處，於3月及4月舉辦多場都市經行活動，引領大眾在車水馬龍間，全程靜默，一步步感受禪修所帶來的安定力量，為5月的萬人禪修做行前準備；7、8月暑假期間舉辦的「2013法鼓山兒童心靈環保體驗營」，除了各分支道場，也在宜蘭、新莊、員林等地辦事處展開三場，以地區的力量陪伴學童成長；8月，三芝石門辦事處受邀與新北市石門區公所聯合主辦中元孝親祈福活動，為鄉親祝福。

（三）海外護法會

位於海外的弘化據點，包括美洲的北美，亞洲的香港、新加坡、泰國、馬來西亞等四個護法會；十個分會：北美護法會紐約分會、新澤西州分會、伊利諾州芝加哥分會、加州洛杉磯分會、加州舊金山分會、華盛頓州西雅圖分會，以及加拿大溫哥華分會、安省多倫多分會，澳洲的雪梨分會、墨爾本分會；以及美國十四個聯絡處、十個聯絡點，與歐洲一個聯絡處，兩個聯絡點。其中，倫敦聯絡處於本年新成立；新澤西州分會於5月舉行新道場灑淨儀式；9月雪梨分會新禪堂啟用；10月安省分會購置永久會所，提供當地民眾更優質的修學空間與完整的服務功能，

海外各弘化據點因應各地信眾不同的需求，除大型諸如新春活動、傳燈及浴佛、中元法會等，另安排有禪坐、念佛、讀書會、佛學課程等各式定期共修課程，僧團法師

也不定期前往弘法關懷，帶領禪修、法會或是各種佛學講座，與海外信眾分享法益。

在美洲方面，年度大型活動首推加州舊金山分會於10月舉辦的「千人禪修」，方丈和尚果東法師、紐約東初禪寺住持果醒法師等到場關懷，近六百位民眾體驗法鼓八式動禪，現場並設置心靈環保園遊會，引領大眾體驗生活禪法。而為圓滿成就此活動，於3至9月期間，分會義工在週末假日走入社區公園，推廣法鼓八式動禪，與灣區大眾分享利益身心的禪修；6月與7月共舉辦四梯次八式動禪心法研習，由果醒法師視訊連線帶領。

此外，舊金山分會2013年舉辦多項禪修活動，包括開辦初級禪訓班、禪一、禪三、戶外禪、念佛禪一、英文禪二、英文茶禪等；其中四月的禪修活動，邀請聖嚴師父西方法子吉伯·古帝亞茲（Gilbert Gutierrez）帶領，內容包括禪修講座「禪法的入門方便」、禪一、戶外禪。東初禪寺常諦法師也應舊金山星島中文電臺之邀，於六次訪談節目中，以「生活禪」為主題，分享禪與現代生活、如何學習放鬆、什麼是禪，以及如何在日常生活中應用禪的智慧等。

西雅圖分會於3月舉辦默照禪三，由東初禪寺果明法師帶領；6月，僧團果舫法師前來弘法關懷，包括舉辦念佛禪一、帶領法會，並於佛法講座中分享「淨土法門」、「梵唄與佛事」；8月，有僧大講師常延法師主講「時時處處自在安樂──漢傳禪法的正念修行」，並導讀聖嚴師父著作《修行在紅塵──維摩經六講》，共十堂；10月，由果舫法師主講六堂「《梁皇寶懺》講要」，並舉辦水陸法會說明會，介紹水陸法會的意義及歷史因緣；11月舉辦成立滿十二週年慶系列活動，包括「心靈饗宴──感恩關懷聯誼會」、藥師法會、皈依典禮與佛學講座等，義工也主動參與規畫、場布、協調等工作，不僅凝聚力量，也帶動分會持續成長茁壯。

新澤西州分會4月啟動「觀音菩薩千手千眼」勸募方案，籲請大眾共同護持成就新道場的啟建；有鑑於包括美國波士頓、德州連環爆炸、中西部州水患，以及中國大陸四川雅安地震等的頻繁災難，分會並舉辦誦《地藏經》共修活動，祈願世界和平與平安。

而在臺灣廣受好評的聖嚴書院佛學班課程，2013

新州佛學初階班一上課程圓滿，常諦法師頒發用功加油獎、全勤獎、作業精進獎、熱心服務獎給學員。

年於新澤西州分會開辦初階班，這是聖嚴書院首次在美國東岸開班，開課同時，亦進行「聖嚴書院佛學初階班附設兒童、青少年英語佛法班」課程，內容包括基本佛法觀念，並安排團康、演講、郊遊等活動，接引下一代學佛，推廣佛化家庭。

芝加哥分會3月舉行英文自我成長工作坊，主題是「活在二十一世紀——重新改造生命的未來」（Living in the 21st Century: Rewriting the Future of Your Life），由美國紐約東初禪寺常濟法師、常齊法師帶領；7月的系列禪修活動，邀請聖嚴師父西方法子吉伯・古帝亞茲帶領，分享聖嚴師父的禪法心要。

安省多倫多分會於2、9月舉辦系列弘法活動，由果醒法師主持佛學與禪學講座、法會、禪修等，內容多元，引領大眾認識漢傳佛法的活潑意趣與實用；11月舉辦「Getaway to Chan英文三日禪修營」，播放美國佛羅里達州立大學助理教授俞永峯介紹默照禪與話頭禪的心要及練習方法的影片，接引西方人進一步認識漢傳禪法。

亞洲方面，香港護法會全年禪修、念佛、法會、講座活動不斷，其中初級禪訓班舉辦九場，2013年並於兩天的課程外，增加三堂實踐篇，深入講說禪修觀念，並提供結業學員禪坐和法鼓八式動禪的引導與練習，體驗安定的力量。

3月舉辦悅眾禪三及悅眾及義工成長營，分別由禪修中心副都監果元法師與文化中心副都監果賢法師帶領；4月舉辦青年卓越禪修營，八十位學員在活潑的禪修與心靈活動中，放鬆身心、紓解壓力、自我成長；6月則由果醒法師主持生活禪、佛法講座「生生世世菩薩行」、楞嚴禪修營等；10月邀請聖嚴師父法子果峻法師主講「禪修與快樂遊戲三昧」，並帶領禪五，法師教導禪眾調身、調息及調心的方法，也解說入靜、止靜到出靜的禪坐三階段，說明禪修就是生活，覺悟自己的生活，清楚自己的生活，以致更懂得如何生活。

另一方面，分會1月應邀參加香港壘球總會舉辦的「七十六週年嘉年華會」，設立專區推廣「聖嚴法師108自在語」與相關結緣書籍，與民眾分享法鼓山的理念；9月，方丈和尚於香港弘法關懷，除舉辦皈依儀式，並以「擁抱幸福城市——從心靈環保說起」為題，與近四百位聽眾分享安定身心的生活智慧。10月，福田班第六次課程「體驗法

香港分會2013年成立《人生》讀者聚會，由果興法師帶領大眾共讀《人生》、體驗人生。

鼓山」，在常展法師帶領下，一百二十多位學員來臺參訪北投農禪寺、中華佛教文化館、三峽天南寺及德貴學苑，領受法鼓山的禪悅境教及聖嚴師父的悲願。

為推廣共讀《人生》雜誌，香港分會於10月成立了《人生》讀者聚會，由僧團果興法師帶領討論，引領大眾獲得豐富修行的資料。

新加坡護法會於4月在當地大悲佛教中心舉辦清明報恩佛三，由僧團果弘法師前往帶領精進念佛；法會前，法師先於護法會講授「念佛法門」，讓大眾認識念佛法門；8月，三學院監院果慨法師於新加坡弘法，除為「《法華三昧懺儀》研習營」授課，並展開水陸法會說明會，及帶領中元報恩地藏法會；10月的初階禪七，由臺南分院監院果謙法師帶領體驗身心沉澱和內省的法喜。12月底的「心·生活」Fun鬆體驗營，由青年院四位法師帶領，近六十位新加坡、馬來西亞青年學員學習安全、紮實的禪修方法。

2013年護法會也邀請了佛教學院校長惠敏法師、助理教授溫宗堃與研究助理辜琮瑜展開多場講座，包括「慈悲禪修之心智科學」、「正念減壓和現代生活」、「佛法與心靈療癒」等，分享佛法在現代生活的多元應用；12月的三場專題講座，由青年院常澧法師、常鐸法師、常元法師分別主講「The Present ——不一樣的『心』禮物」、「法鼓山僧大的生活介紹」及「大白牛車——以話頭禪為見性的方法探討」，提昇青年心中的正向能量。

南半球的澳洲墨爾本分會，首先於2月舉辦傳燈法會；7月，僧團果啟法師前來關懷，並帶領念佛禪、英文禪三與佛學課程，期盼漢傳禪法能在澳洲扎根。方丈和尚果東法師9月前往澳洲弘法時，於墨爾本弘講「『心五四』心生活」，分享心靈環保的生活實踐。

雪梨分會例行共修，為每週一次的禪坐共修，2013年的重要活動，包括3月與4月間果醒法師前來弘法，除了舉辦佛法講座，並帶領禪修活動；5月的專題講座，由人基會副祕書長陳錦宗主講「身心健康與心靈環保」；9月方丈和尚澳洲弘法關懷期間，為雪梨分會的新禪堂主持灑淨儀式，也於雪梨大學（University of Sydney）主講「禪，隨身幸福」，鼓勵大眾活用禪法，將內在的清淨、慈悲和智慧顯露出來。

五、相關基金會、服務中心

（一）聖嚴教育基金會

聖基會戮力落實聖嚴師父思想及漢傳佛教的普化教育與深化教育，2013年重點工作含括舉辦學術講座、出版及推廣師父相關結緣書籍等。

與臺灣大學哲學系於5月簽署成立「漢傳佛學研究室」，提供設立「聖嚴漢傳佛學研究生獎學金」、「聖嚴佛學博士後研究員」、舉辦「漢傳佛典解讀研習會」等，培育新一代漢傳佛學研究學術人才。7至12月舉辦佛典研讀會，邀請學者導讀《大智度論》、《大般若經》，深入佛教法義。

另一項與國內高等學府的合作計畫,則是10月由政治大學頒發聘書聘請美國哥倫比亞大學(Columbia University)教授于君方擔任政大「聖嚴漢傳佛教講座」教授,開設「中國佛教裡的菩薩信仰」課程,並以英文授課,啟發國內學生更寬廣的研究視野。

行之有年的「經典講座」,2013年共舉辦兩場,除由三學院僧才培育室室主常慧法師主講「〈信心銘〉講要——以聖嚴法師《心的詩偈——信心銘講錄》為主」,共十七堂;也邀請美國佛羅里達州立大學助理教授俞永峯主講五堂「法鼓禪音——分享聖嚴師父的禪修思想」,帶領學員深入了解「中華禪法鼓宗」的歷史傳承與發展。

其他活動包括1月於德貴學苑舉辦「兒童生活教育作文及繪畫比賽」頒獎典禮,由關懷中心副都監果器法師、聖基會董事長蔡清彥、董事傅佩芳等擔任頒獎人,千餘件作品活潑呈現心靈環保理念;與教聯會聯合舉辦的「102年兒童生活教育寫畫創作」比賽,於6月至9月期間展開徵件,以《自在神童3D動畫》為主題,邀請全國各公、私立小學與幼兒園學生參加,透過活動提昇人文素養及推廣生命教育。

結緣書籍出版、推廣方面,2013年共出版四本新書,包括《阿彌陀佛與淨土法門》、《以禪心過好生活》,分享聖嚴師父淨土、禪修法門智慧開示;《今生與師父有約》第四、五集,則是東、西方僧俗弟子回顧與聖嚴師父的道情。

(二)法鼓山人文社會基金會

推動「心六倫」與「關懷生命」理念,落實「人文社會化,社會人文化」願景的人基會,2013年透過講座、劇團演出、音樂會等各類型活動,啟發大眾對倫理與生命的關注、認同,共創和諧幸福的社會。

為深耕「心六倫」,人基會自2013年開始,展開每年深耕一個倫理的計畫,本年以推動「家庭倫理」為主軸,重點工作項目包括於9至12月期間,與法鼓山社大、群馨慈善基金會合作推動為期三年「新住民深耕計畫」,選定新北市萬里區大坪國小、金山區中角國小、石門區老梅國小等三所新住民重點學校實施,內容包括為新住民媽媽開設烹飪、臺灣語言與民俗等八堂課,也為學童舉辦說故事或其他體驗活動。

而結合國泰慈善基金會等公益團體,共同籌辦的「2013轉動

2013年心劇團《媽媽萬歲》全臺巡演,10月26日於新北市板橋第一體育場戶外廣場展開首場大型戶外公演,工作人員與小朋友歡喜合影。

幸福——媽媽萬歲」心劇團巡演活動，也於10至12月期間，在全臺進行二十場演出，包括十七場校園巡演與深耕計畫及三場戶外公演，藉由戲劇展現對新住民的關懷。

「心劇團」也於7月受邀參與實踐大學主辦的「2013緬甸偏鄉暑期志工服務」活動，於該國佛教孤兒院、天主教孤兒院、興華中學等三處，演出劇作《世界一花——花花的幸福種子》，帶領當地小朋友感受奇幻的戲劇藝術；8月，於德貴學苑舉辦三梯次「2013幸福體驗親子營」，每梯次有近六十對親子共學，感受心六倫的幸福力量。

呼應2013年「得心自在」主題年，人基會每月舉辦心靈講座，邀請各界專業人士探討得心自在的人生智慧；與教育廣播電臺合作製播的《幸福密碼》節目，2013年以心靈環保、心六倫及關懷生命為主軸，持續邀請社會賢達人士及專家學者，分享實踐倫理生活的面向和作法。

另一方面，與法務部合作推動的生命教育專案，4月於屏東監獄舉辦音樂會，邀請音樂工作者齊豫演唱，以歌聲關懷收容人。

（三）社會大學服務中心

提供地區民眾終身學習平臺的社會大學，2013年於金山、北投、新莊等校區，共開辦近兩百門課程，內容豐富多元，涵蓋生活技能、心靈、藝術、語文、環保等層面，期許學員透過多元學習，充實生命，讓心靈更富足。本年學員近五千人次。

六、支援運籌體系——行政中心

行政中心是法鼓山體系主要行政及支援運籌的服務單位，包括副執行長室、專案祕書室、公共關係室、建設工程處、經營規畫處、財會處、文宣處、資訊處、人力資源處、活動處、總務處等，因應體系內各組織舉辦活動、運作的需求，提供相關協助及服務。

其中，專案祕書處持續舉辦社會菁英禪修營，活動處則承辦第二十屆佛化聯合祝壽、第十八屆佛化聯合婚禮等大型活動；專司體系內人員召募、教育訓練、人事管理等職責的人力資源處，2013年共舉辦八場教育與職能訓練課程，內容包括職場專業企畫、危機處理等世學議題，同時也涵蓋佛法及禪修在職場上的運用，以為提昇專職之職能養成。

結語

2013年是法鼓山「得心自在年」，法鼓山體系組織持續弘化步伐，僧俗四眾齊心協力深耕大普化、大關懷、大學院三大教育領域，並透過國際參與，讓漢傳佛教得以與世界接軌；法鼓山期許帶領大眾透過「心」的體驗，建設內外自在的淨土，具體實踐心自在，身自在，身心自在，福慧自在，於人間落實菩薩行。

實踐

大普化教育
佛法領航　微笑臺灣幸福國度

大關懷教育
雙向互動　成就入世化世菩薩願行

大學院教育
跨領域交流　佛學與世學展開對話

國際弘化
傳承與分享　漢傳佛法芬芳遍全球

實踐

壹【大普化教育】

大普化教育是啟蒙心靈的舵手，
引領眾生從自心清淨做起，
培養學法、弘法、護法的菩薩，
敲響慈悲和智慧的法鼓，
建設人間為一片淨土。

佛法領航
微笑臺灣幸福國度

大普化教育在2013年，引領大眾從自心清淨做起，
不論是禪修推廣、佛學教育、法會共修、文化出版與推廣，
內涵契應心靈環保、融攝修行與教育，並結合當代科技與文化，
於佛法上，開創跨越時空弘法多元新面貌，是開拓者；
於社會間，啟蒙大眾心靈，得心自在有幸福，是領航者。

2013年，於北臺灣，法鼓山再度將禪堂搬到臺北街頭，帶領大眾在喧囂的城市中體驗動禪心法，並特別融入「微笑禪」，提出「以禪心過好生活，以禪行關懷世界」，讓禪法與生活相融，現場近萬個語靜默、身安定、心自在的身影，用微笑溫暖城市。

於南臺灣，則以「抱願不抱怨，看見幸福城市」座談會傳遞幸福種子。在具有三百年歷史、文化底蘊豐厚的臺南古都，方丈和尚與臺南市長賴清德帶領市民，藉著「抱願不抱怨」的心念實際體驗生活中的有感幸福，再透過心六倫的實踐感受生命溫潤與心靈開闊的無形幸福，以佛法領航，開創幸福國度。

綜括而言，本年的大普化教育，因應現代人的不同需求，在禪修推廣、佛學教育、法會共修、文化出版與推廣等面向，持續以多元形式，廣傳利益人間的教法，接引全球大眾在學佛路上歡喜、精進同行。

禪修推廣

禪修推廣，是法鼓山大普化教育的主軸之一。2013年除了5月的大型活動「萬人禪修」，另針對不同修行層次的社會大眾，禪修中心及各地分院共舉辦了包括初階、話頭、默照、念佛禪及教理研習營等各類活動，不僅提供安全、完整的禪修學習次第，也加強禪修者在法義上的理解，並落實於日常生活，讓佛法與生命結合，使生命更踏實。

回應現代人忙碌的生活步調，本年持續推廣「Fun鬆一日禪」、「禪悅四日營」等結合休閒與修行的活動，除了坐禪的觀念和方法，內容著重各種動禪的學習，如走路禪、吃飯禪、出坡禪、戶外禪等課程，帶領大眾如實

體會禪修在生活中的活潑應用。

另一方面，針對沒有禪修經驗的上班族、社會青年，傳燈院「般若禪坐會本部」結合地區力量，於地區推廣「輕鬆學禪」共修課程，內容包括：動禪、禪坐，每週還安排觀看聖嚴師父開示影片、法師Q&A、讀書會、生活禪、心得分享等，以輕鬆、自在的氛圍，引領初學者放鬆身心、認識自我與體驗安定。

而為培養更多禪修種子人才及師資，禪修中心持續開辦各類禪修課程的義工學長、輔導學長培訓、禪坐帶領人培訓等，不僅提昇悅眾對禪修內涵的了解，也透過資深禪眾的參與，藉由學長帶領學員學習，讓關懷與指導更貼近現代人不同的需求。

此外，青年院也致力接引年輕人親近禪法，本年以禪修之旅為主軸，舉辦三場「青年卓越禪修營」，引導學員藉由禪修成長自己，反思生活方向與生命目標；更首度舉辦「心・生活高中營」，引導十五至十九歲的高中學子學習人際互動，拓展學習視野。

佛學教育

落實生活實用，是法鼓山大普化教育的最大特色。豐富多元的課程，提供大眾有次第地修學佛法，在菩提道上安住。

2013年在佛學入門部分，包括讀書會、心靈茶會、快樂學佛人、法鼓長青班，以及各地分院的佛學弘講課程，以佛法觀念疏導生活中的煩惱，接引一般社會大眾認識佛法的妙用。其中，以佛法引領長者重新與社會連結的長青班課程，本年首度於新北市新莊、臺東縣成功社區，以及美國加州洛杉磯道場開辦，讓長者參與課程更便利。

聖嚴書院則涵蓋基礎與進階佛學課程，依序分有福田班、佛學班及禪學班，完備的普及教育，系統介紹法鼓山的理念、佛法知見及漢傳佛教內涵，本年共有逾八千位學員參與，象徵聖嚴師父分享佛法的願心，持續透過學員在各地傳承與深植。

針對已有佛學基礎的信眾，除了開設進階佛學課程，提供精進學習的管道之外；本年也首度舉辦「普化教育悅眾充電營」，並展開兩梯次關懷員培訓課程，鼓勵信眾擔任讀書會帶領人或是快樂學佛人、福田班、佛學班的關懷員，藉由服務他人、與人互動，體會佛法自利利他的真義。

因應時代趨勢，法鼓山的佛學教育也結合豐碩的學習資源及現代科技，在數位學習推廣方面，心靈環保學習網除開辦直播課程「法鼓講堂」，整合運用數位課程與實體課程，並同步上傳至YouTube、土豆網等影音平臺；聖嚴師父《大法鼓》節目一千一百五十集也於本年完整上線。至2013年底已有近四百門課程、三千支影片上線；並整合文字、影音、出版品等資源，製作APP，提供行動裝置服

務。長年推動開放課程的交通大學應用數學系副教授白啟光，在「佛教與數位學習發展研討會」上，肯定讚歎法鼓山在建置數位課程過程中，活用現代通訊技術，使素材具備互通性與可複用性，值得各界學習。

此外，為服務一般大眾，各分支道場及相關基金會也致力於結合生活與佛法的相關活動推廣，如安和分院「自在人生」系列講座、「烽火家人」講座，臺中分院「寶雲講談」，臺南分院「幸福城市守護您」講座，皆由僧團法師及專家學者，分享佛法體驗與幸福的真諦；人基會「2013得心自在心靈講座」，則從多元面向引導大眾開發得心自在的幸福圓滿人生觀。

「兒童心靈環保體驗營」於7、8月暑假期間，在全臺及美國紐約象岡道場、加拿大溫哥華道場等地展開，內容以生活教育、心靈成長為主軸，共有一千四百多位學童在歡樂中學習心

靈環保的理念與實踐；「2013幸福體驗親子營」也於8月舉辦三梯次，以表演藝術、故事分享等親子共學活動，讓家長與學齡前孩童感受到心六倫帶來的幸福力量。

法會共修

具足教育與修行意涵的法會共修，不僅凝聚大眾精進共修的力量與願力，也普及佛法對社會人心及風氣習俗的淨化；更讓法會「慈悲」與「祝福」的精神無限延伸。

2013年第七屆大悲心水陸法會，首創「雲端牌位」，延續數位牌位的理念，結合慈悲觀修持與三檀等施觀念，轉化與提昇傳統消災超薦的形式，從寫牌位開始，回歸佛法修持的內涵；擴大舉辦的「分處共修」，將清淨攝受的壇場，延伸至各分支道場；而「網路共修」則把壇場跨時空延伸，讓法會成為方便修持的法門。

大悲心水陸法會已成為許多信眾的年度共修功課。圖為大眾在法師的引導下，精進共修情形。

2013年總本山及全球各分支道場，除定期念佛共修、藥師法會、地藏法會、大悲懺法會外，隨著時序推遞，也分別舉辦新春普佛、元宵燃燈供佛、清明報恩、中元等法會，大眾藉由梵唄音聲、持咒、禮佛、誦念經文等，將佛法內化於生命，也

安定身心。而在聖嚴師父圓寂四週年之際舉辦的傳燈法會，全球僧俗四眾共近七千人以念佛或禪坐等共修，緬懷師父教法，相續共創淨土的悲願。

本年共舉辦三場祈福皈依大典，分別於園區及臺東信行寺展開，共有近一千八百位民眾皈依三寶，開啟修福修慧的學佛之路；在家菩薩戒則於3月分兩梯次舉行，逾一千人受戒，共學菩薩精神。

文化出版與推廣

整合文字出版、影像音聲、修行用品的製作與開發，是大普化教育的另一重要範疇。

2013年法鼓文化共出版三十一項新品，涵蓋佛法義理、禪修指導、心靈成長等主題，取材多元，包括文字、圖像、繪本，契入不同社群的需求，其中全新書系「禪修follow me」，針對繁忙上班族，藉由禪修觀念與引導，提供安定身心的指引，備受好評。

全年十二期的《人生》雜誌，則以漢傳佛教修行結合日常生活為出版方向，專題涵括佛教經典、修行法門、佛教文化等，以圖解修行、解答疑惑的編輯方式，帶領讀者深入各修行法門；專欄方面，聚焦人文關懷、佛教藝術等，拓展佛法於生活中的活用面向，提昇人文素養與關懷。

網路電視臺2013年全新製播《與方丈和尚有約》節目，由方丈和尚果東法師分享青年學佛、生死關懷等議題的清涼開示；也首度製作系列公益微電影「映畫心世代」，從劇本、演出、拍攝到剪輯，全部由年輕世代承擔。

回應電子時代的閱讀需求，聖嚴師父講經有聲書《心經觀自在》、《金剛經如是說》等，2013年也在臺灣三大電信通路上架，隨時隨地均可為生活注入安心的能量。

另一方面，本年也啟動「聖嚴師父文物史料數位典藏專案」，以數位方式典藏聖嚴師父的書稿、手稿、書信等文物史料，並進行推廣與研究，讓師父的法身慧命，可以跨越時空，利澤人間。

結語

大普化教育的推廣深入社會各層面，將漢傳禪佛法、法鼓山的理念、聖嚴師父的教法，跨越時空距離，廣與大眾分享。本年推動的「新住民深耕計畫」，即於新北市的老梅、大坪、中角三所國小進行深耕課程，由法鼓山社大的老師們，為來自大陸、越南、印尼的媽媽們，教授認識臺灣鄉土語文、風俗文化、飲食料理等課程，協助新住民媽媽融入家庭與社會，促成族群更融合、社會更和諧。

2013年，大普化教育以多元豐富的課程及各式共學共修的活動，秉持發揮教育與關懷的初衷，持續推動淨化人心、淨化社會的工作，朝建設人間淨土的大願邁進。

● 01.01～10.01期間

法鼓文化「禪修 follow me」書系出版
收錄聖嚴師父禪修開示 提供禪法解答

為了讓忙碌的社會大眾，運用禪法安定身心，法鼓文化 2013 年企畫全新書系「禪修 follow me」，第一本《放鬆禪──上班族 40 則放鬆指引》於 1 月 1 日出版。

新書系「禪修 follow me」是為二十至五十歲上班族緊張、忙亂、壓力的生活而量身打造，針對生活環境與身心經驗，提出各式問題，企畫放鬆、當下、幸福、安身、安心、放下等主題，再從聖嚴師父的禪修開示中精選編錄四十篇，提供相應的禪法解答，透過層次化引導，建立清晰的觀念，方法實用易於吸收學習，提供現代人心靈節能、調整工作節奏，並改善人際關係，進而影響周遭的人，產生正面能量。

書中並收錄禪修中心提供之「馬上體驗」單元，包括微笑、吃飯、走路等生活禪法運用，簡單、易學的方法，引領上班族體驗禪法的活潑妙用。

「禪修 follow me」系列書籍，2013 年出版四本，除《放鬆禪──上班族 40 則放鬆指引》，《當下禪──上班族 40 則活在當下指引》、《幸福禪──上班族 40 則幸福指引》、《安身禪──上班族 40 則安身立命指引》，分別於 4 月 1 日、7 月 1 日、10 月 1 日出版，與大眾分享聖嚴師父契入生活的禪修智慧。

法鼓文化 2013 年企畫出版全新書系「禪修 follow me」，廣與大眾分享聖嚴師父的禪修智慧。

● 01.01～12.31

網路電視臺每月精選「主題影片」
重溫聖嚴師父智慧開示

法鼓山網路電視臺每月的「主題影片」單元，自 2012 年 1 月播出以來，觀眾點閱相當踴躍。2013 年的「主題影片」，每月針對不同學佛主題，包括心

五四、禪修、生命智慧等，精選聖嚴師父相關的開示影片，讓人重溫師父深入淺出的精闢開示。

除了聖嚴師父的開示影片，「主題影片」並加上延伸閱讀，提供師父相關著作資訊、《人生》雜誌專題精選文章，讓觀眾更深入主題內涵；若錯過當月「主題影片」，只要點進「歷史主題」，就可以找到製播以來的所有影片及延伸閱讀，隨時為心靈注入能量。

網路電視臺每月主題影片單元，引領大眾重溫聖嚴師父智慧開示。

法鼓山網路電視臺 http://ddmtv.ddm.org.tw。

2013 法鼓山網路電視臺每月精選「主題影片」一覽

月份	主題
1	心五四新生活——以「心五四」智慧過生活
2	發好願・過好年——發願自利利人
3	得心自在——身心如何自在
4	生命導航——尋找生命意義
5	放鬆禪——禪修初體驗
6	人生新視野——自我成長與超越
7	達人與貴人——職場智慧
8	愛情沒煩惱——如何走出情關
9	愛的成長路——用心陪孩子成長
10	存好心，說好話——溝通與說話的藝術
11	心好生活——如何落實心靈環保
12	知福惜福有幸福——幸福新主張

● 01.01～12.31

《大法鼓》節目一千一百五十集完整上線
可隨時隨地觀看的影音智慧寶庫

普化中心歷經一年半時間，將廣受歡迎的聖嚴師父《大法鼓》節目，整理出一千一百五十集，在法鼓山心靈環保學習網、法鼓山網路電視臺、Youtube，以及土豆網完整呈現，大眾隨時隨地可以透過網路或智慧手機聆聽、觀看師父的開示。

《大法鼓》自1994年開播,雖然每集只有十分鐘,但聖嚴師父在節目中以佛法的智慧,針對感情生活、親子問題、家庭關係、工作事業、升學壓力、社會問題等生活中的各項考驗,提供睿智的開示,引導觀眾心開意解,生活自在平安。

● 01.02～10.30期間

「法鼓講堂」佛學課程全年七講
心靈環保學習網線上直播

7月的法鼓講堂,主現場於農禪寺進行,由果醒法師講授「神會禪師的悟境」。

普化中心於1月2日至10月30日期間,週三晚上開辦「法鼓講堂」佛學課程,主場地上半年設於北投雲來寺,下半年於北投農禪寺。課程同時在法鼓山心靈環保學習網進行線上直播,提供全球學員上網聽講,並參與課程討論。

2013年「法鼓講堂」佛學課程主題,包括《楞嚴經》、《如來藏經》、《佛說觀普賢菩薩行法經》等三部經典, 以及「《楞嚴經》與默照禪、話頭禪」、「神會禪師的悟境」、「佛陀的解毒妙方——化解『貪毒』」等修行法門,分別由僧團法師,或邀請專家學者主講,帶領學員認識經藏、學習佛法在生活上的應用。

參與課程的學員雖分散各地,透過無遠弗屆的網路,眾人可直接在線上提問、溝通,及時分享與討論;另一方面,「法鼓講堂」線上 Live 直播的所有課程,也完整收錄於心靈環保學習網網站中,讓學佛無時間、空間的限制。

2013「法鼓講堂」佛學課程一覽

課程名稱	時間	授課講師
《楞嚴經》與默照禪、話頭禪	1月2至23日	果醒法師(法鼓山美國紐約東初禪寺住持)
尋覓真心——《楞嚴經》卷一導讀	3月6至27日	胡健財(華梵大學中文系副教授)
佛陀的解毒妙方——化解「貪毒」	4月3至24日	常慧法師(法鼓山三學院僧才培育室室主)
《如來藏經》尋寶去	5月8至29日	朱秀容(聖嚴書院佛學課程講師)
神會禪師的悟境	7月10至31日	果醒法師(法鼓山美國紐約東初禪寺住持)
《佛說觀普賢菩薩行法經》	8月7日至9月25日	果見法師(法鼓山國際發展處監院)
《三時繫念佛事》概說	10月2至30日	果傳法師(法鼓山僧團法師)

● 01.05～06.08期間

高雄紫雲寺開辦健康人生講座
許禮安醫師分享樂觀豁達的心靈

　　1月5日至6月8日期間，高雄紫雲寺開辦五場「生命關懷系列健康人生講座」，邀請衛生署屏東醫院家庭醫學科主治醫師，也是臺灣安寧緩和醫學學會理事許禮安主講，每場有一百多人參加。

　　系列講座的主題，包括：家庭醫學科與預防保健觀念、常見疾病之防治與預防癌症、他不是故意忘記的——失智症、病人權利與安寧緩和醫療條例、生命關懷與安寧療護理念簡介。許禮安醫師幽默分享多

許禮安醫師於健康人生講座中，分享保健養生知識。

年臨床的醫學經驗與知識，教導聽眾在日常生活中如何做好保健與養生，也提醒大眾不僅要注重色身的保健，也要培養樂觀豁達的心靈。

　　監院果迦法師全程參與聆聽，並在最後一場致詞時，讚歎許醫師立志不當名醫，而發願當病患朋友的慈悲喜捨精神，也希望人人身心健康有幸福。

● 01.06～12.29期間

人基會與教育電臺合製《幸福密碼》節目
廣邀各界賢達分享生命經驗、傳遞幸福

　　人基會與教育廣播電臺合作製播的《幸福密碼》節目，在 2012 年引起廣大回響，2013 年持續邀請社會各界知名人士及專家學者分享生命故事、實踐生活倫理的作法，分季節目由資深媒體工作者胡麗桂、陳月卿，以及聲樂家張杏月、趨勢科技文化長陳怡蓁擔任主持人，於每週日下午該臺各地頻道播出。

畫家吳炫三（右）接受主持人陳怡蓁（左）專訪，分享在巴黎學畫的回憶。

　　本年《幸福密碼》以心靈環保、心六倫及關懷生命為主軸。在宗教界方面，法鼓山美國紐約東初禪寺住持果醒法師於3月為聽眾解惑「快樂與憂傷」，法師表示，見事歡喜，或是遇境憂傷，都屬於內心反

應外在環境而起的心理作用，情緒本身就是一種選擇，只是一般人不容易察覺心的變化，因此受慣性制約作出反應；法師提醒，遇到外境，可以選擇正面或負面情緒，還有一種是超越於正負情緒，偏向正面而又超越於正、負面選擇。

藝文界人士，包括畫家奚淞說明年輕時在巴黎學畫、習藝術，體會到創作熱情及真諦，引發回臺後，在本土文化的努力及耕耘；美學評論者蔣勳也分享年少時光，及對文學、對生命、對美感的熱愛。《魅力》雜誌發行人暨音樂工作者賴佩霞，則在節目中暢談二十年來的修行，如何在生命旅程中探索自己，找尋回家的道路。

其他受訪者，還包括宏碁集團創辦人施振榮、陽明大學神經科學研究所教授洪蘭、建築師劉培森等專業人士，透過對各界賢達的訪問，傳遞對生命與心靈安定的關懷。

● 01.08　04.16　07.09　10.08

方丈和尚全年四場精神講話
勉勵專職同仁珍惜因緣　成長奉獻

方丈和尚果東法師 2013 年對法鼓山僧團法師、體系專職同仁進行的四場精神講話，分別於 1 月 8 日、4 月 16 日、7 月 9 日、10 月 8 日於北投雲來寺展開，全臺各分院道場、海外的馬來西亞道場、北美護法會加州舊金山分會也同步視訊連線聆聽開示。

第二季精神講話中，方丈和尚勉眾從生命共同體的整體觀來看待人事物，更能體諒與包容。

第一季的精神講話於 1 月 8 日舉行，方丈和尚說明「得心自在」是 2013 年的年度主題，仍以法鼓山理念的核心主軸「心靈環保」為著力點，從自己實踐，進而影響社會；而法鼓山是以僧團為核心，以居士菩薩為護法，包括專職體系、護法組織到各個基金會，都是團體不可或缺的組成。方丈和尚引用聖嚴師父所言，工作沒有大小之分，只有任務的不同，勉勵大眾在各自崗位上，扮演不同的角色，共同為淨化人心、淨化社會，分工與合作。

4 月 16 日的精神講話中，方丈和尚期勉眾人，在團體中，有的人反應快，有的人思考長遠，或是處理事情的角度不同，如果只站在個人立場看事情，很可能會起煩惱；如果能從生命共同體的整體觀來看待，更能體諒與包容。

第三季的精神講話在 7 月 9 日舉行，方丈和尚表示，認知自己能力不足，是自我肯定的開始，而從自我肯定起，開始成就信心、成長願心；並說明信心、願心，始於謙卑，由於謙卑，更能珍惜因緣、把握因緣，加上恆心、毅力，才能讓事情圓滿，也讓自己成長。

10 月 8 日第四季精神講話，方丈和尚分享對「大地觀」的體會，大地如母親，滋長萬物，承載一切，包容眾生，沒有絲毫怨言，如同佛菩薩的大悲願心；聖嚴師父提倡心靈環保，希望大眾學習同等的胸襟，從心靈環保推及至生活環保、禮儀環保和自然環保，唯有如此，才能達到整體關懷。

在每場方丈和尚精神講話之前，均會先播放一段聖嚴師父的開示影片，各場影片主題分別是「心靈環保，得心自在」、「千手護持，千眼照見」、「肯定自我、信心、願心」以及「大地觀」，讓所有專職、義工更深入認識法鼓山的理念，也讓個人和團體精進成長，為社會大眾服務。

● 01.10～2014.07.06期間

聖嚴書院「福田班」課程
帶領義工開展自利利人的服務奉獻生涯

1 月 10 日至 2014 年 7 月 6 日期間，普化中心於法鼓山園區、北投農禪寺、雲來寺、臺北安和分院、三峽天南寺、桃園齋明寺、臺中寶雲別苑、高雄紫雲寺，以及海外香港護法會開辦聖嚴書院「福田班」義工培訓課程，全年共開辦十個班次，計有兩千多人參加。

福田班每月上課一次，共計十次課程，內容多元，包括心靈環保、三大教

福田班學員，同班攜手修福修慧。圖為農禪班上課情形。

育、四種環保以及各項修行法門、關懷服務等，提供學員綜觀的視野，完整認識法鼓山的理念、組織及各項弘化工作；也由資深義工於課堂上分享交流，協助學員建立服務奉獻的正確心態。

福田班課程並結合義工的實際作業，不僅上課期間須輪流出坡，協助場布、齋清及善後，也安排學員前往各分支道場參訪或參與活動，引導認同法鼓山的理念，並進一步了解其精神與內涵。

許多學員表示，透過「解門」與「行門」並重的課程學習，可以落實佛法生活化，實踐服務奉獻的福慧人生。

「快樂學佛人」系列課程
接引大眾踏出快樂學佛第一步

「快樂學佛人」系列課程，接引學佛新鮮人掌握學佛入門和次第。圖為在安和分院進行的課程。

普化中心專為學佛新手設計的「快樂學佛人」系列課程，於1月12日至12月22日期間，在北投農禪寺、臺北安和分院、桃園齋明寺、臺中分院、臺南分院、臺南雲集寺、高雄紫雲寺、臺東信行寺、臺北中山精舍、基隆精舍，與護法會中永和、新莊、海山、蘆洲、羅東等五處辦事處，以及海外的加拿大溫哥華道場、馬來西亞道場、香港護法會等地，共開辦二十七梯次，每梯次有逾百人參加。

「快樂學佛人」每梯次課程分為三堂，主題包括「認識三寶」、「認識法鼓山」以及「踏上學佛之路」，除了引導學員認識佛教的基本精神與內涵，更透過學佛行儀、體驗出坡禪等單元，讓學員練習將新學到的觀念與方法應用於日常生活，了解佛法不只是文字般若，而是隨時都可以運用自如的生活智慧。

除了提供新皈依弟子或有意願參與法鼓山會團共修福慧的大眾，輕鬆入門的學佛管道，普化中心也期望學員們藉由學習各種基礎修行法門，對法鼓山的心靈環保與禪修，有概要的認識。

●01.13

雲集寺舉辦一日放鬆生活禪
果醒法師帶領從生活實例理解空性

臺南雲集寺於1月13日舉辦「一日放鬆生活禪」，由美國紐約東初禪寺住持果醒法師帶領，有近二百位禪眾參加。

果醒法師首先直接逼問：「心、佛、眾生，三無差別。既然佛性一樣，那我們跟佛的差異在哪裡？」引導大眾省思以往耳熟能詳的空性、佛性、平等、清淨心、無分別、不執著等，是否都只是語言概念，從來沒有了解其真正意涵。

法師表示，空性也可稱為佛性、覺性，我們能夠看、聽、思考、動作，每一個當下就是佛性，就是我們全部的心。心能涵攝一切，但多數人總讓自己的心

躲到身體裡面，就像躲進一間房子，而房子只開六個窗戶（眼、耳、鼻、舌、身、意），只從六個窗戶看世界，所看到的當然是狹隘、片面的。

果醒法師說明，在實際生活中，我們常跟心中的「影像」互動，不斷地自編、自導、自演，並將「影像」當真，比如將別人的言語、態度等當成實體，然後在腦中一再放映，拿這些記憶來修理自己、困擾自己。法師指出，心具有見、聞、覺知的功能，可是心不是物，但心

果醒法師引導學員討論及提問，透過法師層層解析，眾人心中的錯誤見解，開始慢慢消融。

也不能與物切割，就像不能離開種種現象而找到覺性，也不能把現象當成覺性，以此來理解，覺性從來沒有離開日常生活。

有禪眾表示，法師透過電腦影像、各種生活中的譬喻，引導眾人討論及提問，釐清了原來存有的錯誤觀念，建立了正知見。

● 01.21～27

「第三屆冬季青年卓越禪修營」三義舉行
青年學員學習落實生活化的禪法

青年院於 1 月 21 至 27 日在三義 DIY 心靈環保教育中心舉辦「第三屆冬季青年卓越禪修營」，由常元法師、常義法師、常灃法師帶領，共有一百一十九位來自臺灣、中國大陸、馬來西亞的年輕學員學習生活化的禪法，感受身體的放鬆與自在。

一百一十九位臺灣、大陸、馬來西亞的年輕學員，在冬季青年卓越禪修營中，學習生活化的禪法，滿載迎向未來的能量。

繼 2012 年營隊以體驗禪修為主軸，廣獲參與學員的回響，2013 年營隊以結合舒展身心、心靈淨化、感動分享的禪修之旅為主要活動內容，包括初級禪訓班課程、生活禪應用等，也將

禪修的基本觀念與方法運用在遊戲中，透過「覺照奇蹟」團康活動，練習身心的安定與平穩，讓學員學習肯定、成長、到超越自我的心靈力量，成為自心主人，開展豁達、和諧的無限活力。

全程參與的學員並獲頒禪訓班結業證書，鼓勵在結業後持續參與法鼓山進階禪修活動，如禪一、禪二、青年初階禪七等。

有學員表示，豐富的課程安排，讓心靈回復清澈與覺醒，而藉由禪的體驗與學習，讓自己以嶄新思維規畫人生藍圖，蓄積迎向未來的能量。

● 01.21～28　07.26～08.04

教聯會舉辦教師心靈環保進階研習營
學習安心方法　帶回教育崗位

1月21日至28日、7月26日至8月4日，教聯會分別於三峽天南寺、法鼓山園區舉辦「2013教師心靈環保進階研習營」，由中華佛研所所長果鏡法師帶領，共有兩百多人參加。

研習營採禪七方式進行，每日觀看聖嚴師父開示影片，協助學員解決禪修的疑惑。果鏡法師並延續師父的教法，帶領學員將「直觀」運用在「不對學生貼標籤」；進行戶外禪時，法師也引導練習把每一步當第一步，走好每一步，清楚感受腳掌和地面接觸的感覺，體驗禪悅樂趣。

大堂分享時，果鏡法師開示「八風吹不動」、「諸惡莫作，眾善奉行」，期勉學員面對家長、社會的批評、指責甚至誣陷，要練就「八風吹不動」的功力；對內自我要求方面，則要做到「諸惡莫作，眾善奉行」，才是真正可以保護自己的安全準則。

有學員表示，在研習營中學習隨時覺知自己的起心動念，不起惡念，不造惡行，自然就可以平平安安；也有學員表示，將隨時謹記聖嚴師父提點的「觀、照、提」，安定自己的心，也照顧好學生的心。

暑假於法鼓山園區舉辦的教師心靈環保進階研習營，來自全國的教師體驗身心放鬆的幸福。

01.26

聖基會「兒童生活教育作文及繪畫比賽」頒獎
千餘件作品活潑呈現心靈環保理念

聖基會於 1 月 26 日在德貴學苑舉辦「兒童生活教育作文及繪畫比賽」頒獎典禮，由關懷中心副都監果器法師與聖基會董事長蔡清彥、董事傅佩芳等擔任頒獎人，近三百位獲獎學童與家長參加。

蔡清彥董事長致詞表示，聖基會自 2008 年起，為能落實在校園內推廣心靈環保理念，陸續製作《心五四兒童生活教育動畫》、《自在神童 3D 動畫》、《心靈環保兒童生活教育動畫》等，以生動活潑的形式推廣心靈環保，期望在孩子

關懷中心副都監果器法師為得獎學童頒發獎狀，聖基會並將個人的繪畫作品印在獎狀上，更富有鼓勵和紀念的意義。

人生的初期便能深植心靈環保理念。舉辦繪畫及徵文比賽的目的，也是希望鼓勵學童透過繪畫與文字，分享觀看影片的心得或生活經驗，進而養成良好的生活習慣，培養健全的品格。

頒獎典禮上，特別安排人基會「心劇團」演出《小鴨的流浪》，讓小朋友從故事中，學習珍惜身邊的人。互動逗趣的表演，讓孩子們歡笑連連，也在小小心靈中，植下心靈環保的種子。

「兒童生活教育作文及繪畫比賽」分為國小低、中、高年級的作文組與繪畫組，以及幼兒園繪畫組，並依北、中、南、東四區分區評比，共有一千多件作品參賽，內容涵蓋家庭、生活、校園、自然、族群等不同面向；另一方面，為鼓勵得獎學童，聖基會特別將個人的得獎作品印在每一位得獎者的獎狀上，讓每個人的獎狀更富有紀念意義。

01.27

安平精舍舉辦「親子心靈遊樂園」活動
歡樂聲中共學心六倫

臺南安平精舍於 1 月 27 日舉辦「親子心靈遊樂園」活動，以「你今天微笑了嗎？」為主題，邀請電視兒童節目製作人彭薇霖（蘋果姊姊）帶領親子共學，共有十五對親子參加。

大、小朋友在「親子心靈遊樂園」活動中，歡樂共學心六倫。

活動首先由蘋果姊姊帶領大小朋友一起活動身體、手牽手，用擁抱彼此來認識對方，接著透過閱讀《紅公雞》繪本，藉由紅公雞的愛心、孵蛋過程中的堅持與努力，引導學員了解愛護萬物、珍惜生命的精神。

下午的活動是製作祈願天燈，親子發揮創意，彩繪屬於自己的小天燈，並進行一場走燈秀。活動最後，所有人雙手合十，共同誦念祈願文，祝願世界和平，人人平安。

● 01.31～12.26期間

人基會「2013 得心自在心靈講座」
邀請專家學者分享人生智慧

1月31日至12月26日期間，人基會於德貴學苑舉辦「2013得心自在心靈講座」，由僧團法師、社會各界專業人士分享人生智慧，與民眾共同體驗得心自在的幸福喜悅。

首場講座於1月31日展開，邀請蓮花基金會董事張寶方主講「死亡教會我的功課」，說明臨終時雖無疾病的分別，但還是要讓身心有所成長，帶著希望，而念佛是一個方便法門，可以從容面對死亡；3月邀請《魅力》雜誌發行人暨音樂工作者賴佩霞主講「回家」，分享真正的修行是在我們言行舉止中，靜心看到自己的起心動念，所有事情要從自己做起，藉由不斷的學習過程，才能有所成長。

其他關於幸福反思議題的講座，還包括法鼓山文化中心副都監果賢法師以心靈環保的實踐，分享「心是老師，環境是鏡子」的生活智慧；《傳家》編著者任祥，講授中國人傳統生活的古老智

音樂工作者賴佩霞在「2013得心自在心靈講座」中，分享修行歷程。

慧；吳鳳技術學院兼任教授紀潔芳從生命教育理念，鼓勵大眾勇於「做自己的主人」；法鼓山僧團常源法師則以其豐富的禪修經驗，傳遞「覺醒在當下」的禪修體驗。

「得心自在心靈講座」每月最後一週週四舉行，引領大眾開發心靈，省思幸福的真義，2月因適逢228假期停辦。

2013 人基會「得心自在心靈講座」一覽

時間	講題	主講人
1月31日	死亡教會我的功課	張寶方（蓮花基金會董事）
3月28日	找到回家的路	賴佩霞（《魅力》雜誌發行人暨音樂工作者）
4月25日	歸零後翻轉的人生	蔡永富（信泰油漆工程公司董事長）
5月30日	旅夢	李建復（音樂工作者）
6月27日	生命的喜悅	黃鴻隆（誠品聯合會計師事務所負責人）
7月25日	心是老師，環境是鏡子	果賢法師（法鼓山文化中心副都監）
8月29日	中國人的生活智慧	任祥（《傳家》套書編著者）
9月26日	做自己的主人	紀潔芳（吳鳳技術學院行銷與流通管理系兼任教授）
10月31日	窗外有藍天	李家維（清華大學生命科學系教授）
11月28日	達摩祖師禪法在現代人的生活應用	陳錦宗（法鼓山人基會副祕書長）
12月26日	覺醒在當下	常源法師（法鼓山僧團法師）

● 02.01～03

傳燈院舉辦「萬人禪修共識營」
果元法師分享「微笑禪」

為了接引更多民眾體驗動禪心法、了解萬人禪修活動的理念與內涵，傳燈院於2月1至3日在三義DIY心靈環保教育中心舉辦「萬人禪修共識營」，由禪修中心副都監果元法師、傳燈院監院常源法師、常願法師等帶領，共有一百零八位種子義工參加。

營隊一開始，果元法師便帶領學員練習「微笑禪」，強調微笑是一種本能，當我們身心放鬆，懷著知足感恩的心，就能少煩少惱，內心安定喜悅，也就可以微笑生活了；法師也說明2013年的萬人禪修，除了延續八式動禪、立禪、經行和浴佛的內容，還以「微笑禪」貫串其中，讓社會大眾體驗清楚專注中的放鬆自在，將緊張、壓抑的生活轉化為健康、平安、快樂、幸福。

三天的課程，內容涵蓋萬人禪修的精神主軸、演練流程、交換經驗；法師們也分享放鬆及關懷的技巧，包括：果元法師引導大眾每天做三次深呼吸、放鬆

三分鐘，如此反覆三次，「每天三三三，包你鬆鬆鬆」的口訣引起熱烈回響；而常願法師透過「你是我的觀世音」，帶領學員學習被拒絕，練習恰到好處的關懷和接引。

有學員表示，實地演練、隨時提起方法，再次感受到禪法的好，也深刻體會法師所說，萬人禪修的精神內涵是自他不二、內外合一的，當自己清楚放鬆，身邊的人也能感染那份自在安定；也有學員分享，去年以禪眾的身分參加，深受共修氛圍的感動，這次主動擔任種子義工，才明白活動背後的每一個環節都別具意義，尤其活動結合母親節和浴佛節，用微笑、放鬆、歡喜心邀請左鄰右舍一起來禪修，就是報母恩、報佛恩、報眾生恩最好的方式。

在法師們的帶領下，學員率先體驗「以禪心過好生活，以禪行關懷世界」的法喜，也為 5 月在臺北市政府前廣場、國父紀念館同步舉辦的結合浴佛及母親節的萬人禪修活動暖身。

一百零八位種子學員參加「2013 年萬人禪修共識營」，交流在地區籌備活動的感動和經驗。

●02.01起

聖嚴師父講經有聲書、電子書電信通路上架
隨時隨地為生活注入安心能量

因應電子時代的需求，聖嚴師父講經有聲書《心經觀自在》、《金剛經如是說》，繼 2012 年由法鼓文化授權入口網站「愛播吧」（http://www.ibobar.com）在中國大陸發行後，2013 年 2 月 1 日起也在臺灣三大電信通路上架。

大眾可以透過 Android 系統的智慧型手機，至中華電信 HamiApps、臺灣大哥大 matchApps、遠傳電信 S 市集請購下載，聆聽師父講經的清涼法音。

另一方面，廣受社會大眾歡迎的「心靈處方籤」，

以智慧型手機「掃描」QR Code，就能請領一句「心靈處方籤」，隨時隨地為生活注入安心能量。

自 2008 年於法鼓山全球資訊網推廣以來，至 2013 年年初，使用人次已近四百萬，為能更便於使用及普及，2 月 1 日起，以智慧型手機「掃描」QR Code，就能請一句與自己相應的法語，讓民眾隨時隨地為生活注入安心能量。

此外，法鼓文化也授權聖嚴師父著作《放下的幸福》、《真正的快樂》、《福慧自在》、《我願無窮》等書，在中華電信 Hami 書城上架，以隨身電子書的形式，推廣法鼓山的理念。

02.03

聖嚴師父文物史料數位典藏專案啟動
每年年初發表推廣研究成果

文化中心與佛教學院、中華佛研所、聖基會於 2 月 3 日合作設立「聖嚴法師文物史料數位典藏與理念推廣研究」專案，由佛教學院教授杜正民、圖書資訊館館長洪振洲成立工作小組，進行具體方案，作為建構聖嚴師父思想研究平臺的基礎；而從文本

聖嚴師父的書稿、手稿、書信等文物史料，是當代佛教發展軌跡的重要紀錄，將進行數位化典藏與理念推廣研究。

數位化，到理念之推廣與教育、研究之開展，則由佛教學院助理研究員辜琮瑜共同參與。

專案循序進行兩大主軸，一為文物史料的數位典藏，第一階段數位化稿件以法義相關文本為主，涵蓋四大類，分別為書稿、文稿、講稿及部分筆記，除將稿件全數建檔於專案內部管理資料庫，並完成核對。

其次為理念推廣研究部分，包括推廣、教育與研究等方向，期望以數位典藏的豐富史料為根基，推展聖嚴師父及其代表的當代佛教開展歷程，包括師父思想及蘊含的佛法要義、佛教在當代的開展、當代佛教教育與僧伽教育的發展，以及當代佛教的跨領域研究，如文化、社會、宗教、文學、心理乃至生死關懷等面向。

該專案將以聖嚴師父的相關研究為基本導向，進而從探發、顯揚，到傳承與創新整體漢傳佛教、禪文化等發展脈絡，並定於每年師父圓寂日為專案成果發表日。

●02.09

園區舉辦「除夕撞鐘」
歡喜守歲迎接得心自在年

　　法鼓山園區於 2 月 9 日農曆除夕晚上至 10 日大年初一凌晨舉辦「除夕祈福撞鐘」活動，先於晚間在大殿、祈願觀音殿、法華鐘樓、居士寮舉辦祈福法會，接著在法華鐘樓展開除夕撞鐘，由僧團法師撞響一百零八下法華鐘。方丈和尚果東法師全程參與，總統馬英九、副總統吳敦義、新北市長朱立倫、雲門舞集創辦人林懷民等來賓觀禮，活動由臺中市文化局長葉樹姍擔任主持人，共有來自海內外近四千位民眾參加。

　　在方丈和尚、首座和尚惠敏法師、副住持果暉法師共同撞響第一聲鐘響後，民眾隨即由法師引導，一起拉繩撞鐘，闔家體驗「聞鐘聲、煩惱輕」的法喜，一聲聲法華鐘聲也透過網路直播，傳送到各地。

　　近午夜十二點，主持人帶領大眾倒數，待圓滿第一百零八響，馬英九總統等九位來賓與方丈和尚，共同揭開法鼓山 2013 年度主題「得心自在」紅色布幔。

　　方丈和尚表示，「得心自在」四個字是創辦人聖嚴師父的墨寶，提醒大眾「環境是我們的鏡子，心是我們的老師」，只要從心態上做調整，即使面對各種艱難挑戰，還是能夠從中看見希望、創造快樂、擁抱幸福。

　　連續六年參加除夕撞鐘的馬總統向大眾祝福時表示，參與撞鐘祈願象徵送舊迎新，在繼往開來的當下，內心感到清明與安定，也從中產生勇氣、信心和希望。馬總統同時為國家祈福許下三個好願：第一希望景氣加速回溫、產業生意盎然、人人安居樂業；第二希望政治清明廉能、社會互助和諧、家家幸福安康，第三希望兩岸和平共榮、國際參與持續擴大、國家富強、人民幸福。

圓滿一百零八響法華鐘聲後，馬英九總統（左五）、吳敦義副總統（左四）、朱立倫市長（右四）、林懷民（右三）等來賓，與方丈和尚果東法師（右五）共同為年度主題「得心自在」揭幔。

　　圓滿一百零八響鐘聲後，民眾接著到大殿禮佛供燈，並於祈願觀音殿持誦〈大悲咒〉守歲跨

年，以持咒感受安定攝心的力量，共同迎接新年。 許多民眾攜家帶眷參加撞鐘並全程守歲，歡喜表示這是一個別具意義的除夕夜。

● 02.09～17

法鼓山「2013得心自在年」新春活動
大眾共享溫馨知性的禪意好年

迎接2013年蛇年新春，法鼓山園區於2月9日除夕至17日初八，舉辦「2013得心自在年」新春系列活動，包括法會共修、供燈祈福、同心同趣DIY、表演、主題飲食等，廣邀大眾親近清淨善法，同沾新春法喜。

法會共修方面，包括除夕夜彌陀普佛法會、撞鐘祈福法會，以及初一至初五每日三場祈福法會，方丈和尚也出席為大眾開示，勉眾讓心不受外在環境影響，就能減輕煩惱，得心自在；法師並以平安米、微笑小卡與民眾結緣，傳遞平安的祝福。

在靜態體驗上，第一大樓五樓連廊彌陀殿規畫「定心鈔經平安御守」，以鈔經來淨化身心；第一大樓四樓、四樓連廊則安排「初心奉茶」、「自在奉茶」，不少民眾闔家感受清淨安定的氛圍；動態體驗方面，「同心同趣DIY」藉由轉印、染布、剪紙的製作，體驗創作樂趣。

此外，初一至初三教聯會成員於第一大樓五樓帶領導讀繪本，大小朋友體驗共讀樂趣；人基會「心劇團」並於初四至初五，每天演出三場《世界一花——花花的幸福種子》，以戲劇方式分享生命的意涵。

系列的新春活動，除了為新年祈願、祈福，也期望民眾體驗得心自在的精神，為心靈注入能量。

民眾於法鼓山園區的彌陀殿內鈔經，練習將心安定下來。

● 02.09～24

全臺分院喜迎新春
祈願得心自在 平安一整年

2月9日除夕至24日（農曆正月15日）新春期間，法鼓山除了在園區展開系列活動，全臺各地分院道場亦同步舉辦新春活動，廣邀信眾闔家參與。各地活

動概述如下：

法會方面，10日初一至12日初三，北投農禪寺、桃園齋明寺、臺中分院啟建慈悲三昧水懺法會，三地信眾身著莊嚴海青，以最虔敬的身心，領受三昧之水的清涼與法喜；北投文化館、高雄紫雲寺則從初一起，進行一連三天的千佛懺法會，民眾藉由禮拜綿亙三劫的

安和分院舉辦「長者祈願與祝福」，信眾們陪同長者參與獻供祈福。

千佛，去除內心的傲慢，歡喜接受千位佛菩薩的祝福。在南投德華寺，信眾由法師們帶領，唱誦《八十八佛大懺悔文》、〈讚佛偈〉，進行拜願、佛前大供，法會後並帶著結緣平安米、柑橘，以及法師的期勉和祝福回家。

方丈和尚果東法師也於初一至14日初五，分別至北部五處分院，向參與法會、參訪走春的民眾表達祝福。

新春期間舉行《藥師經》共修的臺北安和分院，16日初七上午特別舉辦「長者祈願與祝福」活動，信眾們陪同家中長者，到分院親近三寶、參與獻供祈福，將孝心化為安定身心、累積彼此成佛的資糧。

另一方面，每年的新春園遊會，是廣受大、小朋友喜愛的活動，不僅參與遊戲，更能從中體驗禪修法味。其中，在農禪寺，信眾帶著孩子攜手玩闖關遊戲、參訪新建道場；而齋明寺的古寺走春活動，接引不少親子同遊古剎、玩古早童玩，並在櫻花步道體驗茶禪，體驗身心安定。

紫雲寺的園遊會，內容豐富有趣，包括「智慧九宮格」、「人生不出槌」、「幸福保齡球」、「心靈捕手」等，大、小朋友一起發揮腦力、手腳並用闖關，在趣味遊戲中，練習專注的力量。

齋明寺古寺走春活動，不論是親子同遊，還是在櫻花步道體驗茶禪，處處都有闔家同樂的畫面。

此外，三峽天南寺、臺東信行寺並舉辦聖嚴師父書法展，廣邀大眾從師父墨迹中，體會禪機法味，也從師父的法語中，獲得對新年、對人生的勉勵。

21至24日期間，齋明寺、臺中分院、德華寺、

臺南分院、雲集寺以及基隆精舍分別舉辦元宵燃燈供佛法會，在佛法僧三寶的祝福下，圓滿新春系列活動。

2013 全臺分院新春主要活動一覽

地區	地點	日期	活動內容
北區	北投農禪寺	2月10～12日（初一～初三）	新春慈悲三昧水懺法會
		2月10～24日（初一～十五）	新春點燈功德
		2月10～12日（初一～初三）	幸福園遊會
	北投文化館	2月10～12日（初一～初三）	新春千佛懺法會
	臺北安和分院	2月10日（初一）	新春普佛法會
		2月11日（初二）	《藥師經》共修法會
		2月12日（初三）	新春大悲懺法會
		2月13～16日（初四～初七）	《藥師經》共修法會（16日並安排「長者祈願與祝福」活動）
		2月17日（初八）	新春藥師法會
		2月10～16日（初一～初七）	禪藝聯展
	三峽天南寺	2月10～12日（初一～初三）	點燈供花祈福法會
		2月10日至3月9日	遊心禪悅——聖嚴法師書法展
		2月10～12日（初一～初三）	祈願點燈、禪悅小吃、茶禪、托水鉢、禪修體驗
	桃園齋明寺	2月9日（除夕）	除夕禮佛大懺悔文晚課
		2月10～12日（初一～初三）	新春慈悲三昧水懺法會
		2月10～14日（初一～初五）	古寺走春系列活動
		2月24日（十五）	元宵燃燈供佛法會
	基隆精舍	2月24日（十五）	元宵燃燈供佛法會
中區	臺中分院	2月9日（除夕）	除夕彌陀普佛法會
		2月10日（初一）	新春普佛法會
		2月11日（初二）	新春大悲懺法會
		2月12日（初三）	新春慈悲三昧水懺法會
		2月24日（十五）	元宵燃燈供佛法會
	南投德華寺	2月10日（初一）	新春普佛法會
		2月12日（初三）	新春大悲懺法會
		2月24日（十五）	元宵燃燈供佛法會
南區	臺南分院	2月10日（初一）	新春普佛法會
		2月12日（初三）	新春大悲懺法會
		2月21日（十二）	元宵燃燈供佛法會
	臺南雲集寺	2月10日（初一）	新春普佛法會
		2月12日（初三）	新春大悲懺法會
		2月22日（十三）	元宵燃燈供佛法會

地區	地點	日期	活動內容
南區	高雄紫雲寺	2月10～12日（初一～初三）	新春千佛懺法會
		2月10日（初一）	得心自在親子同樂會
	臺南安平精舍	2月13日（初四）	新春觀音法會
	高雄三民精舍	2月13日（初四）	新春普佛法會
	護法會屏東辦事處	2月13日（初四）	新春普佛法會
東區	臺東信行寺	2月9日（除夕）	除夕報恩晚課禮八十八佛
		2月10日（初一）	新春普佛法會
		2月10～12日（初一～初三）	得心自在園遊會
		2月11日（初二）	新春觀音法會
		2月12日（初三）	新春大悲懺法會
		2月21日（十二）	元宵燃燈供佛法會

● 02.16

臺北市佛教會於農禪寺舉辦新春團拜
為社會大眾祈求幸福平安

2月16日，臺北市佛教會於法鼓山北投農禪寺舉辦新春團拜，北部地區各寺院道場，包括臺北市佛教會理事長明光法師、汐止彌勒內院住持寬裕長老、臨濟護國禪寺住持真光長老、新北市佛教會理事長明空法師、新莊善導庵照定法師、原始佛法三摩地學會強帝瑪法師（Ven Dr. Bodagama Chandima）等二百多位教界長老、法師、護法居士，齊聚一堂，為社會大眾祈求新年幸福平安。

臺北市佛教會在農禪寺舉行新春團拜，北部各諸山長老都出席團拜，共同祈求臺灣與世界幸福平安。

國民黨榮譽主席吳伯雄、內政部民政司長黃麗馨、臺北市長郝龍斌等來賓也出席盛會。

團拜首先由明光法師、真光長老、法鼓山方丈和尚果東法師主法，帶領大眾佛前大供，法會後大眾互相賀年，凝聚共願。主辦人明光法師肯定法鼓山「提昇人的品質，建設人間淨土」理念，表示改建後的農禪寺更顯清淨莊嚴，可接引更多大眾親近道場，建設臺灣成為人間淨土；方丈和尚也特別解說農禪寺發展歷史，感謝過程中的種種因緣成就，並說明這次團拜是由法鼓山僧團與護法會團全力籌備接待，慎重其事，圓滿教界例行盛會。

諸山長老在致詞時，紛紛感念東初老人與聖嚴師父，為佛教教育扎下厚實根基，期勉新一代法師傳繼弘法精神。強帝瑪法師與弟子五人，則以巴利語誦經為臺灣大眾祝福，感謝臺灣多年來對斯里蘭卡伸出援手。

團拜後，與會大眾於農禪寺戶外合影，並參加齋僧供養，祝願法輪常轉，利樂有情。

● 02.17～24

禪堂於齋明寺舉辦「禪修教理研習營」
果徹法師主講「中觀的智慧」

禪堂於 2 月 17 至 24 日，在桃園齋明寺舉辦「禪修教理研習營」，由僧大副教授果徹法師主講「中觀的智慧」，共有五十五位學員參加。

果徹法師首先闡述緣起性空的觀念，說明面對生命及生活要隨緣盡力、無所執著，繼而達到空有無

禪眾於「禪修教理研習營」中，除聆聽義理，也在法師帶領下，進行戶外禪。

礙，最後就能解脫自在，這就是中觀的智慧；法師勉勵學員多聞熏習，初學者自然能由生轉熟、由難轉易，已熟者更能深化應用，累積菩提道的資糧。

課程中，除了溫習過去幾次課程精要，果徹法師並講授新課程「觀六情品」及「觀五陰品」。法師以緣起的立場，教人正確地理解「空」，同時對世界保持肯定的態度，「不偏兩邊，不執中間，即是中道空觀」，讓不易理解的中觀理論，變得易懂且能實際應用。

最後一天課程，果徹法師以佛陀在《雜阿含經》中的譬喻，勉眾恆時保持正知正念，達到寂靜安穩的解脫涅槃境地。

● 02.20～04.24期間　09.11～12.18期間

青年院「心潮茶主人」培訓課程
以茶會友　領受淨心禪味

青年院於 2 月 20 日至 4 月 24 日、9 月 11 日至 12 月 18 日期間，在德貴學苑共舉辦兩梯次「心潮茶主人」培訓，內容包括兩項基礎課程及兩階段實作課程，每梯次有近三十人參加。

兩項基礎課程包括「禪修與公案導讀」、「茶席布置與泡茶培訓」。其中「禪修與公案導讀」系列課程，由常元法師講說，引導學員從品茶相關的公案，認識參究生命本來面目的方法；「茶席布置與泡茶培訓」則是認識茶席元素、茶具功能及泡茶程序，學習如何泡好心靈茶湯，並邀請臺灣大學中文系教授蕭麗華、知名茶師陳煥堂、花藝講師吳曉柔等，帶領學員認識喝茶的文化歷史、茶葉的奧妙，了解茶壺的玄機、茶席花藝基礎概念等。

實作課程則是於每個月在德貴學苑舉行的「一日心靈茶禪會」中擔任茶主人，邀請民眾一同體會禪修的寧靜。茶會上的前三泡茶，茶主人與茶侶皆保持安靜，茶主人一手動、一手不動，完成泡茶的每個步驟，體驗全身放鬆、清楚的過程；茶侶們喝茶時，則不做任何評斷，制心靜默、向內觀照；茶過三巡，茶主人開始帶領進行心得交流。

心潮茶主人一手動、一手不動，緩緩完成每個泡茶步驟，體驗全身放鬆、清楚的過程。

除了心靈茶禪會，並安排學員至法鼓山各地分院以及臺灣大學、政治大學、中央大學校園分享茶禪；也安排相關的參訪活動，與其他茶藝團體進行交流。

青年院培訓「心潮茶主人」，期盼以一杯好茶，接引更多年輕人親近佛法、體驗禪法。

● 02.21～2014.01.05期間

「法鼓長青班」全年開辦十九個班次
引領長者快樂學習

普化中心專為六十歲以上長者開辦的「法鼓長青班」系列課程，2013 年除於北投農禪寺、雲來寺、臺北安和分院、臺南分院、高雄紫雲寺、臺東信行寺、臺北中山精舍、基隆精舍，與護法會宜蘭辦事處，以及海外的美國加州洛杉磯道場舉行外，也首度嘗試進入社區，於新北市新莊、臺東縣成功鎮舉辦，方便長者就近學習，本年共計展開十九個班次，共有一千三百多人參加。

紫雲寺長青班學員小心翼翼又開心地捏著樹脂土，也把自己的心搓得更柔軟。

長青班每梯八次課程，採隔週上課方式，內容多元，包括動禪保健、禪藝課程、語言學習、新知分享、肢體展演、戶外踏青等，學員在課堂中學習新知、活化思維，也相互激盪腦力、分享創意。藉由課程，引導長者建立積極而有活力的生活態度。

長青班沒有結業式，是「活到老、學到老」的終身學習，陪伴長者在快樂學習中，連結時代脈絡，歡喜領受人生的黃金時代。

● 02.23～24

法鼓傳燈日感念聖嚴師父恩澤教誨
全臺分院道場同步舉辦傳燈法會

聖嚴師父圓寂四週年，為緬懷師父教澤，法鼓山於 2 月 23 日舉辦傳燈法會，包括園區及北投農禪寺、臺北安和分院、三峽天南寺、桃園齋明寺、臺中分院、臺南分院、臺南雲集寺、高雄紫雲寺、臺東信行寺等國內十處分支道場，同步念佛共修，並在方丈和尚果東法師、僧團法師的帶領下，僧俗四眾傳燈、發願，有近七千人參加。

方丈和尚於園區開示時指出，將聖嚴師父圓寂日定為「法鼓傳燈日」，便是提醒我們回到初發心，提醒自己精進修行，進而與他人分享佛法。方丈和尚鼓勵大眾，學習師父知恩、感恩、報恩的身教與言教，時時用慚愧、懺悔及感恩心來照亮自心與他人。

齋明寺傳燈法會，法師勉眾提醒自己當一盞護持佛法、照亮他人的明燈。

北部方面，農禪寺新建水月道場第一次舉辦傳燈法會，共有逾二千位信眾手捧傳法燈缽，發願齊心修學佛法、護持佛法，承續聖嚴師父悲願；臺北安和分院，也有近五百位信眾在監院果旭法師帶領下，以念佛、傳燈、發願，傳遞無形的安定力量；在齋明寺進行的傳燈法會上，監香法師提醒大眾一心念佛，不忘體驗自己的呼吸。

南部的臺南分院，則聚集了四百多位信眾攝心念佛、繞佛，監院果謙法師期勉大眾把聖嚴師父的念佛音聲，深入八識田中，並發願追隨師父的腳步，以發揚「中華禪法鼓宗」為己任。

在東臺灣信行寺的傳燈法會上，監院果增法師勉眾將「提昇人的品質，建設人間淨土」的理念從口入心，不僅是熟悉聖嚴師父的法語，更要在平日去體會、實踐師父的悲願。

此外，農禪寺並於 24 日晚間舉辦「水月映空感恩音樂會」，邀請聲樂家張杏月、大提琴家洪婷琦、音樂工作者李正帆、李王若涵、康吉良以及法緣會手語隊、法青合唱團等，以悠揚樂音供養大眾，有近一千人參加。

全球各地的四眾弟子，在方丈和尚果東法師帶領下，以傳燈、念佛、發願的方式，一同緬懷聖嚴師父。

點亮心燈，燈燈相續

2月23日講於法鼓山園區「法鼓傳燈日」傳燈法會

◎果東法師

諸位法師、諸位菩薩，阿彌陀佛！

今年是「法鼓傳燈日」傳燈法會第四年舉辦。創辦人聖嚴師父住世時，凡事念及大眾利益，絕不希望造成他人不便。因此，僧團考量社會各界及諸位菩薩平日作息，選在聖嚴師父圓寂日（農曆正月初九）訂為「法鼓傳燈日」，並於當週週六，舉辦傳燈法會。

傳燈，不在特定的一時一處，凡是菩薩發心立願之處，就能見到佛法慧命的光明。法鼓山創建二十多年來，僧俗四眾遍及海內外各地，大家秉持聖嚴師父的教導，發願修學佛法、護持佛法、弘揚佛法，可以說，佛法的明燈已在人間處處點亮。

過去一個月以來，尤其新春期間，總本山及海內外各地分院、分會、辦事處辦了許多活動，諸位法師及義工菩薩以大願心成就社會大眾，接受佛法的祝福，如此悲心利眾，如同觀音普門示現。大家也都在為著淨化人心、淨化社會而努力不懈，使得法鼓山推動教育與關懷的工作，普遍受到各界響應及認同。這份功德，來自僧俗四眾共同努力的成果，果東唯有感恩及讚歎。

法鼓山提倡現代化、人間化、生活化的佛法，這是每個時代社會都需要的。現在許多地方都在響應「心靈環保」，我們則是透過法鼓山三大教育，來推動四種環保、實踐「心五四」與「心六倫」。唯有我們自己認識、體驗了法鼓山的理念，才能幫助自己減輕煩惱，提昇人的品質；唯有我們運用、推廣法鼓山的理念，才能幫助他人減輕煩惱，建設人間淨土。

《維摩詰經》有個「無盡燈」比喻：「譬如一燈，燃百千燈，冥者皆明，明終不盡。」無盡燈的光明，在於燈燈相傳；輾轉點亮百千燈之後，百千盞燈，同一光明。聖嚴師父告訴我們，點亮心燈最好的方法，是以慚愧、懺悔及感恩心照亮自心與他人，同時落實倫理為社會傳輸溫暖。

一個人如果能夠認識自己、了解自己的優缺點，而把好的優點繼續保持，不足的地方透過慚愧、懺悔來反省檢討，就能點亮心燈，使小小的心光，變成巨大的光明，不僅照亮自己，也能感動他人。至於整體社會的和諧，則須從倫理著手，恰如其分扮演好自己的角色，從心出發、盡責負責、奉獻利他，便是為整體社會輸送溫暖的力量。這便是聖嚴師父所說：「一個人關懷千百人，人人關懷千百人，我們的心燈無盡，社會也就普遍地溫暖

和淨化了，這就是我對提倡人間淨土信心非常堅定的原因。」

今天參與傳燈法會的僧俗四眾，相信大家都對聖嚴師父及法鼓山非常有信心。接下來請大家至誠發願，以信心點亮心燈，用願心承接心燈。

發願的內容是，1990 年 12 月 13 日聖嚴師父在美國時親筆寫下的〈菩薩行〉。現在請大家跟著我念，同時發願。：

如何成佛道？菩提心為先；

何謂菩提心，利他為第一。

為利眾生故，不怕諸苦難；

若眾生離苦，自苦即安樂。

發心學佛者，即名為菩薩；

菩薩最勝行，悲智度眾生。

法鼓山的存在，是為了服務社會、關懷人間。從團體來講，相信未來仍有許多地方等待我們突破，仍有許多空間亟待成長。只要大家提起心靈環保，凡事正面解讀、逆向思考，感恩一切順逆因緣，報恩奉獻廣結善緣，把困境和磨練，當成是菩薩道成長的資糧，那麼任何的困境對我們來講，就不是壓力，反而是成長的助力。

為使團體更成長，也懇請大家能如聖嚴師父所說：「把我們的優點告訴大眾，把需要改進的地方告訴我們。」展望未來，我們對自己要有信心，對佛法、對三寶、對僧團、對法鼓山要有信心，相信只要發起願心、恆心，做著利益大眾的事，必能有三寶的加持、龍天的護佑。

希望人人安住法鼓山，在正法門中互為眷屬，互為善知識，共同成長。

方丈和尚果東法師於法鼓山園區進行的傳燈法會上，勉眾以信心點亮心燈，用願心承接心燈。

● 02.23～07.20期間　08.03

青年院培訓「心潮鼓手」
展現禪武精神　傳遞安定力量

青年院培育青年鼓隊，於 2 月 23 日至 7 月 20 日期間，展開培訓課程，內容包括禪的涵養、鼓與武的學習等，共有二十五位通過面試、音感肢體測驗、禪五及青年卓越禪修營等考驗的學員參加。

其中，「鼓與武的學習」課程，邀請表演藝術劇團「優人神鼓」擔任師資，每週六在臺北木柵「表演三十六房」展開培訓，在「打坐、打拳、打鼓」三合一課程中，鼓手們重新學習用身體記憶、感受，

8月3日的公演中，心潮鼓手以心擊鼓，傳遞安心力量。

覺察到筋脈的鬆緊、呼吸的急緩、心念的浮動與沉靜，體會到要清楚、放鬆地體驗每個當下，是最大的挑戰。

此外，鼓手們並定時參與青年院舉辦的禪修、佛學課程，包括：一日心靈茶禪、身心 SPA、法青哈佛夜，藉由禪修的練習、佛法的智慧來沉澱自己、安定身心。

經過半年的學習，8 月 3 日「心潮鼓手」於臺北青少年育樂中心進行首次對外公演，二十五位鼓手以禪心擊鼓，展現培訓成果，方丈和尚果東法師、青年院監院果祺法師、行政中心副執行長常續法師到場關懷與鼓勵。方丈和尚勉勵眾人敲去煩惱、敲出覺醒與生命力，如果能以清淨、慈悲、智慧的心來面對無常變化，每一個人都是「心潮鼓手」。

負責輔導的常澧法師表示，培訓的意義並非著重在演出的成果，而是期望透過種種禪鼓課程，讓身心有所轉化與成長；同時也鼓勵學員，彼此為心帶來堅定的能量，融合禪與武的精神，擊出靜定、沉穩、清亮的鼓聲，成為安定人心的力量。

● 02.25

《放下的幸福》登國圖館借閱排行榜
引導讀者以佛法安心　得幸福

國家圖書館於 2 月 25 日公布「2012 年公共圖書館借閱排行榜」，聖嚴師父的著作《放下的幸福》名列宗教類借閱排行第十八名。根據國圖館統計，2012 年

共有超過七千二百多萬人次走進公共圖書館，借閱書籍超過六千一百多萬冊，其中，在宗教類借閱排行前二十名當中，佛教書籍有八本上榜，《放下的幸福》為第十八名。

《放下的幸福》於 2009 年元月出版，延續聖嚴師父「生活佛法」的著書風格，用淺顯易懂的文字，說明情緒的根源來自煩惱「五毒」──貪、瞋、癡、慢、疑；並以佛法的觀念和方法，幫助人們在面對各種情緒干擾時，將貪欲轉成願心，以慈心化解瞋心，以謙虛去除慢心，讓心可以放下得自在，擁有一個幸福的人生。

《放下的幸福》以佛法的觀念和方法，協助讀者放下身心，得幸福。

● 03.02

社會菁英禪修營共修會相續願力
首任會長鄭丁旺卸任　蔡清彥會長繼任

社會菁英共修會創會會長鄭丁旺（右一）、新任會長蔡清彥（左二）、副會長陳安治（左一）代表共修會捐贈歷年活動結餘款，護持法鼓山，方丈和尚頒贈法鼓山榮譽董事聘書。

法鼓山 3 月 2 日於北投農禪寺舉辦「社會菁英禪修營第七十五次共修會」，由僧團副住持果品法師帶領禪坐共修；會中並舉行新舊任會長交接儀式；方丈和尚果東法師為新任會長蔡清彥頒發聘書，也頒發「創會會長」聘書予鄭丁旺，感恩一路至今的奉獻，為共修會建立會長三年一任的聘任制度。

交接儀式上，方丈和尚讚歎前會長鄭丁旺盡心盡力推廣佛法的精神，也藉此勉勵會員在忙碌之餘，多出席活動，透過共修凝聚共識、發揮長才，將聖嚴師父淨化人心、淨化社會的理念，推展到各個領域。

鄭前會長回憶，自從參加第一屆社會菁英禪修營之後，深深折服於聖嚴師父的慈悲與智慧，因而發心發起聯誼會（共修會前身），並表示共修後聆聽大家的心得分享，是自己多年來出席共修最主要的動力，雖然卸任了，以後仍會繼續參加共修；接任的蔡清彥會長則發願向創會會長看齊。當天，鄭前會長並以共修會的名義，捐贈歷年活動結餘款，護持法鼓山。

社會菁英共修會成立於 1993 年，最初是聯誼會，1998 年更名為共修會，每三個月為歷屆「社會菁英禪修營」、「自我超越禪修營」的學員舉辦共修活動。

學員初期都在農禪寺共修，由聖嚴師父帶領，近年則於法鼓山園區、其他分院舉辦。

● 03.03

方丈和尚關懷寶雲寺工程進度
感恩護法信眾與工程團隊全力投入

3月3日，方丈和尚果東法師在臺中分院監院果理法師、寶雲寺工程籌建委員林嘉雄、賴忠明、建築師黃明威、工務所長盛啟雄、洪煥昇等人陪同下，前往寶雲寺工地關懷工程進度。

方丈和尚讚歎籌建團隊的用心及護法居士的道

方丈和尚（左一）在果理法師（左三）、悅眾賴忠明（左二）等人陪同下，關懷寶雲寺建設工程。

心，並表示雖然寶雲寺尚在興建，但從每位參與者身上，都可以感受到法鼓山提昇人品、建設淨土的理念。

寶雲寺位居臺中市市政中心，2006年經聖嚴師父指定為中部地區的「教育中心」，期許透過修行、教育、關懷，為擾攘的都會成就一方清涼地。自2011年動土迄今，已完成地下三層、地上九層的硬體結構，預計2015年初落成啟用。

● 03.03

中區法行會舉辦會員大會
彰化縣長卓伯源分享「心靈環保與縣政建設」

法行會中區分會3月3日於臺中寶雲別苑舉辦第五屆第二次會員大會，除了進行會務報告、觀看聖嚴師父開示影片，並邀請彰化縣長卓伯源分享「心靈環保與縣政建設」，方丈和尚果東法師、臺中分院監院果理法師到場關懷，共有四十位會員參加。

由於中區法行會成員多在醫界及教育界服務，經常面對生老病死、人生百態，內心的衝擊較一般人大，因此方丈和尚關懷時，特別針對如何保持心的安定進行開示。方丈和尚以〈叩鐘偈〉勉勵會員，練習將每一次的「撞擊」轉化為

中區法行會會員大會於寶雲別苑舉行，會後大眾與方丈和尚（第一排中左）、果理法師（第一排中右）合影。

「撞鐘」，隨時運用佛法與禪法疏導，如此一來，每件事、每個人都是成就發菩提心、成菩薩道的善因。

卓伯源縣長演講時，則分享「心靈環保」如何影響施政理念及處事態度，表示多年前參加社會菁英禪修營，聖嚴師父提出「以慈悲包容人，以智慧處理事」、「從整體大局著眼，從個人的成長著手」等觀念，讓自己深受啟發，往後推展縣政處處以民眾福祉為目標，希望透過教育，深耕「心靈環保」的理念。

● 03.04 起

網路電視臺製播新節目《與方丈和尚有約》
3月份開播　分享清涼甘露

法鼓山網路電視臺製播新節目《與方丈和尚有約》，並於3月4日起於每週一上傳最新節目，透過每集五分鐘節目，方丈和尚果東法師針對時下備受關注的青年學佛、生死關懷等議題，分享多年關懷信眾、投入臨終關懷、生命教育的寶貴經驗。

在《與方丈和尚有約》節目中，方丈和尚針對青年學佛、生死關懷等議題，分享多年關懷信眾、投入臨終關懷、生命教育的寶貴經驗。

節目中，方丈和尚回應年輕人常提問的人生大事，解答找不到「人生目的」的疑惑。方丈和尚以自身中年出家的因緣，分享如何透過學佛來建立正確人生觀，指出「學佛，讓我們了解人生為何，盡責負責是一種價值，還願發願是一種態度。」

每集五分鐘的節目，帶給社會大眾佛法的清涼甘露，並了解「心靈環保」在日常生活中的具體實踐之道。節目可隨選隨看，影片也在法鼓山全球資訊網同步上架。

法鼓山網路電視臺 http://ddmtv.ddm.org.tw。

● 03.07～10 03.14～17

第十八屆在家菩薩戒法鼓山園區舉行
逾千位戒子共學菩薩精神

法鼓山第十八屆在家菩薩戒，於3月7至10日、14至17日，分兩梯次於園區大殿舉行，本次傳戒會由方丈和尚果東法師、首座和尚惠敏法師、副住持果暉法師、男眾部副都監果祺法師擔任菩薩法師，參加人數為近年之最，總計有一千零七十

上千位信眾在法鼓山受菩薩戒，誓願生生世世守持菩薩戒、行菩薩道。

九人受戒，其中男眾兩百一十二位、女眾八百六十七位。

方丈和尚果東法師在正授典禮上期勉新戒菩薩，開始行菩薩行，邁向成佛之道；也叮嚀眾人，菩薩戒是「有犯不失」的，如果犯戒了，要懺悔、改進，在精進修行中開發潛力。

四天戒期中，戒子們從聖嚴師父說戒的影片，逐步了解受戒的意義與殊勝；總護法師也反覆教導菩薩威儀、梵唄與演禮，並殷切叮嚀多拜佛禮懺，時時護念身、口、意三業。正授前一晚的幽冥戒法會中，戒子們懇切為往昔怨親債主求授菩薩戒，勸請共行菩薩道。

正授當天，戒子們高聲誦念戒條，表露生生世世受持菩薩戒的深切願心，最後唱誦〈搭衣偈〉，虔敬搭上菩薩衣，圓滿受戒功德。

● 03.07～05.23期間　09.05～11.28期間

「法青哈佛夜」帶領青年輕鬆學佛
從通識課程入門　建立佛法正知見

「法青哈佛夜」引領青年輕鬆學佛，建立佛法正知見。

法青會於3月7日至5月23日、9月5日至11月28日期間，週四晚間在德貴學苑舉辦「法青哈佛夜」，主題分別是「青年學佛三系列」以及「認識《心經》」、「認識觀音法門」，由青年院常元法師、常義法師帶領，每階段有近四十人參加。

第一階段的內容包括「佛教基本認識——通識課程」、「佛教基本觀念——正見篇」、「佛教生活應用——修心篇」等，課程由淺至深、層層遞進，引導學員認識佛陀的一生、因果與因緣、三法印、四聖諦等佛學基本概念入門，也能在生活中活用佛法。

第二階段又分成兩梯次進行，每梯次有六堂課，以聖嚴師父著作《心的經典——心經新釋》、《聖嚴法師教觀音法門》為主要教材，藉由小組研讀、觀看師父開示影片、短片欣賞、隨堂演出等，掌握佛法的根本義理，進而在生活中開展智慧。

許多學員表示，從佛法基礎觀念到生活運用，「法青哈佛夜」讓自己對佛法有正確完整的認識。

● 03.09～04.28

法鼓山園區規畫四項主題參訪行程
禪悅境教中領略安定身心的實用方法

為讓廣大社會民眾認識「心靈環保」，同時也能實際體驗禪修的益處，法鼓山弘化院參學室於3月9日至4月28日期間，每週六、日於法鼓山園區舉辦四項「主題行程」參訪活動，內容包括「法鼓山尋寶趣」、「與大自然共舞」、「探索心花園」、「感恩祈願朝山行」等，共展開十五梯次，逾五百人次參加。

其中，「與大自然共舞」、「法鼓山尋寶趣」分別於3月9日至4月7日、

北市螢橋國小學生於園區參訪行程中，體驗托水缽，學習放鬆身心。

3月16日至4月14日期間，各舉辦四梯次，以國小師生團體為對象，引導參訪者認識法鼓山的一草一木，並學習感恩大地、珍惜資源、愛護地球。

以社會大眾為對象的「感恩祈願朝山行」，在3月23日至4月21日期間進行四梯次，藉由朝山的殊勝修行，表達對大地、親友、眾生的感恩與祝福；「探索心花園」於4月間舉辦三梯次，引領國小以上師生團體進行禪修體驗，學習放鬆身心，安定身心。

「主題行程」參訪，藉由自然觀察、生態遊戲、禪修體驗等活動，引領大眾在園區禪悅境教中領略安定身心、淨化心靈的實用方法。

● 03.09～10

彰化縣府主管至法鼓山園區禪修
體驗身心放鬆的禪悅法喜

彰化縣長卓伯源率縣府各局處主管等二十七人，於3月9至10日在法鼓山園區禪堂體驗二日禪修，方丈和尚果東法師於10日下午到場關懷，肯定縣府團隊遠道前來禪修的用心，並為十一位求授三皈五戒的學員主持皈依儀式。

方丈和尚開示時，勉勵眾人禪修不是只有在禪堂內，要在日常生活中時時練習禪修，讓心不受外境影響，將慈悲與智慧運用在工作中，隨時回到方法，放鬆身心，便能忙得快樂，累得歡喜。

兩天中，禪修中心副都監果元法師引導眾人學習法鼓八式動禪、經行與禪坐，練習放鬆身心，體驗禪悅法喜。

大堂分享時，有學員表示平常忙於工作，從來沒有這麼深入地關心與察覺自己的感覺，也領會到遇到困難不

卓伯源縣長（第三排左三）率同彰化縣府主管至法鼓山禪修，方丈和尚果東法師、果元法師（第二排左三、左二）帶領眾人體驗清楚放鬆。

要慌亂，而是要運用智慧來解決；也有學員分享，自己一直抱持「人定勝天」的思想，來到法鼓山後，發現人與環境可以和諧相處，練習慢步經行時，體悟到思考也可以如腳下的步伐慢下來，對工作與人生都有很大助益。

● 03.11～12

中國大陸北京龍泉寺來訪
交流教育運作與現代弘化經驗

龍泉寺參訪一行與僧團法師於農禪寺合影。（第三排右起依序為常雲法師、常光法師、果見法師、果毅法師，以及賢立法師）

中國大陸北京龍泉寺工程部門監院賢立法師率領法師、信眾一行二十三人，於3月11至12日參訪法鼓山，並與各單位執事法師、主管，展開交流座談。

參訪團11日先於園區，與佛教學院、法鼓大學建設工程處，針對大學院教育的軟硬體發展和運作進行交流；12日前往北投農禪寺，與慈基會、文化中心、普化中心代表交流現代弘化經驗。

賢立法師說明，龍泉寺於2005年恢復弘化活動，起步較晚，此行可謂是來臺「取經」；也有參訪成員表示，平時經常閱讀聖嚴師父著作，因此來法鼓山感到很熟悉，對於農禪寺水月道場創新佛教建築景觀，更留下深刻印象。

龍泉寺為北京著名的千年古剎，現任方丈是中國佛教協會副會長學誠法師。1998年，學誠法師參加中華佛研所舉辦的「兩岸佛學教育交流座談會」與聖嚴師父結下法緣，此後雙方多次交流。此次參訪團專程前來，即由學誠法師促成。

● 03.12　03.14

佛光山新住持陞座、天主教新教宗就職
方丈和尚果東法師代表法鼓山祝賀

3月12日，方丈和尚果東法師應邀出席佛光山教團第九任住持陞座法會，並以「胸襟寬廣、眼光深遠、奉獻己力」與新任住持心保和尚共勉。

　　方丈和尚感念表示，聖嚴師父與佛光山開山宗長星雲長老，同於 1949 年將漢傳佛教的法脈薪傳來臺，同以無比堅毅的信心與願心，為當代佛教開創新局面；祈願佛教薪火，代代相續，各佛教團體並肩努力，讓佛國淨土早日在人間實現。

　　另一方面，在臺灣時間 3 月 14 日凌晨，天主教新任教宗正式選出，由阿根廷樞機主教柏格里奧（Jorge Mario Bergoglio）當選第二百六十六任教宗。秉持聖嚴師父提倡各宗教多元對話的願心，方丈和尚於當日發表祝賀聲明，除了表達未來希望能與天主教持續交流，並指出二十一世紀的宗教，具有包容性及多元性，站在人類福祉與世界和平的基礎點上，建議從多元對話之中，找出一種適用於全人類的倫理價值。

　　方丈和尚指出，不同的國家、信仰及族群，應循此共識，避免衝突產生，因為世界各大宗教雖各有其願景，然而為整體人類謀福祉、為世界和平奉獻努力，則是一致。

● 03.15

法鼓山受邀出席大專學務中心會議
果賢法師分享佛法的生命觀

　　法鼓山受邀出席於 3 月 15 日在弘光科技大學舉行的「全國大專校院跨區學務中心委員聯席會議」，由文化中心副都監果賢法師代表參加，除發表演說，並於會中與四十位大專校院學務長分享佛法的生命觀，包括教育部學生事務與特殊教育司司長劉仲成，以及臺灣師範大學林淑真、聖約翰科技大學陳建弘、中興大學歐聖榮、成功大學林啟禎等北一、北二、中、南區學務中心召集人，都出席聽講。

　　果賢法師首先說明自己從小對生命的探索之旅，從生物、物理、哲學中探尋不著，直到接觸佛法中的因緣、因果觀，才了解生命的軌則。法師除了分享聖嚴師父的法語「生命的目的在受報、生命的意義在盡責、生命的價值在奉獻」，並以十二因緣解說佛法的過去、現在、未來三世觀。

　　法師指出，在資訊發達、價值多元、強調自主的現代社會中，如何引導青年學子認識生命、建立正確的人生方向，是教育工作者亟需學習與處理的課題；法師並從佛教的觀點說明，生命是生生不息的。經過人生過程的歷練，下一個階段就有希望變得更好，這也正是教育工作的意義。

　　鑑於掌理學生事務工作的學務長們，壓力十分繁重，因此，果賢法師提問「為什麼是我當上學務長？」，法師以舍利弗過去生曾發願，要幫助佛陀弘法的故

事，引導學務長們重新看待目前的職務，並說明透過佛法體悟生命的實相後，自己更能踏實、歡喜地接受並勇於承擔。

● 03.16

行政院長至法鼓山緬懷師父
表達對大學院教育推展的關心

江宜樺院長伉儷在方丈和尚（右一）、果暉法師（左二）陪同下，到生命園區表達對師父的緬懷追思。

行政院長江宜樺伉儷3月16日下午參訪法鼓山園區，由方丈和尚果東法師、副住持果暉法師代表接待，進行茶敘，也至生命園區緬懷聖嚴師父。

茶敘時，江宜樺院長主動問起法鼓大學進度，興建中的校區建築、招生時程表及大學院教育理念等，方丈和尚回應表示，教育部已於2013年春節前夕，正式通過成立法鼓學校財團法人，未來法鼓大學與法鼓佛教學院將是同一教育體系，以「心靈環保」為辦學理念，實踐佛法入世關懷的核心價值。

江院長並表示，法鼓山2006年開山後的第一年春節，全家人一起上山，當時也見到了聖嚴師父，記憶很深刻，而每次來訪法鼓山，都有不同的體會；也理解師父在辦學理念上，是以佛教教育為基礎，進而推展大學理念。

茶敘後，在方丈和尚、果暉法師的陪同下，江宜樺院長伉儷前往生命園區表達對師父的緬懷追思，現場巧遇中華佛研所所長果鏡法師，帶領臺灣科技大學同學進行通識課程。園區寧靜與光明的境教，讓江院長與在場同學生起不一樣的體會。

● 03.16　04.11～05.30期間

三民精舍舉辦飲食健康課程
認識六大食物　掌握健康要訣

為協助大眾建立正確的飲食觀念，高雄三民精舍於3月16日舉辦生活講座，主題是「飲食健康so easy」，邀請健仁醫院營養師蔡旻堅分享掌握健康的祕訣，

從心理與生理一起做環保，近四十人參加。

講座中，蔡旻堅營養師先帶領聽眾認識六大類食物、三大營養素，建議以五穀類食物為主食，多吃水果、蔬菜，少吃油、糖、鹽，並教導簡易計算男性、女性

大眾在三民精舍飲食健康課程中，掌握營養均衡的祕訣。

每日所需熱量的方法，注意飲食習慣，落實「天天五蔬果」，健康又環保。

由於回響熱烈，4月11日至5月30日，三民精舍每週四邀請蔡旻堅營養師續講「飲食健康大解密」課程，除介紹認識六大類食物與飲食份量、健康素食，也釐清優質商品及營養補充品的迷思，並解說糖尿病、心血管疾病、骨質疏鬆、痛風、腸道疾病等與飲食之間的關聯性。

全程聆聽的常琨法師表示，蔡老師的講解，讓自己知道原來的認知與營養學的概念有一段差距，料理時也須特別注意烹調的層次、油脂的用途，才能保持營養均衡。

2013 高雄三民精舍「飲食健康大解密」課程一覽

時間	課程主題	課程內容
4 月 11 日	怎麼吃最健康	認識六大類的食物與飲食份量、六大類食物的選擇
4 月 18 日	健康素食怎麼吃	素食怎麼吃才最健康、素食建議的營養補充
4 月 25 日	優質商品聰明選	市售食品與營養補充品的選購原則
5 月 2 日	無糖飲食也甜蜜	糖尿病的形成與飲食保健
5 月 9 日	健康從心開始	心血管疾病的飲食保健
5 月 16 日	骨質疏鬆的飲食保健	骨鬆的形成、預防與相關飲食保健
5 月 23 日	痛風的飲食保健	痛風的形成、預防與相關飲食保健
5 月 30 日	腸道的飲食保健	腸道的相關疾病及飲食保健

● 03.16　05.25　09.28　11.09

法青山水禪全年舉辦四場
學習動中保持正念

3 月 16 日至 11 月 9 日期間，法青會臺北分會舉辦了四場山水禪活動，藉由戶外踏青、健行等方式，認識禪修的安定自在，分別由青年院常元法師、常義

法師帶領，每場有近一百人參加。

3月16日於北投農禪寺進行首場，首先透過導覽義工的解說及影片欣賞，了解東初老人、聖嚴師父與農禪寺的歷史淵源；接著，常元法師於大殿帶領學員練習瑜伽運動，藉由肢體動作伸展，體驗放鬆身心。

法青會為青年朋友舉辦山水禪活動，帶給學員不同的「心體驗」。

午齋過後，展開戶外行禪，從農禪寺出發，行禪關渡平原的田埂小路，體驗將身心放在當下每一步伐的安定力量。

5月25日的山水禪活動，主要分三部分，先是在北投行天宮練習法鼓八式動禪和托水缽，然後於忠義山步道行禪，最後在臺北藝術大學校園內進行心得分享。

下半年的兩場山水禪活動，9月28日、11月9日分別於北投貴子坑親山步道、草嶺古道進行，常義法師帶領體驗動中有靜的放鬆禪味，也提醒學員，學習在動中保持正念即是止觀，而方法就是不斷地練習。

● 03.16～05.26期間

全球分支道場舉辦清明法會
藉由共修傳達感恩與孝思

3月16日至5月26日期間，法鼓山全球各分支道場分別舉辦清明報恩法會，表達慎終追遠，以及對先人恩德的感念，共有逾萬人次參加。

臺灣各地舉辦的法會，以地藏法會、慈悲三昧水懺法會為主，其中，臺南雲集寺首先於3月16至22日舉辦地藏法會，23日則舉辦三昧水懺法會，由僧團常持法師主法，引導大眾如實修行，以懺悔、感恩的心精進拜懺，淨化內心；臺南分院也於3月24至30日舉辦地藏法會，監院果謙法師開示《地藏經》法要，勉眾深入經文義理，學習地藏菩薩的大願。

臺東信行寺則於3月29日至31日，一連三天舉辦「清明地藏法會」，並播放聖嚴師父開示影片，闡述「地藏三經」《占察經》、《大乘大集地藏十輪經》、

《地藏經》要義，除了說明地藏菩薩的誓願及稱名功德，也介紹地藏菩薩度盡眾生方成佛道、光目女度母因緣。

此外，北投農禪寺、桃園齋明寺分別舉辦佛七、佛二暨八關戒齋法會，以精進念佛及清淨持戒的功德，迴向先人、報答親恩；臺中分院於 3 月 31 日至 4 月 6 日啟建梁皇寶懺法會，許多信眾闔家精進共修，開啟自性寶藏。

海外地區方面，美國紐約東初禪寺於 4 月 1 至 5 日，首次舉辦清明報恩佛五，由果解法師帶領，期間並播放聖嚴師父的影音開示，師父勉眾養成念佛習慣，常保持正念、修六度四攝，必能往生西方淨土，有近兩百五十人次參加；

北美護法會加州舊金山分會於 6 日舉辦清明報恩祈福大悲懺法會，由僧團果傳法師帶領，並開示拜懺的意義在於消除煩惱，讓身心愈來愈清淨安定，在成佛道上繼續前進。

加拿大溫哥華道場則在 5 至 7 日舉辦清

農禪寺清明報恩佛七大眾收攝身心，精進念佛。

明報恩地藏法會，由監院果舟法師主法，每日均有一百多人參加，除了道場的常來眾、義工之外，更有許多經由快樂學佛人課程及初級禪訓班所接引而來的新信眾。

亞洲的香港護法會於 4 月 1 日舉辦清明報恩佛一，由常炬法師帶領；新加坡護法會於 4 至 6 日在當地大悲佛教中心舉辦佛三，由僧團果弘法師、常啟法師等帶領，以攝心念佛功德，圓滿大眾報恩孝親的願心。

2013 法鼓山各地清明法會一覽

地區		主辦單位（活動地點）	時間	活動內容
臺灣	北部	北投農禪寺	3 月 29 日至 4 月 5 日	清明報恩佛七
		北投中華佛教文化館	3 月 28 日至 5 月 26 日	清明《地藏經》共修
		臺北安和分院	3 月 31 日至 4 月 14 日	清明報恩祈福法會
		三峽天南寺	4 月 26 至 28 日	慈悲三昧水懺法會
		桃園齋明寺	3 月 30 至 31 日	清明報恩佛二暨八關戒齋法會
			4 月 27 至 28 日	春季報恩法會
		臺北中山精舍	3 月 31 日至 4 月 7 日	清明報恩地藏法會

地區		主辦單位（活動地點）	時間	活動內容
臺灣	中部	臺中分院	3月31日至4月6日	梁皇寶懺法會
	南部	臺南分院	3月24至30日	清明報恩地藏法會
		臺南雲集寺	3月16至23日	清明地藏法會暨慈悲三昧水懺法會
		高雄紫雲寺	3月24至30日	清明《地藏經》共修暨報恩地藏法會
	東部	臺東信行寺	3月28至31日	清明報恩地藏法會
海外	美洲	美國紐約東初禪寺	4月1至5日	清明報恩佛五
		北美護法會加州舊金山分會	4月6日	清明報恩祈福大悲懺法會
		加拿大溫哥華道場	4月5至7日	清明報恩地藏法會
	亞洲	香港護法會	4月1日	清明報恩佛一
		新加坡護法會	4月4至6日	清明報恩佛三

● 03.22

方丈和尚中興新村宣講「心六倫」
期許公職從「心」找到服務的力量

　　方丈和尚果東法師應行政院人事行政總處地方行政研習中心之邀，於3月22日在南投中興新村舉行的「中興學術文化講座」中，以「心倫理——演好人生大戲」為主題，與近四百位苗栗以南、嘉義以北的公職人員分享從心出發的心倫理。

　　方丈和尚首先說明，人的心很微妙，起煩惱的是心，轉念、奉獻，也是心的作用；方丈和尚進一步闡析，一般倫理，多講求責任與義務，心倫理則重視從心出發，心可能因外境產生挫折，卻也可以擴大心量，把一切人事物，當成奉獻服務的契機，如果能從心倫理的角度出發，則「公僕難為」的挫折感會少一些，反因「身在公門好修行」，而隨時隨地學習與奉獻。

方丈和尚於南投中興新村分享「心六倫」，期勉公職人員盡責盡分，演好人生大戲。

　　方丈和尚分享，人生雖然如夢如戲，因緣角色隨時在變化，但還是要本著務實、踏實的心態，「認識自己、認識因緣、認識環境」，盡責盡分，奉獻利他，演好人生大戲；面對各種倫常失序的現象，導致人心浮動不安，方丈和尚則提出「人生的意義，在於盡責負責；人生的價值，在於奉獻付出無所求」的理念，期許公職人員們能以「心六倫」為社會大眾找回心的著力點，共同打造幸福友善的生活環境。

● 03.23

方丈和尚臺中榮總分享「抱願不抱怨」
勉眾常保內心安定　服務他人與自己

　　3月23日，方丈和尚果東法師受邀至臺中榮民總醫院進行專題演講，以「抱願不抱怨」為主題，與近五百位該院義工及行政人員，分享如何在服務之中常保熱忱。

　　演講中，方丈和尚讚歎「臺中榮總志工隊」的終身學習、終身奉獻的精神，指出義工精神最可貴的，在於自發的使命感，而使命感須有健全心態來支持；並肯定所有發心為社會服務者，都是人間的天使、菩薩。方丈和尚提醒眾人，凡事正面解讀，逆向思考，經常保持內心平靜與安定，服務他人，也服務自己。

　　最後，方丈和尚勉勵義工們經常回到初發心，珍惜每個因緣，全力以赴，服務的力量與熱忱就在其中。

方丈和尚與臺中榮總義工及行政人員於演講結束後合影。

● 03.24

中國大陸媒體高層參訪法鼓山園區
體驗禪悅法喜

　　來自中國大陸媒體傳播界的高階主管一行三十餘人，於3月24日前來法鼓山園區參訪，由僧團副住持果暉法師代表接待，進行交流。

　　茶敘時，針對參訪團提問「如何悟出人生」，果暉法師以聖嚴師父法語「得心

自在常歡喜,感恩奉獻真快樂」,說明知恩報恩、利人利己的積極奉獻是人生的基本態度,而環境就像一面鏡子,用歡喜心對待他人,旁人自然會用歡喜的方式來回應。

隨後,參訪團在僧團常光法師的陪同下,於大殿外體驗「聽風禪」,練習放鬆身心的禪法;參觀開山紀念館「法相重現──阿閦佛頭流轉・聚首十週年特展」時,一行人佇足良久,讚歎聖嚴師父當年將佛首回歸山東神通寺的慈悲胸懷。

團長王汝華表示,2009 年首度訪臺,全臺各界不分族群、信仰、政治立場,對聖嚴師父圓寂,共同表達尊崇、緬懷師父行誼,讓自己印象深刻;此行專程到法鼓山園區,了解師父推動人間淨土的理念和事蹟。

中國大陸媒體高層參訪團,於大殿外合影。

首度來臺參訪的北京《京華時報》政法部副主任楊文學則表示,平日鮮少接觸宗教道場,此行明顯感受到佛教理念提昇大眾行善的內心;而充滿人文與自然關懷的園區景觀,也讓自己體會到禪悅的法喜。

● 03.24 03.31 04.13 04.14

護法會四地辦事處舉辦「都市經行」
體驗街頭禪堂 為萬人禪修暖身

為圓滿於 5 月舉辦的萬人禪修活動,護法會四地辦事處於 3 月 24 日至 4 月 14 日期間,舉辦了五場「都市經行」活動,計有兩百多人參加。

中正萬華辦事處首先於 3 月 24 日舉辦,近百位民眾從臺北植物園出發,經南海路、青年路來到青年公園,在車水馬龍間,不受環境喧囂干擾,在都市中一步步感受禪修所帶來的安定力量。同日,中壢辦事處也舉辦同一活動,於平鎮市區街道,以走路禪方式,全程靜默,前往文化國小;抵達後,並進行法鼓八式動禪、立禪、經行的演練。

海山辦事處則於 3 月 31 日展開活動,於板橋地區街道打造出寧靜的移動禪堂。到場關懷的傳燈院常啟法師,為眾人提點動禪不僅在於運動,還有助於自

我覺察，能讓人際關係更和諧；並勉勵禪眾，以放鬆的身心，為城市注入安定的力量，讓人們感受禪修的利益。

內湖辦事處也於 4 月 13 及 14 日，分別在碧湖公園、大湖公園進行兩場活動，除了練習法鼓八式動禪，並以走路禪方式，繞湖一周，每場都有近三十人參加。

海山辦事處於戶外舉辦動禪共修、都市經行，信眾面帶微笑，體驗街頭禪堂，和城市一起呼吸。

「都市經行」活動，引領大眾以禪修方式體驗街頭禪堂的安定氛圍，也為萬人禪修暖身。

● 03.29～31

第一屆「普化教育悅眾充電營」開辦
充足安定和關懷的能量

普化中心於 3 月 29 至 31 日在三義 DIY 心靈環保教育中心舉辦第一屆「普化教育悅眾充電營」，由副都監果毅法師帶領，共有一百一十一位佛學推廣課程學員參加。

參加充電營的關懷員於戶外經行中，每一步隨時安住身心，體驗當下。

果毅法師在開營談話中，勉勵學員用心體會與感受，練習遇到境界不起對立、反觀自察、體驗當下；也播放聖嚴師父開示影片，提醒大眾發菩提心、提起願心、盡力護持三寶，更要以禪修來安定自己的心，隨時回到無常觀、感受無我、活潑而無牽掛、精進而不緊張。

兩天的課程，內容包括禪坐、經行、生命故事分享等，並安排「充電講堂」，邀請羅東高中校長游文聰分享教育工作心得，游校長表示自己雖然教書、更是教人，最好的自利，就是利他；也藉由和學生一起清掃廁所，引導學生學習謙卑，了解只有彎得下腰，才能挺得直身。

活動最後觀看《師父的三願》影片，學員共同祈願：承繼聖嚴師父悲願，接引更多人修學佛法、護持佛法，與弘揚佛法。

許多學員表示，充電營課程內容充實，讓自己充足了安定和關懷的能量。

● 03.31～04.06

臺中分院啟建梁皇寶懺法會
首日逾千位信眾聚集光明心念精進共修

臺中分院一年一度的梁皇寶懺法會於逢甲大學體育館舉行，首日有逾千位信眾參與精進修行。

3月31日至4月6日，臺中分院於逢甲大學體育館啟建「清明報恩梁皇寶懺祈福法會」，方丈和尚果東法師於4月6日法會圓滿日親臨壇場關懷，共有六千多人次參加。

方丈和尚到場關懷時，並以「三業相應真精進、三業精進真清淨、三業清淨真感應、業消障除福慧映」，期許大眾清淨身、口、意三業行為，讓餓鬼眾生得到佛法甘露法食，心開意解、離苦得樂，同時也將這份精進心、懺悔心，落實到日常生活中，感恩順逆因緣，用智慧處理事情，以慈悲關懷他人。

監院果理法師也表示，參加法會的重要目的，是要報父母恩、眾生恩、師長恩、國家恩，期盼全人類、全世界都能平安；同時藉由十方諸佛菩薩加被，讓心撥雲見日，開展智慧光明。

臺中分院已連續八年舉辦梁皇寶懺法會，不少信眾是全家人一起參與，許多年輕信眾表示，壇場的莊嚴、安定的氛圍，改變了原本對傳統法會的刻板印象，跟著法師、大眾一起唱誦，體會到平日未曾有的清涼喜悅。

● 04.01　10.01

《阿彌陀佛與淨土法門》、《以禪心過好生活》結緣新書出版
分享聖嚴師父淨土、禪修法門智慧開示

　　為推廣念佛法門，以及禪修在現代生活的運用，聖基會兩本結緣新書《阿彌陀佛與淨土法門》與《以禪心過好生活》，分別於 4 月 1 日及 10 月 1 日出版。

　　《阿彌陀佛與淨土法門》書中篇章摘錄自聖嚴師父著作，介紹阿彌陀佛「無量光、無量壽、平等清淨」的意義及本願、淨土法門「橫出三界、三根普被」的殊勝及念佛的方法，詳要闡述修持淨土法門的重要觀念，並解析四種淨土的差異與人間淨土對現代人的重要性。

聖基會出版《阿彌陀佛與淨土法門》、《以禪心過好生活》結緣書，以推廣淨土法門，及禪修在現代生活的運用。

　　《以禪心過好生活》輯錄聖嚴師父著作中「禪」與日常生活的連結，分享聖嚴師父相關禪修方法與觀念的開示，引導讀者以禪修「認識自我、肯定自我、成長自我、消融自我」的觀念，疏導生活種種層面的壓力，經營出快樂、幸福的禪意人生。

　　透過聖嚴師父淺顯易懂的文字，兩書說明淨土、禪修法門對淨化社會、建設人間淨土的積極作用，適合初學佛與禪修者參閱。

● 04.07～05.26期間　07.07～08.04期間

安和分院「自在人生」系列講座全年十場
僧團法師及各界人士分享佛法的安心之道

　　4 月 7 日至 8 月 4 日期間，臺北安和分院週日舉辦「自在人生」系列講座，共十場，邀請各界人士及僧團法師分享佛法安身立命之道。

　　首場及 7 月 7 日的講座由美國紐約東初禪寺住持果醒法師主講，分別以永嘉大師證道歌「夢裡明明有六趣，覺後空空無大千」、「真空妙有，念念無求」為主題，分享祖師大德的修行心得，及講解如何調伏六根，從熱惱中覺醒的妙法；透過生活化的故事與活潑的公案，法師勉眾學習「依空安住」，無住「因緣」的生滅，便能領受到生命因為體會「真空」而美好，生活處處充滿「妙有」的法喜。

　　文化中心副都監果賢法師也在 5 月 26 日的「夢中做夢不知夢」講座中，從東方文化、西方心理學及醫學等多個面向來解析「夢」跟身心的關係，說明生命

果賢法師幽默風趣解析「夢」跟身心的關係，說明生命本身就是一場無明的大夢。

本身就是一場無明的大夢。法師期勉大眾從學佛習禪之中，調整人生觀及宇宙觀，開展廣闊的心量。

其他另有關於佛法的日常應用及個人修行心得的講座，包括日月光集團研發中心研發長暨總經理唐和明分享「利人利己的經營哲學」；怡盛集團董事長黃平彰則表示，自在的人生，並不是沒有挫折，而是在有挫折的狀況下，仍能保持身心平穩，從容以對；律師陳政峰以「多情亦講理，溫柔看是非」為主題，深入剖析法律常識與問題，為聽眾建立實用的法律正知見，創造清靜而自在的圓滿人生。

最後一場講座於 8 月 4 日進行，邀請臺北市立聯合醫院仁愛院區精神科主治醫師楊雅旭，以「淺談憂鬱症：如何走出藍色幽谷」為主題，深入淺出介紹憂鬱症的成因、症狀、預防與治療，講說運用「分享」、「轉念」、「放下」，從消融自我中，建立積極正向的人生觀。

2013 臺北安和分院「自在人生」系列講座一覽

時間	講題	主講人
4 月 7 日	夢裡明明有六趣，覺後空空無大千	果醒法師（法鼓山美國紐約東初禪寺住持）
4 月 14 日	索非亞的奇異旅程——從靈異到正信	劉柏君（作家）
4 月 21 日	利人利己的經營哲學	唐和明（日月光集團研發中心研發長暨總經理）
5 月 5 日	面對順境逆境，迎向自在人生	黃平彰（怡盛集團董事長）
5 月 19 日	做個有錢人，做個有情人	郭騰尹（實踐家董事長）
5 月 26 日	夢中做夢不知夢	果賢法師（法鼓山文化中心副都監）
7 月 7 日	真空妙有，念念無求	果醒法師（法鼓山美國紐約東初禪寺住持）
7 月 14 日	多情亦講理，溫柔看是非	陳政峰（律師）
7 月 21 日	智慧理財，福慧雙全	薛兆亨（國立高雄第一科技大學資訊管理系助理教授）
8 月 4 日	淺談憂鬱症——如何走出藍色幽谷	楊雅旭（臺北市立聯合醫院仁愛院區精神科主治醫師）

臺東大學學生至信行寺體驗禪修
透過禪法認識自己

臺東信行寺與臺東大學教育學系合作，為修習「諮商輔導理論與實務」的學生規畫兩堂禪修課程，並於 4 月 10 日於信行寺進行，共有三十多人參加。

這兩堂課由監院果增法師、常參法師帶領，內容以初級禪訓班課程為主，包括禪修的基礎認識、感官體驗、放鬆體驗、法鼓

臺東大學學生到信行寺上禪修課，在托水缽的過程中，練習善護心念。

八式動禪、立禪、坐禪等；法師並引導學生用禪修的方法睡覺，先席地而臥，接著放鬆身心、體驗「什麼都不想」的攤屍臥，學生們很快入睡，醒後精神奇佳，對於放鬆身心的禪法，產生更多興趣和信心。

課程最後安排托水缽，法師除了給予提點，沿途也設下障礙，學生們捧護手中裝滿水的缽，練習善護心念，也體驗當下。

「諮商輔導理論與實務」是臺東大學教育學系教授洪若河開設的必修課，洪教授曾參加法鼓山菁英禪三，體會到禪修具有穩定身心的功能，因此規畫禪修體驗，希望學生藉由禪法認識自己，成為安己安人、安樂眾生、自助助人的諮商工作者。

「輕鬆學禪班」聯合戶外禪
草嶺古道漫行放鬆

禪坐會於 4 月 13 日在草嶺古道舉辦「輕鬆學禪班戶外禪」活動，由傳燈院監院常源法師帶領，共有六十多位內湖、新莊、海山等三區輕鬆學禪班的成員參加，在大自然中體驗放鬆的喜悅，並將禪修的益處傳遞給身邊的朋友。

首次的聯合戶外禪活動，主要內容是法鼓八式動禪、走路禪、聽溪禪等，也安排了多項動中禪，包括從專注靜心的三寶加持、覺察起心動念的心臟病撲克

輕鬆學禪班的學員專注托起乒乓球，練習在動中體驗禪法，從中感受禪的活潑與實用。

禪，與團隊互助的九連環及信任遊戲，遊戲中蘊涵禪法，帶領學員體驗禪法輕鬆、活潑的應用。

由傳燈院規畫的「輕鬆學禪班」，以四十五歲以下的社會青年為主要對象，每週上課時間兩小時，內容包括生活禪法運用、整筋瑜伽、禪坐、研討聖嚴師父DVD及心得分享等，於2012年起陸續在護法會海山、新莊、 大同、內湖辦事處等地區開辦，接引忙碌的現代人輕輕鬆鬆就能在行住坐臥間活用禪法。

● 04.13～05.25 09.07～11.23

聖基會舉辦「2013年經典講座」
常慧法師分享「〈信心銘〉講要」

聖基會舉辦的「2013年經典講座」於4月13日至5月25日、9月7日至11月23日，每週六上午在聖基會講堂展開，由三學院僧才培育室室主常慧法師主講「〈信心銘〉講要——以聖嚴法師《心的詩偈——信心銘講錄》為主」，兩期共計十七堂課，有近六十人參加。

常慧法師在「〈信心銘〉講要」講座中，講析如何將分別心轉化為佛的無分別心。

講座中，常慧法師說明〈信心銘〉是禪宗三祖僧璨從徹悟的觀點，開示尋求真心的修行者，指引修行者如何把凡夫的分別心轉化為佛的無分別心，如何由有入空、轉垢為淨；法師也帶領解讀聖嚴師父對〈信心銘〉的講記，以及教導修行時應如何修持、抱持何種心態，進而領略到修行的法門。

法師期勉學員，修行本身就是目的，只要不存其他目的，就能實現無分別的平等心。

● 04.14

「抱願不抱怨，看見幸福城市」對談
從「心六倫」打造幸福願景

　　法鼓山臺南分院、成功大學、臺南市政府於成大成功廳共同舉辦「抱願不抱怨，看見幸福城市」對談，由方丈和尚果東法師與臺南市長賴清德進行對談，以「心六倫」為探討主軸，分享如何諦造友善、幸福的環境，成大校長黃煌輝與成大師生、臺南市民、市府官員等，共一千六百多人出席聆聽，領會從「心六倫」做起的幸福願景。

　　對談中，方丈和尚指出，人們多將外在物質的追求，或期待的事情圓滿順利，視為幸福；然而有一種幸福是出自心靈的寧靜富足。當內心經常保持平靜、安定，不受外境困擾，時時與整體環境融合一體，逐漸回復每個人本具清淨的「本來面目」，就是一份隨時可以帶著走的幸福。方丈和尚並說明，從現實而言，佛國淨土無法移到人間，但是從心靈層面，清淨的佛國淨土，則可以從每個人內心的清淨、安定做起，進一步在家庭、生活、校園、職場、自然、族群環境中呈現；從「自心淨土」，建設「人間淨土」，則可以說是佛國淨土的理想在人間實現。

　　賴清德市長回應表示，法鼓山的心靈環保、心五四、心六倫等主張，都是佛教積極入世的觀念，小則有益修身、齊家，大到治國、幫助地球，皆能從中受益；賴市長也分享，在推動市政的過程中，一直將聖嚴師父所提出的「行事六要領」，即堅守原則、充分授權、尊重他人、關懷對方、主動溝通、隨時檢討，奉為圭臬，努力打造臺南市民認同的城市。

　　對談結束後，聽眾熱烈提問，請教如何處理挫折、找出生命方向、走出負面情緒、入世與出世的分別等。方丈和尚一一回應指出，佛法不是貪得戀世、憤世嫉俗，也不逃避世俗，而是一種入世、化世、救世，淨化人心、淨化社會，使人有幸福感的生活方式。

方丈和尚果東法師（左）、賴清德市長（中）分享用心靈環保、心六倫創造出的幸福。右為主持人、成功大學學務長林啟禎。

以心六倫打造心城市

看見幸福新願景

　　如何運用「心靈環保」、「心六倫」打造出幸福城市？在由法鼓山臺南分院、臺南市政府與成功大學所舉辦的「抱願不抱怨，看見幸福城市」對談中，方丈和尚果東法師、臺南市長賴清德，分享了開創幸福願景的經驗，與一千六百多位民眾，共同領會從「心六倫」做起的幸福願景。

福慧雙修心六倫　累積幸福資糧

　　方丈和尚首先分享，社會本是生命共同體，在家庭、生活、校園、職場、自然與族群等六種倫理範疇中，如果大眾能透過「心六倫」的具體實踐，轉化、淡化、淨化自我中心，而從整體著眼，從心出發，盡責盡分，奉獻利他，正是一點一滴累積幸福的資糧；也提醒幸福不會憑空而來，必定是在有進有退的轉折委屈中，淬煉出養分與能量。

　　「心六倫」不是教條也非束縛，幸福要從心感受而非追求物質，內心改變才能看見真正的幸福。因此，方丈和尚也期勉人人以正面理解「無常」，逆境終會過去，遇到困難要愈挫愈奮，學習以慈悲心關懷他人，以感恩心接受生命因緣，未來會充滿希望。

職場行事六要領　推動幸福工程

　　對於打造幸福城市，賴清德市長回應表示，聖嚴師父在《帶著禪心去上班》一書中提出的「行事六要領」：堅守原則、充分授權、尊重他人、關懷對方、主動溝通、隨時檢討，是自己的行事準則，而在推動市政過程中，也同時以此職場倫理與市府同仁們互勉，共同打造市民認同的幸福城市。

　　賴市長進一步說明，以慈悲心為出發點推動市政，並抱持感恩心、利益市民的態度，遇到問題主動關懷、溝通，共同把事情圓滿，這些促成幸福城市的心念，無形中也和法鼓山「心六倫」、「心五四」的推動理念相契。

「心六倫」　打造城市幸福的里程碑

　　在《天下雜誌》「2012年幸福城市大調查」中「人民幸福感」指標一項，臺南市民以平均幸福感超過九成，居全臺之冠，被譽為「最幸福城市」。

臺南本是具有三百年歷史、文化底蘊深厚的古都，藉由此次對談的舉辦，帶領市民從實際生活中友善環境的有感幸福，進一步透過心六倫的實踐，提昇到感受生命溫潤與心靈開闊的無形幸福，這對於打造城市幸福願景，肯定是重要的里程碑。

承擔，是一種幸福

「抱願不抱怨，看見幸福城市」對談，結合法鼓山臺南分院、成功大學、臺南市政府的籌備團隊，三方各有宗教、市政、學術的不同立場；而成功大學、臺南市政府兩個合辦公務行政體系的觀點與期待，也都需基於同理心的立場來考量。因此，在籌備之初，即根據不同任務編組，工作多達十三組的籌備團隊，本於傳送善種子與相互尊重的共識，歷經四個月的溝通，在密切的穿梭聯繫下，建立了信任與友誼。

對談當天，法鼓山臺南地區各組義工各就各位，呈現出在成功大學難得一見的舞臺布置；環保組義工也將演講廳裡裡外外，連一根頭髮都不放過地掃了又掃，甚至跪在地上刮除地磚頑垢。另一方面，為了讓更多民眾可以連線聆聽座談實況，除了將成大國際會議廳所有的演講室，開闢為即時視訊轉播現場，並由成大與法鼓網路電視臺合作，提供網路直播。

對法鼓山義工而言，這場座談會猶如一次演習，既是考驗也是功課，提供了歷事鍊心、經驗傳承、種福培福的機會，也扮演著凝聚向心力與默契的任務。有義工表示，規畫準備過程中的煩惱與境界，在承認自己無法做到「不抱怨」之餘，努力做到「正面解讀、逆向思考」，讓情緒盤據心中的時間縮短，進一步轉化為肯定和感恩，共同匯集願力，為打造幸福而努力。

心中抱願不抱怨，人的品質因而提昇；「心六倫」打造幸福城市，更要建設人間淨土。

● 04.17

駐臺友邦使節親眷至法鼓山參學
領略宗教文化 體驗安心處方

駐臺外交使節夫人至法鼓山參學,透過導覽義工解說,了解「開山」的意義,即是開啟人人心中寶山。

二十八位來自宏都拉斯、諾魯、薩爾瓦多、所羅門群島、美國、法國、捷克等國的駐臺外交使節夫人,在國際婦女協會臺北市迎新會(Welcome to Taipei International Club, WTIC)安排下,於4月17日前來法鼓山園區參學,由僧團果舫法師、國際發展處監院果見法師等陪同參觀各殿堂,認識佛教內涵及法鼓山開山理念,並前往法華鐘樓、藥師古佛、臨溪步道,體驗境教之美。

參訪過程中,團員們對於殿堂的設計、佛像的手印、禪坐等活動皆相當好奇,法師和導覽義工一一詳加說明,讓迎新會成員對佛教有了基本的認識,而在祈願觀音殿請「心靈處方籤」,領受「聖嚴法師108自在語」的祝福與勉勵,也讓來自不同信仰、種族背景的團員備感溫馨。

活動主辦人、美國在臺協會農業組組長夫人萊雅(Lea Hesse)表示,曾多次參訪法鼓山,對於園區寧靜攝受的氛圍印象深刻,不管是雨天或晴天,每次上山都有不同的體會與收穫,所以這次特別邀請各國夥伴一起來體驗,希望未來還有機會參加一日禪修。

宏都拉斯大使夫人蘿莎瑞歐(Rosario Duarte de Fortin)和來自薩爾瓦多的友人小原翠(Midori Obara)歡喜分享,原本還猶豫著要不要上山,沒想到此行不僅認識佛教修行的內涵,也是一趟心靈洗滌之旅。

● 04.18

新竹市政府一級主管參訪法鼓山
法師期勉用禪修來安定身心

新竹市政府所屬一級機關副主管、各區部室主任及祕書等一行三十餘人,於4月18日參訪法鼓山園區,並在僧團果峙法師、常哲法師引領下,體驗法鼓八式動禪、托水缽、禪坐等。

一行人首先在簡介館,觀賞《大哉斯鼓》影片,對法鼓山有更完整、具體的

認識；接著由果峙法師引導進行禪坐體驗，法師表示，禪修就是透過放鬆和調適來安定身心，所以也可說是一門生活和生命教育，只要身心達到一致，就可以動靜皆自在。

常哲法師也帶領學員練習法鼓八式動禪，法師提醒，禪修過程中只要秉持「身在哪裡，心在哪裡，清楚放鬆，全身放鬆」的十六字箴言，就能夠把各種情緒放下，輕鬆愉快自在。

在果峙法師帶領下，新竹市政府一級主管體驗放鬆的覺受。

領隊的新竹市政府人事室副處長蔣祿青在禪修體驗後，表示公務人員主要任務就是為民服務，如果都能夠把禪修的精神應用到工作上，一定能讓品質大大提昇，工作也會愈來愈有效率。

04.21

方丈和尚受邀出席優人神鼓公演
帶領民眾誦念〈祈願文〉　為世界祈福

方丈和尚果東法師於 4 月 21 日受邀出席表演藝術團體優人神鼓《金剛心》巡迴公演首場演出，於臺北市兩廳院藝文廣場上，帶領現場三萬多位民眾誦念〈祈願文〉，與臺北市長郝龍斌、優人神鼓藝術總監劉若瑀、仰德集團負責人許育瑞等人，共同為臺灣及世界祈福。

方丈和尚致詞表示，優人神鼓的作品經常引領觀眾思索身與心的世界、心靈與環境的互動關係，這與法鼓山長年推動的「心靈環保」理念相契；當我們的心保持平靜、安定，便可減少受外在環境的衝擊，而能以健康的心態面對環境，做出得體適當的回應，繼而影響他人向上向善，淨化社會，也祈願透過善念的匯聚，啟發大眾示現慈悲心、般若智慧金剛心。

當晚正式演出前，主辦單位特別安排法鼓山禪坐會資深悅眾，帶領大眾一起體驗法鼓八式動禪，透過伸展手臂、扭轉身體等動作，體驗「身在哪裡，心在哪裡；清楚放鬆，全身放鬆」的動禪心法。二十分鐘的引導練習，民眾都能專注於身體的動作，體驗身心放鬆安定的感覺。

這場結合宗教與藝術的祈願祝禱，期盼帶領社會大眾從個人的承諾做起，迎向簡單、樸實、心靈與環保的未來。

優人神鼓《金剛心》巡迴公演首場演出前，禪坐會悅眾帶領大眾體驗法鼓八式動禪。

做好心靈環保
成就人間的希望與美好

4月21日講於臺北兩廳院戶外廣場
優人神鼓《金剛心》巡迴公演首場演出

◎果東法師

　　各位朋友，大家晚安。非常歡喜能參加今天晚上的盛會。「優人神鼓」
成立二十五週年，創作了二十餘支作品，常常都在帶領我們思索：身與心
的世界、心靈與環境的互動關係。今年則以《金剛心》這齣作品巡迴公演，
為臺灣及全世界祈福，希望從每一個人的承諾做起，迎向一個簡單、樸實、
心靈與環保的未來。

　　剛才在法鼓山菩薩帶領下，大家已體驗身心放鬆的方法：「身在哪裡，
心在哪裡；清楚放鬆，全身放鬆。」身體在動，心是寧靜的。當我們的心
保持寧靜、安定，便可減少受外在環境的衝擊，而對環境做出比較適當的
回應，還可影響他人，轉變社會。如何保持內心的平靜與安定，便是「優
人神鼓」從事的關懷，也是法鼓山所推動的「心靈環保」。

　　現在，邀請大家一起為臺灣及全世界祝福，願人人做好心靈環保，成就
人間社會的希望與美好。祝福大家。

優人神鼓演出前，受邀出席的方丈和尚帶領現場民眾誦念〈祈願文〉，為臺灣及世界祈福。

〈祈願文〉

我願

珍惜每一個念頭與行為

從心出發，從自己做起

以成就他人來成長自己

以止惡行善來關懷環境

我願

珍惜每一次互動的契機

講求倫理，而非論理

以感恩心接受順逆緣

用報恩心奉獻結善緣

我願

珍惜每一個生活的當下

考慮自己，也考慮他人生存的空間

不浪費、不污染

知足知福過簡樸的生活

我願

珍惜每一個物種生命與自然資源

以大地為生命共同體

不破壞所有動植物生存的空間與環境

不剝奪後代子孫享有清淨地球家園的權利

祈願人人做好心靈的環保

從心出發，照顧自己，關懷他人

愛護一切眾生

● 04.21　05.05　09.29

皈依大典全年舉辦三場
近一千八百位民眾踏出學佛的第一步

信行寺舉行浴佛法會暨皈依祈福大典，方丈和尚勉勵眾人親近道場，讓每一天都能身心自在、福慧自在。

法鼓山 2013 年共舉辦三場「祈福皈依大典」，於 4 月 21 日及 9 月 29 日在法鼓山園區、5 月 5 日在臺東信行寺分別舉行，皆由方丈和尚果東法師親授三皈五戒，共有近一千八百位民眾皈依三寶，踏出學佛的第一步。

首場皈依大典 4 月 21 日於園區舉辦，皈依儀式後，方丈和尚帶領新皈依弟子將皈依受戒與參與法會的功德，迴向中國大陸四川雅安強震的罹難者和傷難者，以及美國波士頓爆炸案、伊朗震災的受難者。方丈和尚提醒，對於近來頻傳天災人禍，心中要有危機感，但無須悲觀恐慌，應以佛法的因果、因緣觀來面對無常；也以「四它」勉勵大眾，安定自己的心，並將關心和溫暖的力量傳遞出去。

5 月 5 日佛誕日前一週，信行寺舉辦浴佛法會暨皈依祈福大典，方丈和尚為一百五十多位信眾授三皈五戒，並開示皈依是要學習佛菩薩的慈悲、智慧，受持五戒，就具有自利利他的生活規範。方丈和尚鼓勵眾人多親近道場，修習佛法，日常生活中多念佛，轉化煩惱，慢慢地便能有慈悲與智慧，用健康的心態面對老、病、死，讓每一天都身心自在、福慧自在。

由於是母親節、佛誕節前一週，不少家庭也透過皈依、浴佛團聚。有來自臺北的信眾，為了接引父母一同修學佛法特地南下，帶著住在臺東的父母前往皈依；信行寺兒童讀經班的六位國小學童，相約成為三寶弟子，典禮後，還向尚未皈依的同學解說皈依意義。

9 月 29 日於園區舉行的第三場皈依大典中，方丈和尚勸勉大眾，世上變動無常，更要珍惜修福、修慧的因緣，皈依如同註冊，是開啟自身與佛一樣清淨的佛性；而自我中心是煩惱的根源，一念放下執著，就能一念解脫。

為推廣正信及生活化的佛法，2013 年法鼓山除於臺灣舉辦三場大型皈依大典，也於全球各分院道場舉辦地區性的皈依活動，總計全年共接引兩千多位民眾，成為信佛學法敬僧的三寶弟子。

● 04.23～29　09.07～13

祈願觀音池出坡作業
萬行菩薩體驗不一樣的動中禪

百丈院於 4 月 23 至 29 日、9 月 7 至 13 日，進行春、秋兩季法鼓山園區祈願觀音池內石頭的出坡清洗活動，包括洗石、曬石、刷池壁、擦池底，舖石等作業，每日有六十多位民眾及義工參與。

義工於祈願觀音池出坡作業中，體驗動中禪。

長達 7 天的清洗工作期間，4 月 27、28 日，以及 9 月 7、8 日適逢週休假期，更有多達一百二十餘人參與，有祖孫三代、夫妻、母女，還有同學，以及來自美國、日本的民眾，共同體驗這場不一樣的動中禪。

祈願觀音殿向來是園區參訪民眾最常駐足拍照、祈願之處，尤其殿前的一方水塘，映照四季的變化萬千，是觀水聽雨的修行空間。百丈院固定每年定期於春、秋兩季各展開一次出坡清洗工作。

● 04.24

人基會、法務部共同推動生命教育專案
邀請齊豫以歌聲關懷收容人

人基會於屏東監獄舉辦音樂會，李伸一祕書長（第一排左六）、齊豫（後排中）與瑪家鄉希望兒童合唱團、人基會「動禪隊」合影。

法鼓山人文基金會和法務部合作推動生命教育專案，2013 年主題是「生命教育暨技藝扎根實施計畫——心六倫運動」，4 月 24 日在屏東監獄舉辦音樂會，邀請音樂工作者「心六倫行動大使」齊豫以及屏東縣瑪家鄉希望兒

童合唱團演唱，以歌聲關懷收容人，人基會祕書長李伸一也到場聆聽。

音樂會中，齊豫演唱《橄欖樹》、《智慧》、《心經》、《大慈大悲觀世音》等十餘首歌曲，最後演唱「心六倫之歌」《把心打開》時，並有人基會「動禪隊」，搭配手語表演。齊豫也勉勵收容人，把感動放在心裡，相信有一天會萌芽。

李伸一祕書長表示，期許藉由樂音的分享，於矯治教育中傳達慈悲、智慧、愛與善的信念，提昇社會向上的能量。

● 04.27

臺東信行寺舉辦專題講座
鄭石岩教授分享生命中的法喜

臺東信行寺於 4 月 27 日舉辦專題講座，邀請心理諮商專家鄭石岩教授主講「尋找生命中的法喜」，共有一百多人參加。

講座中，鄭石岩教授說明，自己在三十九歲時，因為登山意外傷到脊椎，幾乎無法行動，從那時候起意識到能夠好好走路、好好生活，就是一件應該感謝與歡喜的事；而很多人無法體驗到歡喜，是因為不能從「苦、空、無常、無我」之中，體驗到「常、樂、我、淨」，如果能學習在「無常」中看到「真常」，就比較能適應無常，能在苦中體驗到樂，就有智慧去轉苦為樂。

鄭教授也以九十多歲的母親為例，說明如何轉苦為樂。小時候因家貧，買不起月餅，母親帶著一家人做「番薯月餅」，還雕刻番薯做印章，想蓋什麼形狀就蓋什麼，並把番薯月餅與親朋好友分享，每個人都很歡喜。

演講中，鄭石岩教授也分享，並援引實例說明尋找法喜的六個祕訣──如來、隨緣、紀律、單純、興致、宗教。如來，是「如所從來，無我從來」；隨緣，是把握生命中的每個機緣；紀律，代表良好的生活習慣，能過清淨的生活，進而擁有單純、清明的心，時時感到生命的豐富與滿足；興致讓人充滿活力；宗教則讓生命有了安心與歸依的著力點。

鄭石岩教授於信行寺分享生命中的法喜。

● 04.27～28　05.18

「讀書會帶領人基礎培訓課程」開辦
推廣共學共讀的閱讀風氣

常照法師在《法鼓全集》導讀單元中，帶領學員深入體認聖嚴師父的宏觀與悲願。

為推廣共讀共享的讀書會，普化中心於 4 月 27 至 28 日及 5 月 18 日，分兩階段在北投雲來寺舉辦「讀書會帶領人基礎培訓課程」，由常用法師、常照法師等帶領，內容包括聖嚴師父眼中心靈環保讀書會、《法鼓全集》導讀、有效讀書四層次、分享回饋等，有近七十位學員參加。

第一階段課程為期兩天，課程中，常用法師介紹「聖嚴師父眼中心靈環保讀書會」，說明讀書會的功能不在於知識的傳播，而是分享佛法的利益，法師提醒學員在了解佛法後，都能在生活中加以實踐，並與人分享；常照法師也在《法鼓全集》導讀單元中，透過著作的瀏覽，帶領學員深入體認師父的宏觀與悲願。

資深讀書會帶領人方隆彰老師則清楚解析讀書會的意涵、帶領人的職責與涵養，以及實用的四層次提問，包括「熟悉與複習」、「回應與消化」、「詮釋與驗證」、「活化與深化」，並帶領實務演練，引導學員提昇帶領技巧。另一方面，也安排資深悅眾分享「書與人的故事」，凝聚學員經營讀書會的願心與信心。

圓滿第一階段課程，學員隨即進入實習階段，從實務運作中，練習帶領技巧與方法，並於 5 月 18 日進行第二階段的分享與回饋，進一步學習如何經營讀書會。

有參與的學員表示，推廣讀書會，透過自主學習、共讀共享後，不只讓視野更開闊，也找到生命的價值。

在讀書會帶領人基礎培訓課程中，學員分享閱讀心得。

● 04.28

臺南分院舉辦「親子快樂禪」
大自然中體會動靜皆宜的活潑禪法

4月28日，臺南分院於臺南市立圖書館前廣場、臺南公園舉辦「親子快樂禪」，透過有趣的闖關遊戲，讓親子在大自然中體會動靜皆宜的禪法，有近四十人參加。

活動結合大地遊戲與動禪體驗，在大地遊戲中，義工引導親子共同完成「掃球接力」、「親子冰淇淋」等闖關遊戲，父母帶領孩子同心協力，增進家庭的團結和諧。動禪體驗包括練習法鼓八式動禪、托水缽，體驗清楚、放鬆的感覺，共同學習安定身心的方法。雖然公園地勢崎嶇，但小朋友仍專心托著水缽、穩定步伐；家長們也在過程中，體會一心走路的安定力。

親子共同體驗托水缽，學習安定身心。

活動圓滿時，義工帶領全體親子誦念觀世音菩薩聖號，祝福彼此平安順利，健康吉祥。

有家長表示，快樂禪活動融合心靈環保與自然環保的理念，更在歡樂學習中，增進親子關係的和諧。

● 04.30

果元法師主講「微笑禪」
以佛法與禪修微笑享受人生與工作

行政中心人力資源處於4月30日在北投雲來寺舉辦禪修講座，由禪修中心副都監果元法師主講「微笑禪」的內涵，分享運用佛法與禪修的觀念調整心態、放鬆身心、培養幽默感，微笑享受人生與工作，共有一百多位專職及義工參加。

法師首先引領大眾靜心覺察自身的感受，將所有不舒服緊張的感覺放掉；接著以禪修的方式，由頭部、五官開始，放下所有思緒，清楚身體每個部位、每吋肌膚的感覺，然後再以接受、滿足的感恩心情，面帶微笑體會活在當下的寧靜愉悅。

果元法師表示，「活在當下」、「放鬆」、「知足感恩」、「多練習」，都是將微笑帶回臉龐的好方法，平常練習法鼓八式動禪也是放鬆身體之道；至於心

果元法師講「微笑禪」，勉眾藉由佛法與禪修，微笑享受人生與工作。

理的放鬆，就要學會正面解讀、逆向思考，凡事盡心盡力、放下得失心，告訴自己活在當下，一次只做一件事就好。

對於如何以正確的心態看待禽流感疫情，果元法師強調，從因果觀念而言，只要大眾盡心盡力做好防疫工作，無須惶惶不可終日，如果疾病發生在我們的身上，那就要接受它、面對它，沒有必要一直害怕、擔心還沒有發生的事情。

另一方面，法師強調在禪修上的體驗，並不是個人求取喜悅就好了，還要推廣出去；果元法師也請專職、義工邀請親友，於 5 月 12 日前往臺北市政府前廣場、國父紀念館參加萬人禪修，讓城市充滿微笑。

● 05.01　12.01

聖基會出版《今生與師父有約》第四、五集
東、西方僧俗弟子回顧與聖嚴師父的道情

聖基會分別於 5 月 1 日、12 月 1 日出版結緣新書《今生與師父有約》第四、五集，收錄聖嚴師父僧俗弟子，分享師父的思想行誼與生命智慧。

第四集《今生與師父有約》，收錄了在美國長年追隨聖嚴師父修學佛法的西方僧俗弟子，包括紐約東初禪寺果乘法師、哥倫比亞大學（Columbia University）教授于君方、北美護法會資深悅眾吳淑芳、長年為師父整理文稿的姚世莊、佛羅里達州立大學（Florida State University）宗教系助理教授俞永峯等文；第五集收錄師父於臺灣首位剃度弟子僧團

聖基會出版《今生與師父有約》第四、五集，收錄東、西方僧俗弟子回顧與分享聖嚴師父的教示。

果祥法師、桃園齋明寺監院果舟法師、果燦法師與三學院監院果慨法師等僧眾弟子的分享，內容包括親近師父的因緣與師父在生活中對弟子們言談行儀的細膩調教。

其中，對照臺灣僧眾的分享，《今生與師父有約》第四集書中，聖嚴師父更契理契機地引導西方弟子，在學佛路上發菩提心，成人成事及弘化時應機教化大眾，調柔眾生的方便，看似平凡的日常生活，點點滴滴都是師父溫暖的關懷、善巧的教導。

● 05.02～27期間

全球分支單位慶祝佛誕暨母親節
各地民眾沐如來淨自心

臺南分院的浴佛典禮上，信眾手持甘露水沐浴悉達多太子像。

為慶祝佛陀誕辰與母親節，法鼓山全球各分支單位舉辦多元的浴佛報恩祈福活動，藉此表達對於佛恩與母恩的感念，總計有二十五個分院道場、護法會辦事處舉辦，共有逾萬人參加。

國內方面，臺東信行寺首先於5月2至4日舉辦「認識佛陀」活動，內容包括繪本閱讀、祈福獻花與浴佛等，以啟發環保理念、生活品格，共有七百多位學齡前兒童參與體驗。5日舉行浴佛法會暨皈依祈福大典，臺東市長陳建閣也到場參與，除了浴佛，在戶外場地舉辦環保園遊會，包括：蔬食料理、奉茶區、拓印體驗、樹葉吹奏與草編等活動，許多民眾扶老攜幼，闔家參與。

北投文化館、高雄三民精舍於4日舉辦浴佛法會，其中三民精舍的浴佛法會由常潤法師帶領，有近二百七十位信眾參加，法會圓滿後，法師與二十多位義工，並到社區拜訪住戶，致贈浴佛水、壽桃、平安米、祝福卡等結緣禮，傳送佛法的祝福。

南投德華寺、臺南分院、高雄紫雲寺也於5日舉辦結合法會的浴佛活動，臺南分院同時為四十二位低收入戶學子頒發「百年樹人獎助學金」；紫雲寺並為考生舉行祈福的活動，讓學子藉由佛法的力量，安定身心，並獲得諸佛菩薩的

庇佑。

法鼓山園區、桃園齋明寺則於法會前舉辦「朝山・浴佛・禮觀音」，藉此感恩大地及三寶的功德。齋明寺的活動，還安排為長者奉茶、百人親子奉茶等體驗，讓大眾感恩父母的恩德。

海外地區，美國紐約東初禪寺、加州洛杉磯道

東初禪寺浴佛活動中，法青與小菩薩們演出「佛陀生日派對」。

場，以及加拿大溫哥華道場的浴佛法會，皆於 12 日舉行，並安排親子同樂、孝親茶禪、禪的體驗等活動。在東初禪寺的活動中，住持果醒法師以「心佛眾生，三無差別」為題，進行開示，也帶領眾人學習「大地禪觀」，透過一次次禮拜，感念親恩、佛恩、眾生恩、大地恩；此外還舉辦「花花世界・處處淨土」活動，義賣盆栽募款擴建道場，邀請大眾共襄盛舉。

北美護法會加州舊金山分會也於 12 日舉辦「感恩浴佛媽媽好幸福」活動，除浴佛儀式及觀賞浴佛節故事影片和解說，並安排敲法華鐘、鈔經祈福、法鼓八式動禪現場教學、母親節盆花 DIY 等，祝福天下的母親福慧增長。

亞洲的香港護法會，於 19 日在當地孔仙洲中學舉辦浴佛法會暨皈依大典，由副住持果品法師主法，近八百人參加；馬來西亞道場則配合東南亞一年一度的衛塞節（佛誕日），於 24 日舉行浴佛法會，共有一百五十多位信眾以清淨心，共享浴佛的喜悅。

各地的浴佛活動，皆引領民眾以虔誠的心，沐浴佛身，祈願人人洗淨心中的污垢、執著等無明煩惱，成長智慧。

2013 全球分支單位浴佛節暨母親節活動一覽

地區		主辦單位／活動地點	時間	活動名稱／內容
臺灣	北部	法鼓山園區	5 月 17 至 19 日	朝山・浴佛・禮觀音
		北投農禪寺	5 月 5 日	浴佛法會
		北投雲來寺	5 月 17 日	浴佛法會
		北投文化館	5 月 4 日	浴佛法會
		臺北安和分院	5 月 26 日	好願祈福浴佛法會
		三峽天南寺	5 月 5 日	浴佛法會
		桃園齋明寺	5 月 27 日	朝山活動暨浴佛法會

地區		主辦單位／活動地點	時間	活動名稱／內容
		桃園齋明別苑	5月4日	浴佛法會
		基隆精舍	5月7至14日	浴佛祈福、佛法開示、佛前祈願供燈
	中部	臺中分院／寶雲別苑	5月19日	浴佛法會
		南投德華寺	5月5日	浴佛法會暨感恩園遊會
	南部	臺南分院	5月5日	浴佛法會暨百年樹人獎助學金頒發
		臺南雲集寺	5月19日	浴佛法會暨環保園遊會
		高雄紫雲寺	5月5日	浴佛法會暨考生祈福
		高雄三民精舍	5月4日	浴佛法會
	東部	臺東信行寺	5月5日	浴佛法會暨皈依祈福大典
海外	美洲	美國紐約東初禪寺	5月12日	浴佛法會暨親子同樂會
		美國加州洛杉磯道場	5月12日	浴佛法會暨親子同樂會
		加拿大溫哥華道場	5月12日	浴佛法會
		北美護法會伊利諾州芝加哥分會	5月4日	浴佛法會暨佛學講座
		北美護法會新澤西州分會	5月11日	浴佛法會暨中醫義診
		北美護法會加州舊金山分會	5月12日	浴佛法會暨親子同樂會
	亞洲	馬來西亞道場	5月24日	浴佛法會
		泰國護法會	5月11日	浴佛法會
		香港護法會	5月19日	浴佛法會暨皈依祈福大典
		新加坡護法會	5月19日	浴佛法會

● 05.12

萬人街頭禪修
為城市注入清涼安定的力量

前副總統蕭萬長（左）、臺北市長郝龍斌（右），與方丈和尚果東法師（中）用微笑彼此祝福問候。

法鼓山結合佛誕節暨母親節，於5月12日在臺北市政府前廣場、國父紀念館舉辦「萬人禪修」活動，前副總統蕭萬長、臺北市長郝龍斌、臺北市議會議長吳碧珠、富邦文教基金會執行董事陳藹玲、表演工作者張世、柯有倫等來

賓，以及方丈和尚果東法師、首座和尚惠敏法師，與近萬名民眾一起體驗法鼓八式動禪、微笑禪、浴佛禪。

2013 年「萬人禪修」以「微笑禪」為活動主軸，開幕儀式上，方丈和尚表示，以微笑面對逆境、以微笑廣結善緣，讓自己成為幸福的種子；也說明禪修可以幫助放鬆身心、安定身心，當身心安定，內在的喜悅便會透過身、口、意散發出來，周圍的人自然也能感染到那份喜悅；也強調真誠的微笑，就是將禪法落實在生活中最好的應用。

與會來賓也分享微笑的體會，蕭萬長前副總統表示微笑拉近距離，微笑真有力；郝龍斌市長指出每天微笑對待家人，讓家庭更和樂幸福；吳碧珠議長以「微笑讓身體充滿喜悅，讓人生更積極樂觀」做祝福，陳藹玲則分享用微笑傳達對眾生的祝福；惠敏法師則「三笑因緣：知足常樂、助人快樂、寂滅最樂」做為祝福。

在現場民眾也以微笑向身邊的人祝福之後，大眾隨著法師的引導，練習立禪、經行、法鼓八式動禪，專注並體驗當下的動作，絲毫不受外境影響，為熙來攘往的臺北街頭，注入一股清涼安定的力量。

活動最後，方丈和尚帶領大眾誦念佛號，依序浴佛，並祝願天下母親健康平安、世界和平；現場設有上百座的浴佛臺，讓民眾用安定、感恩的心，為生育、養育我們的母親和大地獻上祝福。

民眾隨著法師引導，練習法鼓八式動禪，專注當下的動作，為熙來攘往的街頭，注入清涼安定的力量。

2013 萬人禪修

以禪法放鬆身心 用微笑溫暖城市

5月12日，法鼓山再次將禪堂搬到街頭，帶領民眾在喧囂熙攘的臺北街頭體驗動禪心法。今年特別將「微笑」帶入禪法，讓禪修融入生活，現場成千近萬個身穿雨衣、頭戴斗笠的參與者，即使大雨滂沱，仍以語靜默、身安定、心自在的從容身影，隨著法師引導，練習立禪、經行、法鼓八式動禪，專注於當下的每個動作，以禪法放鬆身心，用微笑溫暖城市，為街頭注入一股清涼安定的力量。

微笑禪 傳遞幸福的種子

去年（2012年）法鼓山首度舉辦萬人街頭禪修活動，讓社會大眾對於禪修、心靈環保有不一樣的心體驗；本年結合母親節和浴佛法會，提出「以禪心過好生活，以禪行關懷世界」的理念，並將「微笑禪」融入禪修心法。

方丈和尚果東法師在致詞時鼓勵大眾：「以微笑面對逆境、以微笑廣結善緣，讓自己成為幸福的種子！」活動總護、禪修中心副都監果元法師說明，微笑是一種本能，當我們身心放鬆，懷著知足感恩的心，就能少煩少惱，內心安定喜悅，也就可以微笑生活；推廣「微笑禪」，就是要緩和現代社會緊湊忙碌的生活步調，讓大眾體驗清楚專注中的放鬆自在，將緊張、壓抑的生活轉化為健康、平衡，帶動人與人之間善的循環。

平日繁忙的臺北街頭，在512這天變成安定身心的禪堂。

無處不是禪 動靜皆自在

除了以「微笑禪」為主軸，萬人禪修的推動，實則是為讓社會大眾更能清楚認知禪修的好處，而以街頭禪堂的概念來推廣，即是以「任何人都能

「你今天微笑了嗎？」大眾在法師引導下，向身邊的人報以微笑，拉近彼此的距離。

站在街頭」，直指「每個人都能禪修」的意義，讓禪法靈活運用於日常生活中。

果元法師表示，一般人以為蒲團上打坐才是禪修，其實生活中無處不是禪，禪修也很容易，人人都可以做得到。因此，「萬人禪修」活動，特別選在車水馬龍的街頭，帶領大眾從等公車、搭捷運、走路、做運動中體驗；只要清楚知道自己在做什麼、放鬆地做，便是在運用禪法，如此一來，每一個時段、每一個地方都可以是菩提道場，正是萬人禪修所要傳遞的精神。

一次禪修一次淨化 一個微笑一份感恩

其實從籌備階段開始，無論是種子師資、義工或參與的民眾，就已經在學習於生活中落實禪法。幾個月來，不僅傳燈院法師前往各地宣講微笑禪、浴佛禪的意涵，各地禪修種子師資、護法悅眾也紛紛透過禪坐共修，舉辦都市經行、戶外禪、生活禪等方式，廣邀親朋好友、左鄰右舍一起體驗動禪心法，帶動社區的禪修風氣。

比起去年的豔陽，今年在活動舉辦前，連日天候不穩，前一晚更是大雨傾盆，義工們在活動現場，就著手電筒的微弱光線，搬運物資、對標定位、場地布置、彩排演練，一次又一次體驗雨中禪修。

一次禪修是一次淨化，一個微笑是一份感恩；512萬人禪修活動看似落幕，但回到日常生活中，只要懂得運用禪法，每一個當下都是在禪修，修行的過程，便是修行的結果，正是法鼓山弘揚漢傳禪佛法的具體實踐。

● 05.25～06.16期間

臺南地區四場「教育暨關懷」講座
饒夢霞教授談兩性平權及生涯規畫

饒夢霞教授在生涯規畫講座中，鼓勵大眾，學習覺察自己的情緒，培養正向面對的態度。

臺南地區三處分支單位於 5 月 25 日至 6 月 16 日期間，共同舉辦四場「教育暨關懷系列講座」，邀請成功大學教育研究所教授饒夢霞主講，共有兩百多人次參加。

5 月 25 日於雲集寺展開首場，主題是「性別平權與婚姻經營」，饒教授介紹「因、緣、分」的觀念，說明在婚姻生活中，夫妻之間相互體諒和感恩，才是維繫婚姻的不二法門；6 月 1 日於安平精舍進行的「許孩子一個未來──談親子經營」講座中，饒教授強調充分的親子互動、傾聽孩子的心聲、理解孩子的行為動機、尊重孩子的選擇等，是現代父母必須學習的功課，而家長對孩子是否快樂的重視程度，應該遠高於對學業成績的要求。

第三、第四場講座於 6 月 9 及 16 日分別在雲集寺與安平精舍展開，主題是「送您一打 Qs ──全方位的生涯規畫」，饒教授鼓勵大眾，遇到挫折時，應學習覺察自己的情緒，培養正向面對的態度，進而廣結善緣，成為具有智慧、待人慈悲的人。

● 06.03～07.02

僧團結夏安居
僧眾充電精進　增長道情

僧團於 6 月 3 日至 7 月 2 日，展開 2013 年的結夏安居，內容包括禪十、禪七、法門研討各一場，以及僧活營活動，平日常住海內外各道場、忙於法務的法師們，共聚一堂，進行一個月的精進修行。

本年的結夏安居，首先於 3 至 7 日，在三峽天南寺進行法門研修課程，上午由三學院監院果慨法師、普化中心副都監果毅法師，分別講授戒律、導讀《法鼓全集》；下午及晚間，法師們就念佛、禪修、懺悔三種法門，選擇一門深入用功。

其中，禪修法門研修，包括：聆聽聖嚴師父開示影片、法師分享、練習快步經行等，也分享對治昏沉、散亂的方法；懺悔法門研修，以《法華三昧懺儀》為主軸，果慨法師分享修行懺法必須與止觀相結合；念佛法門研修，則在天南寺山腳下的八角亭進行，先靜坐放鬆，接著坐念、跑香、拜佛，讓法

結夏安居期間，僧團法師分組研討，精進道業、凝聚道心。

師們深刻體會慧遠大師鼓勵結社念佛的用心。

11 至 20 日，接續進行僧眾禪十，法師們白天分念佛、禪修、懺悔三種法門用功深入，晚間則聆聽聖嚴師父開示影片，再一次領受師父弘傳的漢傳禪法，而師父諄諄的勉勵，更讓僧眾發起大悲願心，為弘揚中華禪法鼓宗而努力。

21 至 28 日，於法鼓山園區禪堂進行僧眾禪七，由聖嚴師父法子繼程法師帶領拜佛、經行，每晚講授禪法開示，僧大七十多位學僧也一同加入用功。

6 月 29 日至 7 月 2 日，則於臺中寶雲別苑進行四天的僧活營，除參與寶雲寺上梁安寶大典、寶雲基石頒贈、點亮城市等活動，並參訪自然科學博物館、亞洲大學，也實地關懷、感恩護持法鼓山的信眾。

主七和尚繼程法師帶領僧眾拜佛、經行，每晚也講授禪法開示。

僧團結夏安居始於 1997 年，由創辦人聖嚴師父親自講授課程，藉由結夏安居，齊聚各地弘化的僧眾於一堂，共同精進充實與放鬆身心；結夏安居期間，僧眾的交流與討論，增長了彼此的道情，同時更深一層體會師父的行誼，以及對僧團的殷重期許。

● 06.13～17

方丈和尚出席廈門「佛教教育交流研討會」
分享法鼓山推動佛教教育的具體作為

方丈和尚在「佛教教育交流研討會」中，分享法鼓山推動佛教教育的理念及具體作為。

方丈和尚果東法師於 6 月 13 至 17 日，應邀前往金門及中國大陸福建省廈門，出席「第五屆海峽論壇・閩臺佛教文化交流週——佛教教育交流研討會」，與二百多位兩岸佛教界代表，就當代佛教的僧才培育、道風養成等課題，分享法鼓山推動佛教教育的理念，並共同為兩岸及世界和平祈福。

14 日，廈門舉行的閩臺佛教交流圓桌會議上，方丈和尚分別就「終極關懷、中心思想、當代意義、當代關懷」四個面向，分享法鼓山的理念與具體作為，指出佛教的終極關懷，在於提昇人的品質，建設人間淨土。佛國淨土並非來生才能親近，現世人間就可體驗，當我們的心平靜、安定，念念清淨，則淨土常在眼前，便是在提昇人的品質。

方丈和尚並分享創辦人聖嚴師父所提出的生活化的佛法、人性化的佛學、人間化的佛教三個條件，做為對佛法的當代實踐；也說明，佛法的教化本來就是一種教育，因此法鼓山長期推動大學院、大普化、大關懷三大教育，來淨化人心、淨化社會，為人間、為佛教奉獻一分心力。

方丈和尚此行也參訪廈門南普陀寺、鼓浪嶼日光巖寺、泉州開元寺等，17 日並應邀為剛整修完成、有近八百年歷史的金門海印寺大殿，共同主持佛像開光暨揭牌儀式。

法鼓山推動佛教教育的理念

方丈和尚語

6月14日講於中國大陸廈門閩臺佛教交流圓桌會議

◎果東法師

諸位法師、諸位菩薩,阿彌陀佛!非常歡喜能夠出席「第五屆海峽佛教論壇」,與諸位共同探討當代佛教所面對的課題。

佛教是感恩的宗教,佛法看待世間一切現象,無不是環環相扣,彼此互為因緣,互有恩情。如同今日盛會,即是眾因緣具足、眾善緣成就,而使我們大家會聚於此,修福修慧,與法相會。因此,果東首先要向大會及諸位表達感恩。

關於感恩,恩師法鼓山創辦人聖嚴法師曾如此勉勵:今生有因緣修學佛法,應當感恩;今生有因緣護持佛法,也要感恩;今生有因緣弘揚佛法,邀請更多的人一起耕耘心田,更需要感恩。

所謂修學佛法、護持佛法、弘揚佛法,即是菩薩道的軌跡,而法鼓山對於教育理念的推動,也就是以菩薩道為依歸。以下試就四點綱要,請諸位指教。

佛教的終極關懷

佛教的終極關懷,在於「提昇人的品質,建設人間淨土」。所謂佛國淨土,並非只有來生才能親近,現世人間就可以體驗。當我們的心平靜、安定,不受自己的情緒困擾,不被外在的環境干擾,一念清淨,一念見淨土;念念清淨,則淨土常在眼前。這便是在提昇人的品質。

對一個內心平靜、安定的人來講,他所體驗的世界,是比較和諧可愛的,與人對立、比較、計較之心,相對減少。這樣的人,本身就是一股安定的力量,並能影響周遭的人感受安定。因此,法鼓山以「提昇人的品質,建設人間淨土」這兩句話為理念,呼籲從人品的提昇做起,成就自心淨土,而用自心淨土建設人間淨土。

佛教的中心思想

佛教的中心思想,在於慈悲與智慧,即「心靈環保」。為了適應現代社會,恩師聖嚴法師將深奧難懂的佛學名詞,轉化為現代人易懂、親切的語言,

並且以禪的心法為要，針對現代人所需的安心之道，提出有系統、層次化的觀念與方法，整體來講，稱為「心靈環保」。

心靈環保，就是以觀念的導正，來提昇人的素質，讓我們面對外在環境的變動和衝擊時，內心能夠不受影響，還能夠以健康的心態，來面對現實，處理問題。這就是學習慈悲與智慧。

佛教的當代意義

佛教的當代意義，在於生活化、人性化與人間化。佛法是萬古常新的，既有長時間的延續性，也有普世價值的適應性。

恩師聖嚴法師對於佛法的當代實踐，則提出三個條件：用佛法的觀念來生活，即「生活化的佛法」；以人的立場來研究佛學，稱為「人性化的佛學」；以人為中心來倡導佛教，叫作「人間化的佛教」。

這三個條件具足，可說是回歸佛陀的本懷，並且落實漢傳禪佛教的精神，以出世的精神從事入世關懷，在世出世間，闡述入世、化世的菩薩願行。

佛教的當代關懷

佛教的當代關懷，在於推動全面教育。整體來講，佛法的教化，就是一種教育；如何讓更多的人知道佛法的好，需要透過團體的力量來推動。

「第五屆海峽佛教論壇」上，兩百多位教界人士交流佛教教育的理念與經驗。

以法鼓山來講,是以僧團為核心,居士擔任護法,由僧俗四眾共同推動三大教育,從學術研究、海內外禪修、弘法,到針對安頓人心所設計的各項教育、文化與關懷工作,以積極入世的態度,指導啟蒙心靈的方法,接引大眾在學佛路上歡喜同行。

有關三大教育,略述如下:

(一)大學院教育:

透過正規教育,培養在研究、教學、弘法、服務領域裡,引導大眾、啟迪觀念的各種專門人才。現有教育體系,包括中華佛學研究所、法鼓山僧伽大學、法鼓佛教學院,以及正在興建中的法鼓大學。

尤其,法鼓佛教學院是臺灣第一所獲教育部通過設立的單一宗教研修學院,從大學(中國大陸稱本科生)、碩士到博士班,一一具足,學程完整。2013 年 2 月,臺灣的教育部也已通過成立「法鼓學校財團法人」,在法鼓大學校舍工程完成之後,法鼓佛教學院將併入法鼓大學。

(二)大普化教育:

推廣各項提昇品德、品格的活動,提供現代人實用的安心之道。傳統修持方法如禪修、念佛、講經、法會共修等,現代弘化方式則如網路、影音、文化、出版等。

譬如今年 5 月 12 日,母親節暨佛誕節當天,法鼓山把禪堂搬到臺北街頭,舉辦萬人禪修活動,以健康的禪法,幫助大眾體驗身心放鬆。今年是第二年舉行,回響非常好,參與的民眾都認為很有意義。

(三)大關懷教育:

普及各項溫暖人間環境的服務,圓滿每個人生命各個階段的需求。譬如佛化婚禮、佛化祝壽、佛化奠祭、公益論壇、頒發獎助學金、急難救援等等。

2008 年 5 月,中國大陸四川發生大地震,法鼓山隨即於綿陽安縣一帶,進行為期五年的關懷計畫:成立安心服務站、興建秀水第一中心小學、秀水衛生院,以及援建陳家壩衛生院金鼓村門診部等等。這也是大關懷教育的一環。

結語

法鼓山是宗教團體,也是教育的團體,我們感恩有這樣一個使命,為人間奉獻,也為佛教奉獻,那便是:「以心靈環保為核心,弘揚漢傳禪佛教,透過三大教育,達到世界淨化。」這段話,可說就是法鼓山推動全面教育,落實整體關懷的最佳詮釋。以上發言,請諸位指正。阿彌陀佛。

● 06.29～07.27期間

聖基會「2013年經典講座」
俞永峯老師爬梳「法鼓宗」脈絡

俞永峯老師講「法鼓禪音」，帶領學員深入了解「中華禪法鼓宗」。

聖基會於 6 月 29 日至 7 月 27 日，每週六在聖基會講堂舉辦「2013 年經典講座」，邀請美國佛羅里達州立大學助理教授俞永峯主講「法鼓禪音——分享聖嚴師父的禪修思想」，講說「中華禪法鼓宗」立宗的歷程、涵義、定位與特色，有近六十人參加。

課堂中，俞老師以聖嚴師父於 1998 年與達賴喇嘛對談前所整理的「漢傳佛教傳承發展系統表」為本，講述中國禪宗的歷史源流，爬梳「法鼓宗」成立的脈絡，並詳細說明教理、特色與方法。

俞老師講析成立「法鼓宗」，不是要自立門戶，而是為了漢傳佛教的未來；所謂「宗」，不是門派，而是一個團體，聖嚴師父融合各家之長，成立「法鼓宗」，是希望有一個團體可以延續漢傳佛教的未來。

五次的講座內容紮實豐富，學員踴躍提出關於禪修方法與教理的疑問，互動間激盪出精彩的火花，也更清楚理解「法鼓宗」的內涵與聖嚴師父立宗的深義。

● 06.30

臺中寶雲寺上梁安寶
法鼓山在中部地區弘化新里程

臺中分院於 6 月 30 日在寶雲寺建築工地舉行「上梁安寶暨寶雲基石頒贈」典禮，在方丈和尚果東法師、禪修中心副都監果元法師、美國紐約東初禪寺住持果醒法師主持下，包括一百四十八位僧團法師和建築工程團隊、臺中市文化局局長葉樹姍、護法總會副總會長葉榮嘉等近千位中部地區護法信眾，共同為寶雲寺建設工程祈福。

上梁安寶法會由方丈和尚帶領大眾持誦〈大悲咒〉繞壇灑淨，接著在觀音菩

薩聖號中，方丈和尚與僧團法師將象徵佛、法、僧三寶的金、銀、琉璃、硨磲等七種寶物、《心經》一卷，以及創辦人聖嚴師父書寫的「佛」字布幔安置於鋼梁，再由工程人員將鋼梁吊上頂樓的祈願觀音殿安放。

方丈和尚致詞時表示，上梁安寶最主要安的是佛法僧三寶，三寶具足使佛法得以普及人間，引領大眾回歸清淨、智慧、平等的慈悲心，因此安寶也象徵安內心的三寶，讓自己隨時隨處身安、心安。方丈和尚特別感恩建築團隊、護法信眾的全程投入、全心奉獻，讓寶雲寺的建設得以順利進行。

安置了七寶、《心經》的鋼梁，懸掛著聖嚴師父書寫的「佛」字布幔，緩緩上升至寶雲寺頂樓安放。

隨後展開的寶雲基石頒贈典禮，邀請音樂工作者坣娜演唱〈他的身影〉，悠揚樂音搭配聖嚴師父早年在中部地區弘法的影像紀實，讓大眾深受感動。基石頒贈由方丈和尚主持，僧團法師一一為護持「寶雲基石」的三百位民眾及團體代表獻上感恩與祝福。

寶雲寺於 2011 年 1 月動土，目前已完成地下三層、地上十二層的硬體結構，上梁安寶後將邁入內部設計裝修階段，預計 2015 年年初落成啟用，象徵法鼓山在中臺灣的弘化腳步，又向前邁進一大步。

方丈和尚率同僧團法師，向寶雲寺工程建築團隊、護法信眾表達感恩。

● 07.01

方丈和尚率僧團法師訪亞洲大學
交流辦學教育理念

方丈和尚果東法師率僧團法師訪亞洲大學，交流辦學理念。（左起依序為亞洲大學副校長劉育東、果暉法師、蔡進發校長、蔡長海創辦人、方丈和尚、果光法師、寶雲寺籌建委員會副主任委員林嘉琪、亞洲大學行政副校長柯慧貞）

方丈和尚果東法師、副住持果暉法師、僧大副院長果光法師，率同參加「僧活營」的僧團法師們，於7月1日前往臺中霧峰參訪亞洲大學，並與創辦人蔡長海、校長蔡進發進行座談，交流興辦教育的理念。

座談會中，方丈和尚提及亞洲大學是國內第三所設立「法鼓人文講座」的學府，對此，蔡長海創辦人感謝聖嚴師父的愛護，表示自己出身漁村，一路求學成長的經驗，深深體會到教育的重要，因此非常認同師父的教育理念；而亞洲大學的創辦，緣於臺灣發生921地震，臺中霧峰是重災區，格外需要投入教育資源以提昇當地的發展，於是興辦著重人文素養與人品提昇的亞洲大學。

蔡進發校長則闡述「健康、關懷、創新、卓越」的校訓，以及如何兼顧專業與人品的辦學經驗。曾在亞洲大學任教的果暉法師，則肯定亞洲大學是一所著重人品、學習、成長的園地，也感恩當年的學習，成就在法鼓佛教學院學士班的重要教學經驗。

這場座談會由該校副校長劉育東主持，該校行政副校長柯慧貞、寶雲寺籌建委員會副主任委員林嘉琪，當天也出席了座談會。會後，全體僧眾並參訪該校圖書館，以及由日本建築師安藤忠雄規畫的藝術館。

● 07.01～08.15期間

暑期兒童心靈環保體驗營全球展開
學童在歡笑中成長心靈

「2013法鼓山兒童心靈環保體驗營」於7月1日至8月15日暑假期間，在法鼓山全臺北、中、南、東各地分院道場、護法會多處辦事處、慈基會甲仙安

心站、法鼓山社會大學,以及美國紐約象岡道場、加拿大溫哥華道場等地展開,活動內容以生活教育、心靈成長為主軸,全球總計舉辦二十個梯次,共有一千四百多位學童參加。

首場營隊活動於 7 月 1 至 3 日在臺北中山精舍展開,六十位學員學習扮演小禪師、烘焙師等角色,進行寓教於樂的環保闖關遊戲,並從室內走向戶外,取材自然進行香草蔬果葉拓、和紙製作等藝術 DIY,體驗禪法活潑的樂趣。

臺北安和分院的營隊,規畫觀賞動畫、團康遊戲、接龍等活動,以認識「聖嚴法師 108 自在語」的內涵與應用;也安排小學員到法鼓山園區參訪,在綠意環繞的步道中行禪、體驗放鬆,並以五種尋寶路線進行生態教育解說,豐富都會學童的心靈學習。

桃園齋明寺兩梯次的活動,包括了法鼓八式動禪、遊戲禪、打太鼓、點心DIY、繪本閱讀、《心經》小學堂等課程,其中「進階版托水缽」單元,融入悉達多太子成佛前,在定中超越魔境干擾的典故,引導學員學習專注力。

臺中分院於寶雲別苑進行的營隊,是為期二天一夜的寺院生活體驗,於 7 月22 至 25 日期間舉辦兩梯次,共有一百四十多位學員在法師及隊輔的帶領下,建立良善的生活規範,也透過觀察寶雲別苑的生態環境,學習「自然環保」。方丈和尚果東法師於 24 日以故事分享「畫家筆下的牡丹花少畫一個邊,看似富貴不全,但換個角度,卻是富貴無邊」,勉勵小學童應保持正念面對逆境與自己的不足。

南部地區,臺南雲集寺的營隊以親子體驗營的方式進行,邀請父母陪孩子一起做瑜伽、禪坐、經行、閱讀繪本等活動,增進親子關係;高雄紫雲寺則透過說故事的課程設計,結合雙語朗詩、律動與創作繪本,讓一百三十位學員從中提昇正向人格,並從書法禪等活動中,體驗「專注當下」的安定感。

臺東信行寺於 7 月23 至 27 日舉辦兒童心靈環保體驗營,由僧大學僧帶領九十六位學員,學習保持身心放鬆、專注的方法,也藉由規律、樸實的生活作息,引導學員認知知福、惜福、培福、種福,才是真正享福與快樂的生活。

學員在紫雲寺「書法禪」課程中,體會書法藝術之美,體驗禪的智慧。

臺中寶雲別苑擁有豐富的生態環境，學員透過仔細觀察，小小心靈更懂得尊重、珍惜自然。

海外地區，美國紐約東初禪寺於 7 月 31 日至 8 月 4 日在象岡道場舉辦親子夏令營；加拿大溫哥華道場則於 8 月 8 至 11 日展開為期三天的夏令營，期間適逢東初禪寺住持果醒法師至溫哥華弘法，法師除了關懷學員，並以生動有趣的影片課程，教導學員如何將注意力放在自己的呼吸上，共有三十六位八至十六歲的大小學員參加。

自 1993 年舉辦迄今已二十年的兒童心靈環保體驗營，2013 年營隊涵蓋人文、藝術、禪修、環保體驗等內容，讓小學員從遊戲中，學習以「四環」、「心五四」、「心六倫」來滋養生命、成長心靈。

2013 法鼓山兒童心靈環保體驗營一覽

區域		舉辦單位（地點）	舉辦日期	梯次	主要參加對象
臺灣	北部	臺北安和分院	7 月 16 至 18 日	第一梯次	國小三至五年級學童
			7 月 23 至 25 日	第二梯次	
		桃園齋明寺	7 月 19 至 21 日	第一梯次	國小三升四年級學童
			7 月 26 至 28 日	第二梯次	國小五升六年級學童
		臺北中山精舍	7 月 1 至 3 日	第一梯次	國小升二至四年級學童
			7 月 4 至 6 日	第二梯次	國小升五至六年級學童
		護法會新莊辦事處	7 月 13 至 14 日	共一梯次	國小二至五年級學童
		護法會宜蘭辦事處	7 月 6 至 7 日	共一梯次	國小三升六年級學童
		金山法鼓山社會大學（法鼓山園區）	8 月 10 至 11 日	共一梯次	國小升四年級以上學童
	中部	臺中分院（臺中寶雲別苑）	7 月 22 至 23 日	第一梯次	國小升四年級學童
			7 月 24 至 25 日	第二梯次	國小升五年級學童
		護法會員林辦事處	7 月 27 至 28 日	共一梯次	國小三至六年級學童
		護法會東勢共修處	8 月 14 至 15 日	共一梯次	國小三至六年級學童
	南部	臺南分院	7 月 21 日	共一梯次	國小一至三年級學童及家長親子營隊
		臺南雲集寺	7 月 13 至 14 日	共一梯次	國小升三年級學童國小升六年級學童
		高雄紫雲寺	7 月 5 至 7 日	共一梯次	國小二至四年級學童
		甲仙安心站	8 月 13 至 16 日	共一梯次	國小三至六年級學童

區域		舉辦單位（地點）	舉辦日期	梯次	主要參加對象
臺灣	東部	臺東信行寺	7月23至27日	共一梯次	國小升三年級學童 國小升六年級學童
海外	美國	紐約東初禪寺	7月31日至8月4日	共一梯次	親子夏令營
	加拿大	溫哥華道場	8月9至11日	共一梯次	八至十六歲學生

● 07.01起

人基會2013年度深耕主題──家庭倫理
推動「連線爸媽，關心傳回家」活動

　　人基會於7月1日起，推動「LINE-LIKE-LOVE ──連線爸媽，關心傳回家」活動，鼓勵新世代年輕人珍惜家庭關係，落實對父母和家人的關懷，藉由具體的叮嚀、直接的行動，用心經營家庭生活，讓家人的心更加靠近。

　　「連線爸媽，關心傳回家」活動，內容以「LINE-LIKE-LOVE」為行動三部曲，鼓勵大眾透過電話、智慧型手機、平板電腦等，隨時隨地與父母、家人連線，將愛與關懷傳遞回家。

　　人基會深耕「心六倫」，從2013年開始，展開每年深耕一個倫理的計畫，本年主題是「家庭倫理」。由於社會結構和風氣的改變，父母與子女關係日益疏離，藉此活動呼籲社會大眾重視家庭和諧，回歸到自己與父母的關係上，用心經營彼此的關係。

● 07.07～10

「教師心靈環保自我成長營」天南寺舉行
引導學員成長心靈　回到初發心

　　7月7至10日，教聯會於三峽天南寺舉辦「2013暑假教師心靈環保自我成長營」，由僧團法師、資深悅眾分享追隨聖嚴師父學佛，以及佛法和生命連結的體驗、佛法的教學觀念和方法等，共有一百多人參加。

　　首場課程由文化中心副都監果賢法師主講「得心自在」，法師首先提問「這輩子為何選擇從事教

學員於「教師心靈環保自我成長營」中，藉著禪修向內觀照自己。

育？」接著從因果、因緣的生命法則，說明人生種種，皆與過去的願力與業力有關，並引述聖嚴師父的法語「生命的目的在受報，意義在盡責，價值在奉獻。」以及三法印、一期一會等佛法觀念，引導學員了解在變動無常的環境中，如何調整心念，以慈悲對待他人，用智慧來面對自己。

在「心靈咖啡館」、「心靈捕手——電影與教學」課程中，法鼓佛教學院助理研究員辜琮瑜以「對話中的默與照」、「好的聆聽者與敘事者」、「生命教育教師的角色與方法應用」等主題，講述由「默、照」提昇至「悲智和敬」、由關懷至願心的層次，提供學員培養思考和體會能力的方式。

此外，僧團副住持果暉法師主講「禪與心靈環保——看箭」、實踐大學社會工作學系副教授楊蓓主講「安心・安業」，皆點出了聖嚴師父所言「外境動，心不動」，以及佛經中「身受，不生心受」（不中第二箭）的義理。

成長營並安排常啟法師帶領學員進行禪坐、經行、法鼓八式動禪、戶外禪，在清楚、放鬆的練習中，體會到要先安自己的心，才能安學生的心，也才能與孩子、周圍的人自在相處。

最後一天進行「心靈環保教案設計DIY」，學員分組腦力激盪，設計出融合心靈環保觀念的教案，引導學生提昇心靈成長；晚上的「無盡燈之夜」，學員們以一顆沉澱柔軟的心，寫下感恩和發願：感恩生命中的所有貴人，感恩逆境，願生生世世護持法鼓山，弘揚佛法。

許多學員們表示，在成長營中學習到安頓身心的妙方，也尋回從事教職工作的「初發心」。

● 07.11

國際扶輪社參訪北投農禪寺
體驗水月道場農禪精神

在導覽義工的解說下，國際扶輪社一行了解農禪寺水月道場的建築空間意涵。

國際臺灣扶輪社前總監張勝鑑帶領社員一行四十餘人，參訪北投農禪寺，由監院果毅法師代表接待，進行交流。

一行人透過果毅法師與導覽義工的解說，體會法鼓山四眾弟子延續的農禪精神，也為新建水月道場以層層光影離合，在虛實交錯中流動出的無常美景，留下感動的驚歎。

首次到農禪寺參訪的張勝鑑前總監表示，農禪寺是一處樸素、環保的道場，不必語言就能

感受到禪意，在參訪的過程中，安靜、安定、平穩的環境，讓人不由得心生歡喜。果毅法師則鼓勵社友參與聖嚴書院開辦的福田班與佛學班課程，更能領受到佛法安定身心的力量。

● 07.13～19　08.11～17

夏季青年卓越禪修營舉辦兩梯次
引領學員超越自我　開拓覺醒的人生

7月13日至8月17日期間，青年院共舉辦兩梯次「2013夏季青年卓越禪修營」，第一梯次於7月13至19日在法鼓山園區禪堂、第二梯次於8月11至17日在三峽天南寺展開，分別由常澧法師、常義法師擔任總護，以營隊活動方式，接引青年親近佛法與禪法，共有兩百多人參加。

在園區進行的青年卓越禪修營，學員們魚貫走入山徑，赤著雙腳、一步步踏實走在石板上。

2013年營隊延續2012年，以「禪修」為活動主軸，內容包括初級禪訓班課程，以及法鼓八式動禪、坐禪、茶禪、經行等日常生活中活用禪修的觀念與方法，啟發青年以禪修超越自我視界，並開發本身具足的能量。

另一方面，營隊也安排「畫自畫像」、「故事接龍」、「禪鼓練習」等單元，透過遊戲認識真正的自己、了解自己、安定自己，讓心靈成長。

許多學員表示，自己沒有宗教信仰，也是首次參加禪修，但經由法師活潑的引導，感受到自利利他的歡喜，與生命品質的提昇。

● 07.14　09.01

聖嚴書院中區、北區佛學班聯合結業
圓滿三年學習　願做萬行菩薩

普化中心聖嚴書院中區佛學班及北區佛學班，分別於7月14日及9月1日在臺中寶雲別苑與北投農禪寺舉辦聯合結業典禮，並有一百零七位及六百多位學員，圓滿三年學習。

在寶雲別苑進行的中區聯合結業典禮中，臺中分院監院果理法師、聖嚴書院講師林其賢，都到場祝福精讀班、初階甲班、乙班學員順利結業。典禮一開始，

臺中地區學員順利從聖嚴書院佛學班結業，發願做個快樂學佛人，學做萬行菩薩。

甲班表演話劇，「學佛即生活、生活即學佛，面對突來的狀況如何處理？」演出學員立即運用「四它」，展現出禪修定力，也接引他人一起親近法鼓山；乙班的「與蚊共處」，呈現三年來的體驗「三步」曲，第一步是未長養慈悲心前的「掌飛魄散」，第二步是有了戒定功夫後「不理牠」，第三步即是慈悲眾生的「供養牠」，持續止惡修善、度一切眾生，往菩薩道前進。

當天也特別安排學員同席喝茶，在古箏國樂聲裡，學員「以茶喻禪，以茶解禪」，體驗茶心禪味。

9月1日於農禪寺舉行的北區聯合結業典禮，甫從中國大陸返臺的方丈和尚果東法師，特地到場頒發結業證書，讚歎學員三年精進修學不懈，也勉勵眾人，結業不僅要結掉無明煩惱惡業，更要廣結善業、福業、慧業。

除了頒發結業證書、分享心得，結業式特別以法會共修形式進行，並由僧團法師帶領大眾供燈發願，祈願點亮智慧、慈悲的明燈，於菩薩道上照亮自己，也照亮他人。

● 07.14～12.08期間

紫雲寺舉辦「親子好關係系列講座」
分享親子溝通與教養問題

高雄紫雲寺於7月14日至12月8日期間，於週日舉辦六場「親子好關係系列講座」，邀請專業諮商心理師、臨床心理師及資深特教老師，分享親子溝通與教養問題，講座中除了分享口語溝通的方法，更提出多種非口語的溝通技巧，每場均有三十多人參加。

紫雲寺舉辦「親子好關係系列講座」，分享親子溝通方法與技巧。

講師群特別強調「適當的陪伴」對孩子的影響，例如7月14日進行的首場「淺談親子溝通」講座，諮商心理師廖冠婷說明每位孩子都是獨一無二的，而每位父母也都擁有不同的教養優勢。透過討論及分享過程，大眾分享彼此教養孩子的甘苦並提出親子教養的見解，真正達到情緒支持與相互交流的學習目的。

紫雲寺期望透過親子講座的舉辦，讓大眾學習溝通技巧，以愛和關懷為出發點，發展出健康親密的親子關係，培育出心理健康、自信與自律的孩子，幫助親子共同成長。

2013紫雲寺「親子好關係系列講座」一覽

時間	主題	主講人
7月14日	猜猜看，我有多愛你——淺談親子溝通	廖冠婷（諮商心理師）
8月4日	家有小暴龍——與孩子談情緒	廖冠婷（諮商心理師）
9月8日	有愛無礙——淺談注意力不佳、過動及學障問題	林洵旬（資深特教老師）
10月13日	親子閱讀——協助孩子累積心靈寶藏	陳妙（臨床心理師）
11月10日	簡易靜心——親職壓力紓解良方	陳妙（臨床心理師）
12月8日	為孩子打造好的生活習慣	廖冠婷（諮商心理師）

● 07.16～27

人基會心劇團在緬甸「轉動幸福」
帶領偏鄉小朋友體會生命教育

16至27日，人基會「心劇團」受邀參與實踐大學主辦的「2013緬甸偏鄉暑期志工服務」活動，並於該國撣邦省東枝市Demaweku佛教孤兒院、Daw Gyi Daw Nge天主教孤兒院、興華中學等三處，演出劇作《世界一花——花花的幸福種子》，帶領當地小朋友感受奇幻的戲劇藝術，體會生命教育意涵，服務共近四百人。

《世界一花》作品，在說書人幸福奶奶的陶笛聲中揭開序幕，融和戲劇、音樂、舞蹈、朗誦等形式，透過小女孩花花的異想旅程，展開一趟生命中的驚奇冒險；在表演過程中，同時引導觀者為自然環境祈願祝福，激盪出對大自然發自內心的感恩與禮敬。

天主教孤兒院的孩子們跟著「心劇團」團員，在院內穿梭，將現實場域化為小偶人環遊世界的想像地。

為期十二天的愛心交流活動,「心劇團」帶領異國偏鄉孩子,穿越語言、文化、宗教隔閡,引導孩童發揮無限的想像力量。團長蔡旻霓表示,儘管服務力量有限,但團員們祈願每一次的演出,都能分享安定和正面的力量,讓孩子心中良善和正向的種子發芽茁壯。

● 07.27

果醒法師臺南分院佛法講座
結合《楞嚴經》與《神會禪師的悟境》

臺南分院於 7 月 27 日舉辦佛法講座,由美國紐約東初禪寺住持果醒法師弘講《神會禪師的悟境》。

果醒法師首先說明,這是首次將《楞嚴經》與《神會禪師的悟境》結合一起講說,前者主要談「真心是什麼?」,而後者談的則是「從禪師的角度,如何看待這些現象?」。由於多數聽眾未曾讀過《楞嚴經》,法師先介紹各卷內容,包括:妄心、真心、從妄起真、返妄歸真、二十五圓通法門等。法師表示,對禪師而言,禪即生活;在生活中,開悟者看到的都是「心」,如同鏡子反映全部。但眾生抓取身體為我,造成「能所」,修行即是將「有能所」的妄心,轉化為「無能所」的真心。有能所時,無法見到「能所雙亡」的真心;當心中無物,則實相無相、無不相。

法師指出,現前就是空,而不是到頭來才是空;空不表示沒有,現象是有的,只是裡面沒有「我」。有上課的身體、上課的現象,沒有上課的人;有罵人的聲音,罵人的現象,沒有被罵的人。懷讓禪師參禪三年,方悟到「你從哪裡來」、「念佛的是誰」、「什麼是無」,指的都是現前這顆心,不來不去、沒有能所,只有見聞覺知的功能。

最後,果醒法師勉勵眾人,即刻開始練習不執著形相為我,避免迷失在現象界中。

● 07.28～09.04期間

全球分支單位舉辦中元法會
以虔誠共修表達感恩之情

農曆 7 月是教孝月,法鼓山全球十九處分支單位於 7 月 28 日至 9 月 4 日期間,分別舉辦中元報恩法會,共有逾萬人次參加。

各地舉辦的中元法會形式多元,有地藏法會、地藏懺法會、慈悲三昧水懺法

會、三時繫念法會，其中多場為地藏法會，包括臺灣北部的北投文化館、農禪寺、安和分院、中山精舍、基隆精舍及桃園齋明寺、齋明別苑，中部的臺中分院、南投德華寺，南部的臺南分院、雲集寺、安平精舍，以及海外的美國紐約東初禪寺、加州洛杉磯道場，以及亞洲香港護法會等。

其中，文化館於 8 月 2 至 4 日舉行「中元地藏法會」，並於圓滿日下午舉行瑜伽焰口法會，僧團果祥法師在法會中說明誦持《地藏經》的意義，並勉勵眾人幫助父母、引導父母安住在佛法上，使父母的福慧不斷增長，永不墮落三途受苦，才是真正的大孝；臺中分院也於 16 至 18 日在寶雲別苑舉行「中元報恩地藏法會」，由禪修中心副都監果元法師主法，法師除了說明拜懺、誦經的意義與功能，並教導眾人如何在法會中結合禪法修行，觀想經文內容，能一一落實就是在修行。

紫雲寺在 8 月 18 日三時繫念法會舉辦前，先展開七天的《地藏經》共修，提昇信眾們感恩孝親的情懷，並提起運用佛法的智慧超度苦難眾生的慈悲心願，每天約誦持近三百部，希望藉由地藏菩薩的大悲願力，超薦歷代祖先眷屬，度化一切有情。

除了地藏法會，農禪寺於 8 月 10 至 16 日啟建梁皇寶懺法會，首日便有近六千位民眾參與共修；而基隆精舍、臺南分院、臺東信行寺，及加拿大溫哥華道場、馬來西亞道場，則舉辦中元慈悲三昧水懺法會。臺南分院的「慈悲三昧水懺暨三時繫念法會」，於 8 月 24 至 25 日在臺南二中明德堂舉辦，監院果謙法師在法會開始前，為大眾解說「三昧水懺」及「三時繫念」的意義，並提醒大眾要常懷慚愧心、恐怖心、厭離心、菩提心，以及建立怨親平等、念佛報恩、觀罪性空等觀念，就能體會法會的法益。

海外方面，美國紐約東初禪寺於 8 月 12 至 17 日，舉行「教孝月佛五」，透過聖嚴師父的開示影片，讓共修大眾了解正確的念佛觀念和方法；圓滿日並舉辦地藏法會，三學院監院果慨法師開示，修行不只在道場，更應將在道場聽聞到的佛法，落實在家庭中，法師教導眾人

臺中分院於寶雲別苑舉辦地藏法會，以虔誠共修表達感恩。

將對親人的愛心擴大，在誦經過程中，送出對一切眾生的祝福，自然就能感通
諸佛。

2013 海內外中元系列法會一覽

區域		主辦單位（地點）	時間	內容
臺灣	北部	北投文化館	7月28日至9月4日	《地藏經》共修
			8月2至4日	中元地藏法會
		北投農禪寺	7月28日	中元地藏法會
			8月10至16日	梁皇寶懺法會
		臺北安和分院	8月21日至9月8日	地藏法會、《地藏經》共修
		臺北中山精舍	8月18至25日	地藏法會、《地藏經》共修
		基隆精舍	8月1至30日	《地藏經》共修
			8月11日	地藏法會
			8月31日	中元慈悲三昧水懺法會
		桃園齋明寺	8月19至24日	地藏懺法會
			8月25日	地藏法會
		桃園齋明別苑	7月18日至8月3日	《地藏經》共修
			8月4至10日	中元地藏法會
	中部	臺中分院（寶雲別苑）	8月16至18日	中元報恩地藏法會
			8月25日	大悲懺法會
		南投德華寺	8月18日	中元地藏法會
	南部	臺南分院（臺南二中明德堂）	8月24日	中元慈悲三昧水懺法會
			8月25日	中元三時繫念法會
			8月31日	中元地藏法會
		臺南雲集寺	8月7至14日	中元地藏法會
		高雄紫雲寺	8月11至17日	中元《地藏經》共修
			8月18日	中元三時繫念法會
		臺南安平精舍	8月10日	中元地藏法會
	東部	臺東信行寺	8月9至10日	中元慈悲三昧水懺法會
			8月11日	中元三時繫念法會
海外	北美	美國紐約東初禪寺	8月12至17日	中元教孝佛五
			8月17日	中元地藏法會
		美國加州洛杉磯道場	8月31日至9月1日	中元教孝佛二
			9月2日	中元地藏法會
		加拿大溫哥華道場	8月30日至9月1日	中元慈悲三昧水懺法會
	亞洲	馬來西亞道場	8月17至18日	中元慈悲三昧水懺法會
		香港護法會	8月11日	孝親報恩地藏法會
		泰國護法會	8月25日	地藏法會
		新加坡護法會	8月31日	地藏法會

● 07.29

臺中武陵農場設置祈福平安鐘
方丈和尚果東法師主持並祝福

7月29日，方丈和尚果東法師受臺中武陵農場之邀，為該農場首座設置的「祈福平安鐘」，主持啟用儀式。方丈和尚在致詞中期許武陵清淨的平安鐘聲，不僅是為到訪園區的遊客祝福，也讓這份平安、健康、快樂的祈願，傳遞至世界各個角落。

方丈和尚表示，人人身心安頓，便是敲響自性鐘聲，而生活的意義與生命的價值，在於從心出發，藉由心理平衡、人格的穩定及健全，使我們面對人生各種順逆因緣，心懷感恩、報恩，進而扮演好人生各種角色。

除了主持啟用儀式，方丈和尚也領眾於退輔會南山榮民紀念碑前，誦念《心經》及佛號，迴向早年參與修建橫貫公路而殉職的榮民。

方丈和尚主持臺中武陵農場「祈福平安鐘」啟用儀式，祈願平安鐘聲，傳遍世界各個角落。

● 07.31～12.13期間

人資處六場教育訓練課程下半年展開
提昇專職之職能養成

為提昇專職之職能養成，行政中心人力資源處於7月31日至12月13日，每月於雲來寺舉辦教育訓練課程，共六場，內容包括職場專業企畫、危機處理等世學議題，同時也涵蓋佛法及禪修在職場上的運用。

惠敏法師主講「領眾之法」，分享在團體領導上運用佛法，成為一個和敬的團體。

7月31日首場講座，邀請鎧瑞國際股份有限公司策略管理顧問莊振家主講「突破性的年度計畫」，莊振家顧問分享如何因應環境變化，有效規畫及執行具突破性的年度工作計畫，期許能增進組織效能。第二場於8

月 8 日進行，由法鼓山佛教學院校長惠敏法師主講「領眾之法」，結合道場理念及佛法知見，將佛法運用在攝眾、領導上，學習、引導所屬單位的四眾成員，成為一個和敬的團體。

9 月 13 日及 12 月 13 日則邀請凱創管理顧問有限公司顧問張震球分別主講「團隊領導與引導」及「問題分析與解決」，講授透過系統化的思考訓練，強化團體領導及解決問題的能力，以達到工作成效；10 月 23 日「衝突與影響」講座，邀請心理諮商專家鄭石岩教授主講，從佛法觀點，講析減化衝突對組織或任務執行時所造成的負面影響，並轉化衝突成為正向能量。

另一方面，也由僧團常啟法師於 10 月 25 及 31 日帶領初級禪訓密集班課程，完整教授基本的禪修觀念與方法，使專職們在工作中安定身心。

系列教育訓練課程，期盼提昇專職工作所需專業知識與技能的基礎，並在日常生活中落實佛法，以安定的身心為大眾服務。

2013 行政中心人資處教育訓練課程一覽

時間	主題	主講人
7 月 31 日	突破性的年度計畫	莊振家（鎧瑞國際股份有限公司策略管理顧問）
8 月 8 日	領眾之法	惠敏法師（法鼓佛教學院校長）
9 月 13 日	團隊領導與引導	張震球（凱創管理顧問有限公司顧問）
10 月 23 日	衝突與影響	鄭石岩（心理諮商專家）
10 月 25 日	初級禪訓密集專職專班	常啟法師（僧團法師）
10 月 31 日		
12 月 13 日	問題分析與解決	張震球（凱創管理顧問有限公司顧問）

● 08.10～16

農禪寺梁皇寶懺法會傳薪創新
近千位年輕大眾首度參加

農禪寺於 8 月 10 至 16 日，啟建了落成以來第一場梁皇寶懺法會，首日有近六千人參與，其中近千人是首度參加，多數為年輕人；總計七日的法會，共有逾三萬人次參與。

法會第一天，方丈和尚果東法師到場關懷，勉勵大眾落實「八行」——大家發心來修行，彼此感恩歡喜行；誠敬禮拜精進行，懺悔發願清淨行；無論身體行不行，只管身心拜起行；保持放鬆信願行，堅持六度菩薩行。一席勉勵，也是現場共修信眾與護持義工的最佳寫照。

為期七天的法會，信眾分布在巨蛋區、大殿、法堂、禪堂等處，透過與法會

方丈和尚果東法師關懷拜懺的信眾，勉勵大眾抱持初發心、恆常心來共修，並能堅持六度菩薩行。

主場視訊連線，同步禮拜；會場外，也有無數信眾手捧經本，於地下室、一樓廊道，跟隨拜懺；而從大業路口到大寮，交通、引禮、場布、茶水、香積等各組義工，無不熱忱歡喜地投入每項服務大眾的菩薩行。

法會第二天起，農禪寺監院果毅法師一連五天講說「三十七道品」中的「五根」和「五力」，法師說明，「根」是很重要的修行根基，是指「信、進、念、定、慧」，這五項是生起一切善法的根本。法師的開示，引導大眾除了透過儀軌唱誦熏習佛法、體驗佛法，不忘回歸學佛修行的基礎：建立佛法正知見，運用正確方法用功。

已持續舉辦十七年的梁皇寶懺法會，不僅是法鼓山四眾弟子每年精進共修的勝會，也是大臺北地區民眾體驗漢傳佛教修行的重要活動，2013 年的法會於承續傳統之外，也有不同的轉變和成長，展現出農禪家風傳薪、創新的一面。

● 08.10～25期間

人基會心劇團舉辦「幸福體驗親子營」
親子共學 感受心六倫的幸福力量

人基會心劇團於 8 月 10 至 11 日、17 至 18 日及 24 至 25 日，在德貴學苑舉辦三梯次「幸福體驗親子營」，共有一百多對親子，共學「心六倫」，增進親子關係。

2013 年的「幸福體驗親子營」，以倫理的學習為主軸，透過表演藝術、遊戲勞作、故事分享等方式，引導孩童體驗並學習生活禮節，以及孝順、合群、知足、感恩、共享等好品格；也邀請專業老師透過觀念分享，帶領親子共學、討論、聆聽與交流，共創心靈記憶。

大、小朋友在「幸福體驗親子營」中，感受心六倫的幸福力量。

除了親子共學，「幸福體驗親子營」也為家長開辦生命教育講座，學習面對情緒和煩惱時，運用「停」下腳步、「看看」自己的心、「聆聽」對方的想法等三步驟，讓親子關係迎向幸福。

在繪畫療癒的課堂上，老師請家長重拾畫筆，描繪自己的家庭，而在隨後的分享討論中，可以觀察到多數母親過分將重心放在子女身上，父親永遠是被畫在角落的邊緣；有位母親表示，一張圖呈現出的親子關係，讓自己開始反思既有的家庭模式。

人基會希望藉由「心劇團」的活潑帶動，引領家長與孩子們在歡笑聲中，感受心六倫所帶來的幸福力量。

● 08.18　08.25

普化中心兩場關懷員培訓課程
從傾聽出發 提昇服務層次

方隆彰老師（左）和關懷員透過一連串互動問答，逐步探索傾聽的關鍵要素。

普化中心於 8 月 18 及 25 日，分別於北投雲來寺與臺中寶雲別苑舉辦關懷員培訓課程，共有兩百多位來自快樂學佛人，以及長青、福田、佛學、禪學等各班的關懷員參加，由副都監果毅法師帶領，並邀請資深讀書會帶領人方隆彰老師分享「如何在小組內啟發團體動力」，讓關懷服務的品質，全面升級。

果毅法師首先介紹聖嚴書院的課程內容、開辦目的與關懷員需具備的特質與使命，法師勉勵學員，關懷員如同佛陀的侍者，透過與他人互動、分享佛法，也是訓練自我覺察、成長自我的契機，是福慧雙修的菩薩行。

「什麼是關懷？你真的聽懂對方了嗎？你關懷的究竟是人？還是事？」透過有趣且充滿戲劇張力的引導，方隆彰老師不著痕跡地將關懷技巧融入一問一答之中，同時也讓學員直接體驗「傾聽」的重要，並從中發現自己的盲點，包括偏聽、誤聽、急於分享經驗等，在實際演練中，了解如何關懷新學員，建立正向的互動關係。

方老師提醒，關懷的意義是能及時適當回應學員的需要，了解學員的需要才能有效關懷；關懷的內涵則包括：聆聽、善問、回應與信任；而聆聽是最溫馨的關懷；回應是激勵的媒介；善問是了解的根源；信任關係則是關懷的地基。

有新手關懷員表示，藉由實地演練與觀摩，練習唯有專注、耐心、如實、悅納地聽，才能及時且適當地回應對方的需要，期許自己能以初發心的態度來學習，並用長遠心來護持學員、分享佛法。

08.24

「What Bands 話頭班音樂創意團隊」首場演出
以音樂接引青年親近佛法

法青會「What Bands 話頭班音樂創意團隊」於 8 月 24 日，在德貴學苑舉辦首場成果發表會「樂樂樂 AMP」live house 話頭班之夜，共有四十多人參加。

話頭班之夜以流行搖滾、古典音樂、復古藍調、拉丁等多元曲風，演出多首樂曲，包括聖嚴師父作詞、音樂製作人周

「What Bands 話頭班音樂創意團隊」，以樂音接引青年親近佛法。

永作曲的〈自在語〉，以及德貴學苑監院常元法師作詞的〈無悔的步履〉等，藉由音樂傳遞佛法與心靈環保理念。

「What Bands 話頭班音樂創意團隊」於 2012 年由法青會成員結合熱愛音樂同好所組成，創作貼近現代人生活感觸、社會環境現象的音樂，首場演出之後並於 10 月 7 日前，每隔週六晚間在德貴學苑展開系列音樂會，以音樂為媒介接引年輕人親近佛法

透過樂團多元樂風、活潑又充滿創意的演繹，讓人驚豔的發現原來佛樂不僅限於傳統的梵唄、誦經，也可以很搖滾、奔放，與年輕人的流行零距離。

08.24～28

青年院首辦高中營
體驗和諧的「心」生活

青年院於 8 月 24 至 28 日在臺東信行寺舉辦第一屆「心‧生活高中營」，引導青年學子培養人際互動，增進學習視野，由常元法師擔任總護，共有近百位學員參加。

營隊的課程，包括腳踏車踏浪、電影討論、名人演講、生涯規畫、法鼓八式

動禪體驗等，透過團隊合作遊戲、放鬆體驗等，讓高中生藉由親近大自然，學會動禪的修行方法。其中，信行寺監院果增法師向學員們介紹觀海修禪的方法，說明如何在海岸聽潮安心；也藉由名人經驗分享，引領學子立定正向的生涯規畫。

學員表示，營隊課程獲得了許多佛法智慧，希望帶著智慧上大學，努力實現夢想。

青年院首度為高中學生舉辦「心‧生活高中營」，學員和小隊輔一同編織夢想，找尋航向未來的動力。

● 08.27

教聯會快樂國小分享禪修
引導感受安定與放鬆

教聯會桃園教聯組於 8 月 27 日應邀前往桃園快樂國小，分享法鼓山的禪修方法，與禪修在教學上的應用，該校共有二十多位老師參加。

活動在教聯組陳蘭香組長、洪惠婷老師的引導下，老師們展開禪修初體驗。在練習靜坐、放鬆方法後，大眾的心慢慢沉澱，接著體驗呼吸的感覺，經過十分鐘引導，很快地感受到安定與放鬆。

除了禪修，洪惠婷老師也分享禪修運用在教學上的成效，同時建議老師們在教學前，先讓學生明白 EQ（情緒商數）的重要及靜坐的好處，讓學生了解靜坐是安定身心，而不是處罰；洪老師並說明，禪修是方法，「聖嚴法師 108 自在語」是觀念，兩者搭配運用，身心更自在。

● 09.01～30

法鼓山園區舉辦「禪修月」活動
大眾體驗動禪的安定放鬆

9 月 1 至 30 日，弘化院於法鼓山園區舉辦「禪修月」活動，藉由系列行禪體驗活動，引領民眾放鬆身心，期間共有近萬人次參加各項禪修體驗。

「禪修月」活動，內容包括走路禪、吃飯禪、觀風禪、聽溪禪，以及法鼓八式動禪、托水缽等多項體驗，帶領大眾感受禪法的活潑實用。

「禪修月」期間，臺南市興國高中國中部舉辦畢業旅行，於 9 月 13 日安排五百八十多位畢業班師生前來園區參訪，並由義工帶領在戶外體驗動禪的安定放鬆，舒緩身心壓力。

學子們都是首度參訪園區，認為在清淨安靜的環境中，藉由義工帶領學習放鬆，確實有助於舒緩課業及生活在身心累積的壓迫感；另一方面，也透過法鼓八式動禪、經行、托水鉢等活動，認識漢傳佛教的理念，啟發對人生價值的思考。

主任楊漢良指出，為轉變既往以玩樂為主的畢業旅行，此次畢旅，選定富含禪悅境教的法鼓山園區，期望提昇學生的心靈層次；畢業班導師張石聰表示，參與十多年戶外教學，此趟心靈沉澱之旅的教育意義最為深刻；原本以為青春期的學生靜不下心，但義工循序漸進的引導，讓師生體驗到身心安定的快樂。

「禪修月」期間，興國高中國中部同學於園區體驗托水鉢。

● 09.02～03　09.04

僧團舉辦剃度大典
二十六位新戒法師弘法利生

法鼓山於 9 月 4 日在園區舉辦一年一度的剃度典禮，由方丈和尚果東法師擔任得戒和尚，副住持果暉法師擔任教授阿闍梨，有近六百人觀禮祝福。2013 年求剃度者有五位男眾、二十一位女眾，為歷年最多的一屆，並有十一位行者求受行同沙彌（尼）戒。

方丈和尚祝賀新戒法師展開新「僧」命，也期勉能在有限的色身生命中，積極行菩薩道，以漢傳佛教來淨化人心、淨化社會，並與大眾分享在生活中出離煩惱、習氣；同時也喜賀僧團，因為新戒法師的加入，生生不息。

方丈和尚為新戒法師執剃，期勉積極行菩薩道，以漢傳佛教淨化人心和社會。

　　果暉法師則叮嚀，創辦人聖嚴師父色身雖已捨報，但法鼓山的理念與方針常在，出家後要以團體為重，說明團體就像鐘錶，需要許多零件一起運作，才能讓兩根指針順利運轉；也勉勵眾人以道心為重，放下個人利害得失。

　　為圓滿剃度典禮，僧大並於 2 至 3 日於祈願觀音殿舉辦「剃度大悲懺法會」，邀請二十六位求剃度者的親眷們，以實際的共修活動，共同為新戒沙彌、沙彌尼獻上敬意與祝福。

● 09.03

蘇州西園戒幢律寺參訪法鼓山
借鏡聖嚴師父教育弘化之道

方丈和尚果東法師（中坐者右）與普仁法師（中坐者左）交流佛教教育現代弘化之道。

　　中國大陸江蘇省蘇州西園戒幢律寺方丈普仁法師，率團二十五人於 9 月 3 日前來法鼓山園區參訪，由方丈和尚果東法師代表接待，並交流佛教教育現代弘化之道。

　　兼任江蘇省佛教協會副會長的普仁法師表示，法鼓山的教育弘化值得借鏡，尤其是創辦人聖嚴法師將佛法帶往國際舞臺，並且契理契機地引導現代人提昇生活品質，為佛教教育開拓成功的道路，令人景仰。

　　方丈和尚則回應表示，法鼓山掌握社會脈動，不管是心靈環保、心五四、心六倫或三大教育等，都兼具教育與弘化功能；也強調，研究佛法要為時代所用，期望大眾秉持佛陀本懷，包容不同的文化背景，相互學習交流，避免世間的爭奪與傷害。

　　方丈和尚與普仁法師互贈書籍法寶結緣；一行人並前往教育大樓、圖資館及開山紀念館參觀，對於法鼓山培養佛教教育人才的長遠願心，留下深刻印象。

● 09.07

齋明寺心靈充電講座
鄭石岩教授分享「培養生活軟實力」

　　桃園齋明寺於 9 月 7 日舉辦心靈充電講座，邀請心理諮商專家鄭石岩主講「培養生活軟實力」，分享抱願不抱怨的生活妙用，有近兩百人參加。

　　鄭石岩教授以培養責任、歷練、行善、養心及信仰等五種要素，深入淺出地解釋人生的軟實力，強調發展軟實力的第一課，就是要負起責任，因為能力是學習而來的，唯有負責才能充滿信心、喜樂和希望。同時，也要給予自己發展的正向藍圖，擁有堅毅的心志，才能歷練自我，面對接連而來的困難與挑戰。

　　鄭教授並提醒行善的重要，認為「行善」才能開展內在，進而參透宇宙真相，而透過禪坐、念佛、持咒等宗教行為，更能提昇大腦的神經機能，並改善生理或情緒健康，正是宗教信仰在「生活軟實力」上所展現的力量。

　　演講進行前，監院果舟法師勉勵大眾，在生活中運用佛法，讓自己於領職及奉獻的菩薩道路上，得以化解心中煩惱，也就是「心有抱願，卻不抱怨」，才能讓自己時時法喜充滿。

鄭石岩教授在「培養生活軟實力」講座中，提醒大眾「行善」的重要性。

● 09.10

法鼓山四單位獲績優宗教團體表揚
戮力公益慈善受肯定

　　法鼓山佛教基金會、北投農禪寺、雲來寺，以及臺東信行寺，因長年推動社會關懷與教育，獲頒內政部「102年續優宗教團體」。內政部9月10日上午於新北市政府集會堂舉辦表揚大會，由內政部長李鴻源頒獎，法鼓山由僧團果悅法師、果許法師、果會法師、果增法師代表出席受獎。

法鼓山四單位獲內政部績優宗教團體獎。圖為雲來寺監院果會法師（右）接受李鴻源部長（左）頒獎。

　　李鴻源部長表示，宗教團體基於教義啟示與犧牲奉獻的精神，積極投入公益慈善與社會教化事業不遺餘力，以身作則，發揮人飢己飢、人溺己溺的大愛精神，期許宗教團體能繼續為社會付出，也支持與協助政府推動宗教事務。

　　本年共有兩百四十九個宗教團體接受內政部表揚，法鼓山四單位因舉辦四環弘化活動，開辦多元藝能

與禪修課程,並舉辦佛化聯合祝壽、佛化聯合婚禮,以及百年樹人獎助學金等多項關懷活動,引領大眾從佛法智慧中,提昇生命品質,帶動社會淨化風氣,備受肯定。

● 09.13

中國大陸宗教局、中國佛教協會參訪法鼓山
讚歎佛教教育人才培育成果

中國大陸國家宗教局副局長蔣堅永、中國佛教協會副會長明生法師,帶領大陸各地寺院的住持、方丈等一行四十六人,於9月13日參訪法鼓山園區,由副住持果暉法師、果品法師,以及禪修中心副都監果元法師等代表接待,進行交流。

果暉法師陪同一行人參觀開山紀念館,解說聖嚴師父生平與弘化事蹟;參訪團也在圖書資訊館館長洪振洲導覽說明下,進一步了解佛教學院數位典藏專案的緣起及成果,洪館長以「漢傳佛教高僧傳地理資訊系統」為例,示範梁代高僧攝摩騰的生命地圖及社會網絡關係,展現大師弘化足跡,讓來賓驚歎不已。

果暉法師(中)陪同蔣堅永副局長(右)一行人參觀開山紀念館,解說創辦人聖嚴師父生平弘化事蹟。

蔣堅永副局長表示,法鼓山提倡「心靈環保」,對於如何解決當前人文精神生活的諸多問題,是一帖重要而有效的藥方。二度參訪的蔣副局長讚歎園區的禪悅境教,讓人身心舒暢,在佛教高等教育的研究及人才培育的努力,更值得借鏡學習。

最後,果暉法師致贈各寺《CBETA電子佛典集成》及聖嚴師父著作,期許兩岸佛教界未來能持續交流、深化合作。

● 09.15～21期間

海內外五分支道場慶中秋
大眾共享菩提清涼月

9月15至22日期間,北投農禪寺、桃園齋明寺、臺東信行寺,以及美國紐約東初禪寺、加拿大溫哥華道場分別舉辦中秋晚會活動,在精彩的藝文表演活

動，以及法師的關懷祝福中，大眾共享菩提清涼月。

國內方面，臺東信行寺首先於 15 日舉辦中秋晚會，配合睦鄰敦親的慰訪關懷，邀請社區居民共同參與，晚會由悠揚的長笛演奏揭開序幕，接著安排了佛學班的帶動唱、長青班的原住民舞蹈，及四維樂坊的國樂演奏等活動。監院果增法師開示時指出，中秋節除了跟家人團聚，更要學習佛陀猶如月亮圓滿無缺

民眾於農禪寺中秋祈願觀音法會中，虔誠祈福。

的慈悲和智慧，常以慈悲心待人待己，方能消融自我、利益他人。

北投農禪寺於 19 日舉辦中秋祈願觀音法會，義工先以《城裡的月光》、《水月頌》等曲目，帶著臺下民眾學手語，比畫出幸福中秋味；接著法師引領大眾進行觀音法會，在觀世音菩薩聖號中，人人虔心於佛前供燈，為自己、親友及眾生祈福，並感恩諸佛菩薩一年來的庇祐，有近六百人參加。

桃園齋明寺也於同日舉辦中秋晚會，並由監院果舟法師帶領體驗月光禪，法師勉勵大眾學習菩薩的慈悲與智慧，將煩惱心轉化為清涼心，隨時保持清涼自在。

海外地區，加拿大溫哥華道場於 20 日舉辦「月圓音緣因緣圓」中秋聯誼晚會，內容包括少年法鼓隊表演禪鼓，以及國樂及鋼琴、小提琴演奏等，僧團果舫法師出席關懷，共有一百三十多人參加；美國紐約東初禪寺則於 21 日晚間舉辦「中秋月光茶敘」，邀請聖嚴師父法子繼程法師帶領茶禪，與近五十位信眾共度清涼法喜的團圓夜。

●09.17起　09.26起　10.12起

人基會、金山社大關懷新住民
深耕計畫協助落地生根　融入社會

法鼓山人文社會基金會、法鼓山金山社會大學、群馨慈善基金會合作推動「新住民深耕計畫」，選定新北市萬里區大坪國小、金山區中角國小、石門區老梅國小等三所新住民重點學校，以全校學童及新臺灣之子的家庭成員為對象，為新住民媽媽開設烹飪、臺灣語言與民俗等課程，並辦理為學童說故事或其他體驗活動等。

9 月 17 日起在大坪國小展開的首場課程，人基會祕書長李伸一、社大校長

曾濟群與群馨慈善基金會董事長蔡富女、大坪國小校長方慶林等都到場祝福。

李伸一祕書長致詞時表示，幸福是全民共同追逐的目標，結合教育與關懷的力量，可以讓新住民家庭融入社會，相互成長；蔡富女董事長希望盡力協助新住民適應臺灣生活環境，也藉由扮演拋磚引玉的角色，號召更多人來關懷，讓大眾進一步接納多元文化；曾濟群校長則為外籍媽媽加油打氣，表示社大老師定傾囊相授所學，讓大家滿載而歸。

為了讓新住民媽媽安心上課，主辦單位並為學童安排活動，當天由「心劇團」演出校園故事，帶領孩子思考校園倫理、族群倫理。

「心劇團」帶領大坪國小學童思考校園倫理、族群倫理，孩子們融入劇情中，與演員熱烈互動。

「新住民深耕計畫」，第一階段課程為期八週，由社大烹飪講師王惠淑示範簡單、營養美味的素食料理；民俗講師王忠義則細說臺灣祭祀的習俗。繼大坪國小之後，石門區老梅國小於 9 月 26 日、金山區中角國小於 10 月 12 日分別開課。

● 09.25　10.01～12.28期間

人基會為新臺灣之子轉動幸福
心劇團《媽媽萬歲》全臺巡演二十場

人基會結合國泰慈善基金會、群馨慈善基金會等公益團體，以戲劇展現對新住民的關懷而籌備的「2013 轉動幸福——媽媽萬歲」心劇團巡演活動，於 9 月 25 日在德貴學苑舉辦揭幕儀式；並於 10 至 12 月期間，在全臺進行十七場校園巡演與深根計畫，也在新北市、臺南市、彰化縣各展開一場戶外公演。

9 月 25 日的揭幕儀式由法鼓山青年院監院果祺法師帶領貴賓點亮象徵希望的心燈，隨著轉動幸福鐵馬駛進會場，代表心劇團一步一腳印踏實地將幸福帶到臺灣偏遠地區的學校及社區。

人基會祕書長李伸一致詞表示，新住民學童已經超過二十萬人，而在臺新住民已逾四十萬人，是個不可忽視的族群，期待透過這次《媽媽萬歲》的演出，讓更多人了解愛惜生命及倫理的觀念，也讓族群更加融合，讓社會更和諧。

新劇《媽媽萬歲》，透過新臺灣之子尋找母親的過程，帶領觀眾一起認識新住民媽媽的文化傳統，在平凡中看見不平凡，以此鼓勵新臺灣之子在這片土地上，找到自我認同的歸屬感，也讓所有觀眾學習尊重與欣賞不同族群的文化，一起創造和諧共融的生活圈。

劇中小男孩跨越困難尋回母親的情節，讓全場動容，不少家長也隨著劇情默默拭淚。

劇中融合許多東南亞地區的文化元素，包括民俗舞蹈、偶戲和特技雜耍等，呈現多元文化的豐富性。除了演出，也透過「禪繞畫」、製作小偶人與團體分享，陪伴孩子們體驗幸福家園「停、看、聽」三部曲。

人基會心劇團「2013 轉動幸福——媽媽萬歲」巡演一覽

縣市	時間	地點	演出形式
新北市	10 月 1 日（二）	新北市瑞濱國小	校園巡演
	10 月 8 日（二）	新北市中角國小	校園巡演
	10 月 11 日（五）	新北市萬里國小	校園巡演
	10 月 15 日（二）	新北市雲海國小	校園巡演
	10 月 16 日（三）	新北市大坪國小	校園巡演
	10 月 18 日（五）	新北市老梅國小	校園巡演
	10 月 22 日（二）	新北市雙溪國小／牡丹國小	校園巡演
	10 月 26 日（六）	新北市板橋第一運動場戶外廣場	戶外公演
臺南市	11 月 5 日（二）	臺南市東山國小	校園巡演
	11 月 12 日（二）	臺南市聖賢國小	校園巡演
	11 月 19 日（二）	臺南市青山國小	校園巡演
	11 月 21 日（四）	臺南市東原國小	校園巡演
	11 月 26 日（二）	臺南市東原國中	校園巡演
	11 月 30 日（六）	臺南市政府西側廣場	戶外公演
彰化縣	12 月 3 日（二）	彰化縣明禮國小	校園巡演
	12 月 7 日（六）	彰化縣太平國小	校園巡演
	12 月 10 日（二）	彰化縣後寮國小	校園巡演
	12 月 13 日（五）	彰化縣民權國小	校園巡演
	12 月 24 日（二）	彰化縣明聖國小	校園巡演
	12 月 28 日（六）	彰化縣陽明公園	戶外公演

● 09.28

禪坐會舉辦北區聯合戶外禪
近六百人於宜蘭九寮溪體驗禪修

戶外禪活動中，大眾藉由自然經行，練習禪修的方法。

禪修中心般若禪坐會於 9 月 28 日，在宜蘭縣大同鄉九寮溪自然步道舉辦北區聯合戶外禪，由常願法師等帶領，共計有十六個地區、近五百位禪眾參加，再加上十六位僧大男眾法師及支援的義工，總人數近六百人。

聯合戶外禪的主軸包括「靜語慢步行」、「禪修安心坐」、「溪水潺潺音」、「浮雲變化貌」等四個面向，以自然經行、靜坐、聽溪等活動，練習禪修的方法。走路時，腳步輕輕踩下，輕輕提起，清楚身體感覺，清楚環境；靜坐時，不管妄念回到方法，只管享受當下；聽溪時，從放鬆身心開始，保持全身放鬆的感覺，讓外境聲音自然流入；直觀時，聽到只是聽到，看到只是看到，沒有第二念。

禪坐會表示，希望透過輕鬆、簡單的方式，將禪修帶入生活；而透過互動、照護的方式，將關懷帶入各地區，並接引大眾體會禪修的利益，進而安定自心。

● 09.30

文化館、農禪寺獲北市績優宗教團體表揚
鑑心長老尼、果昌法師代表出席受獎

中華佛教文化館、北投農禪寺獲臺北市政府 101 年度績優宗教團體表揚，臺北市政府民政局於 9 月 30 日在臺大醫院國際會議中心舉行「101 年度臺北市績優宗教團體、改善民俗暨 102 年度孝行模範聯合表揚大會」，由市長郝龍斌擔任頒獎人，文化館鑑心長老尼、農禪寺果昌法師代表出席受獎。

文化館、農禪寺獲北市績優宗教團體表揚，由鑑心長老尼（右）代表文化館接受郝龍斌市長（左）頒獎。

郝龍斌市長致詞表示，政府力量有限，非常感謝各大績優宗教團體，貢獻一己之力，長期投入救濟貧民、災難救助、清寒學生獎助學金，以及環境保護等公益慈善事業，發揮慈悲濟世的精神，讓社會更美好。

101年度共有四十個宗教團體獲獎，文化館與農禪寺已連續多年獲臺北市政府表揚，以心靈環保為核心所推動的各項公益及弘化事業，除了深受各界肯定，也為大眾帶來安頓身心的力量。

● 10.05～06

臺南分院舉辦「探訪善根·緬懷師恩」活動
五百位信眾參訪園區、農禪寺

臺南分院於10月5至6日舉辦「探訪善根·緬懷師恩」朝山活動，由監院果謙法師帶領，有近五百位來自臺南及嘉義地區的民眾參加。

活動首先至法鼓山發源地北投農禪寺參訪，改建後的農禪寺為一景觀道場，在導覽義工帶領下，大眾巡禮大殿、開山農舍、入慈悲門等建築，了解農禪家風，以及聖嚴師父度化眾生的悲願；下

臺南、嘉義地區五百位信眾回總本山，在風雨當中，專心一意朝山，感受佛法利益。

午抵達園區，方丈和尚果東法師關懷時，分享面對生活的正面「八望」——人難免有許多期望，但要節制欲望，千萬不要奢望，對未來一定要有展望，永遠不要失望，更不要絕望，要永抱願望，如此才能充滿希望。

6日清晨展開朝山，法師帶領大眾在雨中持誦「觀世音菩薩」聖號，三步一跪，頂禮大地，體驗佛法的慈悲與智慧。

許多信眾表示，雖然天候不佳，但風雨生信心，感恩各種因緣的成就，更感受到佛法的利益。

● 10.05　10.09

園區舉行CPR及AED培訓
提昇急救技能

為使急救系統更完善，法鼓山10月起於園區內裝置七臺自動體外去顫器（Automated External Defibrillator, AED），並於5日與9日舉辦兩場心肺復甦

術（Cardiopulmonary Resuscitation, CPR）及 AED 培訓，邀請專業講師劉達仁授課，提昇法師、專職和義工的急救技能。

針對一般民眾不敢運用CPR的錯誤見解，諸如：擔心壓斷肋骨、壓死人被告、或是怕姿勢不正確、被傳染等問題，劉達仁老師都一一解答，同時說明政府立法，如因救人導致病患死亡，都不會受罰。

由於 CPR 對於心肌梗塞、心臟顫動的急救沒有顯著效果，AED 正好補其不足，早一分鐘為心臟驟停者進行除顫電擊，存活率便會大大增加。一位完全未學過 AED 的學員臨時上場操作，隨著語音教導，順利完成了第一次電擊，也增強眾人急救助人的信心。

● 10.05～11.15　11.17～29

園區水陸季活動展開
結合參學行程　分享水陸體驗

「佛國巡禮」中，大眾在參學義工的引導下，心中默念佛號、繞壇，體驗安定氣圍。

10 月 5 日至 11 月 29 日期間，法鼓山園區規畫「水陸季」系列活動，主要包括「慈悲觀體驗」、「佛國巡禮」等內容，於 11 月 30 日水陸法會啟建前，引導大眾體驗並感受水陸法會的大悲精神與修行利益。

其中，「慈悲觀體驗」為本年首度規畫，於 10 月 5 日至 11 月 15 日進行，包括「轉一個念」、「這一站，幸福」、「好心，好世界」、「心開意解」、「步步蓮花」、「來自雲端的祝福」、「家家是道場，世界成淨土」等七項互動體驗活動，體驗放鬆與「慈及親愛」、「慈及中人」以及「慈及怨憎」三個層次的慈悲觀，感受無畏施與法施共修的氣圍，並透過多媒體的解說，進一步了解水陸法會的精神與意義。

「佛國巡禮」，是每年「大悲心水陸法會」啟建前重要的共修活動，各地信眾都會相偕回山，從繞壇、念佛、發願、迴向等儀軌中，率先體驗水陸法會的修行氣圍，不僅完整認識水陸各壇的特色，對於每一尊佛菩薩的修行法門、相關經典，也有更清楚的體會。本年的巡禮隊伍中，有青年學員、帶著小沙彌回法鼓山的護法信眾、聖嚴書院佛學班學生、高中教師、社區媽媽，更有來自中國大陸各地的參學團體，回響相當熱烈。

有信眾讚歎，看著肅穆的殿堂、威儀齊整的義工，與聖嚴師父所寫的「心地莊嚴」墨寶相互呼應，讓自己的心也隨之「莊嚴」起來。

● 10.11～11.20

「無悔的步履」攝影展於德貴學苑展出
青年藉攝影創作反思人我關係

法青會於 10 月 11 日至 11 月 20 日，在德貴學苑舉辦「無悔的步履」攝影展，並於 10 月 11 日進行得獎作品頒獎典禮暨展覽開幕茶會。

典禮中，青年院常元法師表示，希望藉由攝影創作，提供年輕人反思、自省的機會，並開始關心身旁的人、事、物。獲評審獎肯定的黃芝盈，分享自己的作品概念，是希望表達大家勇敢邁向人生旅途，並在旅途上找到支持自己的力量，持續成長。

於德貴學苑展出的「無悔的步履」攝影展，青年藉攝影創作反思自省人我關係。

● 10.12

果毅法師出席「佛教與數位學習發展研討會」
分享「法鼓山心靈環保學習網」建置與發展歷程

普化中心副都監果毅法師於 10 月 12 日，受邀出席由伽耶山基金會、香光尼眾佛學院圖書館於臺北印儀學苑舉辦的「佛教與數位學習發展研討會」，以〈法鼓山數位學習的發展與現況〉為題，分享「法鼓山心靈環保學習網」建置與發展歷程；並與佛光山、佛陀教育基金會、華藏淨宗學會、慈濟基金會、淨律佛學院等佛教團體，交流推廣佛教數位學習資源的歷程與經驗。

果毅法師說明，法鼓山聖嚴師父於 1995 年就指出要運用現代化科技，多樣化表達佛法內涵，因此法鼓山建置數位學習平臺，以素材的搜集與保存為第一要務。法師將法鼓山推動數位學習分為四個時期：一是「準備期」，將聖嚴師父的演講與開示及其他重要課程錄製成影音，妥善保存，以備日後使用；二是「草創期」，導入數位學習概念和製作工具，於 2004 年成立「數位學習專案小組」，並於此階段陸續將龐大的影音資料轉化為數位課程。

三是「創發期」，於2008年「法鼓山數位學習網」正式對外上線，隔年更名「法鼓山心靈環保學習網」，此時期透過影音軟體的普及化，提昇數位課程產出的質量，並強化會員的學習服務；四是「轉型期」，同步使用 YouTube、土豆

普化中心副都監果毅法師（右一）出席「佛教與數位學習發展研討會」，與各界人士分享法鼓山數位學習的現況。

網等免費影音平臺，大量建立關鍵字搜尋，至今已有五個頻道，近三千支影片。後續並開辦網路直播課程「法鼓講堂」，及數位課程與實體課程整合運用，以發揮更大的綜效，今年起則開始製作 APP，提供行動裝置服務。

長年推動開放課程的交通大學應用數學系副教授白啟光，讚歎法鼓山在建置數位課程過程中，特別留意國際趨勢，使素材具備互通性與可複用性，值得學界學習。

● 10.13

聖母聖心修女會至法鼓山參訪交流
與僧團法師分享比丘尼及修女的養成教育和修行生活

天主教聖母聖心傳教修女會（Missionary Sisters of the Immaculate Heart of Mary）總會長薩芙瑞亞（Saveria Jeganathan）、總顧問泰莉（Tellie Lape）於10月13日，帶領十四位派駐亞洲各國的修女至法鼓山園區參訪，並與僧團都監果光法師、三學院監院果慨法師、國際發展處監院果見法師等僧團代表交流，

天主教聖母聖心傳教修女會參訪法鼓山園區，並與僧團法師交流。

分享比丘尼及修女的養成教育和修行生活。

來訪的修女們都曾任地區會長職務，長期派駐亞洲國家，對於亞洲的傳統宗教如佛教、伊斯蘭教等相當感興趣，部分修女也曾接觸過不同傳統的禪法、印度教等，這次藉著來臺灣參加會議的因緣，特地上山參學，希望

深入了解漢傳佛教。

當天修女們除了觀看《大哉斯鼓》影片、體驗基礎禪修之外,雙方也針對出家生活、僧伽教育、弘化事業等面向進行座談,例如:漢傳僧侶從行者到出家的修學歷程、修女的派遣機制等,修女們也分享在異鄉服務的心得及生活經驗,僧團法師對於修女會「往普天下去」的精神與胸懷,相當讚歎。雙方互動熱烈,真摯相待的態度,流露跨越宗教、語言、文化的道情。

不少修女分享,法鼓山寧靜祥和的氛圍讓人歡喜,雖然無法親炙創辦人聖嚴師父的風範,此行透過與僧眾的互動、活動的安排、細節的照顧,領略了法鼓山悲智和敬的道風。

● 10.13 11.09

臺南分院舉辦「幸福城市守護您」公益講座
張光斗、許永河推動「心六倫」在城市扎根

臺南分院與臺南市政府聯合舉辦「幸福城市守護您」講座,於 10 月 13 日、11 月 9 日在南門勞工育樂中心,分別邀請點燈文化基金會董事長張光斗、成功大學經濟系副教授許永河主講,期望推動「心六倫」種子在城市的土壤發芽,創造和諧的生活環境。

張光斗在「提燈找到幸福」講座中,分享點燈的幸福。

首場講座由張光斗董事長以「提燈找到幸福」為講題,與近二百位聽眾分享在製作《點燈》節目中,所遇見的各種動人心弦的故事,傳達出每個人都有為他人或自己點亮幸福的能力。

張光斗說明,「光明」是人生的一帖良藥,凡事正向看待,不被黑暗擊垮,每個人都有向前邁進的動力;也分享「感恩、光明、堅持」六個字,是自己人生非常重要的一盞燈,也是幸福的燈油。最後並勉勵大眾停下急促腳步,尋找點燈人,感恩他們;也做別人的點燈人,傳遞燈火,帶給別人希望,利益眾生。

11 月 9 日的第二場講座,許永河老師演講「苦與樂」的解脫之道,從對修行佛法的體會當中,分享現代人如何在充滿高壓的都市叢林裡,活出灑脫與自在,有近三百人參加。

● 11.04

北投農禪寺獲 2013 年臺灣建築首獎
評審團讚譽「將宗教文化抽象化為自然光影」

北投農禪寺水月道場的《心經》影壁,陽光灑落穿透經文,讓人心生親近。

臺灣建築專業刊物《建築師》雜誌於 11 月 4 日公布「2013 臺灣建築獎」得獎名單,北投農禪寺新建水月道場榮獲首獎,這是法鼓山繼桃園齋明寺後,再度獲得建築首獎。

由姚仁喜建築師規畫設計的北投農禪寺新建水月道場,是根據聖嚴師父「空中花,水中月」六字提示進行設計。參訪者一進入農禪寺,可以看到大殿佇立於八十公尺長的水月池後,而大殿、連廊、開山農舍與遠山、雲影一起倒映池中,真實映現「如幻如化」、「即虛即實」的佛法意象。

鏤刻佛教經文的牆,是農禪寺另一項特色,除了長廊外牆鏤刻《金剛經》經文,大殿內西側木牆則刻上《心經》,當陽光灑落穿透經文,猶如佛陀放光說法。評審團表示,農禪寺雖是宗教建築,卻不強調威嚴,敞開空間歡迎訪客,並將宗教文化抽象化為自然光影,讓人生起親近感。

● 11.06

《自在神童 3D 動畫》第二集再獲肯定
國家教育研究院頒發佳作獎勵

聖基會發行的《108 自在語──自在神童 3D 動畫》第二集,榮獲國家教育研究院「102 年度全國優良教育影片」社會組佳作,並於 11 月 6 日在臺北市客家音樂戲劇中心舉辦頒獎典禮,由關懷中心副都監果器法師代表出席受獎。

國家教育院舉辦「全國優良教育影片徵集」活動,2013 年包含個人創作組、社會組、學校組,共有二十五件優良作品入圍。繼 2011 年《108 自在語──自在神童 3D 動畫》第一集後,2013 年發行的

《自在神童 3D 動畫》第二集獲「102 年度全國優良教育影片」肯定。

第二集再獲肯定，以生動活潑的動畫形式，打造適合學子觀賞的生活教育影片，影像深刻細膩。第二集甫發行，就有超過二百所國小及幼稚園申請索取，同時也能在聖基會網站上即時收看。

聖基會網址：http://www.shengyen.org.tw。

● 11.08

新發國小「城鄉探訪文化之旅」參訪園區
體驗水陸季共修氛圍

高雄市六龜區新發國小「城鄉探訪文化之旅」校外教學活動，於 11 月 8 日安排至法鼓山園區參訪，除體驗水陸法會「水陸季」相關活動的共修氛圍，師生們並在祝福明信片上，寫下對家人與朋友的真心祝福，以感恩情懷，促進學童與家人、師長、同學之間的情誼。

六年級級任老師林煌成表示，在體驗水陸季活動中，看到「轉換心念‧世界因你而改變」這句話非常感動，人常常

新發國小師生於法鼓山園區進行校外教學，圖為學生體驗「水陸季」慈悲觀體驗活動。

是用自己的意思去解釋身邊所發生的事情，因而感到心煩意亂，如果能夠把這一句話的意涵運用到生活中，將會發現眼前的世界大有不同；也有同學表示透過導覽義工的解說，了解到原來幸福是來自於身旁所圍繞的關心，也因此更要感恩愛護、照顧自己的家人與師長。

新發國小校長林敏婷則感恩法鼓山在八八水災之後，給予六龜當地民眾及新發國小師生的協助，因此在規畫「城鄉探訪文化之旅」時，特別安排參訪園區，希望學童們更深入了解法鼓山的根源與人文，增進內心的感恩情懷，並學習佛菩薩慈悲利他的精神。

● 11.16～17

中國大陸柏林禪寺、四祖寺來訪
交流佛法推廣具體實踐之道

11 月 16 至 17 日，中國大陸河北省柏林禪寺方丈明海法師、湖北省黃梅四祖寺代理住持明基法師，帶領僧團法師及護法居士等一行三十二人，在佛光大學

方丈和尚果東法師（中）於大殿接待，並陪同明海法師（右）、明基法師（左）一行人參訪園區。

教授游祥洲陪同下，前來北投農禪寺及法鼓山園區參學。

16日下午，一行人首先參訪北投農禪寺，在導覽義工解說下，巡禮開山農舍及新建水月道場。文化中心副都監果賢法師、普化中心常用法師到場分享，法鼓山如何運用現代化的文化教育活動，接引社會大眾學佛護法。

17日在園區的參學，由方丈和尚果東法師接待，並陪同參訪，認識園區建築及佛像之美。首次來訪的明海法師表示，就讀大學時便曾拜讀聖嚴師父的著作，獲益良多，也經常聽聞法鼓山的事蹟，因此雖是初次到訪，卻感到相當親切。

下午於海會廳的交流，副住持果暉法師、禪修中心副都監果元法師、中華佛研所所長果鏡法師、三學院監院果慨法師、國際發展處監院果見法師，分別從三大教育、國際弘化、僧團組織等面向，分享法鼓山推廣佛教高等教育、禪修、法會、義工培訓，與國際接軌的模式和具體成果。

隨行的中央財經大學社會系主任包勝勇，讚歎法鼓山大普化教育兼具傳統與創新的善巧智慧，特別是解行並重的信眾教育課程，對於人間佛教的落實更具信心。

● 11.17

雲林虎尾共修處灑淨啟用
同時展開各項佛學、禪修課程

護法會雲林虎尾共修處於11月17日舉辦灑淨法會，由臺南分院監院果謙法師主持灑淨啟用儀式，有近二百位信眾參加。虎尾共修處的成立，也圓滿全臺各縣市都有法鼓山共修地點的願。

啟用儀式中，果謙法師代表法鼓山，向護持的十方信眾表達感恩，並表示社會大眾認同「提昇人的品質、建設人間淨土」理念，才能讓法鼓山不斷成長，讓虎尾共修處順利成立，也歡迎大眾常來修學佛法，累積福慧資糧。

共修處位於虎尾鎮上，在缺乏人力、財力狀況下，由於僧團法師、義工們的堅定願心，仍順利成立；啟用後，隨即展開各項共修活動，包括每週二上午念佛共修，每週四下午練習法鼓八式動禪、晚上禪坐共修等，接引大眾熏習佛法，成長自己，利益他人。

臺南分院監院果謙法師帶領近二百位信眾，為新成立的虎尾共修處舉行灑淨啟用儀式。

● 11.19

方丈和尚受邀至彰化縣政府演講
分享「心靈環保──我們是生命共同體」

方丈和尚果東法師於 11 月 19 日受邀至彰化縣政府演講，以「心靈環保──我們是生命共同體」為主題，與近四百位縣府、鄉鎮市公所職員分享建立團隊和諧關係的妙方，縣長卓伯源也到場關懷。

方丈和尚表示，在團體中，大家都希望受人肯定、得到尊重，但與其被動等待，不如放下個人，主動去了解、接受他人，凡事以團體為重，從生命共同體的角度來考量。方丈和尚提到，現在網路科技發達，許多人喜歡用電子郵件進行溝通，但有時文字不能完整表達意思，容易造成誤解，應該多主動開口與人溝通，充分表達意見，但不堅持己見，建立團體的和諧關係。

方丈和尚鼓勵眾人以合作代替競爭，一起集思廣益；並以聖嚴師父於 1993 年僧團「法鼓傳薪」活動中所開示的「行事六要領」：「堅守原則、充分授權、尊重他人、關懷對方、主動溝通、隨時檢討」與大眾共勉，學習放下己見，妥善分工、團結合作，才能創造更美好的未來。

演講中，方丈和尚以「少一些患得患失，多一些努力精進；少一些你爭我奪，多一些慈悲

方丈和尚於彰化縣政府演講，分享建立和諧團隊的妙方。

謙讓；少一些你猜我疑，多一些互敬互諒；少一些恐懼憂慮，多一些宏願智慧」
祝福大眾，在日常生活中運用佛法、禪法、心法與心靈環保理念，培養獨立穩
定的人格，學習心無罣礙。

　　縣府員工表示，方丈和尚演講中提到的觀念，讓自己更能掌握與人互動的方
法，了解到原來人生最有價值的在於「奉獻利他」，遇到逆境要想辦法轉念，
用正確的因果因緣觀來面對。

● 11.30～12.07

第七屆「大悲心水陸法會」園區啟建
全球同步　匯聚善念淨土現

法鼓山大悲心水陸法會藉由數位科技之便，全球信眾與法會現場同步精進，
僧俗四眾共修在雲端。

　　11 月 30 日至 12 月 7 日，
法鼓山於園區啟建第七屆
「大悲心水陸法會」，共有
十二個壇場，每日均有逾
四千人現場參與；另外，
全球計有四十二個國家，逾
八十萬人次透過手機或電腦
參加網路共修；首創的雲端
牌位，亦傳送了近八十萬筆
超越時空的祝福。

　　法會期間，大眾在法師帶
領下誦經、禮懺、念佛、禪
坐，也聆聽法師說法，了解經文義理，落實「解行並重」，並在拜佛、朝山、
繞壇中體驗動中修行的心法；即使喝水、洗手等休息時間，也隨處可見信眾把
握機會拜佛、念佛、持咒，念念不離方法。清淨攝受的壇場，也透過「分處共修」，
延伸至各分支道場，包括美國、加拿大、新加坡、香港等七處海外道場、分會，
加上臺灣十四處分院、辦事處，參與者多達近八千人次，讓許多無法親臨現場
的海內外民眾，就近以法相會。

　　在 12 月 7 日圓滿日的送聖儀式上，方丈和尚果東法師期勉大眾，將這八天
來的精進用功延續至日常生活中，從身、語、意的淨化開始，把自我縮小、心
量擴大，將環境裡的人事物視為生命共同體，彼此互敬、互諒、和諧、包容，
讓生活能夠時時刻刻都如同「佛國淨土」般清涼與自在，安定與祥和，時常保
持正念、充滿希望。

第七屆大悲心水陸法會

特別報導

淨土在人間　善念串連全世界

　　2013 年第七屆法鼓山大悲心水陸法會，11 月 30 日至 12 月 7 日於法鼓山園區啟建，十二個壇場精進共修的氛圍，儼然佛國淨土就在眼前；愈臻純熟與莊嚴的網路共修、分處共修，則把壇場跨時空延伸至全世界；今年首創的「雲端牌位」，祈福、超薦共計八十萬筆，填寫一個牌位必須念誦十句佛號，匯聚而成八百萬句以上的佛號，在雲端迴盪，以善念串連彼此的心。這場漢傳佛教最盛大的共修勝會，不僅利益無數無量眾生，更為今日佛教開創新局。

網路、分處共修　淨土處處現

　　大悲心水陸法會自啟建以來，秉持「清淨、環保、簡約」的訴求，借重數位影像與網路技術，除了園區現場，莊嚴佛事也透過網路跨越時空藩籬，傳送到全球，本屆共有四十二個國家，超過八十萬人次透過電腦或手機參與勝會。

　　擴大舉辦的分處共修，也讓許多無法親臨現場的海內外民眾，就近在分院或辦事處透過網路視訊，感受壇場的清淨攝受，包括美國紐約東初禪寺、加州洛杉磯道場、北美護法會新澤西州分會、加州舊金山分會，以及加拿大溫哥華道場、香港護法會、新加坡護法會等七處海外道場、分會，加上臺灣十三處分院、護法會辦事處皆同步舉辦，共修者多達近八千人次，護持的義工也有一千三百多人次。

　　其中，舊金山分會 2013 年首度舉辦「分處共修」；11 月中甫成立的臺灣雲林虎尾共修處也沒缺席，地區信眾藉由數位科技之便，零時差同步精進，與各地僧俗四眾共修在雲端；南臺灣的紫雲寺，也有一千二百餘位信眾參與共修。各地大眾，在清淨安定、肅穆祥和的壇場中，共修體驗法華、地藏、祈願、藥師等各壇不同的境教與法門。

雲端牌位　善念、祝福無疆界

　　本屆首創的「雲端牌位」，延續數位牌位理念，並進一步體現「無緣大慈，同體大悲」的精神，讓立牌位不僅具有消災、祈福、超薦的功能，更深化為自我向內觀照的修行。法會期間，走進園區彌陀殿的功德

法鼓山大悲心水陸法會，是全球信眾每年一同精進用功的共修盛會。

堂，每一筆雲端牌位的祈福資料，輪流投影出現，在佛像的慈眉低視下，綻開於朵朵蓮花中，匯聚了無數的善念與祝福，讓人感動不已。

結合慈悲觀的修持與三檀等施觀念的雲端牌位，鼓勵民眾從對自己修慈開始，接著慈及家人、朋友等「親愛」的人，然後慈及與我們非親非故的「中人」，包括因天災、恐怖攻擊、戰爭而傷亡者，還要慈及打擊或誤解自己的「怨憎」之人，最後慈及法界一切眾生。

自9月5日開放上網填寫至12月7日法會圓滿，共有近五萬人註冊，登錄了近八十萬筆消災、超薦牌位，祈福者遍布亞洲、歐洲、北美洲、大洋洲三十六國，在祈福者與被祈福者之間，祝福透過網路，跨越了國界，形成一個善的循環。水陸研究推廣專案召集人果慨法師表示，牌位必須與時俱進，未來雲端牌位將推廣至法鼓山所有的法會，也歡迎教界各道場一同採用。

轉換心念 世界因你而改變

「轉換心念，世界因你而改變。」是推動雲端牌位的主要精神意涵，同時也是進一步落實創辦人聖嚴師父希望改革經懺佛事，讓法會同時具有教育與關懷作用的願心。兼顧傳統、創新與環保改革的法鼓山大悲心水陸法會，突破舊有經懺佛事的格局，年年結合現代網路科技概念、社會時代趨勢，自啟建以來屢屢開創新制，為已經流傳一千五百多年的水陸法會，在二十一世紀創建嶄新面貌。

● 12.01～07
大悲心水陸法會「網路共修」擴大舉辦
國內十三處分處同步連線

第七屆大悲心水陸法會啟建期間，國內包括桃園齋明別苑、臺中分院、臺南分院、臺南雲集寺、高雄紫雲寺，以及護法會辦事處、共修處等，共十三處分處於 12 月 1 至 7 日，與園區法會現場同步連線，舉辦網路共修，鼓勵民眾就近以法相會。

透過視訊畫面，彷彿身處水陸法會現場，來到諸佛國土。大眾跟隨主法法師、悅眾法師的梵唄誦念，依經文起觀，虔敬禮佛拜懺，即使在等待連線的空檔，也不放逸，念念繫於聲聲佛號上；偶有斷訊，也不散亂攀緣，安住身心。在清淨安定的氛圍裡，眾人體驗了法華、地

在紫雲寺，信眾透過視訊畫面，彷彿身處水陸法會現場，虔敬禮佛拜懺。

藏、祈願、藥師等各壇不同的境教與法門，聽聞法師們深入淺出的說法，認識修行次第、理解經文奧義，進而掌握修行法要。

法會期間，義工秉持「急需人做、正要人做的事，我來吧！」的精神，歡喜承擔環保、香積與善後整理工作，互相關懷照顧，成就彼此的道心和道業，也落實了水陸法會自利利他的精神。

2013 大悲心水陸法會國內道場網路共修一覽

地區	地點	共修壇別
北部	桃園齋明別苑	大壇
	護法會羅東辦事處	法華壇
中部	臺中分院	法華壇
	護法會彰化辦事處	法華壇
	護法會員林辦事處	淨土壇
	護法會南投辦事處	法華壇
	護法會嘉義辦事處	法華壇
	護法會虎尾共修處	法華壇
	護法會朴子共修處	地藏壇
南部	臺南分院	法華壇
	臺南雲集寺	法華壇
	高雄紫雲寺	法華壇、地藏壇、祈願壇、藥師壇
東部	護法會花蓮辦事處	法華壇

● 12.10

文基會再獲教育部特優教育基金會殊榮
肯定僧俗四眾對於心靈環保的實踐

文基會獲教育部特優教育基金會殊榮，果賢法師（左）代表出席，接受蔣偉寧部長（右）頒獎。

文基會獲教育部「102年續優教育基金會」評鑑特優團體獎殊榮，文化中心副都監果賢法師12月10日代表出席教育部舉辦的頒獎典禮，由部長蔣偉寧頒發。

果賢法師表示，法鼓山秉持聖嚴師父提倡的「心靈環保」，期望透過各種方式、管道，呈現心靈環保的教育目標，讓人人平安、幸福、健康、快樂，文基會獲獎不僅是肯定僧俗四眾自身對於團體核心價值的實踐，也是勉勵法鼓山日後要更加精進落實，持續推動心靈環保。

蔣偉寧部長表示，從教育部主管的六百九十二家教育基金會脫穎而出的得獎者都是典範，也是帶動公益事業的火車頭，寄望得獎單位能夠激勵更多人投入教育思考，做灌溉社會的活水。評鑑委員代表、暨南大學學務長吳明烈則肯定獲獎基金會，能夠「看見需求、點燃熱情、創造價值」。

● 12.13

佛基會獲新北市環境教育獎團體組優等肯定
常統法師代表出席受獎

佛基會榮獲新北市環境教育獎團體組優等肯定，於12月13日由參學室常統法師代表出席頒獎典禮，接受環保局局長劉和然頒獎表揚。

常統法師說明，現代社會因為人心的貪婪、欲望，而造成社會亂象、人心不安及環境破壞等，如何真正落實對眾生的關懷，唯有從「心」教育起；法鼓山以心靈環保為核心，以禪修為方法，結合建築與景觀的禪悅境教，讓所有來參訪的民眾都能從真正的問題根源「心」改變、進而淨化身心，如此才是最究竟的解決之道。

劉和然局長表示，二十年後想要在臺灣看見什麼，現在就必須扎根。環保現

在要做，也要延續未來。除了政府的推動，還需仰賴民間力量的合作，讓環保議題進到校園、社區、家庭，全面提昇大眾的環保意識。

佛基會以從事環境教育之規畫、宣導與推廣等相關實務，及推動建立環保教育，成效卓著而獲獎。

常統法師（右）代表佛基會接受新北市環境教育獎團體組優等肯定。（左為劉和然局長）

● 12.27～29

韓國曹溪宗來訪
交流話頭禪法 觀摩弘化推展

韓國最大的佛教宗派曹溪宗，由全國禪院首座福祉會理事長義正禪師帶領禪師、學者、居士等一行十三人，於12月27至29日，前來法鼓山園區和農禪寺參訪交流，觀摩法鼓山在建築、教育、慈善、文化與都市弘法的推展狀況，並與大學院教育單位師長進行兩場座談。

27日晚間，義正禪師等四位曹溪宗首座於男寮佛堂，介紹該宗的歷史沿革與禪法特色，說明韓國曹溪宗以大慧宗杲看話禪為根本修行法門，禪師的行住

韓國曹溪宗義正禪師（左五）拜會方丈和尚果東法師（右四）時，表示法鼓山在國際弘化方面的具體作為，值得學習。

坐臥都參「無」字話頭；並與僧團都監果光法師、首座和尚惠敏法師、禪堂板首果祺法師、僧大學僧等，透過相互問答的方式進行禪法交流。

28日的兩場座談，由多位法鼓山大學院單位師長出席，分享法鼓山推動佛教教育、義工培訓、學術發展等方面的現況。上午拜會方丈和尚果東法師時，義正法師表示，韓國的禪法保存雖好，但還未有國際弘化的具體作為，這一點需要向法鼓山學習。

一行人於29日轉往北投農禪寺，眾人進入開山農舍參訪時，聽導覽解說東初老人和聖嚴師父的師徒故事，感受到兩國都相當重視尊師重道的觀念；也對水月池中的大殿倒影、《金剛經》牆，留下深刻印象，並希望能將《金剛經》牆傳達的意涵、對大眾的啟發和提醒，帶回韓國。

● 12.29～2014.01.19期間

「烽火家人」系列講座於安和分院展開
結合心理學與佛法　釐清原生家庭的烙印

楊蓓老師結合心理學與佛法，解析影響個人成長的家庭因素，並說明轉變念頭，家人也是我們生命中的貴人。

12月29日至2014年1月19日期間，法鼓文化、《人生》雜誌與臺北安和分院每週日下午聯合主辦「烽火家人——楊蓓專題講座」，共四場，邀請實踐大學社會工作系副教授楊蓓主講。楊蓓老師結合心理學與佛法的觀點，釐清原生家庭對個人價值觀的影響，以及「烽火」背後的成因與和解之道，每場皆有三百多人參加。

首場講座中，楊蓓老師解釋「烽火家人」題目緣起，指出家庭中許多的紛紛擾擾，都會影響我們與外界的互動模式，因為一般人都會帶著原生家庭的習慣，去處理人際關係。在解決家人間的「烽火」前，首先要了解「家庭價值」在社會中的變遷、對家庭成員角色的影響。

第二場講座中，楊老師分析個人在原生家庭中，其實都在找「位置」，渴望被看見；讓家庭關係從「烽火」轉為「封火」，關鍵是「平衡」，楊蓓老師在第三場點出了當家庭面對內、外環境變動，家中成員會自動補位、承擔責任，讓家恢復「平衡」。例如：有些小孩會負起父母的權威，照顧兄弟姊妹，讓家得

以維持平衡。

最後一場講座中，楊蓓老師提到「四安」、「四它」與「默照」在家庭道場中的妙用，四安告訴我們要先安住自己的心，繼而安身、安家、安業；四它是誠實面對、接受、處理、放下自己的心；默照是當家中發生紛擾時，以「默」保持「心不動」，不與紛擾攪和，以「照」清清楚楚知道整個狀況，扛起責任來面對。

楊老師強調，家人之間的關係，就佛法觀點是「因緣」所致，應接受「理想」家人和「現實」家人的落差；當自己念頭轉變，便會產生「骨牌效應」，使家庭關係連動改變，「逆緣」變成「順緣」，家人之間，就能成為「豐活」彼此的動力泉源。

2013「烽火家人」系列講座一覽

時間	講題	主要內容
2013 年 12 月 29 日	風火家人／原生家庭的烙印	探討傳統家庭的變遷與崩解
2014 年 1 月 5 日	烽火家人／相愛容易相處難	探討家庭的界線
2014 年 1 月 12 日	封火家人／與家庭和解的時刻	探討自我價值感的覺察與重新定位
2014 年 1 月 19 日	豐活家人／家是豐富生命的活水	探討如何轉念及為生命解套

● 12.30

方丈和尚出席《點燈》二十週年記者會
肯定節目倡行良善與感恩

方丈和尚果東法師於 12 月 30 日應邀出席公益節目《點燈》於中華電視公司舉行的二十週年記者會，並以「淡泊明志，寧靜致遠」，肯定《點燈》為社會公益的奉獻，也祝福大眾在社會的各個角落，都能夠看到良善與感恩的明燈。

節目製作人張光斗表示，當年因節目與聖嚴師父結緣，自己從沒有宗教信仰，變成佛教徒。雖然節目一度遇到停播危機，但師父期勉「如果有一天阿斗不在了，《點燈》還在」，鼓勵為社會公益堅持下去。如今節目邁入第二十個年頭，將持續以對人、對土地和社會的感恩為出發點，製播更多感動人的故事。

方丈和尚於《點燈》二十週年記者會中，肯定該節目倡行良善與感恩。

《點燈》節目製播之初，即邀請創辦人聖嚴師父擔任受訪人物，讓《點燈》與法鼓山結下深厚的緣分。當時擔任師父隨行祕書的現任方丈和尚果東法師，曾陪同到攝影棚錄影，此次特別應邀出席，肯定節目倡行良善與感恩。

● 12.31

農禪寺首辦跨年活動
念佛拜願迎 2014

農禪寺首辦跨年迎新活動，大眾一起念佛、打坐，以拜願方式迎接2014年，在寧靜中，獲得最深的喜悅。

12月31日，北投農禪寺首度舉辦跨年彌陀法會，以環保的方式，在阿彌陀佛聖號中，齊聚念佛、繞佛、聽法，以好願迎接新年，方丈和尚果東法師到場關懷。民眾攜家帶眷，有夫妻推著娃娃車、有祖孫三代、也有年輕朋友結伴同行，有近一千七百人參加。

法會開始前，農禪寺監院果毅法師說明，有別於跨年倒數，農禪寺希望舉辦一個佛教徒可以參加的跨年活動，來表達內心感恩、喜悅、寧靜和希望；也因著對佛法的信心，大眾才會共願齊聚一堂，深信可以改過向善，並有無盡的未來可以努力。

方丈和尚當晚也參與共修，並以「跨年迎新農禪行、彌陀法會殊勝行、精進念佛喜悅行、好願拜佛菩提行、感恩報恩福慧行、除舊布新精進行、四攝六度菩薩行、和樂無諍悲智行！」八證行，勉勵大眾互敬互諒、和諧包容，在新的一年「開創心局，看見心靈的曙光」。

跨年結束，農禪寺以阿彌陀佛四十八大願設計的「新年心功課」小卡，與大眾結緣，讓法喜轉化為實際行動，以善心、善願、善行，開啟新年新氣象。

有長者表示，生平第一次跨年便到農禪寺，他開心地分享，繞念佛號時感覺特別踏實，隨著法師引導，一邊念佛一邊懺悔、感恩、發願，每一句佛號，都蘊藏無限祝福。

實踐

貳【大關懷教育】

從生命初始到生命終了，
以「心靈環保」出發，
落實各階段、各層面的整體關懷，
安頓身心、圓滿人生，
實現法鼓山入世化世的菩薩願行。

雙向互動
成就入世化世菩薩願行

大關懷教育在2013年，不論是全球災難救援、
社會慈善，或是信眾關懷等方面，
僧俗四眾齊心同力以有情行動，協助打造安心工程：
一步一腳印，從臺灣到海外，從社區到校園；
大手牽小手，從少年到長者，從義工到大眾；
串連並凝聚關懷無國界的願心，讓善行生生不息。

　　2013年，對於大關懷教育而言，是感恩與祝福沛然匯聚的一年。在臺灣，歷時四年的八八水災專案圓滿，透過關懷與陪伴，重建災區民眾再展歡顏，生命活力重新啟動；在海外，走過五年的中國大陸四川賑災行動，串連兩岸人心，同心打造重生與希望之路；中美洲國家海地的震災，在四年援助計畫實施後，點亮青少年心燈，得以學習世界新知與技術。同時，以教育、關懷、實作等全方位的開發，引領四眾弟子在奉獻中學習、成長，在人間成就菩薩願行。

專案圓滿　啟發心靈內在力量

　　2009年8月，莫拉克颱風豪雨（八八水災）重創南臺灣，人民經濟財產蒙受重大損失。法鼓山除在第一時間深入受災地區協助清理家園、進行慰訪

關懷，並執行「八八水災專案」，以「四安」為方法，持續投入後續各項關懷與重建工程。四年多來，除了援助的各項硬體建設如永久屋、社區活動中心陸續完工，同時也以社區工作方式長期投入心靈重建工程，包括於高雄市甲仙、六龜區，屏東縣林邊鄉等三處重災區設置安心服務站，與民眾、學子們胼手胝足，在重建之路攜手同行。

　　安心站的設立以落實四安工程為主旨，發揮在地即時服務及心靈陪伴功能，透過社區、校園、個案、年節等關懷方式，展開多元活動。2013年在校園方面，持續為各級學子舉辦心靈環保成長探索營、頒發獎助學金、青春棒棒堂系列活動等，引領學子們安定身心、學習知福與感恩，並凝聚守護家園、活化深耕的願力，也活出自

信、快樂、健康的「心」生活。

社區關懷方面，2月春節期間的送暖活動，包括由義工將幸福年菜送到關懷戶家中、為獨居長者清掃家園等，分享社會關懷與溫暖。本年並辦理三場「走出戶外、『銀』向陽光」長者關懷活動，鼓勵長者走出戶外，以更積極的態度面對未來。

於海外，針對2010年海地共和國地震而啟動的「海地大地震專案」，慈基會於10月造訪當地青少年職業學校、街頭學校以及兒童醫院等多處重點救助單位，欣見學子們正透過水管工程、電子、電信技術，以及護理課程的教學與實作，努力學習一技之長及世界新知，失落的心一點一滴慢慢綴補，希望也在其中扎根、萌芽與茁壯。

「八八水災專案」、「海地大地震專案」皆於2013年年底圓滿，大關懷教育以教育與關懷並行的理念，無緣大慈、同體大悲的行動力，協助海內外受難民眾，走出災害與傷痛，不只外在環境有了新面貌，心靈也煥然一新，重拾安定力量。

救災援助　善心無國界

緊急救援方面，包括康芮颱風8月底襲臺，造成臺南地區多處淹水，慈基會除於第一時間啟動緊急救援系統，提供物資援助，並於29至31日由義工協助民眾清理家園及校園。於海外，中國大陸四川省雅安於4月底發生強烈地震，5月僧團副住持果品法師帶領勘察團隊，前往震災區勘災，除了代表法鼓山表達關懷，並前往受創最重的蘆山、龍門、天全等地，了解受災情形及重建需求；菲律賓中部11月遭受強烈颱風侵襲，慈基會也適時支援賑災的物資，展開關懷行動，協助受難者重返安定的生活。

此外，在四川賑災專案上，援建的安縣秀水第一中心小學、秀水中心衛生院、北川縣陳家壩鄉衛生院門診部，於2013年，從帳篷、板房，換成了新校舍、新醫院，提供學子與民眾安心的就學與就醫環境。而延續對學子的關愛，本年寒、暑假期間共舉辦五梯次「生命教育心靈環保體驗營」，從初中、高中到大學營，分別以感受專注力量、從內心平衡做起、探索生

臺灣八八水災重建區的小朋友，在法鼓山的支援與陪伴下，笑容回復原有的燦爛與活力，健康快樂成長，愛與感恩沛然匯聚。

命本質與內涵為主題，引導各級學子發現「心」自己，體驗幸福與感動；第九、十次的川震獎助學金，則分別於4月及10月頒發，提供近四百位學子安心就學，持續前進的動力；另一方面，「生命教育課程」也持續在多所學校展開，引導學生肯定並接納自我，廣闊而深入地認識與學習生命的功課。

2013年，鑑於四川雅安強震、美國波士頓爆炸案、伊朗地震等災難頻仍，在國際社會亟需安心之際，方丈和尚果東法師於4月發表談話，籲請四眾弟子齊心為受難者祈福，而全球各地分院也在法會及例行共修活動中，展開祈願活動。不分海內外，法鼓山的關懷總能跨越國界藩籬，將四安心法傳送至需要之處。

社會關懷　分享心靈環保的實踐

法鼓山關懷社會大眾的主要方式，是心靈環保體驗與實踐的分享，服務對象，也廣及社會各階層。大關懷教育的年度系列活動，由101年度歲末關懷揭開序幕，匯聚社會愛心，以「舞動生命，擁抱幸福」為主軸，於全臺各地分院以及護法會辦事處、共修處陸續展開，至1月底圓滿，共關懷近兩千五百戶家庭；而端午及中秋、重陽的年節關懷，則分別於5月及9月起在全臺各地舉辦，關懷人數皆逾兩千人。

此外，1月於園區舉行的第十八屆佛化聯合婚禮，共有六十四對新人參加，

落實「禮儀環保」；而為推動孝親風氣，第二十屆佛化聯合祝壽則於9至10月間在全臺展開十六個場次，共有近三千位長者在念佛、祈福、供燈、奉茶等活動中，接受祝福。

2013年第二十二、二十三期百年樹人獎助學金，全年總計辦理六十二場、共有三千多位學子受益，各場頒發活動與地區資源結合，展開各項體驗，如桃園齋明寺的自然環保導覽、農禪寺的法源巡禮等，或於佛化祝壽、法會活動中同步進行，期許學子們進一步認識心靈環保，感受安定身心的力量；同時也持續展開分享卡製作、受獎學子服務回饋日等活動，透過分享與回饋，讓愛在人間傳承。

本年度關懷活動擴大結合社會力量，包括5月與臺灣高速鐵路公司合作，為新北市偏遠小學瑞柑國小與高雄市六龜區新發國小的弱勢學童舉辦生態關懷暨交流之旅，從心體驗課堂外的新知，引導童學習堅韌的生命毅力；6月，則與臺北市立動物園合作舉辦「Dreamnight@Zoo仲夏圓夢曲」慈善活動，邀請一百多戶臺北市、新北市的關懷家庭暢遊動物園，藉由生態與生命教育，滋潤茁壯中的心靈。

信眾關懷　同心同願強化凝聚力

秉承聖嚴師父對大關懷教育的指示：在從事關懷他人的行動之中，感化自己、奉獻自己、成長自己、成熟眾生、莊嚴人間淨土。2013年的大關

懷教育在信眾關懷上，首場大型活動是護法會與各地分院於1月共同舉辦的「歲末感恩分享會」，七千多位信眾以「法」相聚，方丈和尚勉勵眾人凝聚推廣法鼓山理念的信心、願心與恆心；此外，「正副會團長、轄召、召委聯席會議」、「感恩與關懷」活動、「2014正副會團長、轄召、召委暨委員授證營」等多項活動，不僅凝聚向心力，也深化悅眾利己利人、接續護法弘化的使命。

為提昇義工與專職在關懷過程的內涵與能力，2013年慈基會除舉辦「北區慰訪員初階教育訓練」，南部安心站也舉辦多項義工培訓課程，包括「慰訪義工知能培訓課程」、「八八水災專職人員災區經驗分享工作坊」等，結合理論與實務的課程，拓展慰訪的深度與廣度。

另一方面，持續往年大事關懷課程的推動，2013年關懷院分別在桃園齋明寺、高雄紫雲寺，共舉辦兩場助念成長課程，內容包括認識法鼓山大關懷教育、佛事的意義、梵唄與法器練習等；也因應地區需求，適時開辦相關課程，透過地區參與與推廣，分享積極正向的生命態度。

結語

聖嚴師父曾開示：「救苦救難的是菩薩，受苦受難的是大菩薩。」隨著大關懷教育在全球推廣的安心工程，四安種子在世界各地萌芽茁壯；而人人也在各種無常與環境的考驗中，學習面對、接受、處理及放下。同時，更見證著：每個生命轉彎處，就是菩薩入世化世願行的成就處。

法鼓山大關懷教育以心靈環保為出發點，落實「安頓身心、圓滿人生」的宗旨；2013年是「得心自在年」，寓有「心自在，身自在。身心自在，福慧自在」的意涵，引申闡析在紅塵之中，自己不受身心環境影響是智慧，幫助他人不受身心環境影響是慈悲，如此福慧自在、得心自在，是真正的菩薩願行，也是大關懷教育對世間最大的祝福。

在齋明寺舉辦的「感恩與關懷」活動中，常續法師傳授人際溝通的要訣與心法。

●01.01～31期間

101年度歲末關懷全臺展開
合計關懷近兩千五百戶家庭

於紫雲寺進行的歲末關懷活動中，義工表演「心六倫之舞」，推廣「心六倫」。

慈基會舉辦101年度「法鼓山歲末關懷」系列活動，從2012年12月15日在法鼓山園區展開首場關懷後，陸續於全臺各地分院以及護法會辦事處、共修處舉辦，活動於2013年1月底圓滿，關懷對象包括全臺低收入戶、獨居老人、急難貧病者及特殊個案等，共近兩千五百戶。

邁入第五十六年的歲末關懷，本年度以「舞動生命，擁抱幸福」為主軸，匯集社會各界愛心，除了延續以往為關懷戶準備慰問金與民生物資，並為各地關懷戶舉辦祈福法會或念佛共修，例如法鼓山園區、北投農禪寺、桃園齋明寺、高雄紫雲寺、臺東信行寺，皆由法師帶領祈福；護法會辦事處、共修處則安排念佛共修，引領大眾感受佛法安定身心的力量。

其中，臺中分院、南投德華寺、臺南分院，以及護法會多處辦事處更提供「關懷送到家」服務，由義工直接將物資送到家，並進行慰訪工作，傳遞最直接的關懷。

各地的關懷活動，也安排鼓舞人心的表演節目，如1月13日於紫雲寺進行的歲末關懷中，除由北區義工表演「心六倫之舞」，將《心六倫之歌》編成了舞蹈，在輕鬆歡樂的歌聲及舞蹈中領略心六倫之涵義，南區義工也以話劇演出，傳達「知福幸福」的真意。

本年的歲末關懷，活動中並增加環保鼓勵獎與祝福明信片，鼓勵民眾使用環保袋裝載物資、寄送祝福給親友，為地球與社會累積小小的好，成就大大的好。

每年的歲末關懷，慈基會都希望結合各界資源，藉由精神與物質上的扶持，讓關懷戶感受到社會真誠的溫暖。

101 年度「法鼓山歲末大關懷」活動一覽

區域	時間	活動地點	活動內容	關懷地區（對象）	關懷戶數
北部	2012 年 12 月 15 日	法鼓山園區	祈福法會、藝文表演、致贈禮金與物資	北海岸行政區、基隆關懷戶	263
	2012 年 12 月 15 日	護法會羅東辦事處	關懷送到家	宜蘭縣羅東鎮關懷戶	35
	2012 年 12 月 16 日	北投農禪寺	祈福法會、藝文表演、致贈禮金與物資	臺北市、新北市關懷戶	455
	2012 年 12 月 16 日	桃園齋明寺	祈福法會、藝文表演、致贈禮金與物資	桃園縣關懷戶	395
	2012 年 12 月 20 日至 2013 年 1 月 15 日	護法會宜蘭辦事處	關懷送到家	宜蘭縣市關懷戶	12
	2013 年 1 月 12 日	護法會苗栗辦事處	關懷送到家	苗栗縣市關懷戶	36
	2013 年 1 月 19 日	護法會竹山共修處	念佛、園遊會、致贈禮金與物資	南投縣竹山地區關懷戶	95
中部	2012 年 12 月 20 日至 2013 年 1 月 20 日	臺中分院	關懷送到家	臺中市關懷戶	80
	2012 年 12 月 20 日至 2013 年 1 月 31 日	護法會彰化辦事處	關懷送到家	彰化市關懷戶	21
	2013 年 1 月 6 至 20 日	南投德華寺	關懷送到家	南投縣魚池鄉、國姓鄉、仁愛鄉關懷戶	160
	2013 年 1 月 13 日	護法會豐原辦事處	念佛、致贈禮金與物資	臺中市豐原區關懷戶	35
	2013 年 1 月 13 日	護法會東勢共修處	念佛、音樂饗宴	臺中市東勢區關懷戶	80
	2013 年 1 月 19 日	護法會員林辦事處	念佛、致贈禮金與物資	彰化縣員林鎮關懷戶	80
	2013 年 1 月 26 日	護法會南投辦事處	念佛、園遊會	南投縣市關懷戶	120
	2013 年 1 月 27 日	護法會嘉義辦事處	念佛、致贈禮金與物資、藝文表演	嘉義縣市關懷戶	70
南部	2012 年 12 月 16 日	臺南分院	關懷送到家	臺南市關懷戶	30
	2013 年 1 月 13 日	高雄紫雲寺	祈福法會、致贈禮金與物資、藝文表演	高雄市關懷戶	165
	2013 年 1 月 15 至 31 日	護法會潮州辦事處	關懷送到家	屏東縣潮州鎮關懷戶	28
東部	2013 年 1 月 15 至 30 日	護法會花蓮辦事處	關懷送到家	花蓮縣關懷戶	45
	2013 年 1 月 27 日	臺東信行寺	祈福法會、致贈禮金與物資	臺東縣市關懷戶	230
合計					2,435

● 01.08　05.27　11.21

甲仙安心站關懷系列活動
鼓勵長者走出戶外　「銀」向陽光

為建立社區情感，促進鄰里互動，慈基會甲仙安心站於 2013 年舉辦三場「走出戶外、『銀』向陽光」長者關懷活動，鼓勵長者走出戶外，以更積極的態度面對未來。

1 月 8 日的行程，帶領高雄市五里埔、甲仙與小林地區的長者參訪佛光山佛陀紀念館、陽明海洋探索館。在佛陀紀念館內觀看 4D 電影《佛陀的一生》，認識佛陀對生老病死的體悟與見解，也對佛陀教育和佛教理念有初步的了解；在陽明海洋探索館內，則藉由《地震與大海嘯》的 3D 動畫，學習重大天災的防治措施與方法，並建立面對大自然無常的正面心態。

5 月 27 日的長者關懷系列活動，於臺南展開，安排參訪北門區「井仔腳」鹽田區、七股潟湖生態、安平老街及樹屋等，共有八十三位來自慈濟大愛村、日光小林、五里埔地區的長者參加。

慈基會安排一百多位長者參觀瑪家鄉原住民文化園區，認識多元文化的意涵。

最後一場關懷活動，於 11 月 21 日在屏東縣瑪家鄉原住民文化園區進行，帶領長者認識並體驗多元族群文化，副祕書長常法法師全程陪同。活動中，常法法師向長者們獻上祝福，並以「最好的風水在哪裡？」引導大家思考，說明好風水就在自己的心裡，存好心，看出去的世界就是美好的；法師勉眾，把心安定下來，生命就有平安，人生的風景也會因此不同。

● 01.09　01.23

慈基會高雄北區義工慰訪關懷護理之家
祝福長者得心自在結好緣

歲末年終之際，1 月 9 日及 23 日，慈基會高雄北區義工分別前往新吉祥護理之家與惠心護理之家進行年節慰訪關懷，祝福長者得心自在。

當日活動內容，包括合唱團演出、佛曲帶動唱等，義工並帶領長者念佛，安

常法法師以「得心自在」春聯與長者結緣，祝福長者得心自在。

定身心與心靈，鼓勵長者保持身心愉悅，不受外在環境影響。

護理之家的病友、長者來自各地，此行關懷，義工以「心六倫——族群倫理」為主題，說明不論是說國語、客家語、臺語或原住民語言，大家應摒棄族群偏見、尊重多元文化，和合相處；並分享聖嚴師父曾說過：「放下了人我是非，宇宙萬物，原是沒有區隔的整體；消滅了敵我意識，一切眾生，無非彼此扶持的伴侶。」也以慈基會海外救援實例，表達世界本為一家，已無地域、族群的分別。

副祕書長常法法師參與 23 日的慰訪關懷，也為長者點燈祈福，祝福大家不受外境與身體病痛影響，祈願大眾在新的一年與周遭的人結善緣、好緣。

● 01.13

第十八屆佛化聯合婚禮於園區舉行
六十四對新人共組佛化家庭

法鼓山第十八屆佛化聯合婚禮於 1 月 13 日在園區大殿舉行，邀請伯仲基金會董事長吳伯雄擔任證婚人、移民署署長謝立功賢伉儷擔任主婚人、新北市市長朱立倫擔任祝福人，並由方丈和尚果東法師為新人授三皈依，共有六十四對新人參加。

當新人進行互戴戒指儀式時，方丈和尚幽默表示，戴上的戒指是「清淨精進的指南」，勉勵夫妻相處應掌握「倫理而非論理」、「請求而非要求」、「慰問而非質問」、「傾訴而非控訴」、「抱願不要抱怨」等原則，對上恭敬、對下教養，讓生活更為幸福。

六十四對新人在第十八屆佛化聯合婚禮中締結菩提姻緣。

連續二十年擔任法鼓山佛化婚禮證婚人的吳伯雄董事長，也期勉新人都能將聖嚴師父所言「慈悲沒有敵人，智慧不起煩惱」帶入生活中，營造互愛、互諒、互敬的家庭。

朱立倫市長期待新人多為社會創造新生命；首次參與佛化婚禮的謝立功署長，深受法鼓山呈現四環精神的婚禮所感動，除了歡迎跨國聯姻外，也打趣地分享家中大事由他決定，但大小事的分別是由夫人判斷，所以自己從來都不必為家事費心。

本年的新人中有兄弟、兄妹同日完成終身大事，更有從英國、馬來西亞、香港、韓國、中國大陸而來的外籍人士，同在佛前攜手，共結菩提良緣。

● 01.20

「歲末感恩分享會」海內外同步舉行
方丈和尚頒發護法會正、副總會長聘書

護法總會以及各地分院聯合舉辦的「得心自在‧2012年歲末感恩分享會」，1月20日於法鼓山園區、北投農禪寺、三峽天南寺、桃園齋明寺、臺中分院、臺南分院、臺南雲集寺、高雄紫雲寺、臺東信行寺以及護法會花蓮辦事處等十個地點同時展開，海外的馬來西亞道場、香港護法會也加入視訊連線。方丈和尚果東法師出席農禪寺主現場，共有七千三百多位信眾參加。

當天，方丈和尚並頒發聘書給護法總會正、副總會長，感恩眾人的承擔與奉獻；總會長陳嘉男、副總會長葉榮嘉、周文進、黃楚琪、張昌邦從方丈和尚手中接過聘書，承擔未來三年的護法重任。方丈和尚表示，2013年是護法總會建立任期制的起始年，正、副總會長將採三年一聘，在既有的基礎下，建立更完善的護法體制。佛教學院校長惠敏法師也到場向悅眾們說明法鼓大學的籌設進度。

上午十一點，各地分院透過視訊連線，以創意隊呼彼此問候祝福，方丈和尚也向全體悅眾表達關懷與祝福，感謝大眾

方丈和尚果東法師於歲末感恩分享會上頒發護法會正、副總會長聘書。（左起依序為副總會長黃楚琪、葉榮嘉、方丈和尚、總會長陳嘉男、副總會長周文進、張昌邦）

過去一年的努力。方丈和尚表示，去年 2012 年是心靈環保二十週年，也是法鼓山弘化事業的重要里程，儘管經濟不景氣，更要保持推廣理念的信心、願心與恆心，用法鼓山的理念幫助更多人走出困境。

農禪鼓隊、大吉祥天女供養班、手語隊等在分享會上接連表演，讓現場掌聲不斷。

各地區的感恩分享會都安排豐富的活動與節目。在農禪寺，生活日語班、手語隊、大吉祥天女供養班及農禪鼓隊，帶來精彩表演，也展現學習成果；祈福法會後，監院果燦法師帶領近兩千五百位信眾，將桌上的燭燈圍成一圈，一起點亮互助互諒的心燈，發願跟隨聖嚴師父的悲願前行。

法鼓山園區與臺南分院，分別由義工室與法青同學表演話劇；臺南法青同學以「初出茅廬」、「溫馨家庭」、「重重考驗」三幕話劇呈現佛法的力量，讓在場三百五十位勸募會員及義工留下深刻印象。齋明寺與紫雲寺則觀看《師父的三願》影片，向聖嚴師父學習發起利人利己的大願；信行寺以舉行微笑經行、佛國淨土任遨遊等趣味競賽，考驗悅眾們的定力與向心力，將禪修、念佛的修行方法融入遊戲中，讓感恩分享會充滿法喜禪悅。

中部地區七百多位鼓手，頭戴安全帽，在興建中的寶雲寺二樓大殿進行分享會。眾人在法師引導下，展開建築巡禮，曾擔任臺中辦事處輔導法師、現任美國紐約東初禪寺住持的果醒法師，也到場與眾人回顧一路蛻變成長的寶雲寺。

透過歲末感恩分享會，護法鼓手們凝聚願心，持續在菩薩道上奉獻利他，培福修慧。

● 01.22　01.31

六龜、林邊安心站「獎助學金受獎學生服務回饋日」活動
學生體驗施比受有福的意涵

慈基會六龜、林邊安心站分別於 1 月 22 日及 31 日舉辦「獎助學金受獎學生服務回饋日」活動，由安心站義工帶領受獎學生關懷長者、清理家園，學習以感恩心接受關懷、用奉獻心回饋社會，體驗施比受有福的意涵。

22 日於屏東縣高樹鄉信愛養護中心進行的關懷活動，由慈基會副祕書長常

法法師帶領長者念佛共修，安心站義工及受獎學生表演手語歌、音樂演奏等藝文節目；最後並安排點燈祈福，由學生協助長者在佛前獻上心燈，祈願點點亮光化成無盡的光明祝福。

林邊安心站與華山基金會共同舉辦「歲末關懷打掃活動」，獎助學金受獎學生為獨居長者清理家園。

林邊安心站則於 31 日與華山基金會共同舉辦「歲末關懷打掃活動」，由二十多位受獎學生為獨居長者清理家園。出發前，安心站站長林玉以佛典故事「周利槃陀伽掃塵除垢」，說明打掃的心態與心境，不僅是將眼前所看到的髒垢去除，更是要將心裡的塵垢掃乾淨，同時付出關懷，讓長者感受到人間的溫情。

學生表示，參與回饋日活動，真正體會到「布施的人有福，行善的人快樂」的真義。

● 01.24～26　01.29～31

南部安心站舉辦探索教育成長營
青少年學員探索自我潛能　拓展生命視野

慈基會林邊、六龜、甲仙安心站分別於 1 月 24 至 26 日與 1 月 29 至 31 日，在高雄市澄清湖、屏東縣小琉球，以及日月潭等地進行「寒假青少年探索教育成長營」，藉由戶外探索帶領學員自我挑戰、激發潛能，各有三十九位屏東縣林邊國中及佳冬國中學生、七十位六龜地區高中生與甲仙地區國中生參加。

於日月潭進行的「寒假青少年探索教育成長營」，共有七十位學員參加。

探索營以四種環保為主題，展開各項單元，例如「無具野炊」，在限定金額兩百元與沒有炊具的條件下，每小隊須完成三道料理，學生從採買食物、估價、理財以及烹調的過程，體驗互

助合作以及適時配合他人，方能完成任務。同學們從一開始的手足無措，到完成擺盤、定出菜名的過程中，更體會到一粥一飯得來不易，進而生起知福、惜福的感恩心；「自力造筏」則是團隊合作與默契的大考驗，學員必須學習放下個人主觀的意見，凝聚團隊動力與共識，方能利用童軍繩、竹竿、浮桶搭出竹筏，達成任務；「定向越野運動」則是團隊合作與默契的大考驗，在十道關卡的闖關過程中，必須學習放下個人主觀的意見，凝聚團體動力與共識，方能解決問題，完成任務。

另一方面，也因地制宜，規畫特色活動，如於小琉球體驗浮潛，認識奧妙的海洋世界；在日月潭則安排觀賞當地生態影片，傳遞生態保育觀念，引導學員更深刻地體驗生命教育，建立護生觀念。

慈基會副祕書長常法法師出席關懷兩場探索營，於澄清湖晚會「伸展臺」活動中，分享大學時期逃避上舞蹈課的經驗，稱許學員能夠走上伸展臺，發揮創意、表現自己，不管臺步走得好不好，重要的是勇於嘗試的勇氣；於日月潭貓蘭山進行登山禪時，法師引導學員「不互相交談，專心地與自己相處，將心念放在當下的每一個步伐」，體驗放鬆與安定。

慈基會期盼透過具有自我挑戰、激發潛能的探索之旅，帶領青少年學員發現潛能，拓展不同的生命視野，為未來儲備更多能量。

● 01.31～02.03

中國大陸四川生命教育營隊
帶領「新鮮人」感受生命的無限可能

延續對中國大陸四川高中生的關懷，1月31日至2月3日，慈基會於安縣綿陽中學為已就讀大一的獎助學金受助學生舉辦四天三夜的「生命教育」大學心靈環保體驗營，並頒發獎助學金。二十六位綿陽中學、南山中學及什邡中學的畢業生，與臺灣法青及四川的志願者齊聚綿陽中學，展開一場心靈交流之旅。

始業式時，僧團副住持果品法師期勉學員，觀照自己的內心，保持心靈的

慈基會於四川綿陽中學舉辦大學心靈環保體驗營，學員透過小組討論，思考人際互動。

安定與內心和諧,並用「利他」的心與人相處,便能化解煩惱與問題,達到快樂與幸福;綿陽中學副校長魏東勉勵同學要有感恩心,為社會奉獻回饋。

營隊深入心靈層面的提昇,在「心靈環保」、「心六倫」與「World Café」三個單元中,學員透過影片與小組討論,重新思考人際關係、家庭、自然環保等議題,從中認識自己的內心世界;經行、托水缽體驗,讓學員練習放鬆、專注地與自己相處。

另一方面,由人基會「心劇團」團長蔡旻霓帶領活潑的肢體開發遊戲,學員們跳脫原有思考模式,感受生命的無限可能;最後一晚的無盡燈晚會裡,法青小隊輔真誠分享生命故事,學員們也提筆寫信給最想感謝的人,彼此交換祝福心燈。

有學員表示,要將心靈環保的觀念運用在生活中,也分享給他人,並盡所能幫助需要的人。

● 02.08

中國大陸四川秀水一小教職員來訪
感恩法鼓山協助打造安心工程

中國大陸四川省秀水第一中心小學校長鄭本生偕同教職員主管,一行八人參訪法鼓山園區,由方丈和尚果東法師、僧團副住持果品法師、聖基會執行長楊蓓代表接待,進行交流。

鄭本生校長首先表示法鼓山在 2008 年四川大地震災後援建新校舍,並透過慰訪、發放獎助學金、舉辦營隊等活動,持續為學子們提供安心服務,2012年 6 月底第二期工程落成,讓全校師生順利展開新生活;此行帶著校園攝影與繪畫作品,表達誠摯謝意,並將學生的作品致贈給法鼓山。

畫作中,呈現學生眼中的校園之美,以及同學間快樂遊戲、學習的情景。鄭校長說明新校園

四川秀水一小教職員來臺感謝法鼓山協助打造安心工程,並與方丈和尚果東法師合影。
(前排右起依序為果品法師、方丈和尚、鄭本生校長、楊蓓執行長)

的設計，既環保又美觀，建築物讓人感到心情寧靜，學生的學習也特別積極。

當日，一行人並在副住持果品法師及導覽義工帶領下，參訪大殿、祈願觀音殿、開山紀念館等，體驗園區的境教。

● 02.09

南部安心站除夕關懷送暖
協助清潔家園並送幸福年菜

關懷獨居老人、隔代、單親等家庭，慈基會林邊、甲仙及六龜三處安心站，於2月9日舉辦送暖活動，由義工將幸福年菜送到三十戶關懷戶家中，也為四十五位屏東林邊鄉與高樹鄉的獨居長者清掃家園。

為了準時將年菜送達，高雄紫雲寺香積組義工於除夕清晨便開始準備，在上午十一時前備妥之後，分別送往六龜及甲仙地區。林邊安心站也邀請二十位百

常法法師於六龜地區傳送幸福年菜，傳遞社會溫暖。

年樹人獎助學金受獎學子加入送餐服務，慈基會副祕書長常法法師在行前勉勵學子，有形的年菜很快就會消失於無形，但無形的祝福、關懷卻是可以永恆的駐留在人心，所以要用真誠的心把最真摯的關心與溫情送給所有的關懷家庭。

參與送年菜的學子表示，當看到關懷戶收到法鼓山的幸福年菜所流露出的笑顏時，自己也感受到回饋與奉獻的快樂。

● 02.23

帶小沙彌回法鼓山接力興學願心
北二、北五轄區四百八十位信眾率先響應

聖嚴師父圓寂四週年之際，護法總會啟動「行動報師恩——小沙彌回法鼓山」活動，鼓勵大眾帶小沙彌回法鼓山，接續興學願心。2月23日，北二與北五轄區共四百八十位護法信眾率先響應，分別帶著小沙彌到北投農禪寺、桃園齋明寺捐出善款，承續師父的悲願。

當日下午，一百零八位護法會北二轄區中山辦事處信眾，帶著家中的「慈悲」、「智慧」小沙彌撲滿聚集在農禪寺大殿，接力聖嚴師父興學願心。有六

一百零八位中山辦事處信眾捧著小沙彌回到農禪寺，響應「行動報師恩——小沙彌回法鼓山」活動。

歲的小朋友與奶奶一同響應，把存在小沙彌的零用錢捐出，發揮願心無大小的力量；許多悅眾也彼此相約，每年傳燈法會就是小沙彌的同學會，大家一起耕耘福田。

桃園、中壢與新竹等地北五轄區護法信眾，於當晚傳燈法會開始前，帶小沙彌回齋明寺，共有三百七十二個小沙彌。監院果耀法師感恩大眾護持，有悅眾表示，這就是「積少成多」的力量，也是聖嚴師父常說的：「小小的好，成就大大的好。」

為了感恩大眾的響應，護法總會準備一份「心靈環保寶典」，與帶小沙彌回法鼓山的信眾結緣。內容是聖嚴師父二十年前提出的「心靈環保」行動準則；寶典中還留有空白處，可寫下對自己或子孫的期勉和祝福，或記錄帶小沙彌回法鼓山的次數。收藏「心靈環保寶典」折頁的不鏽鋼夾，可與銅板儲放在小沙彌撲滿裡，提醒自己投下銅板的同時，也承繼聖嚴師父「大願興學」的願，更是在儲存行願護法的功德。

小沙彌撲滿是 2007 年法鼓山推動「大願興學計畫」，圓滿護持「5475」的結緣品，六年來已廣結數十萬善緣好願，許多人家中甚至不只一個小沙彌，形成一個無形的「小沙彌」大家庭網絡。而帶「小沙彌」回法鼓山，更是「實踐有限的布施，創造無量的功德」的大好因緣。

● 03.02　03.09　03.10　05.18～19　07.04～07

南部安心站關懷國中生心靈成長
以「我相信我做得到」為主題　舉辦系列活動

3月2日至7月7日期間，慈基會南部安心站舉辦五場國中生心靈成長關懷系列活動，主題是「我相信我做得到」（I Believe I Can Do it），共有一百多位

學子參加。

　　3 月 2 日舉行首場，由林邊安心站於高雄壽山自然公園進行攀岩初體驗，共有三十六人參加。在聆聽教練講解攀岩的基本裝備與注意事項後，學員挑戰五條攀岩路線，從中學習勇敢面對及自我挑戰的勇氣，也發揮互助合群的精神；活動結束後，並撿拾攀岩場的垃圾，培養對大自然的謙卑與感恩心。

　　第二場成長關懷活動於 3 月 9 日在臺東縣達仁鄉阿朗壹古道進行心靈公路之旅，歷經揮汗登高、驚險下山的旅程，學員表示，儘管路途艱辛，但一步一腳印，只要發揮韌性堅持，一定會達成目標。

　　3 月 10 日進行第三場活動，由甲仙安心站義工帶領十九名學子在高雄市壽山自然公園展開探洞體驗。在義工的引導下，學員以走路禪的方法，在凹凸不平的岩石路上，專注感受當下的每一個步伐與呼吸。

　　第四場活動於 5 月 18 至 19 日，由林邊安心站於臺南縣後壁鄉蓮心園啟智中心舉行，共有三十五位國中學子在義工帶領下，學習關懷與陪伴院生，體驗感恩、服務與回饋的真義。

　　林邊安心站於 7 月 4 至 7 日在花蓮、臺東的 193 縣道、玉長公路，以及臺 11 線公路舉辦花東縱騎活動，共有三十一名國中生體驗海岸風光與自然風情，圓滿一百二十八公里的旅程。

　　為落實對八八水災地區學子的關懷，慈基會持續舉辦國中生心靈成長關懷活動，期許學子們透過各項探索，肯定自己，並學習團隊精神，為未來儲備更多能量。

學員在花東縱騎活動中，學習考驗自己的能量。

● 03.23

南部安心站舉辦「慰訪義工知能培訓課程」
分享成長　學習如何說再見

　　慈基會甲仙、林邊、六龜安心站於 3 月 23 日在高雄三民精舍舉辦「慰訪義工知能培訓課程」，副祕書長常法法師到場關懷，共有六十八位義工參加。

　　常法法師首先分享參與八八水災專案的體驗，從一開始的救災，到後續成立安心站、推動「四安」重建工作，許多義工共同成就各項活動與服務；也說明慈基會「八八水災專案」將於 2013 年年底圓滿，法師感恩地區民眾成就自己學

滿春梅院長主講「說再見的藝術」，強調用心善巧讓「說再見」成為心與心的彼此護念。

習的因緣，也感謝大眾同心同願的付出與奉獻。

上午的課程，邀請燕巢慈德育幼院院長滿春梅主講「說再見的藝術」，滿院長幽默風趣地引用許多小故事，與學員分享與服務對象說再見時，服務者與被服務者可能會產生的情緒與行為反應；並帶領學習說再見的技巧：包括過程回顧、分享感受並互道再見，強調用心善巧讓「說再見」成為心與心的彼此護念。

下午進行茶禪體驗、分享與回饋，許多學員表示在服務的過程中，學會如何關懷需要幫助的人，並學會奉獻自己的力量，豐富自己的生命。

活動最後，大家寫下「給未來的一封信」，寫出對自己、地區的展望與期許；常法法師也提醒學員，離別的過程因為對於未來的不確定感，可能會讓服務對象感到焦慮或害怕，更需要以同理心來對待與回應，才能真誠地互道感謝與祝福。

● 03.24

甲仙安心站「心靈陪伴活動」
以「沙箱遊戲治療」引領學童成長

慈基會甲仙安心站於3月24日在小林國小進行的隔週例行「心靈陪伴活動」中，邀請嘉南藥理科技大學嬰幼兒保育系講師邱敏麗帶領「沙箱遊戲治療」（Sandplay Therapy），引領學童透過活動抒發與整理自己的心情，共有三十多位學童參加。

小學員藉由「沙箱遊戲」，抒發並整理自己的情緒。

活動中，邱老師藉由各式玩具物品，讓孩子在沙盤中自由擺設，建構屬於自己的世界；陪伴者則透過遊戲、分享的方式，引導參與者說出內心的感受，從中理解孩童內心的狀態，進而處理、撫慰不安的心靈。

針對小林國小學童進行的「心靈陪伴活動」，已歷時三年，為了進一步了解孩子們的身心狀態，甲仙安心站安排「沙箱遊戲治療」，期盼透過專業的沙遊療法，引領學童更勇敢地表達自己，建立心靈的平安。

● 03.30～04.14期間　10.05

南部三處安心站頒發獎助學金
鼓勵學子努力向學　創造光明未來

為鼓勵南部八八水災地區學子努力向學，慈基會南部六龜、林邊、甲仙等三處安心站於 3 月 30 日至 4 月 14 日期間以及 10 月 5 日，舉辦獎助學金頒發典禮及心靈環保關懷活動，共嘉惠近千位學子。

首場頒獎典禮於 3 月 30 日在高雄市六龜高中進行，由六龜區長宋貴龍、六龜高中校長陳弘裕、慈基會副祕書長常法法師代表頒獎；典禮結束後並安排由當地專業導覽人員帶領學生們實地走踏

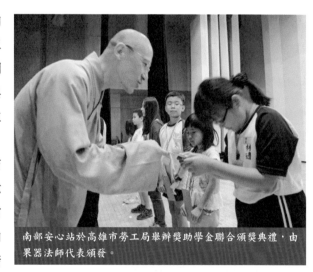

南部安心站於高雄市勞工局舉辦獎助學金聯合頒獎典禮，由果器法師代表頒發。

六龜，領略八八災後家鄉的變化，體驗在地人文、自然及產業的發展，進而增加對原鄉土地的關懷與熱忱。

4 月 6 日在屏東縣林邊鄉仁和國小舉行的頒獎典禮，結合「成長與蛻變」的活動主題，由受獎學生分享參與法鼓山活動的成長與改變。許多學子表示，在營隊活動中，學習到不計較輸贏，也藉由擔任值星、小隊輔等不同角色，讓自己更有成就感；另有學子分享，參與社區關懷服務，可以協助他人，是很幸福的一件事。

於高雄市壽山國中進行的頒發活動在 4 月 14 日舉行。為培養學子挑戰自我及體驗團隊合作的精神，頒獎典禮前，在義工帶領下，一百零八位受獎學生以混齡的方式，由高中、大專學生分組照顧低年級的小朋友，共同展開攀岩、爬繩、走繩及垂降等體驗。常法法師勉勵大眾，抱持勇氣接受挑戰，走出光明的未來。

下半年，三處安心站於 10 月 5 日假高雄市勞工局舉辦聯合頒獎典禮，由慈基會祕書長果器法師、會長王景益，以及廣達文教基金會執行長徐繪珈代表頒發，果器法師肯定受獎學生們樂觀進取的志氣，猶如邊陲的繁星，閃亮出生命意義；活動並邀請「鳥與水舞集」演出，表演者將肢體、感官上的缺憾，轉化為表演的動力，獲得學生熱烈的回響。

活動前先安排四百五十二位受獎學子前往屏東縣大鵬灣海域，進行淨灘活動，撿拾廢輪胎、空酒瓶及塑膠等廢棄物，透過淨灘行動實踐自然與心靈環保，落實回饋社會、愛護鄉土的關懷。

● 04.14～16　10.26～27

川震獎助學金頒發
學子安心就學　持續前進的動力

果品法師於 4 月 16 日在秀水一小進行的獎助學金頒發典禮中，勉勵學子練習用微笑面對身邊的人。

法鼓山持續關懷中國大陸四川震災災後重建工作，4 月 14 至 16 日與 10 月 26 至 27 日，分別於綿陽中學、南山中學、民興中學及秀水第一中心小學舉辦第九、十次川震獎助學金頒發，共嘉惠三百三十八位學子。

僧團副住持果品法師在每場活動中，感謝學校師生對法鼓山慈善工作的支持，表示所有的肯定都是進步、學習的動力與機會。另一方面，法師也提出了「微笑」這個良方，來對治學子課業上的壓力，說明當壓力來了，只要不跟它對抗，歡喜地接受，心打開了，面對任何人、事、物都會很歡喜；早上起床都對自己說，我又活了一天、我還在，不要和外境對抗、不要有得失心，要平心靜氣；並鼓勵學子多練習用微笑面對自己與身邊的人。

獎助學金頒發活動中，學校師長也表達感恩法鼓山持續的關懷與陪伴。綿陽中學校長胡東提醒學子們「感恩」的重要性，並肯定法鼓山專職與義工，每學期不遠千里走訪受災家庭的關懷行動，使師生都感受到來自臺灣的真情與溫暖；秀水第一中心小學校長鄭本生也表示，學校因法鼓山而美好，也期許學生們在生活中落實生活、自然、禮儀及心靈四種環保，進而提昇人品。

在每場獎助學金頒發活動前，並由義工帶領進行「愛的鼓勵 plus 微笑」創作

活動，同學們分組創造出屬於自己的愛的鼓勵與微笑，也進行小組表演，分享
關懷與祝福，學習運用佛法的慈悲與智慧。

● 04.20 07.07 12.15

榮董會三場榮譽董事頒聘典禮
九百多位榮董到場祝福並分享學佛成長

榮譽董事會於 4 月 20 日、7 月 7 日與
12 月 15 日在北投雲來寺、臺中寶雲別
苑及臺南雲集寺，共舉辦三場榮譽董事
頒聘典禮，由方丈和尚果東法師為新任
榮董頒發聘書，關懷中心副都監果器法
師到場關懷，共有九百多位榮董參加，
許多榮董更是一家三代共同與會，場面
溫馨感人。

在雲集寺舉辦的榮譽董事頒聘活動中，方丈和尚感恩南區榮
譽董事的護持，鼓勵大眾發菩提心，累積成佛資糧。

方丈和尚致詞表示，頒發榮譽董事聘
書，是善緣、法緣的凝聚，感恩眾人對
法鼓山的護持，鼓勵大眾珍惜生命的價值，發菩提心，累積成佛資糧，並以八
緣、正向八望勉勵大家，盡未來際，永為佛種，努力修行，邁向成佛的道路。

在「心願與新願」時刻，眾人觀看聖嚴師父開示「修行，才能找到真正的平
安」、《他的身影》等影片，再次緬懷、學習師父「知恩報恩為先，利人便是利
己」的生活實踐。

活動最後安排「感恩分享」，由榮譽董事分享學佛成長，有榮董表示，從佛
學課程中，了解十二因緣及因果觀，了解到所有煩惱都是緣於「我」；也體認
到「無常」，正因為無常，人生才有無限的可能，生命才更顯精彩；更要謹記
聖嚴師父殷切的叮嚀：榮譽董事不能只站在門外，要走進法鼓山修行，並且代
代相傳、願願相續。

● 04.13～14

高屏地區信眾朝禮法鼓山
即景修觀體驗動中禪修

響應護法總會「行動報師恩——小沙彌回法鼓山」活動，高雄紫雲寺於 4 月
13 至 14 日於法鼓山園區舉辦「朝山心體驗」，共有五百二十五位高雄、屏東、

朝山過程中，眾人用即景修觀的方法，體驗佛法流布於大化之間。

潮州等地區信眾參加，帶著護持「5475大願興學」的小沙彌，一起北上巡禮農禪寺水月道場，並回法鼓山園區參訪，藉由朝山體驗動中禪修，透過禮佛、還願，開啟心中寶藏。

五百多位信眾分三條動線依序朝山，口誦、耳聽、心恭敬，三步一拜緩緩前行，用肢體表達對佛陀的景仰，以頂禮去除內心的傲慢，並感恩師長、父母、大地、眾生恩。朝拜告一段落後，從來迎觀音公園、法華鐘樓、開山觀音公園再到大殿，眾人口誦聖號、繞佛、觀雲霧、聽溪水，用即景修觀的方法，不給名字、不給形容、不給比較。

許多信眾表示，兩天之中，看到法鼓山的晨昏雨晴，有無常生滅的感悟，而以行禪方式履踐佛陀、聖嚴師父的教法，更是難得的體驗。

● 04.20～05.20期間　10.20～11.20期間

第二十二、二十三期百年樹人獎助學金頒發
全年嘉惠近三千四百位學子

4月20日至5月20日及10月20日至11月20日期間，在全臺各地舉辦第二十二、二十三期百年樹人獎助學金頒發活動，全年共六十二場，近三千四百位學子受益。各場頒發活動，也結合禪修體驗、分享卡製作、表演節目，以及地區特色，傳達「心靈環保」理念的關懷與祝福。

上半年首場頒獎典禮，於4月20日在桃園齋明寺舉行，除進行頒發儀式，也邀請野鳥學會的義工進行導覽，介紹齋

「第二十二期百年樹人獎助學金」舉行北區聯合頒發，受助學生及家屬到法鼓山園區參學，透過托水缽活動，體驗專注與放鬆。

明寺的野生鳥類，搭配圖鑑及投影片實際解說，了解賞鳥入門知識，並教導如何以望遠鏡賞鳥，落實自然環保的理念。

4月27日於法鼓山園區進行的頒發活動中，先安排新北市、臺北市獲獎的學子及親友參訪園區，體驗境教功能；也帶領學生體驗立禪、托水缽，並於生態教育遊戲、繪本共讀中，體驗四種環保在生活中的運用，並與家人共享天倫。方丈和尚果東法師到場關懷時，勉勵眾人以微笑結善緣，用心念傳遞祝福，並發願幫助他人。

高雄地區的頒發活動，於4月28日在高雄紫雲寺舉行，慈基會副祕書長常法法師開示時，以牡丹花畫有缺陷可以「富貴不全」、「富貴無邊」兩種解讀為例，說明正向思考的重要性，鼓勵受獎學子抱持正面進取的心態，勇敢面對生活中的挫折與困境。

10月20日於北投農禪寺舉辦下半年度頒獎典禮，活動前先由導覽義工帶領學子巡禮農禪寺，並藉由法師關懷，與練習法鼓八式動禪、體驗吃飯禪等活動，認識正信佛教與禪修，感受安定身心的力量，果昌法師期許眾人要將祝福的力量傳遞出去，幫助更多的人。

臺北市社子地區的獎助學金頒發典禮亦於同日在護法會社子辦事處舉行，活動結合佛化聯合祝壽，安排為父母祝壽的奉茶儀式，氣氛溫馨而歡喜；關懷院監院常健法師勉勵學子們要發願幫助他人，也鼓勵在場長輩家家有本「修行」的經驗，用祝福的正向心態取代對子女的擔心。

2013百年樹人獎助學金發放人次一覽表

期別／學別	國小	國中	高中	大學（專）	總人數
第二十二期	570	400	421	317	1,708
第二十三期	447	429	418	387	1,681
合計	1,017	829	839	704	3,389
百分比（%）	30	24.5	24.7	20.8	100

●04.22～27

法鼓山為全球受難者祈福祝願
方丈和尚期勉以因果、因緣觀面對無常

鑑於中國大陸四川雅安強震、美國波士頓爆炸案、伊朗地震等災難頻仍，世界各地人心惶恐不安，在社會亟需安心之際，方丈和尚果東法師於4月22日發表談話，籲請法鼓山四眾弟子齊心為受苦受難的民眾祈福。

方丈和尚表示，4月20日四川雅安強震發生後，法鼓山於第一時間即由正

香港護法會為四川雅安地震受難者祈願祝福的大悲懺法會,近四百人參加。

在四川的僧團副住持果品法師向四川省宗教局及相關救災單位表達關懷,並密切關心災情及後續所需的援助;慈基會也於 22 日參加行政院大陸委員會召開的「政府與民間對大陸四川雅安震災協助說明」會議,掌握後續救援需求。

對於天災人禍頻仍,方丈和尚指出,面對心中的恐懼、憂慮、害怕,可以保持危機感,但無須恐慌;應以正確的因果、因緣觀來面對無常的事實,謹記創辦人聖嚴師父開示:「受苦受難是大菩薩,救苦救難是菩薩」;同時透過大眾至誠懇切的祈福力量,將關心與祝福迴向受苦受難者,祈願罹難者放下一切,受傷者早日康復,心靈惶恐者能夠安心。

另一方面,全球各地分院也在法會及例行共修活動中,共同為傷難者、罹難者祈願祝福,包括 4 月 26 日北美護法會新澤西州分會舉辦誦《地藏經》共修活動;香港護法會也於 27 日舉辦超薦祈福大悲懺法會,由常炬法師帶領,法師期勉大眾珍惜色身,把握因緣精進不懈,多做利益眾生的事。

● 05.01

護法總會出版《幸福,從心開始!》
生活手冊介紹心靈環保的實踐應用

為向大眾介紹、推廣心靈環保的日常實踐與應用,護法總會委託文化中心於 5 月 1 日出版心靈環保生活手冊《幸福,從心開始!》,書中收錄六篇聖嚴師父對「心靈環保」與「心五四」的簡要開示,引導讀者從觀念、具體作法,有層次地建立基本的認識。

全書包括「四安、四要、四它、四感、四福」五大主題,精選聖嚴師父開示短文,並搭配「心靈環保做做看」,分享信眾的生命故事,

護法總會出版《幸福,從心開始!》介紹心靈環保的實踐應用。

讓讀者更深刻地理解心靈環保。每篇並附上三道延伸思考的問題，提供反思生命經驗的空間。

《幸福，從心開始！》文字親切易讀，插圖繽紛溫暖，生活案例清新雋永，讓「心靈環保」一目了然，輕鬆易懂。

● 05.09～11

法鼓山關懷四川雅安震災
勘察團隊彙整災情　評估重建需求

中國大陸四川省雅安於 4 月底發生強烈地震，5 月 9 至 11 日，僧團副住持果品法師帶領慈基會勘察團隊，前往震災地區勘災，做為協助重建的參考。

在四川省臺辦、當地政府的協助下，果品法師一行人進入此次地震受創最嚴重的蘆山縣、天全縣災區，當地建築有超過七成的老舊房子，倒塌受損嚴重，所幸

果品法師（中）前往雅安災區勘察評估，代表法鼓山向受災民眾表達關懷。

地震當天是假日，沒有上班上學，使傷亡人數降低。

果品法師除了代表法鼓山向民眾表達關懷，並前往蘆山、龍門、天全、始陽、多功等鄉鎮的受災學校，了解受災情形及復原情況。勘察團隊並彙整災情回報，評估重建需求，期望協助重建毀損的校舍，讓學生早日安心上學。

● 05.18　09.15

齋明寺、紫雲寺舉行「助念成長課程」
推廣大事關懷　歡喜看生死

為推廣正信佛法觀念，祈願生死兩相安，關懷院分別於 5 月 18 日及 9 月 15 日在桃園齋明寺與高雄紫雲寺舉辦助念成長課程，內容包括認識法鼓山大關懷教育、佛事的意義、梵唄與法器練習等，由監院常健法師帶領，共有四百多位來自桃園、中壢、新竹，以及大高雄地區助念組成員及信眾參加。

課程中，常健法師說明，法鼓山助念團是宣導莊嚴佛事觀念的帶動者，也是心靈環保的推手；解析助念者要有無私奉獻的心，以平等的慈悲心濟度一切眾

生，更要發菩提心與長遠心，成就往生者與家屬，以感恩之心，感激成就我們助念的人。法師並分享助念者要展現的身儀、口儀、心儀，以及與家屬溝通的技巧。

常健法師在齋明寺進行助念成長課程中，為學員詳細指導各項法器的使用。

另一方面，常健法師也帶領眾人進行梵唄與法器練習，勉眾能熟悉法器、關懷的要領，才能協助家屬安定身心。齋明寺的課程圓滿前，監院果耀法師也到場關懷，期勉眾人要有正確的因緣觀，如實接受當下的因緣，不強求、不比較、不分別、不罣礙。

學員表示，透過法師的講說，不僅了解助念的心態與原則，也學習正確看待生死的觀念。

● 05.25　06.09

護法總會舉辦「悅眾鼓手成長營」
鼓手學習在執事中成長

「悅眾鼓手成長營」中，學員練習放鬆身心的法鼓八式動禪。

護法總會於 5 月 25 日及 6 月 9 日分別在桃園齋明寺與北投雲來寺舉辦「悅眾鼓手成長營」，內容包括「輕鬆喜悅在當下」、「樂在執事甘苦談」等，關懷中心副都監果器法師、關懷院監院常健法師分別出席於雲來寺、齋明寺的活動，共有二百九十多位北部地區悅眾參加。

在雲來寺展開的第二場成長營中，邀請前行政院農業委員會主任委員陳武雄帶領練習法鼓八式動禪，並講授「輕鬆喜悅在當下」的三個綱要──調整心靈焦距、所有美好的未來都是從當下出發、安住當下的生活禪。陳武雄說明，多保持一份向內看的心，就會

少一點被外境困擾的可能，就能夠多擁有一份寧靜的心，也分享運用聖嚴師父的法語，以及自己的體驗，當情緒來時，不用大腦思慮，僅專注去觀照心中反應，慢慢地就會覺得一身輕鬆，隨之也就放下了。

下午進行「樂在執事甘苦談」，由資深悅眾分享領執心得，氣氛熱烈。有悅眾表示在過程中，學習自我肯定、自我成長、自我消融，時時思惟法義，學習轉念，做得很快樂；也有悅眾分享擔任執事也是一種修行方式，去做才有學習、改進的機會，過程當中，慈悲與智慧也隨之成長。

最後，果器法師讚歎悅眾鼓手的用心與奉獻，勉勵每一位鼓手，都是學習的對象。

● 05.26

「2013 正副會團長、轄召、召委聯席會議」召開
悅眾鼓手歡喜承擔報師恩

護法總會於 5 月 26 日在臺中寶雲別苑舉辦「2013 正副會團長、轄召、召委聯席會議」，僧團都監果光法師、文化中心副都監果賢法師、臺中分院監院果理法師，以及護法總會總會長陳嘉男、副總會長黃楚琪到場關懷，共有一百四十八位悅眾鼓手齊聚一堂，聆聽年度重要專案活動並分享護法心得。

會議中，陳嘉男總會長邀請悅眾響應「小沙彌回法鼓山」活動，把日

陳嘉男總會長（左）勉勵悅眾鼓手「用行動報師恩」。

常生活中的零錢，隨手存到撲滿，把無心的儲蓄化為無量的功德，將小小的零錢布施，集合成為讓佛法永住，利益後代子子孫孫的大布施。

水陸法會研究推廣專案召集人果慨法師，也向眾人解說 2013 年大悲心水陸法會的規畫特色；果賢法師則介紹為勸募會員編印的心靈環保生活手冊《幸福，從心開始！》的內容要旨。

大堂分享時，前聖基會董事長施建昌感恩可以修學、護持正法，是生命中最值得歡喜的事；有轄召表示，每當面臨忙碌、指責等種種挑戰時，往往以發願、忍辱、包容與懺悔等方法，將逆境轉化為成長的契機，也鼓勵眾人在人生的黃金二十年壯年期，把握機會當悅眾。

僧團都監果光法師則引用溈山靈祐禪師的法語:「青不是黃,長不是短,諸法各住自位,非干我事。」期勉悅眾珍惜在法鼓山奉獻的機會,把自我好惡、毀譽放下,做職位上該做的事,一切事物就會在因緣法中,朝正向推動。

● 05.30～31

慈基會、臺灣高鐵合辦生態關懷之旅
助新北市偏鄉學童夢想起飛

南北兩地學童敞開胸懷交流,六龜新發國小學生化身茶主人,泡茶招待新北市瑞柑國小學生。

由慈基會籌畫、臺灣高速鐵路股份有限公司贊助「微笑瑞柑 · 夢想起飛」活動,安排新北市偏遠小學瑞柑國小的五十三位師生,於 5 月 30 日搭乘高鐵前往高雄,與六龜區新發國小師生展開二天一夜的生態關懷暨交流之旅。

瑞柑國小師生首先走訪新開紀念公園,在被土石掩埋的新開部落土地上,聆聽倖存的部落居民現身說法。回顧五年前遇難求生、到災後重建的景況,孩子們體認生命的無常和可貴,在校長張文斌帶領下,主動於紀念碑前合掌,表達對六龜的祝福。

30 日下午,瑞柑國小師生抵達新發國小,新發國小校長林敏婷透過一張張災難時拍下的照片,說明災害的可怕,提醒孩子們感恩大地、珍惜環境。

兩天一夜的行程,除兩校交流,也介紹法鼓山在當地推動的安心工程,並帶領師生認識六龜、十八羅漢山、荖濃公廨、新開部落等地區的地理風貌、人文歷史,從心體驗課堂外的新知,並透過野外露營親近大自然,引導學童學習堅韌的生命毅力。31 日北返前,瑞柑學童在高雄紫雲寺畫下二日的見聞,慈基會副祕書長常法法師期勉學童,打開眼界後,更要關心受難的人與自然環境。

● 06.22

慈基會舉辦「仲夏圓夢曲」
邀請關懷家庭暢遊動物園

慈基會於 6 月 22 日舉辦「Dreamnight@Zoo 仲夏圓夢曲」慈善活動,邀請一百戶臺北市、新北市的關懷家庭,暢遊臺北市動物園,方丈和尚果東法師全

程參與，動物園園長金仕謙也到場關懷。

在義工的解說、導覽下，孩子們熱烈討論、觀察動物的習性，並耐心等待餵食的機會；園方也安排兒童劇《天生我才必有用》的演出，並特別請出神祕嘉賓——無尾熊與眾人合影，為活動增添許多溫馨與喜樂。

慈基會邀請關懷家庭暢遊動物園，學童們歡喜接受方丈和尚致贈的小禮物。

另一方面，甫獲總統教育獎的臺灣大學學生徐凡甘、罹患「先天性脊髓性肌肉萎縮症」罕病重症的胡庭碩，也分享如何面對人生的考驗，鼓勵學童不畏艱難與病苦，樂觀、感恩地迎向未來。

「Dreamnight@Zoo」始於 1996 年荷蘭鹿特丹動物園，原是讓罹患慢性病及身心障礙兒童暢遊動物園的活動，目前全球已有十二個國家、超過三十八個動物園響應，為孩童圓夢。

● 07.06

臺中市政府借鑑法鼓山經驗
方丈和尚分享環保自然葬

方丈和尚果東法師、關懷中心副都監果器法師於 7 月 6 日應臺中市政府之邀，在民政局長王秋冬陪同下，前往臺中市神岡區第一公墓「崇璞園」，分享法鼓山推動環保自然葬法的理念。

方丈和尚於臺中市神岡區第一公墓「崇璞園」，分享環保自然葬。

方丈和尚表示，由法鼓山管理維護的新北市金山環保生命園區，已於 2007 年率先響應政府多元葬法政策，推動環保自然葬，達成節葬、簡葬、潔葬的目標。

臺中市政府借鑑法鼓山推動環保自然葬法的經驗與方

丈和尚的解說，希望大眾深入了解環保自然葬，進一步響應地方政府推廣的樹葬、灑葬等環保葬法，讓民眾在人生最後一段旅程中，因慈悲奉獻而圓滿。

● 07.13～08.10期間

「生命教育心靈環保體驗營」四川展開四場
引領學子探索自我與生命意義

法鼓山持續關注中國大陸四川震災學子心靈重建工程，7月13日至8月10日暑假期間，慈基會與法青會於當地舉辦四梯次的「生命教育心靈環保體驗營」，由僧團副住持果品法師、青年院常元法師、常鐸法師等，與法青會學員共同帶領，共有四百多位學員體驗「心靈環保」、「心五四」的豐富內涵。

首場於7月13至15日在民興中學展開的初中營，主題為「從心起、做自己」，法師們除了藉由不同主題影片，帶領學員認識「心五四」、「心六倫」，思考「心的方向」，小隊輔們並運用「心五四」設計了大地遊戲，「四感：誰是臥底？」、

結合「心五四」闖關活動，綿陽中學高中營學員體會團結、互助、合作的重要。

「四它：同心協力」、「雙球聯盟」等闖關活動，學員們在歡笑中體會到團結、互助、合作的重要。

除了豐富的課程、寓教於樂的遊戲，吃飯也是一門主題。在法師、義工引導下，學員們一口一口地咀嚼，從中細細品嚐食物的味道，感恩種植食物者的辛勞，並體驗專注做一件事的力量。

7月22至25日，第二梯次的高中營隊於綿陽中學進行，果品法師與綿陽中學副校長陳治國出席始業式關懷，鼓勵學員用心學習「心靈環保」，並運用在校園、家庭及個人生活中。高中營隊內容包括影片欣賞、心得分享、小組討論、學員思考、體會「心靈環保」在生活中的實踐，並討論自我覺察與生命的意義，法師也鼓勵學員，寧可物質上貧窮，也不要心靈上貧窮。結合「心五四」的闖關活動，學員們除了複習及體驗四感、四要、四它、四福，也學到團隊合作與信任。

為大學生舉辦的營隊，則於7月29日至8月2日、8月6至10日，分別在綿陽中學、峨眉山大佛禪院舉行，活動以禪修課程為主軸，帶領學子探索如何

綿陽中學高中營學員在「生命教育心靈環保體驗營」中，體驗到幸福和感動。

從「自我肯定」進而達成「自我成長」與「自我超越」，並透過放鬆身心的活動，更深一層地認識自我與生命的本質與內涵。

每梯次營隊最後一晚，皆安排傳心燈活動，許多學員表示小心翼翼捧著手中的燈，就像在照顧自己的心，一不小心，心燈就會因環境影響而熄滅；也有學員表示，感恩法鼓山及所有法師與義工，讓自己體會到幸福與感動，發願明年要回營隊當義工。

● 07.21　08.04

高雄北區、南區辦事處分別舉辦勸募聯誼
期許護持興學報師恩

為凝聚護法共識，護法總會高雄北區、南區辦事處於 7 月 21 日及 8 月 4 日，分別於屏東縣雙流國家森林風景區與高雄紫雲寺舉辦勸募會員聯誼活動，各有八十位、一百六十位勸募會員參加。

8 月 4 日在紫雲寺進行的南區聯誼活動，關懷中心副都監果器法師、榮譽董事會執行長連智富出席關懷。法師開示，只要用感恩、報恩的心做服務的工作，就不會感到倦怠與疲憊，而所謂服務的工作，正是法鼓山「提昇人的品質，建設人間淨土」的教育與關懷，期許勸募會員鍥而不捨護持法鼓大學的興建。

連智富執行長分享，聖嚴師父曾自稱

果器法師出席高雄南區勸募聯誼會，關懷悅眾。

是老烏龜，帶著一群小烏龜共同發願蓋法鼓大學，雖然走得慢、興建的速度不快，卻是穩穩當當的一步一腳印，而「小沙彌回法鼓山」就是以實際行動來報師恩，期盼大眾以螞蟻雄兵的力量，共同成就、護持師父的悲願。

高雄北區勸募會員的聯誼活動，則於 7 月 21 日安排在雙流國家森林風景區舉辦，除了進行戶外禪，並布達護法總會會務；眾人也分享個人的學佛、勸募及擔任義工的心得。

● 07.22

甲仙安心站在地義工關懷活動
戶外禪修體驗酷暑中的清涼

甲仙安心站為義工舉辦戶外禪，體驗酷暑中的清涼。

慈基會甲仙安心站於 7 月 22 日舉辦「敲響法鼓」在地義工關懷活動，於屏東縣瑪家鄉涼山瀑布展開戶外禪修，副祕書長常法法師及三位僧大法師到場關懷，共有三十三位義工參加。

常法法師首先向大眾說明活動在「禁語」中進行，並介紹行禪方法及帶領放鬆身心。儘管天氣炎熱，行禪時每個人都能專注地練習方法，享受與自己相處的寧靜。

午齋時，由演燈法師引導「吃飯禪」，將每一口食物咀嚼一百次再吞下去。下午的「托水缽」，演康法師分享托油缽的故事，藉由故事引導學員在過程中，不必和他人競賽，也不必給自己壓力，只要專注體會自己的心與水缽在一起的感覺，用心地踏出每一步，感受水缽的平衡，以及心念的變化。

活動最後，常法法師以「好的不喜歡，壞的不討厭」、「學習觀自在，看什麼都順眼，聽什麼都順耳」、「用感恩心來接受，用報恩心來付出」、「活在當下」四句話與學員共勉，期勉學員在日常生活中，體會禪法的妙用。

● 07.28　08.11　08.24

護法總會舉辦四場「感恩與關懷」
悅眾互享智慧 展望明年新目標

護法總會於 7 月 28 日至 8 月 24 日期間，於雲來寺、齋明寺、法鼓山園區舉辦四場「感恩與關懷」活動，由僧團都監果光法師、行政中心副執行長常續法

師說明法鼓山 2014 年年度主題、總體策略目標等，關懷中心副都監果器法師到場關懷，共有五百七十多位護法悅眾參加。

果光法師向悅眾說明，因應社會時代脈動，2014 年度主題是「和樂無諍」，所配合的三大總體策略目標為「健康快樂的僧俗四眾」、「關懷服務的社會風氣」、「和樂無諍的組織文化」。法師分享，接任都監執事以來，期許自己「當個快樂的都監」，也勉勵眾人從「心清淨」做起，進而感動他人，慢慢也能夠讓行為清淨、周遭環境清淨，將影響力傳遞出去。

悅眾鼓手在「感恩與關懷」活動中，凝聚共識，也對法鼓山年度主題與總體策略目標進行了解。

針對與人共事時遇到的溝通難題，常續法師則傳授：「放下心中的包袱，跳脫過去經驗的局限，不起分別地在溝通的當下，用心傾聽。」

課程並安排經行、排四色豆，以及小組分享等團體活動，眾人透過腦力激盪，針對明年的三大總體策略目標，提出地區執行方案。

果器法師最後勉勵大眾，用禪修與心靈環保，保持內心的平穩安定，便能身勞累而不厭煩，事雖多而心自寧；護法總會也將代表「四弘誓願」的四色豆裝袋，分送給悅眾，祝福眾人的用心與努力，都能結成纍纍的成果。

許多悅眾表示，在分享及小組討論中，凝聚彼此共識，互享智慧與法喜，也加深對明年年度主題與總體策略目標的了解。

2013 護法總會「感恩與關懷」活動一覽

時間	地點	參與地區
7 月 28 日（上午）	北投雲來寺	北一至北二轄區
7 月 28 日（下午）	北投雲來寺	北三至北四轄區
8 月 11 日	桃園齋明寺	北五轄區
8 月 24 日	法鼓山園區	北六至北七轄區

● 08.04

「北區慰訪員初階教育訓練」於雲來寺開辦
一百二十餘位慰訪義工參與

慈基會於 8 月 4 日在北投雲來寺舉行「北區慰訪員初階教育訓練」，祕書長果器法師出席關懷並主講「法鼓山慈善工作之緣起與佛法之間的關係」，共有

慈基會於雲來寺舉辦慰訪員初階教育訓練。

北部地區一百二十多位慰訪義工參加，

法師從歷史著眼，講述佛法與慈善密不可分的關聯性，也說明慈基會的服務工作是秉持聖嚴師父大關懷教育的理念，透過關懷與教育，落實佛法的慈悲與智慧。

課程內容除了介紹慈基會組織，學員也透過相關影片學習慰訪實務及技巧、慰訪義工的身、心、口儀等專業知識；另外，還安排禪坐會悅眾帶領體驗放鬆，期許在慰訪過程中仍不忘放鬆，藉禪修讓自己的身心安定，同時將這份「安心」，透過關懷傳遞給慰訪的對象。

最後，果器法師勉勵學員，以感恩、報恩的心來從事服務工作，如此就不會感到疲累，而在慰訪工作中可能會遇到挫折，但學中做、做中學，挫折反而更能激發學習的動力。

● 08.13～16 08.23～25

甲仙安心站暑期營隊
感恩之行 學習奉獻

暑假期間，慈基會甲仙安心站規畫以「守護家鄉、向下扎根」為活動主軸的體驗營隊，帶領學子造訪臺灣特色鄉鎮，學習知福與感恩，也凝聚守護家園、活化深耕的願力。

8月13至16日的心靈環保體驗之旅，五十七位高雄市甲仙、杉林地區國小學童，造訪了臺中后豐鐵馬道、北海岸，與新竹縣尖石、內灣等地，其中，在尖石鄉那羅部落，體驗了大自然中的原始生活，學員皆抱持感恩的心情，重新認識生養我們的美麗之島。

四天三夜行程，除造訪各特色社區、部落，也參訪法鼓山園區，方丈和尚果東法師到場關懷，得知下午有「挖地瓜」的行程，特別提醒地瓜陪伴了臺灣人民走過最貧困的歲月，享

甲仙、杉林地區國小學童於金山體驗「挖地瓜」，珍惜每一份得來不易的食物。

用地瓜時，應感謝大地，珍惜每一份得來不易的食物。

活動最後一天，在內灣老街展開了探索與回饋行動，學童們訪問街上的老店、商家、回鄉青年等，學習回鄉深耕的願心；同時，也在內灣街道撿拾垃圾，恢復山城純淨的本來面目，藉由實際行動，回饋社會的關懷。

8月23至25日，二十九位參與安心站「青春棒棒堂」活動的甲仙地區國中生，在副祕書長常法法師、高雄法青會員及義工的陪伴下來到臺北，圓滿「心靈之路感恩行」。活動第一天從「探索舊臺北城」開始，採自助旅行的模式，全程讓學生依探索地圖，完成指定的任務；第二天則從陽明山徒步到法鼓山園區，學習面對未知狀況及環境的勇氣，也建立團隊合作精神。

25日在法鼓山園區，由導覽人員帶領體驗「觀水禪」後，邀請罹患先天脊髓性肌肉萎縮症的「生命勇士」胡庭碩分享人生

從陽明山徒步到法鼓山園區，甲仙地區國中生於七星山上歡喜合影。

經歷。坐著輪椅的胡庭碩，以充滿希望的語氣表達「發現自己所擁有的，而愈努力付出，愈能了解自己」、「世界不曾放棄任何人」的成長體悟，勉勵年輕學子認識自我、尋求自我價值。

最後，學員許下可為世界做一件事的願望，包括「每天送給別人一個微笑」、「努力讀書，長大後幫助更多需要的人」等。這趟旅程，不僅是感恩之旅，也讓彼此注入對未來的無限祝福。

● 08.29～31

法鼓山關懷康芮風災
協助清理家園與校園

康芮颱風8月底襲臺，造成臺南地區多處淹水，法鼓山於第一時間啟動緊急救援系統，了解受災情形、提供物資，並於30至31日派遣義工協助民眾清理家園及校園。

29日，臺南分院得知新化區淹水，由召委邱素華帶領義工前往勘災，並與新化區公所聯繫，了解受災民眾實際需求，立即前往災區發放所需物資；30日並召集義工，協助民眾清理連日泡水的家具及廢棄物，也前往當地獨居老人

家中協助清掃，給予援助和關懷。

30 至 31 日，慈基會慰訪義工準備了近七百份便當，分送新化區獨居老人與受災家庭，發揮佛法的力量關懷當地民眾；另一方面，二十五位義工於 31 日前往受豪雨影響而延後開學的大新國小，協助清掃淤泥與積水，讓師生們在開學後，能在乾淨安全的校園中安心上課。

臺南地區的義工協助大新國小清掃淤泥和積水，讓師生能在乾淨安全的校園中安心上課。

臺南分院監院果謙法師表示，這次救災過程，體現人與人之間互相關懷的可貴，而設身處地關懷他人，同時也照顧好自己，才能為受災民眾提供最好的協助。

● 09.15～10.20期間

全臺舉辦第二十屆佛化聯合祝壽
祝福長者菩薩老得有幸福

法鼓山「2013 佛化聯合祝壽」活動，於 9 月 15 日至 10 月 20 日期間，在全臺各地分院、護法會辦事處陸續展開，共計十六個場次，近三千位長者在念佛、祈福、供燈、奉茶等活動中，體驗佛法安心的力量。

方丈和尚果東法師透過影片，祝福各地參與的長者們，並鼓勵以念佛安頓身心，珍惜生命的每一刻，利益他人，做個有智慧的長者，便是「愈老愈是寶」。

紫雲寺舉辦觀音法會暨聯合祝壽，法師帶領一百四十多位長者誦念《普門品》。

各地區的祝壽活動，皆具特色。其中，北部地區的基隆精舍於 10 月 5 日在基隆市仁愛國小禮堂舉行聯合祝壽活動，由副寺果啟法師帶領進行「延壽祈福法會」，並安排「感恩

洗足禮」及「感恩奉茶儀式」，法師勉勵子女應時時刻刻盡孝道，關心家中長輩，讓善的力量，注入到家庭，也從每個家庭做起，使整個社會更加祥和。

臺北安和分院於 10 月 10 日舉辦祝壽活動，方丈和尚到場關懷，勉勵長者們「逆境轉個彎，前景無限寬；身段柔和彎，處事相見歡」。

高雄紫雲寺於 10 月 6 日舉辦觀音法會暨聯合祝壽，在活動前一個月，紫雲寺規畫以「祈福念佛卡」為父母祝福，一張卡片代表一萬八百聲祈福聖號，共有四百二十位子女圓滿念佛祝福父母的孝心；活動當天，一百四十多位長者在法師帶領下，恭誦《普門品》，為自己與親人祈福，也與大眾廣結善緣。

臺東信行寺也於同日舉辦祝壽祈福法會，在監院果增法師帶領下，上百位民眾陪同家中長輩，歡喜誦念「南無消災延壽藥師佛」；活動中安排「感恩剪指甲」活動，場面溫馨。

最後一場祝壽活動，於 10 月 20 日在社子辦事處進行，活動結合百年樹人獎助學金頒發，逾百位長者，與品學兼優的年輕學子們，相互祝福、彼此學習；關懷院監院常健法師勉勵學子們要發願幫助他人，也鼓勵長輩，家家有本「修行」的經，用祝福的正向心態去替代對子孫的擔心，透過佛法的實踐與體會，就能讓人感受到不同的轉變。

2013 法鼓山佛化聯合祝壽活動一覽

地區	活動日期	舉辦單位	活動地點
北區	9 月 15 日	護法會新店辦事處	新店辦事處
	9 月 22 日	護法會羅東辦事處	羅東高中教資館
	10 月 5 日	護法會大同辦事處	桃園齋明寺、齋明別苑
		基隆精舍	基隆仁愛國小
	10 月 6 日	臺北中山精舍	臺北中山精舍
		護法會文山辦事處	文山辦事處
		護法會林口辦事處	新北市林口區公所
	10 月 10 日	護法會大安信義南港辦事處 中正萬華辦事處 內湖辦事處	臺北安和分院
	10 月 13 日	護法會新莊辦事處	新莊辦事處
	10 月 20 日	護法會淡水辦事處	新北市淡水區水碓活動中心
		護法會社子辦事處	社子辦事處
南區	9 月 22 日	臺南雲集寺	臺南雲集寺
	10 月 6 日	高雄紫雲寺	高雄紫雲寺
	10 月 12 日	護法會潮州辦事處	潮州辦事處
	10 月 13 日	護法會屏東辦事處	屏東辦事處
東區	10 月 6 日	臺東信行寺	臺東信行寺

● 09.28　10.06

2013年新勸募會員授證典禮登場
高雄紫雲寺、北投雲來寺分別展開

　　護法總會於9月28日和10月6日，分別於高雄紫雲寺及北投雲來寺舉辦「2013年新勸募會員授證典禮」，方丈和尚果東法師、關懷中心副都監果器法師、護法會副總會長黃楚琪出席關懷，共有二百四十四位新勸募會員，以及兩百多位悅眾參加。

　　方丈和尚9月28日於南區授證典禮上，以「慈悲智慧左右逢緣，大家相聚法鼓緣，面帶微笑歡喜緣，彼此關懷種福緣，感恩接受順逆緣，報恩奉獻集善緣，六度萬行菩薩緣，得心自在福慧圓」祝福新勸募會員及悅眾圓滿；也說明授證典禮的舉行，是凝聚眾人向心力、展現每個人與佛相應的清涼智慧與溫馨的慈悲，期許大眾隨時回到初發心、永不退心。

　　10月6日北區授證典禮中，方丈和尚開示，勸募需保持平常心，勸募不是做業績，而是藉由過程，學習如何契理契機、圓融無礙地接引大眾，進而展現我們本具清淨的慈悲和智慧。

方丈和尚於紫雲寺進行的南區新進勸募會員授證典禮中，勉眾隨時回到初發心、永不退轉。

　　黃楚琪副總會長則勉勵新進勸募會員，要把家裡照顧好，才能無罣礙的來做勸募的工作，心安自在；同時也要多閱讀聖嚴師父的書籍，不僅汲取人生的智慧，更能方便接引菩薩，募人更募心。

　　授證儀式由方丈和尚主持，果器法師代為頒證。在「南無觀世音菩薩」聖號中，新勸募會員接受「勸募會員證」，傳承「弘揚佛法，續佛慧命」使命，成為推動法鼓山理念的鼓手。

● 10.16～19

慈基會扶助海地受災青少年就學
以教育延續關懷

　　中美洲國家海地共和國於2010年1月發生強烈地震災情，法鼓山除於第一時間啟動緊急救援系統，迅速募集醫療衛材、生活用品及乾糧等物資，馳援受

災地區；另一方面，也擬訂四年救援專案，發揮力量幫助當地民眾，落實「安心、安身、安家、安業」的四安救援。

在援助海地共和國地震災後重建任務圓滿前，慈基會於 10 月 16 至 19 日由義工造訪當地青少年職業學校、街頭學校以及兒童醫院等多處重點救助單位，了解實際執行狀況。

慈基會捐贈青少年職業學校校車，提供學子安全的交通工具。

其中，青少年職業學校的學生，目前已可在安全的教室、穩定的生活當中，學習世界新知，也透過水管工程、電子、電信技術，以及護理課程的教學與實作，學習一技之長，靠自己的力量改善生活。

一名護理科二年級的女學生感恩表示，原本家中有七名成員，父母家計負擔沉重，非常感謝從臺灣來的捐助，讓自己有機會重回學校，也由於學校的實習新制，現在得以進入醫院工作，開拓寬廣的視野，未來更會運用所學，以愛心關懷每位患者。

● 11.02～03

慈基會舉辦「修行與休閒──義工感恩行」活動
常法法師臺東帶領禪修

為感恩南部林邊、六龜、甲仙三處安心站義工，四年來的護持與奉獻，慈基會於 11 月 2 至 3 日在臺東信行寺舉辦「修行與休閒──義工感恩行」禪修活動，由副祕書長常法法師帶領，近一百位義工參加。

兩天的行程，包括於池上鄉大坡池進行繞湖禪行、加路蘭海岸觀海禪坐、三仙臺拱橋觀海經行等；於信行寺進行回顧分享時，常法法師引導大眾將畫紙分成三部分，用畫筆畫出參與義工服務，印象深刻而感動的三件人、事、物，有義工憶及八八水災重創時進入災區協助恢復家園的甘與苦，有心靈陪伴關懷的不捨，也有參與獎助學金頒發活動的感動等。

3 日的大堂分享，首先觀賞安心站服務回顧影片，有義工感恩有因緣親近法鼓山，進而認識更多的善知識；也有義工感念聖嚴師父的風範與身教，更感謝受災民眾提供學習和服務的機會。最後，由常法法師致贈「生命，轉彎處」八八水災感恩手札和綠背心吊飾鑰匙鍊，提醒勿忘初心，時時踏上奉獻之路。

「修行與休閒──義工感恩行」活動，期望引導義工沉澱身心、回顧感恩、迴向發願，為四年來的服務工作畫下圓滿句點，也發願繼續在菩薩道上前行。

● 11.11

慈基會關懷菲律賓災區民眾
啟動救援系統　募集民生物資

菲律賓中部地區於 8 日遭受超級颱風「海燕」（Haiyan）侵襲，造成逾萬人傷亡、六十多萬人流離失所。慈基會於第一時間啟動緊急救援系統，迅速募集

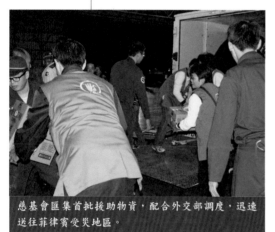

慈基會匯集首批援助物資，配合外交部調度，迅速送往菲律賓受災地區。

民生物資，配合外交部統一調度，於 11 日下午送往菲律賓受災地區。

首批援助的物資，包括毛毯七十一箱、速食麵一百箱、乾糧一百箱等，由於災區道路、通訊及供水設施全部中斷，慈基會先透過政府單位了解災區需求，隨時支援賑災的物資，期盼協助受災民眾走過難關，重返安定生活。

有感於海燕颱風造成的災情，法鼓山也於全球各地分院為受難者設立消災、超薦牌位，凝聚全民願力，祝福眾生脫離苦難。

● 12.12

法行會邁向十五年
舉辦感恩音樂晚會暨新舊任會長交接典禮

護法總會法行會於 12 月 12 日在臺北國賓飯店舉辦「感恩音樂晚會暨新舊任會長交接典禮」，方丈和尚果東法師、法行會輔導法師果品法師、關懷中心副都監果器法師，以及廣慈長老到場祝福，新任會長許仁壽帶領許薰瑩、劉敬村、樂秀成、賴杉桂、龐慎予等五位副會長，與前任會長、副會長相擁交棒，有近五百位會員及眷屬參加。

新任會長許仁壽致詞表示，「法行」就是做一個修學佛法、護持佛法的行者，看似簡單易懂，但知易行難，因此特別以「四感」與大眾互勉；除了感恩創辦人聖嚴師父、法師的指導，以及歷屆幹部奠定紮實基礎，未來更要「用佛法感化自己，用行為感動別人」，期勉彼此傳承師父的信念與願心，以行動共同為淨化人心、淨化社會盡一份心力。

面對新的團隊、新的一年，方丈和尚鼓勵眾人抱持「生命共同體」的態度來行事，從自己的身、語、意三業淨化起，攜手邁向「和樂無諍」的一年。

當晚也邀請聖嚴書院話頭班音樂劇演出，由法行會成員組成的法鼓隊、菁英手鼓隊進行擊鼓表演，悠揚樂音搭配大事記影像回顧；當成員們從影片上看見彼此穿梭其中的身影，也自勉再接再厲，承願護法。

新任會長許仁壽（前）帶領五位副會長期許法行會成員傳承師父護持佛法的信念與願心，共同為淨化人心與社會盡一份心力。

法行會自 1999 年成立至今，匯集社會各領域的優秀人才，歷年來在鄭丁旺、蔡清彥、蕭萬長、張昌邦等會長及幹部整合推動下，積極投入法鼓山急難救助、災後重建、公益廣告、理念推廣等各項活動。

● 12.14　12.15　12.21

農禪寺、齋明寺、文化館、法鼓山園區舉行歲末關懷
傳遞各界的關懷與祝福

慈基會於 12 月 14 至 21 日期間，分別於北投農禪寺、桃園齋明寺、北投文化館及法鼓山園區舉辦「102 年度歲末關懷」，共有一千五百多戶參加。

14 日首場歲末關懷，於農禪寺、齋明寺同步展開。於農禪寺展開的歲末關懷，臺北市社會局長江綺雯、民政局主任秘書江慶輝、北投區長李美麗，與方丈和尚果東法師、慈基會祕書長果器法師、副會長柯瑤碧等到場祝福，活動中並由果昌法師帶領大眾誦念祈願文，互勉「發願就不會覺得辛苦，就會產生力量」。同日，齋明寺也在監院果舟法師帶領下，將關懷物資與慰問禮金送予桃園、大溪、中壢、新竹三百五十戶關懷家庭。

文化館於 12 月 15 日東初老人圓寂三十六年週年之際舉行

文化館於東初老人圓寂三十六週年舉行歲末關懷，住持鑑心長老尼為眾人戴上佛珠，送上溫暖祝福。

歲末關懷，住持鑑心長老尼、監院果諦法師、果祥法師，為眾人一一戴上佛珠；當天還有近五百位學生與民眾提供義剪、熱食服務，雙北市共有七百五十五戶關懷家庭參加。

基隆、北海岸地區的歲末關懷，21日於法鼓山園區舉行，由主法法師常持法師帶領進行祈福法會，法師以聖嚴師父所說：「物質的貧窮，並不可怕，可怕的是心靈的貧窮。」勉勵眾人當心靈的富翁。

● 12.27～29

護法總會舉辦正副會團長、轄召、召委暨委員授證營
各地悅眾聚沙興學 凝聚願心

惠敏法師為悅眾導覽法鼓大學園區，眾人讚歎校園整體的規畫。

12月27至29日，護法總會於法鼓山園區舉辦「2014正副會團長、轄召、召委暨委員授證營」，方丈和尚果東法師出席授證與開示，共有來自全臺各地兩百六十三位悅眾參加。

本次授證營以「快樂承擔，歡喜成長」為主題，28日安排四場課程與團體活動，包括信眾服務處監院常續法師與僧大講師常延法師講授「和樂無諍——幸福談心」及「奉獻即是修行，安心即是成就」，實踐大學社會工作系副教授楊蓓與人力資源顧問王志強主講「我們都是一家人」及「悅眾的角色扮演」，從不同面向分享擔任悅眾的方法與心法，內容切中悅眾的心聲，不僅帶來滿堂歡笑，也讓悅眾們獲益良多。

29日上午，佛教學院校長惠敏法師簡介法鼓大學的規畫與進度，分享對於校園路名的發想，並為眾人導覽法鼓大學校區；悅眾對校園的設計讚歎不已，也踴躍提問，不但具體了解法鼓大學校園規畫，也更加堅定護持的願心。

下午的授證儀式中，播放聖嚴師父的開示影片《對悅眾的六個期許》，讓眾人更明白悅眾的角色與任務；方丈和尚則以「悅眾八證行」、「十隨」、「安心奉獻箴言」等法語勉勵大眾，掌握社會脈動與法鼓山的精神，在利人的過程中，消融習氣，成就菩提。

許多悅眾表示，授證營讓自己更了解法鼓山的理念，也確認利益他人、廣結善緣的路是正確的，興學的願心也更加堅定。

参【大學院教育】

涵養智慧養分的學習殿堂，
以研究、教學、弘法、服務為標的，
培養專業的佛學人才，
開啟國際學術交流大門，
朝向世界佛教教育園區的願景邁進。

跨領域交流
佛學與世學展開對話

大學院教育在2013年，透過國際研討會的舉辦，
不僅促成佛學與世學的對話，
也記錄了跨學科交流的新里程；
全年不間斷與國際間展開的互訪、研修與考察，
協助學子開啟研究視野，也讓漢傳佛法登上國際舞臺；
多元、全方位的校園活動安排，不僅彰顯解行並重的教育特色，
更輝映出漢傳佛教多元涵融的特質。

　　開展跨領域研究的新方向，是2013年大學院教育最受人矚目的焦點，融合佛學、禪修、科學、醫學、心理治療和教育，以全方位的學習開啟學子視野，讓佛法、禪學的研讀，無形中與當代顯學融匯貫通；同時，在提昇研究能力之餘，更注重佛教義理的實踐，落實大學院教育的辦學宗旨，不論是校園活動、僧大的畢業製作暨禪修專題發表，在在彰顯解行並重的教育特色。

法鼓佛教學院

　　佛教學院在2013年跨國、跨校與各組織單位合作，舉辦四場國際研討會。首先是3月與佛教蓮花基金會、臺北教育大學合辦「正念與慈悲禪定國際研討會」，除了掌握國際間佛學研

究的趨勢，也鼓勵學子透過跨領域的研究，實踐利益眾生的目標。為延伸跨領域研究新方向的深廣度，並進一步於3月至6月開設「禪與現代社會」課程，拓展學子研究方向與領域。

　　7月上旬的「阿毘達磨研討會」，則是與比利時根特大學（Universiteit Gent）佛學研究中心共同舉辦，範圍涵蓋早期印度佛教、南傳、北傳與藏傳等，邀請全球十二國專研論典的學者參加。根特大學佛學研究中心於2007年與佛教學院、中華佛研所締結姊妹校，密切的交流與合作，也讓漢傳佛法登上國際舞臺。

　　10月中，與中華佛研所、蔣經國國際學術交流基金會、德國漢堡大學（Universität Hamburg）合辦「漢譯《長阿含經》國際研討會」，與會國

際學者均素養深厚，透過這一交流平臺，也促進臺灣佛學研究與國際接軌。10月底，與中華佛研所、政治大學宗教研究所、政治大學華人宗教研究中心合辦「漢傳佛教的跨文化交流國際學術研討會」，則以多面向的跨區域對話，輝映出漢傳佛教多元涵融的特質。

除了以研討會展開國際對話，與各界的交流互動同樣熱絡。天主教普世博愛思想運動（Focolare Movement）創辦的義大利上智大學學院（Istituto Universit）4月來訪，與師生座談傳統宗教對現代社會的奉獻；校長惠敏法師也於5月回訪。8月至11月間，中國大陸杭州徑山禪寺、美國法界佛教大學、藏傳佛教宗南嘉楚仁波切先後來訪，分別與師生分享在西方社會弘傳佛教的經驗，以及現代學術情境下的佛教修行。

惠敏法師則於3月應邀出席「國際三傳佛教論壇」，與南傳、漢傳、藏傳人士分享佛陀三轉法輪的歷程；7月參加香港「中國佛教研究研討會」，並受聘為中國佛教學會學術委員；8月至世界宗教博物館，演講「禪宗《牧牛圖頌》的修行理念與實踐」，此外還與助理教授鄧偉仁，出席香港第一屆「慈宗國際學術論壇」。

而為開拓學子的學習領域和研究視野，2013年積極安排至海外研修與學術考察。二位碩士班學生獲教育部補助，前往美國柏克萊聯合神學院（Graduate Theological Union, Berkley）、天普大學（Temple University），展開一年的研修；暑假期間，並選送五位藏傳佛教組學生至南印度學習藏文；惠敏法師則率同師生至中國大陸甘肅、四川，考察當地藏傳佛教的流布。

至於校內活動，4月舉辦六週年校慶，凝聚歷屆學生向心力的校友會正式成立；延續2013年發起的「淨心淨土・金山環保」活動，本年擴大淨灘範圍新北市萬里區、桃園縣觀音鄉。而校內行願社於歲末、浴佛節，聯合其他學生社團，至萬里仁愛之家關懷老菩薩，將課堂所學透過社團服務來實踐，結合學業、志業的行願社，本年並榮獲教育部「全國大專校院學生社團評選」績優團體獎。

運用現代科技，將佛學研究、佛教經典與資料數位化，是佛教學院努力的方向之一，12月展開的圖書館週期間，佛教學院發表數位化專案成果，充分展現佛學融合科技的研究特色。

法鼓山僧伽大學

以培育漢傳宗教師為宗旨的僧伽大學，1月舉辦「第十屆生命自覺營」，共有一百九十多位來自臺灣、香港、中國大陸、新加坡、馬來西亞、澳洲等地學員齊聚，體驗九天的出家生活。招生說明會、講經交流會分別於3月及5月舉辦，在講經交流會上，副院長果光法師讚歎學僧能連結對生命的思考，帶出佛法內涵，鼓勵學僧步步

學習，增長弘講的深度和厚度。

6月，舉辦第九屆畢業製作暨禪修專題發表會，共有十七位學僧運用多元媒材發表成果，展現活潑、創新的弘化能力，除了嚴謹的聖嚴師父開示整理、高僧行誼研究外，結合時事議題的「自殺防治」、與病童分享生命與死亡的故事繪本，以及實用的下行堂出坡示範影片等，內容深廣，理論與實踐互用，獲得師長與同學熱烈的回饋與建議。

9月舉行剃度典禮，二十六位學僧披剃出家，人數為歷年之最。此外，學僧除了每學期到臺北榮民總醫院實習「甘露門」，本年也為畢業的學僧安排見習慰訪活動，與慈基會義工一起前往臺北市中山、北投、社子等地區，實地慰訪關懷家庭及住院病友，深入了解大關懷教育的精神，學習成為全方位關懷眾生的出家眾。

在學術交流與參訪部分，3月韓國海印寺來訪，並與僧大簽署學術交流合作協議，將致力學僧、教師和研究員的互訪、佛學資訊及出版品的交流，並聯合舉辦研究活動；由香港東蓮覺苑弘法精舍帶領的十八位青年學員，也於同月與僧大學僧展開交流。

2013年大學院全體畢、結業生於圖書資訊館前的階梯上，與師長合影留念。

福建閩南佛學院於5月來訪，12月則有馬來西亞佛教青年總會前來，汲取僧大的辦學經驗，並拓展僧伽教育的視野。

第五期《法鼓文苑》於10月出版，學僧整理聖嚴師父對僧才教育的理念，並由戒長法師分享如何在團體中安住、對國際社會奉獻；由佛教學院發起的「五分鐘說書比賽」，秋季場由僧大主辦，首度邀請專職、義工參與，將知識學習及分享風氣，推廣到整個法鼓山園區。

中華佛學研究所

在10月與佛教學院等單位合辦的「漢傳佛教的跨文化交流國際學術研討會」中，除了所長果鏡法師、助理研究員陳英善發表論文，還邀請了美國哥倫比亞大學（Columbia University）宗教系教授于君方及中

華佛研所榮譽所長李志夫發表演講，回顧漢傳佛教與亞洲各地的跨文化交流，以及在隋唐時期形成亞洲的新文化運動。此次會議共進行六場論文發表、兩場綜合座談，會議論文涵蓋層面廣泛，充分展現交流研究的功能，推廣漢傳佛教研究風氣的同時，也促進與國際的交融。

學術出版方面，以翻譯優秀漢傳佛教研究專著、促進學術交流合作為目標的「漢傳佛教譯叢」，4月正式發行第一本日本譯著《中國佛教研究入門》；廣為國內外重要研究機構、圖書館收藏的《中華佛學學報》，7月出版第26期；「漢傳佛教論叢」專案，則出版《道與空性——老子與龍樹的哲學對話》、《僧肇與吉藏的實相哲學》二本專書。

法鼓大學籌備處

接續2012年推動法鼓佛教學院、法鼓人文社會學院兩校合併之後，2013年1月，兩校法人已獲教育部同意，合併為「法鼓學校財團法人」，並進行董事改選；4月「法鼓學校財團法人」完成法院登記，正式啟動運作。在校園工程建設上，提供師生住宿與學習的「禪悅書苑」已完工，並於12月取得使用執照，行政及教學大樓、體育館，也進入完工階段；第二期校園工程，包括圖書館、風雨操場、「和敬書苑」等，則兼顧推廣教育、信眾教育的需求，朝多功能方向設計。

學術活動上，8月與政治大學公民社會暨地方治理研究中心、第三部門教育基金會、至善社會福利基金會，合辦「2013兩岸NGO學術暨實務人才發展論壇」及見學計畫，邀請兩岸NGO組織代表，分享彼此在組織合作、公民社會發展、人才培育等方面的經驗。推廣教育上，本年邀請馬來西亞佛學院院長繼程法師，於1月及8月分別以「得心自在」和「禪門過關」為題，與社會大眾分享如何藉由禪修向內探索用功，度過人生各種關卡。

結語

除了學院各單位，長期致力在國內外高等學府深耕漢傳佛教教育的聖基會，2013年5月也與臺灣大學哲學系簽署成立「漢傳佛學研究室」，並自7月起，舉行系列「《大智度論》研讀會」、「《大般若經》佛典解讀研習會」，廣邀學者、學子深入探討佛教經典；此外，于君方教授10月獲政治大學文學院聘為該校「聖嚴漢傳佛教講座」教授，開設「中國佛教裡的菩薩信仰」課程。

綜觀大學院教育的推展，以研討會、活動的舉辦開啟國際學術交流大門；以研究、教學、弘法、關懷服務，全方位育才；佛教學院校長惠敏法師在「考生輔導說明」中將學校喻為「選佛場」，透過大學院教育，培養做眾生醫生的佛教人才，這不僅是法鼓山推動淨化社會人心的重要推手，更是現今世界所亟需的重要人文資源。

● 01.09

佛教學院學生社團關懷長者
結合社團活動　實踐弘化關懷

佛教學院師生至萬里仁愛之家舉辦歲末關懷活動，為長者們帶來溫馨的下午時光。

佛教學院學生社團行願社聯合該校學生會、魄鼓社、澄心社、書畫社、藥王社等社團，1月9日前往新北市萬里仁愛之家，關懷五十多位長者，共有四十多位師生參加。

活動首先帶領念佛共修，以安定長者的身心；接著各社團以學習成果展現關懷，包括澄心社有趣的法音開示、書畫社的猜謎贈春聯、魄鼓社的擊鼓表演以及藥王社營養又美味的當歸湯等，最後師生一起合唱〈我為你祝福〉，獻上對長者最誠摯的祝福。

參與學生表示，關懷長者活動，讓自己體會到服務學習的真義，就是和有需要的人們分享快樂，感恩能成為行願接力路上的參與者。

● 01.19～12.21期間

佛教學院教職師生持續投入海洋淨灘活動
2013年擴及北海岸、桃園觀音海岸

佛教學院教職師生於 2012 年 4 月發起的環保社團「淨心淨土・金山環保」海洋淨灘活動，2013 年除於金山礦溪出海口持續進行外，範圍並擴及萬里加投下寮海灘、桃園觀音鄉海岸等，以實際的淨灘行動，維護海洋生態環境。

3 月 23 日於萬里加投下寮海灘的淨灘作業，是該社團首次跨出金山

佛教學院教職師生於臉書發起「淨心淨土・金山環保」社團，2013 年持續投入海洋淨灘活動。

礦溪出海口以外的地區，參與活動的僧大學僧常鐸法師表示，沙灘淨則心淨，心淨則國土淨；眼前灘岸滿布垃圾，如同內心沉積已久的煩惱垢穢，當沙灘上的垃圾慢慢減少時，內心的煩惱執著也漸漸淡化。淨灘活動是呼應法鼓山「心靈環保」理念的一種方式，也是法鼓山回饋鄉里的一項實際行動。

每次的淨灘活動，都是透過網路臉書號召網友參加，舉凡行前探勘、號召聯絡、查詢天氣、準備工具等，全由淨灘社團成員發心承擔，出資出力。成員表示，以淨灘祝福地球眾生，祈願受污染的環境能夠清淨一分，眾生的心也能同時淨化一分。

● 01.20

繼程法師講「得心自在」
分享在生活中運用禪修及佛法

法鼓大學籌備處 1 月 20 日於德貴學苑舉辦專題講座，邀請聖嚴師父法子繼程法師主講「得心自在」，分享在生活中運用禪修方法及佛法觀念，體驗心的自在，有近四百人出席參加。

繼程法師從建立禪修的概念與知見說起，分別說明話頭與默照禪修方法，指出對生命有疑情，即能與話頭相應；在默照禪中則要很放鬆，沒有方法，只管打坐。法師表示，

繼程法師主講「得心自在」，分享心的自在。

方法看似簡單，人的心卻很複雜，由於心在日常中習慣於攀緣，追逐妄念與顛倒夢想，久了就凝固成為習性，失去覺照的作用，所以覺察不到生命的疑情。

法師說明禪修的作用就像大掃除，把看不到的或不願看到的，層層掀開，清理雜染，放捨慣性，才能照見心靈本然的功能；但如果在禪修一開始，就以未來心想要「得」心自在，也是陷入追逐妄念的慣性。法師強調，禪修的過程是：放下妄念，心就輕安；放下不舒服的覺受，身體就放鬆；心不追逐，自然「雜染消，清淨長」，因此真正的用方法，是在學習「放下、捨」。

最後，繼程法師鼓勵眾人一步一步體驗，從發現生命疑情，設立目標，「求」心自在開始，進而在修行過程中，學習「捨」心自在，當了解得到的自在不是追逐而來的，也就能「得」心自在。

● 01.29～02.06

僧大舉辦「第十屆生命自覺營」
啟動學員生命自覺的心旅程

梵唄課程由三學院監院果慨法師教授，學員跟隨練唱，體驗出家人的清淨、安定與自在。

僧大於1月29日至2月6日在法鼓山園區舉辦「第十屆生命自覺營」，由僧大講師果竣法師擔任總護，共有一百九十多位來自臺灣、香港、中國大陸，以及新加坡、馬來西亞、澳洲等地學員參加，體驗九天的出家生活。

自覺營課程著重出家人的威儀及心性，由佛教學院校長惠敏法師、僧大女眾部果通法師為學員說戒。惠敏法師說明，戒律有淵遠的歷史及文化背景，更是個人生活習慣、人生價值的養成及選擇；耐心而恆常地持戒，維持好的生活習慣，讓身心健康得安樂，慢慢就會改變生命，也讓身邊的人感受到安定的力量。法師並分享自創的身心健康五戒：「微笑、刷牙、運動、吃對、睡好」，並以自身出家的歷程，勉勵學員為自己的選擇負責。

2月2日的正授典禮，營主任果竣法師以聖嚴師父2004年的開示文稿勉勵學員，搭上菩薩衣以後，希望永生永世，世世不捨離。正授儀程由方丈和尚果東法師擔任戒和尚，副住持果暉法師擔任教授阿闍梨，方丈和尚勉勵大眾學習佛的德性，佛是智慧福德圓滿，希望自覺營能開啟學員原有的佛性，啟動自覺，進而自覺覺他。

另一方面，美國紐約東初禪寺住持果醒法師帶領學員體驗「生活禪」，法師先播放幾段文字及影像，學員對於畫面上出現的「相」，都產生明顯強烈的覺受。法師表示，大多數人都會將所見所聞的人事物，與自己過去的記憶、經驗連結，產生種種感受；若要心不隨境轉，則須透過禪修一次又一次地練習。三學

最後一天的感恩之夜，學員們捧持燭燈，感恩這個體驗出家生活的善因緣，並在心中發下菩提願。

院監院果慨法師教授梵唄課程，並帶領實際練唱；僧大常延法師也分享「佛教的生命觀與自我覺醒」，法師透過佛典動畫，讓學員認識佛陀的一生，期勉學員用生命體驗一次又一次的覺醒。

最後一天的感恩之夜，舉辦傳燈活動，學員們發願學習聖嚴師父感恩奉獻的精神，要以佛法利益自己、利益他人。

有學員表示，感恩法師們的慈悲守護、義工的無私護持，讓自己不受外界干擾，找回「心的力量」，也期待在未來無盡的時空中，不斷有菩提種子發芽、成長茁壯。

● 02.23

佛教學院舉辦考生輔導說明會
培養新世代佛學人才

佛教學院於 2 月 23 日在法鼓山園區舉辦考生輔導說明會，會中同時進行學士、碩士及博士班入學報考說明，校長惠敏法師與多位師長出席，共有五十多位學子參加。

惠敏法師表示，佛是大醫王，期望學子以「做眾生的醫生」，作為投考法鼓佛教學院的職志；並說明佛教學院正積極建設、擴增校區，朝向與法鼓人文社會學院合併為法鼓大學，期待學校成為眾人的「選佛

惠敏法師在考生輔導說明會上，期望報考者以「做眾生的醫生」為職志。

場」，培養兼具研究與實踐能力的宗教人才，為社會大眾服務。

說明會由一年級學生擔任接待服務，帶領與會者參觀校園，也提供「考生輔導手冊」，讓學子了解創校教育理念、師資陣容、修課資訊，並分享準備考試的讀書心法。

一位具西方哲學研究背景的學子表示，經常閱讀惠敏法師和學校師長的著作，因為深感哲學思想在解答生命的困惑上，不如佛教的理解正面，期望能從頭學起，在法鼓山紮實研修佛法，理解生命的真理；也有學子十分感佩創辦人聖嚴師父以提昇人的品質為理念，致力在國際弘揚漢傳禪佛教的宏願，而佛教學院兼容印、漢、藏佛學的課程安排，以及在《阿含經》等各種不同經教均有優秀師資，是選擇來此學習的主因。

● 03.07～09

「正念與慈悲禪定國際研討會」園區舉行
開展佛法在教育、心理、醫療領域的運用

正念與慈悲禪定神經心理學研究的開創者大衛森博士（右），向與會人士說明正念的神經科學研究與實證發現。

由法鼓佛教學院，以及臺北教育大學教育學系、佛教蓮花基金會共同主辦的「正念與慈悲禪定國際研討會」，於3月7至9日在法鼓山園區國際會議廳舉行，包括四場主題演講、二場綜合座談、三場正念工作坊，共有三百五十位佛學、醫學、心理諮商、教育輔導等專家與會，探討佛教的正念及禪修方法，於科學、醫學、心理、教育等領域實踐的成果。

研討會邀請國際神經心理學權威、美國威斯康辛大學麥迪遜分校（University of Wisconsin-Madison）理查·大衛森博士（Prof. Richard Davidson），主講兩場專題演講，介紹正念的神經科學實證成果，並分享慈悲禪定與心智訓練的研究設計。

佛教學院有四位師長在研討會中發表演講，包括：校長惠敏法師、杜正民教授介紹以校訓「悲智和敬」為主軸，結合神經影像技術，設計慈悲心像的禪修課程，將四無量心的禪修方法帶入教育場域，並將規畫數位學習平臺，提供大眾利用；助理教授溫宗堃分享現代學術界對正念的定義與運用；助理研究員法樂法師則介紹原始佛典中，慈悲禪定與正念的關係。

由臺北教育大學助理教授黃鳳英、臺灣師範大學副教授陳秀蓉等帶領的正念心理治療及教育工作坊，則引導與會者實際演練「正念減壓療法」，了解正念禪修的臨床運用。

正念與慈悲禪定的研究運用，在國際學術界廣受重視且行之有年，三天的研討會分享了豐碩的研究成果，促成佛學與科學的對話，也記錄了跨學科交流的新里程。

特別報導

「正念」與「禪修」
孕育慈悲能量

呼應國際研究主流 跨領域交流

　　過去三十多年來，西方已有許多科學家透過實證研究，顯示正念與慈悲禪定訓練，對於改善生理疾病、基因表現、增加正向心理特質、促進情緒調節等方面，具有明顯影響；這些研究成果並進一步獲得廣泛運用，「轉譯」到生理、心理治療和諮商輔導及教育領域，利益各個族群。

　　因此，3月7至9日於法鼓山園區舉行的「正念與慈悲禪定國際研討會」，有別於過去以佛教教義研究為主軸的學術發表，借重國際上的研究成果，著重於探討「正念與慈悲禪定」在腦科學或腦影像上所呈顯的特性、差異與關聯，並聚焦於專注覺知與慈悲意念的練習，因而有許多非佛學研究者與會，接引國內外大專院校心理相關科系的教授、學生，和許多執業的臨床心理師、諮商心理師，以及關心正念教育的國中、小學教師參與。

呼應國際主流 與世界接軌

　　「正念與慈悲是東西方共同關注的議題，國際上正持續探討如何廣泛運用。」就在「正念與慈悲禪定國際學術研討會」舉辦的同時，佛教學院教授杜正民分享，正念減壓療法的創始人卡巴金博士（Jon Kabat-Zinn, Ph.D.），也正在美國發表相關的研究報告。

　　研討會邀請國際神經心理學權威理查・大衛森（Richard Davidson）分享從事禪修與心智腦科學研究三十多年的成就。大衛森博士和達賴喇嘛創立的「心靈與人生學會」（The Mind and Life Institute）合作，運用精密儀器進行實驗，從資深禪修者禪修時的腦中足跡，證實禪定對大腦神經迴路具有調節作用，近年來，更運用研究成果設計出正念、慈悲訓練課程，並推行到幼兒、青少年教育上，其中對學齡前四至五歲小孩的教育實作，產生的正面效果顯著。

跨領域交流 造福大眾

　　佛教學院校長惠敏法師表示，情緒、意圖、美感、宗教信仰等主題，在過去難以進行實證，現在經由認知神經科學的研究進展，已得到驗證的機

會，成為當今科學領域的重要議題；目前佛教學院已與國內各校展開合作，進行「心智科學腦影像研究計畫」，期盼未來提出有益的研究成果。

「我們正處在古老的佛教禪修與現代科學展開緊密對話的時代。」佛教學院助理教授溫宗堃指出，西方國家每年發表超過三百篇相關研究報告，顯示有一群研究者正以科學帶領大眾探索禪法；杜正民教授也指出，從大衛森博士的研究歷程中，不僅看到以科學研究禪修的脈絡，也提醒研究者把成果「實踐」到相關領域上，造福大眾。

樹立佛教教育、佛學研究之前瞻地位

佛教學院自創校以來，秉持創辦人聖嚴師父的理念，朝向「悲智教育」方向發展，特重佛教教育、佛學研究之前瞻性思想，除積極參與或主辦國際性的研討會，活絡漢傳佛教的多元對話與反思；也接力不斷的以如「漢傳佛教研究方法及現況系列講座」、「禪與科技教育研討會」等活動，拓展學生的國際視野。

「正念與慈悲禪定國際研討會」的舉辦，不但對當代佛教教育與學術研究具備開創性意義，也因其與國際佛學研究學者之密切互動，讓臺灣的佛學研究逐漸在國際舞臺上嶄露頭角，並有俾於佛教學院培養理論與實踐並重、傳統與創新相融、具有宏觀視野的宗教師暨學術文化兼具的人才。

惠敏法師（前排左三）、大衛森博士（前排中）與國內外心理、教育、醫療等領域的專家學者，於「正念與慈悲禪定國際研討會」發表研究成果。

● 03.09

法鼓山僧大、海印寺僧大締約合作
交流學術資源　拓展僧伽教育視野

韓國曹溪宗各大道場住持、會主一行人至開山紀念館
參訪，認識創辦人聖嚴師父的學思歷程和建僧願心。

　　3月9日下午，韓國海印寺僧伽大學總同門會會長頂宇法師、海印寺住持善海法師，陪同韓國曹溪宗元老議員月誕法師、修德寺方丈雪靖法師，以及曹溪宗各大道場住持、會主等一行五十二人，前來法鼓山園區參訪，並與法鼓山僧伽大學簽署學術交流合作協議。

　　當天的締約儀式，由僧大院長方丈和尚果東法師、海印寺僧大校長海月法師代表簽署「學術交流與合作協議書」，未來將致力於學僧、教師和研究員的互訪、佛學資訊及出版品的交流，並聯合舉辦研究活動。

　　方丈和尚致詞時表示，海印寺和法鼓山同為禪宗道場，期望能透過學習交流，分享學術研究的資源，並拓展僧伽教育的視野。方丈和尚特別以兩校校名「海印」、「法鼓」期勉學僧，將禪修方法活用於日常生活，展現海印三昧，映現森羅萬象都在說法；再以法鼓聲聲，振聾發聵，引導眾生淨化自心，建設人間淨土。

　　海月法師回應指出，韓國僧才的養成教育，目前仍偏重傳統閱藏、自修的方式，如何在傳統的基礎上開創新局，是此行締約合作的主要目的。

　　海印寺為韓國曹溪宗五大叢林之一，保有現存歷史最悠久、內容最完善的《高麗大藏經》，因此又有「法寶宗」的美譽，寺內設有禪院、律院、講院，其僧伽教育以禪修、閱藏為主。海印寺僧大目前有兩位

方丈和尚果東法師（左六）、海印寺僧大校長海月法師（左四）代表兩校簽署「學術交流與合作協議書」。

畢業生無一、心空法師在法鼓山參學，分別在佛教學院大學部及僧大就讀。心空法師表示，相較於韓國寺院，法鼓山的僧伽教育兼具傳統與現代，課程活潑多元，除了個人修持，尤其強調利他為先的菩薩行，讓他印象深刻。

● 03.12～06.13期間

佛教學院舉辦八場「禪與現代社會」講座
以國際議題 連結現代社會

芭芭拉・萊特博士（右）帶領佛法與慈悲地圖工作坊，研討佛法與慈悲的深層意涵。

接續「正念與慈悲禪定國際研討會」的探討主題，佛教學院於 3 月 12 日至 6 月 13 日期間，結合博士班「禪與現代社會專題」課程，舉辦八場「禪與現代社會」系列講座及一場工作坊，邀請相關領域研究者與學者，探討禪修與大腦功能影像、悲智教育課程，及正念與情緒調適等主題，引導學生思考佛教參與「歷代」與「現代」社會的意義。

3 至 4 月的講座，邀請美國加州大學柏克萊分校（University of California, Berkeley）東亞語言系蘭卡斯特教授（Lewis Lancaster）、長庚醫院榮譽副院長朱迺欣、美國臨床心理學家芭芭拉・萊特博士（B.R. Wright, Ph D.）、史第夫・龍博士（Stephen Long, Ph D.）、臺灣大學心理學研究所連韻文副教授等，舉辦學術演講及工作坊，進一步深化「慈悲與正念禪定」議題的探究。其中，朱迺欣副院長在 3 月 13 日「打坐與腦」講座中，指出西方許多科學研究已經證實，任何方式的打坐，對於訓練專注、開發智慧、調節情緒、消融自我都有幫助；而打坐的效果，從短期來看，可以改變意識情境，引發正向情緒；長期效果則可以達到「腦神經重塑」，進而改變個性，培養出「佛陀的腦」（Buddha's brain），變得自在，具有慈悲與智慧。

5 月及 6 月則邀請中央大學生物醫學工程研究所助理教授吳昌衛，與佛教學院助理教授溫宗堃、臺北教育大學教育學系助理教授黃鳳英等舉辦講座，透過經驗分享與交流，培養博士生實踐研究計畫的能力。

「禪與現代社會」講座，掌握國際間關注的佛學議題，主講者分別從國際的佛教觀、現代社會觀等不同角度切入，有助博士班學生開展新的研究方向與領域，部分講座也開放學士班、碩士班及法鼓山僧大學子參加。

2013 法鼓佛教學院「禪與現代社會」系列講座一覽

時間	講題	主講者
3月12日	佛教是宗教、哲學或認知科學？（Is Buddhism a Religion, a Philosophy, or a Cognitive Science?）	路易斯・蘭卡斯特（Lewis Lancaster）（美國加州大學伯克萊分校東亞語言系名譽教授）
3月13日	打坐與腦	朱迺欣（長庚醫院榮譽副院長）
3月14日	宗教的腦副本	
3月28日	《佛法與慈悲地圖》及《慈悲地圖》導讀與研討	蔡稔惠（前臺北科技大學學生輔導中心主任）
4月3日	從心流經驗與身心互動談注意力與意識控制的提昇	連韻文（臺灣大學心理學系副教授）
4月18至19日	佛法與慈悲地圖工作坊（Metta Map Workshop）	芭芭拉・萊特（B.R. Wright）（美國臨床心理學博士）史第夫・龍（Stephen Long）（美國佛教學者）
5月16日	正念禪修與大腦功能影像	吳昌衛（中央大學生物醫學工程研究所助理教授）
5月30日	悲智教育課程設計及教授	溫宗堃（法鼓佛教學院助理教授）
6月13日	正念、慈悲與情緒調適	黃鳳英（臺北教育大學教育學系助理教授）

● 03.17

僧伽大學舉辦招生說明會
邀請青年加入僧眾培育

　　僧伽大學於3月17日在法鼓山園區階梯教室舉辦招生說明會，副院長常寬法師、果光法師等出席介紹僧大的學制與教育理念，共有三十九位學子參加，並有四位家長列席與會。

　　常寬法師說明法鼓山致力於提倡大普化、大關懷、大學院三大教育，僧大是大學院教育的一環，目的是培養宗教師以落實大關懷和大普化；法師並以「出嫁與出家」、「嫁紗與袈裟」、「佛化婚禮與剃度典禮」與「本來面目」之間的關聯，帶領與會青年進一步思惟生命的「抉擇」。

　　果光法師則說明，出家人同樣面對多元複雜的社會環境，但如何面對自己的

果光法師鼓勵年輕朋友向內心看，為生命做一個最好的選擇。

內心，才是最大的挑戰。法師鼓勵學子向內心看，為生命做一個最好的選擇。

除了兩位副院長的說明，說明會上還安排學僧的「應考分享」、師長的「大堂問答」。學僧們分享，除了勤閱參考書目和考古題，更重要的是堅定道心和保持放鬆；而師長們也以自身的生命體驗，回答各種提問。

● 03.24

香港東蓮覺苑青年學員參訪法鼓山
體驗禪修並與僧大學僧交流

僧大學僧與香港東蓮覺苑青年學員進行交流，分享禪修體驗。

參加香港東蓮覺苑弘法精舍所主辦「LCS領袖才能與溝通技巧培訓課程」的十八位青年學員，在精舍負責人法護法師帶領下，於3月24日至法鼓山園區參訪及體驗禪修，並與僧大四年級學僧進行交流。

學員首先觀賞《續佛慧命》影片，了解創辦人聖嚴師父創辦僧伽教育的理念與悲願；接著僧大的法師介紹「2013生命自覺營」的活動回顧，鼓勵學員透過參加自覺營，體驗清淨的出家生活；隨後一行人參觀校園環境，對學員們有關僧大學制與課程的提問，法師們也詳細的說明及回應。

大堂互動與分享時，學員們請益有關修行的體驗，以及探討生命的轉換歷程，並分享在法鼓山的收穫。一位擔任警察職務的學員表示，平時吃飯總是非常緊張，但透過練習禪修的放鬆方法，第一次體驗到吃飯可以如此輕鬆自在；另一位醫生學員則感動於園區的禪悅境教。

法護法師表示，此行參訪，希望能了解法鼓山如何接引青年接觸佛法，以及參與禪修活動，也認識法鼓山對人文教育的關懷。

● 03.30～31

惠敏法師出席國際三傳佛教論壇
發表〈佛陀初轉法輪、二轉法輪、三轉法輪說了什麼？〉

佛教學院校長惠敏法師於3月30至31日，受邀出席玄奘大學宗教學系、原始佛法三摩地學會、國際藏傳佛教研究會在臺大國際會議中心舉辦的「國際三傳佛教論壇」，除發表〈佛陀初轉法輪、二轉法輪、三轉法輪說了什麼？〉，並

在座談會中回應多位藏傳佛教修行者對於在現代社會中如何增益對佛法聞思修的提問。

論壇以「二十一世紀的佛法」為主題，在兩天的論壇中，分別以高峰論壇、專題論壇與主題演說進行交流，共有四百多位來自臺灣、斯里蘭卡、新加坡、西藏、印度等地的法師與居士參加，就南傳、漢傳、藏傳三大傳承的融合與團結、佛教的教理行證等議題，展開對話。

南傳佛教代表明光法師、漢傳佛教代表惠敏法師、藏傳佛教代表曲望格西（右起依序），在「佛陀的三轉法輪」專題論壇中，回應與會人士提問。

惠敏法師30日出席專題論壇，與就讀中央大學哲學研究所的明光法師（Rev. Wadinagala Pannaloka）、藏傳代表曲望格西，分別提出論文討論「佛陀的三轉法輪」。在〈佛陀初轉法輪、二轉法輪、三轉法輪說了什麼？〉論文中，惠敏法師指出佛陀的說法名為「轉法輪」，依據《三轉法輪經》、《大般若經》與《解深密經》，從印度佛教思想史的角度，考察佛陀三轉法輪的開展歷程與內涵。

在論壇最後進行的座談會中，多位藏傳佛教修行者踴躍向惠敏法師提問，請教在現代社會中如何增益對佛法的聞思修。法師回應，當代聽聞佛法的工具多元且豐富，召開論壇會議就如同思惟佛法，最後仍須透過禪定以及在生活中保持正念正知，做到實際的修行。

● 03.31

佛教學院「行願社」獲社團評鑑績優獎
積極投入社會關懷獲肯定

佛教學院「行願社」首度參與全國大專校院學生社團評選，獲社團評鑑績優獎。

佛教學院「行願社」首度參加由教育部主辦的「102年全國大專校院學生社團評選」，榮獲績優團體獎肯定，並於3月31日出席於國立中興大學舉辦的頒獎暨觀摩活動，與其他院校展開交流。

行願社創社三年以來，積極投入社會關懷、展現利他的菩薩行願，已獲得六個獎項肯定，顯見

長期將學業與志業結合，回饋社會的努力備受矚目。

續優獎的肯定，不只是對師生們最好的鼓勵，透過交流，除增加其他校院對佛教學院的認識，也分享法鼓山的行願精神。

● 04.08

佛教學院慶祝創校六週年
前臺大校長陳維昭分享讀書歷程

佛教學院於 4 月 8 日舉辦創校六週年校慶活動，內容包括校慶典禮、社團成果展、五分鐘說書競賽等，前臺灣大學校長暨法鼓學校財團法人董事陳維昭、中華佛研所榮譽所長李志夫、法鼓山社大校長曾濟群與董事長方丈和尚果東法師、校長惠敏法師等，

陳維昭前校長受邀分享「我的讀書歷程」，鼓勵全校師生以讀書來充實生活。

出席慶典，與全校師生共同祝願校運「六六和順」。

在校慶開幕典禮中，惠敏法師期勉師生行菩薩道，學習供養、學戒、修悲、勤善、離喧、樂法，以此六事成就六度，開展萬行，不僅是大乘佛教的核心學習目標，也是學校繼往開來的基本信願。法師也說明，攸關法鼓大學招生進度的「法鼓學校財團法人」，4 月中已完成法院登記，正式啟動運作。

校慶當天，致贈九百多棵樹木、協助法鼓大學綠化校園的臺灣電力股份有限公司訓練所所長許泛舟表示，選送樹木到法鼓山聽經聞法，相信能發揮更大的光合作用，繼續為地球淨化空氣。

典禮後進行「五分鐘說書競賽」，受邀演講的陳維昭前校長，分享最喜愛的中國章回小說、西洋文學名著與《東萊博議》等書，並肯定讀書習慣不僅讓人擁有寧靜祥和的心靈，如果有更多人喜歡閱讀，社會必定更有活力、有發展；而十四位報名「說書」的師生，則將心目中的好書介紹給現場一百多位師生分享，為校園增添和樂的學習氣氛。

當日下午，也成立法鼓佛教學院校友會，首屆會長由現任嘉義中埔天律山妙法寺住持、去年 9 月甫從佛教學院碩士班畢業的地印法師擔任。

04.15

義大利上智大學學院校長來訪法鼓山
與僧團法師、學院師生跨宗教對話

由普世博愛思想運動（Focolare Movement）創辦的義大利上智大學學院（Istituto Universit）校長彼耶羅・科達（Piero Coda）、跨宗教交流中心（Center of Interreligious Dialogue）招婉玲（Stella Chiu Yuen Ling），以及美國普度大學（Purdue University）教授唐納德・米契爾（Donald W. Mitchell）等一行十一人，於4月15日參訪法鼓山園區，並與禪修中心副都監果元法師、僧大副院長果光法師，以及佛教學院校長惠敏法師、教授杜正民、助理教授鄧偉仁等，進行座談交流。

當天座談猶如一場小型的「跨宗教對話」，科達校長表示，希望將來有機會在法鼓山體驗佛教生活；佛教學院師生也希望了解上智大學如何平衡學術、修行兩個面向，以及如何讓傳統的宗教對現代社會做出更多的貢獻。

科達校長此行來臺，主要是參加在輔仁大學舉辦的「盧嘉勒思想的跨領域研討會」，杜正民教授也應邀參與，並在圓桌論壇中，提出法鼓山及普世博愛運動創辦人的比對，以及佛教學院和上智大學的同異。科達校長認為該校所推動的理念，與法鼓山提倡的心靈環保、心六倫等非常相似，因此特別偕同與會學者前來參訪，並建議雙方安排教授互訪，建立合作關係。

彼耶羅・科達校長等一行，與僧團法師、佛教學院師生交流後合影。（右起依序為果光法師、惠敏法師、彼耶羅・科達校長、果元法師、唐納德・米契爾教授）

04.24

僧大畢業學僧慰訪見習
深入了解大關懷教育的精神

僧大為即將於7月畢業的學僧安排見習慰訪活動，4月24日由學務處常悅法師帶領，與慈基會義工一起前往臺北市中山、北投、社子等地區，實地慰訪關懷家庭及住院病友。行前慈基會祕書長果器法師到場關懷，勉勵學僧學習觀

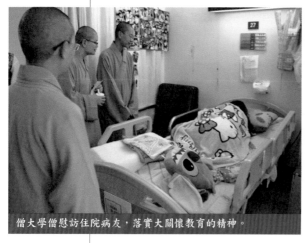
僧大學僧慰訪住院病友，落實大關懷教育的精神。

世音菩薩千手護持、千眼照見的慈悲精神，利人利己。

過程中，學僧與義工帶領關懷家庭誦念《心經》、〈大悲咒〉，也提醒人生有各種苦難，要共同學習面對無常，即使身體病痛也能藉由念佛迴向幫助他人，從信仰中滋養對生命的信心。

有學僧分享，在慰訪中體會到信仰對於身心所發揮的安定力量；也有學僧期許更要發願以感恩、報恩的心從事關懷工作。

常悅法師表示，為使畢業的學僧能深入了解大關懷教育的精神，僧大規畫實作體驗，透過實際參與、見習各種關懷工作，培育學僧利益眾生的服務精神，並學習如何以同理而非同情的角度來關懷受助家庭。

● 05.05

僧大舉辦第五屆「講經交流」會
多元題材連結生命內涵

僧大第五屆「講經交流」會於 5 月 5 日在法鼓山園區階梯教室舉行，共有十四位學僧參加，僧大副院長果光法師、常寬法師等師長，皆出席聆聽。

講經交流會上，學僧除了以佛教經典為題，另有分享法鼓山理念、介紹聖嚴師父、心五四等為內容，例如一年級學僧演合行者，以不甚流利的臺語，分享聖嚴師父的故事，誠懇的分享，感動了臺下的評審老師，也分享了自己小時候的故事；演會行者則以個人出家前的學佛小故事，以及擅長的繪畫，圖解《普門品》，充滿活潑朝氣的講經方式，深獲師長及同學們讚賞。

禪學系三年級演真法師以「什麼是它？」為講題，深一層理解「四它」涵義。法師以《哈利波特》（Harry Potter）書中的「意若思鏡」（Mirror of Erised），說明我們常被欲望蒙蔽，從而看不到真相，而一般人所認知的接受困境，往往是期盼困境消失不見，

僧大學僧在講經交流會上，展現弘講的學習成果。

而非以正向態度去面對。演真法師一番抽絲剝繭，讓「四它」變成發人省思的話頭，引導眾人探究生命的本質。

講評時，常寬法師強調，「講經」和「說法」都是宗教師應該學習、練習的項目，肯定除了常見解說《八大人覺經》、《阿彌陀經》、《普門品》外，學僧們也講述多元的題材；果光法師也讚歎學僧能連結對生命的思考，引起臺下共鳴，並進一步分享弘講時如何結合修行，帶出生命內涵的方法，鼓勵學僧步步學習，漸漸就能增加弘講的深度和厚度。

● 05.07

惠敏法師參訪義大利上智大學學院
期許締結為姊妹校　增進交流合作

圓滿「國際宗教對話研討會」，佛教學院校長惠敏法師於 5 月 7 日至義大利上智大學學院參訪，除了與該校社會科學研究學院師生交流，也參觀福音小城大教堂、產學合作藝術村商店、產學合作「共融」商城等具有特色的設施。未來，雙方將簽訂學術交流協定，締結為姊妹校，增進交流與合作。

惠敏法師（前排右五）拜訪義大利上智大學學院，與該校校長皮耶羅‧科達（前排右六）和師生歡喜合影。

上智大學學院創立於 2007 年，是羅馬教廷教育部頒布核准由普世博愛思想運動發起興辦的研究學院，提供「合一文化的基礎和前景」兩年制碩士學位，以及相應的博士學位課程。師資來自不同國家，包括神學、哲學、倫理、法律、政治、經濟、社會、醫學、心理、自然科學、數學、科學傳播、藝術、語言和文學、大公合一運動、不同宗教交流等各學科專家，每一門學科之間都互有交流，運用不同的方式、各異的學問，營造出整合的世界觀。

惠敏法師表示，佛教學院可在國際化、宗教對話、科際整合，以及成立具人文社會關懷特色的世界佛教教育園區等方面，與上智大學學院交流合作。

法師此行，緣於 2012 年，佛教學院前副校長杜正民曾在義大利籍助理研究員法樂法師（Ven. Dhammadinn）介紹下參訪上智大學學院；2013 年 4 月，該校

校長皮耶羅‧科達也曾至法鼓山參訪,發現兩校有許多相似處,因而促成惠敏法師的參訪因緣。

● 05.15

聖基會、臺大哲學系簽署成立「漢傳佛學研究室」
培育漢傳佛學研究人才

聖基會與臺大哲學系簽署成立「漢傳佛學研究室」,培育佛學研究人才。
(右起依序為蔡耀明教授、羅清華副校長、苑舉正主任、蔡清彥董事長、楊蓓執行長、郭文夫教授)

聖基會與臺灣大學哲學系於 5 月 15 日簽署成立「漢傳佛學研究室」,由聖基會董事長蔡清彥、臺大哲學系系主任苑舉正代表雙方簽約,臺大學術副校長羅清華、哲學系教授郭文夫、聖基會執行長楊蓓皆出席參與。

蔡清彥董事長表示,成立「漢傳佛學研究室」,希望培育更多漢傳佛教學術研究人才,對漢傳佛教研究有更多的貢獻;苑舉正主任則表示,漢傳佛學是哲學研究的高峰,期待研究室成立後,提昇哲學系的研究潛力,並和現有的心靈哲學、中國哲學、價值哲學三個研究室,在研究上互相扶持。

「漢傳佛學研究室」由聖基會贊助所需經費新臺幣九百五十七萬元,為期五年,提供設立「聖嚴漢傳佛學研究生獎學金」、「聖嚴佛學博士後研究員」,舉辦「漢傳佛典解讀研習會」,研究室成員由臺大哲學系蔡耀明、杜保瑞、陳平坤三位師長組成,承擔起培育新一代學術人才的任務。這也是聖嚴師父住世時,成立聖基會的宗旨所在。

聖基會自 2006 年成立以來,致力弘揚聖嚴思想和漢傳佛教,推動及獎助各項學術活動,先後在美國哥倫比亞大學(Columbia University)、佛羅里達州立大學(Florida State University),捐贈設立「聖嚴漢傳佛教講座教授」,在國際間栽培漢傳佛教及聖嚴思想專研人才;2012 與政治大學簽約,捐贈「聖嚴漢傳佛教學術發展專案」,在國內扎根漢傳佛教教育,培育更多漢傳佛教學術研究人才,對漢傳佛教有更多的貢獻。

● 05.15

佛教學院行願社關懷長者
首度結合社團活動舉辦浴佛

佛教學院學生社團行願社於5月15日，在新北市萬里區仁愛之家舉辦「關懷長者禪心浴佛活動」，以社團活動發揮佛法的弘化關懷，為長者們帶來安定身心的力量，共有三十多位師生及義工參加。

活動內容，包括浴佛法會、古琴、擊鼓等藝文表演，以及坐姿法鼓八式動禪練習。受邀開示的慈法禪寺住持淨耀長老說明，浴佛就是在心中點燃一盞智慧明燈，而將這份洗滌煩惱的法喜，分享給他人就

行願社同學到仁愛之家關懷，藉由浴佛活動，帶給長者們安定身心的力量。

是「迴向」，期待大眾都能用轉念敞開心胸，讓生活更為光明。創新技術學院副教授謝勝義也帶領該校「禪行善社」同學前來觀摩，期望未來能借鏡佛教學院的經驗，合作舉辦長者關懷。

行願社在定期的念佛共修之餘，規畫此次活動，期望透過社會關懷，結合課堂上的佛法教育，以及社團的服務實踐，落實佛法的弘化關懷。

● 05.25

福建閩南佛學院畢業學僧來訪
境教體驗法鼓宗風

中國大陸福建省廈門市閩南佛學院常務副院長界象法師，帶領佛學院師生一百三十六人，於5月25日前來法鼓山園區參學，由副住持果暉法師、禪修中心副都監果元法師、僧大副院長常寬法師等陪同參訪，並進行交流。

一行人首先在簡介館觀看《大哉斯鼓》影片，接著參觀祈願觀音殿、開山紀念館、圖書資訊館以及教育行政大樓；對於圖資館豐富的館藏、現代化資訊設備，以及園區一窗一景的建築設計，讚歎不已。

餐敘時，閩南佛學院、法鼓山僧大師長除了就兩岸佛教高等教育、研究及參學等面向交換意見，僧大學僧也出席分享大學院教育的理念及特色，並針對法鼓山的修行法門，及佛教學院的學制、課程規畫等的提問提供解答。

活動最後，果暉法師勉勵畢業學僧，從佛學院畢業後看似無業，但「無業」

果暉法師（右）陪同界象法師（左）參訪開山紀念館，了解聖嚴師父人間淨土的理念。

不代表失業，而是「無我的事業」，因此更應以「無我」的精神，發長遠心、大悲心，承擔起如來家業，弘法利生。

閩南佛學院創辦於 1925 年，是中國頗負盛名的佛教高等學院，近代佛教界泰斗，如臺灣的演培法師、慈航法師、東初老和尚、印順法師，馬來西亞的竺摩法師等，皆曾於該學院就讀過。2002 年，聖嚴師父帶領五百位僧俗弟子前往大陸巡禮禪宗祖庭時，也曾到佛學院所在的古剎南普陀寺參訪。

● 05.31

佛教學院碩士班學生獲教育部補助
前往美國進行短期研修

5 月 31 日，教育部「102 年度學海飛颺補助大專校院選送學生出國研修及實習計畫」名單公布，佛教學院碩士班學生林悟石、黃舒鈴獲得補助，將分別前往美國加州柏克萊聯合神學院（Graduate Theological Union, Berkeley）、天普大學（Temple University），進行為期一年的短期研修學分。

另一方面，在 7、8 月暑假期間，佛教學院藏傳佛教組也選送五位碩士班學生，前往南印度嘎爾納他州，於格魯派下密院所屬的雪域佛學院學習藏文。

透過教育部及佛教學院經費上的支援，校方鼓勵學生短期赴國外修讀學分，進一步開拓國際視野、增進外語能力，對於未來的生涯規畫、學術研究，增添更多助益。

● 06.08

佛教學院暨僧大舉行畢結業典禮
師長期勉運用所學利益眾生

佛教學院暨僧大畢結業典禮於 6 月 8 日在法鼓山園區舉行，三十九位畢結業生穿著袈裟、海青，在〈三寶歌〉、〈菩薩行〉、〈南無度人師菩薩摩訶薩〉等佛曲聲中，依序登壇就位，由師長搭上菩薩衣、傳菩薩行燈，彼此互勉延續菩

薩心行，利益眾生。

僧大院長、法鼓山方丈和尚果東法師致詞時，引述創辦人聖嚴師父法語：「時時以佛法的慧命為念，念念以大眾的道業為首；事事以眾生的苦樂為著眼，處處以諸佛的道場來照顧。以智慧處理自己的問題，用慈悲解決他人的煩惱；以忍辱培養福澤，用精勤增長善根。」勉勵畢業生把握相聚法鼓山的因緣，接續聖嚴師父悲願，共同承擔宣化佛法的任務。

佛教學院校長惠敏法師則以「身心健康，終身學習」為祝福，提醒畢業生養成「微笑、刷牙、運動、吃好、睡飽」五戒，保持身心健康，並且以「閱讀、記錄、參究、發表、實行」終身學習五戒為智慧資糧，做更多利益眾生的事。法師也指出，法鼓山大學院校訓「悲智和敬」的核心精神，就是行菩薩道，期望畢業生終身受持校訓精神。

畢結業典禮於同學們的感恩中圓滿，師長們除了獻上最誠摯的祝福，也期許即將邁出校園的學子，以淨化人心、淨化社會為懷，研究與修行並重，利益他人，傳遞佛法的慈悲與智慧。

惠敏法師為畢業生搭菩薩衣、傳燈，將漢傳佛教的內涵、法鼓山的精神，傳續給每位畢業學子。

● 06.19～20

僧大畢業製作暨禪修專題發表
展現新世代的多元弘化創意

僧大於 6 月 19 至 20 日，在法鼓山園區第三大樓階梯教室舉辦第九屆畢業製作暨禪修專題發表會，副院長果光法師、美國紐約東初禪寺住持果醒法師出席關懷，共有十七位四年級學僧運用多元媒材發表成果，展現活潑、創新的弘化能力。

除了嚴謹的聖嚴師父開示整理、高僧行誼研究以外，結合時事議題的〈自殺防治〉、討論親屬如何看待家人出家的紀錄片、關懷學僧醫療、法鼓山佛曲匯輯、與病童分享生命與死亡的故事繪本、教導國小學童「四感」的教案，以及實用的下行堂出坡示範影片等，共有五篇關於向內自修、九篇關於對外弘化、

二篇探討學僧生活的作品，內容深廣，理論與實踐互用，獲得師長與同學熱烈的回饋與建議。

講評時，果醒法師期勉學僧，佛法是拿來實踐的，為了實踐因而研究，而實踐與研究二者必須相輔相成，不偏重；果光法師表示，從找題目、摸索，到如何思考、表達，從無到

在畢業製作暨禪修專題發表會上，學僧們上臺報告畢業作品，臺下師長、同學們給予熱烈回饋和建議。

有，學僧和指導老師都經歷了一段自我覺察的歷程，可說是領執前長養僧命資糧的修鍊。

僧大畢業製作暨禪修專題發表始自 2006 年，製作主題以戒、定、慧三學與僧大修學架構慧業、福業、德業為範圍，並與法鼓山理念相應，呈現形式不拘，歷年來，在師長的鼓勵與支援下，學僧積極思考因應時代的弘化方式，尤其愈來愈多年輕世代加入僧團，也激盪出不同以往的創意。

● 06.20

繼程法師分享禪門過關
傳授面對生命疑情的心法

6 月 20 日，法鼓大學籌備處於德貴學苑舉辦禪修講座，邀請聖嚴師父法子繼程法師主講「禪門過關」，分享藉由禪修向內探索，撥開雜染妄執，參究生命本性，共有四百多人參與聆聽。

繼程法師指出，人生最大的兩關，是生關和死關，禪修就是為了過這兩關。死亡看似兩眼一閉就過去，但因無法預設，看起來簡單卻很難過；生關也有兩件大事，就是吃飯和睡覺，法師表示，其中的睡覺其實是指我們的「覺」睡著了，人生如夢，夢是虛幻的，一般人卻執以為是。

法師巧妙點出「過關」的方法，就是禪修；而禪修，就是從「睡」到「覺」。禪

繼程法師鼓勵藉由禪修向內探索，一層層撥開雜染妄執，就能一關關度過。

修在平常就可以練習，只要把身體坐正，全身放鬆，注意呼吸進出，腿痛時接受不舒服的感覺，讓感覺慢慢過去，如果可以「現觀無常」，心就愈來愈清明、安定，覺的作用也會愈來愈明顯。

法師解析，如同聖嚴師父教授的默照禪和話頭禪，都是往內探索，一層一層撥開雜染、妄執，參究生命本性，最後會發現生不是大關，死也不是大關，生來死往，對修行者而言，只是眼睛一閉。

最後，繼程法師提醒大眾，對外追逐只會增加生命負擔，藉由禪修向內探索，自己用功，才能度過人生中的各個關卡。

● 06.20

佛教學院「禪與現代社會專題」課程圓滿
碩、博士生提出禪對現代社會的實踐計畫

佛教學院博士班「禪與現代社會專題」課程，於 6 月 20 日最後一堂課上，由三位首屆博士生與一位碩士生分享學習心得，並提出禪對現代社會的實踐計畫，由校長惠敏法師、教授杜正民講評。

課堂上，分享的主題包括〈慈悲、大腦與情緒調節禪修活動計畫書〉、〈中道與慈悲觀之落實於生活〉、〈心腦體操工作坊——養成讓心腦健康，生活幸福的好習慣〉等，以佛法及禪法為理論基礎，理查・大衛森博士等學者的研究方法為範例，設計出禪修活動課程，目的在於提出利益自己、利益他人的禪法應用。

惠敏法師與規畫課程的杜正民教授講評時表示，「禪與現代社會專題」以提出社會實踐計畫為學習目標，培養博士生理論與實踐互用的工夫，也經由課程與國際學術、西方思潮接軌，激盪思考佛教禪修在現代社會如何做出貢獻。

該課程結合國科會計畫「慈悲心像：禪修在宗教教育場域的運用研究」，並配合佛教學院舉辦的「禪與現代社會」系列講座，自 3 月 12 日起於學期間進行八場講座、一場工作坊，啟發師生的研究視野。

● 07.08～09

佛教學院、根特大學合辦阿毘達磨研討會
十二國學者深入研討佛陀法義

佛教學院與比利時根特大學（Universiteit Gent）佛學研究中心於 7 月 8 至9 日，在歷史建築根特大學會議中心（Het Pand）聯合舉辦「阿毘達磨研討

會」（From Abhidhamma to Abhidharma：Early Buddhist Scholasticism in India, Central-Asia, and China），佛教學院助理教授鄧偉仁擔任場次主持人，並發表論文〈窺基中國佛教的阿毘達磨式的重新情境化〉（Kuiji's Abhidharmic Recontextualization of Chinese Buddhism）。

「阿毘達磨」的意思是殊勝、上等的法，經過歷史上佛教各部派論師，有系統地分析、組織佛陀的教法，探討修證成佛的方法和次第，造就出論著豐碩的佛教「論藏」，「阿毘達磨」在南傳上座部佛教，被視為學習佛法的入門知識及修習禪法的必要基礎。

佛教學院與比利時根特大學合辦「阿毘達磨研討會」，佛教學院助理教授鄧偉仁發表論文。

這場國際性的學術研討會，呈現當代學者研究阿毘達磨的深度與分量，範圍涵蓋早期印度佛教、南傳、北傳與藏傳等，由比利時、臺灣、英國、德國、瑞士、俄羅斯、以色列等十二國專研論典的學者參加，共進行八個會議場次、發表二十二篇論文，並由瑞士洛桑大學（Université de Lausanne）教授布朗賀斯特（Johannes Bronkhorst）、香港大學教授法光法師，於每日研討會前發表主題演說；9日晚間並由多位學者展開座談，討論二十世紀初比利時著名印度暨漢學家普桑（Louis de La Vallée Poussin）教授的學術貢獻與影響。

根特大學在 2007 年成立比利時第一個佛學學術研究中心（Ghent Centre for Buddhist Studies,GCBS）；同年與法鼓佛教學院、中華佛研所締結姊妹校，自此展開密切的學術交流合作。

● 07.11～13

惠敏法師出席「中國佛教研究研討會」
代表佛教學院受聘為中國佛教學會學術委員

佛教學院校長惠敏法師於 7 月 11 至 13 日，應邀前往香港中文大學，參加由人間佛教研究中心、中國佛教學會合辦的「2013 中國佛教研究研討會」，與來自香港、中國大陸、臺灣及加拿大的佛教學者，交流佛學研究成果。

惠敏法師於會議中發表論文〈梵文佛教文獻研究回顧與展望——以梵本《大

乘莊嚴經論》之研究百年簡史為例〉，並代表法鼓佛教學院，受聘為中國佛教學會學術委員。

在世界佛教學界中，中國佛教研究占有重要一席，如何借重西方宗教學術研究，提高中國佛教研究的水平，開拓新的研究理論和視野，擴大各地學者之間的聯繫和學術交流，是今後面臨的重大課題。因此，大會邀請二十多位佛教學者，

惠敏法師（站立者）於研討會上，發表對梵本《大乘莊嚴經論》的文獻研究論文。

透過七場次論文發表，彼此交流研究成果、理論與方法，並在會議圓滿後，成立「中國佛教學會」，促進中國佛教學界聯繫，擴大學術交流。

●07.20～12.14期間　08.24～10.19期間

臺大漢傳佛學研究室舉行佛典研讀會
學者導讀《大智度論》、《大般若經》

聖基會與臺灣大學哲學系合作成立的「漢傳佛學研究室」，於7月20日至12月14日期間，每月第二或第三週週六在臺大哲學系進行「《大智度論》研讀會」，廣邀學者進行導讀，也鼓勵研究生積極參與提問，並開放有興趣閱讀與探討佛典者參加。

主要導讀員包括福嚴佛學院厚觀法師、政治大學中國文學系教授涂艷秋、華梵大學佛教學系助理教授李治華、佛光大學慧峰法師、東海大學哲學系助理教授嚴瑋泓、臺灣師範大學中國文學系副教授黃敬家等學者，帶領研究生與會研讀、討論。會中學者以各自專研的治學背景解讀論中文句，討論、激盪出不同觀點的研討火花。

臺大漢傳佛學研究室7月起舉行「《大智度論》研讀會」，與會者透過閱讀漢傳佛典，深入佛教法義。

研讀會由臺灣大學哲學系助理教授陳平坤負責籌畫，完成第一階段的研讀活動之後，將由導讀員提出論文在

會中報告,然後召開小型學術研討會,以充分發揮研讀會的學術效益。

另一方面,由研究室成員蔡耀明教授持續負責的「《大般若經》佛典解讀研習會」,也於每月第四週週六舉行;同時有十名臺大哲學系碩、博士生,以漢傳佛學研究為主題,通過「聖嚴漢傳佛學研究生獎學金」的獎助。

● 07.22～08.02

佛教學院赴甘川考察與參訪
增進漢藏佛教文化、學術交流

佛教學院校長惠敏法師帶領十三位師生,於 7 月 22 日至 8 月 2 日前往中國大陸甘肅省、四川省等地進行學術考察與參訪,地點包括甘南藏族自治區、四川九寨溝等藏族生活地區及拉卜楞寺、郎木寺、炳靈寺等重要藏族寺院,了解甘南地區特殊的藏族文化,並對藏傳佛教在二地的發展,有了初步的認識。

一行人於 23 日參訪蘭州五泉山、甘肅博物館後,於 24 日前往甘南地區考察拉卜楞寺、郎木寺、炳靈寺等。位於夏和鎮的拉卜楞寺,由諸多供奉不同佛菩薩、傳承上師的佛殿組成,是極重要的藏傳佛教教學中心;郎木寺分屬甘肅和四川兩個行政區,甘肅境內的稱為賽赤寺,四川境內的稱為格爾底寺,寺中保存具三百多年歷史、五世格爾底活佛的肉體真身。

甘肅臨夏的炳靈寺,「炳靈」二字為藏語,「十萬尊彌勒佛居住之處」,開創於十六國西秦時代,歷經北魏至清代的開鑿和修建,目前大小石雕、泥塑造像近八百尊、壁畫千餘平方米,涵蓋了漢傳、藏傳佛像的不同形制。

結束甘川考察行程後,惠敏法師於 31 日轉赴北京中國藏學研究中心,與宗教研究所所長李德成討論未來可能的合作計畫,包括翻譯藏文《大藏經》甘珠爾、丹珠爾相關事宜。由於該中心正規畫數位典藏工作,惠敏法師也分享佛教學院的豐富經驗。

惠敏法師(中立者)帶領佛教學院師生考察甘川藏傳佛教文化,一行人於拉卜楞寺外合影。

● 08.06

徑山禪寺參訪法鼓山
借鏡三大教育理念與經驗重興祖庭

中國大陸杭州徑山禪寺監院戒興法師帶領十四位僧眾及居士，於 8 月 6 日參訪法鼓山園區，除拜會方丈和尚果東法師，並與佛教學院校長惠敏法師等進行座談交流，期望借鏡法鼓山三大教育理念與經驗，為徑山禪寺重興祖庭工作帶來啟發。

一行人在拜會方丈和尚後，依序朝禮各殿堂，並在禪堂體驗禪修後，讚歎放鬆身心的禪修指導，認為很適合忙碌的現代人；

中國大陸徑山禪寺成員參訪法鼓山，與佛教學院師生及僧團法師交流佛教弘化及教育經驗。

下午與惠敏法師、僧團法師就教育、禪法、弘化、文化出版等面向展開座談。

戒興法師表示，徑山禪寺是江南五山十剎之首，開山至今逾一千二百七十年，宋朝大慧宗杲禪師曾在此大力提倡看話禪，如今在理念與建設上需要以新面貌回應時代需求，因此以法鼓山為學習對象，尤其在復興祖師禪法方面，特別參考聖嚴師父著作，從中尋思適應當代社會的禪法。

徑山禪寺近年積極推動大慧宗杲禪法，2013 年適逢大慧禪師圓寂八百五十年，此行並特別邀請法鼓佛教學院師生，參加 10 月 23 日在徑山舉辦的學術研討會及紀念活動，和各國學者共同研究大慧禪法的內涵。

● 08.10

惠敏法師世界宗博館「大師講座」演講
比較中國禪宗不同類型〈牧牛圖頌〉特色

佛教學院校長惠敏法師應世界宗教博物館之邀，於 8 月 10 日在該館舉辦「一花一世界——禪示天地特展」系列教育活動的「大師講座」中，擔任首場主講人，以「禪宗〈牧牛圖頌〉的修行理念與實踐」為主題，比較中國禪宗不同類型〈牧牛圖頌〉的特色。

法師在講演中，說明各類型〈牧牛圖頌〉的特點，也探究其源流與開展，並與印度「九心住」禪法教學傳統以及西藏的〈修止喻圖〉之調像圖比較，追溯佛教修行次第的基本意義，以及不同類型修行者的差別，並反省禪宗發展的利弊，做為禪文化在未來推展的借鏡。

《十牛圖》為宋代廓庵師遠改作清居禪師八牛圖而成，依圖次第指出禪者由修行、開悟、調伏業識，終至見性，進而入世化眾之心路歷程。

● 08.18

剃度學僧家屬拜見方丈和尚
歡喜祝福子女新「僧」命

僧大於8月18日在園區舉辦「剃度學僧家屬拜見方丈和尚」活動，邀請將於9月4日剃度的二十六位行者的一百三十位俗家親友，分享學僧在僧大一年來的生活與成長，包括副院長果光法師、常寬法師等，皆出席關懷、勉勵。

活動中播放《續佛慧命》影片，讓家屬更了解僧大的理念、課程內容與願景，方丈和尚也向家屬們介紹僧大與三學院的師長；果光法師、常寬法師則一一介紹今年求度的行者，其中多位是資深信眾的子女，也有不少是法青會會員。

方丈和尚讚歎求度行者的父母，展現了難捨能捨的大慈悲，並表示現代人需要心靈提昇，正是最需要出家人的時代；也勉勵求度者辭親出家不忘恩義，要積極利益一切眾生，來報答父母恩。

方丈和尚感恩剃度學僧家屬難捨能捨的大慈悲，也給予求度者關懷勉勵。

透過行者們的自製影片，眾人分享在僧大上課、出坡、受戒的學習，親友們歡喜看見子女的成長蛻變，也期勉不負聖嚴師父對於僧眾的期望，發長遠心、建立正知正見。

● 08.23～25

法鼓山受邀參加「慈宗國際學術論壇」
方丈和尚、惠敏法師與會並發表論文

佛教學院校長惠敏法師、助理教授鄧偉仁，於8月23至25日前往香港理工大學，參加慈氏學會舉辦的第一屆「慈宗國際學術論壇」，分別發表〈瑜伽行派之聲聞、菩薩「慈悲喜捨」與佛菩薩「大悲」〉、〈中國佛教重脈絡化——

惠敏法師參加「慈宗國際學術論壇」，發表論文，與各國學者分享研究成果。

窺基大師阿毘達摩方法論之意義〉（Recontextualization of Chinese Buddhism: Significance of Abhidharma for Kuiji）等論文，與各國學者分享研究成果。

24日上午，方丈和尚果東法師並受邀出席開幕典禮，與主辦單位、來賓共同點亮「慈宗」蓮花燈，祈願世界和平、人民安樂。

2013年為主辦單位香港慈氏學會成立十週年，廣邀全球各佛學研究中心、佛教寺院、文化機構等協辦論壇；這次會議，也是香港首次由宗教學術文化機構籌辦的大型佛學論壇。

● 10.01

僧大《法鼓文苑》第五期出刊
分享法鼓山僧教育的理念與落實

僧大學僧刊物《法鼓文苑》，於10月1日出版第五期。第五期以「僧教育這條路」為專題，學僧們整理了創辦人聖嚴師父對僧才教育的理念脈絡、法鼓山傳承自曹洞、臨濟法脈——東初老人、靈源老和尚對僧教育的期許；並邀請僧大副院長常寬法師、果光法師，以及戒長法師果徹法師，與學僧分享如何在團體中安住、對國際社會的奉獻，以及進入僧團後領職奉獻的心態。

本期《文苑》增加「佛眼看世間」專欄，展現學僧在每次活動與實作中，所看見的佛法示現。刊物召集人演正法師表示，為漢傳佛教承先啟後、繼往開來，僧青年責無旁貸，僧大同學以此互勉，並透過文章、照片、詩作、插畫等形式，分享對道心、修行、弘化的體會和使命。

僧大《法鼓文苑》第五期出刊，分享法鼓山僧教育的理念與落實。

《文苑》各單元的學僧投稿，是學僧透過書寫，將生活的所學、所思與各界分享的點滴。

參與編務的學僧表示，藉由編輯《文苑》的互動，不僅更了解彼此，更重要的是學習承擔使命、包容不同觀點、放下人我得失。

● 10.02

僧大舉辦秋季「五分鐘說書」比賽
推廣閱讀風氣與樂趣

僧大主辦「五分鐘說書」比賽，分享閱讀樂趣。

10月2日，大學院教育單位於法鼓山園區階梯教室舉行秋季「五分鐘說書」比賽，由僧大主辦，首度邀請園區專職和義工參與，分為學生（僧）組與教職、義工、法師組二組，由十五位參賽者向現場一百二十多位喜愛閱讀的聽眾介紹書籍。

佛教學院校長惠敏法師開場致詞時，說明佛教學院自2012年底於校內圖書館週期間，首度舉辦「說書」活動，不只師生熱烈參與，也帶動校園的知識學習與分享風氣，因此擴大為一年四季舉辦，讓學習方式更多元活潑。法師也介紹自己在暑假期間閱讀的《唯識根本義學》，勉勵大眾發願持守「終身學習五戒」：閱讀、記錄、參究、發表、行動。

此次說書比賽中推薦的書籍種類豐富，包括佛教類：《大乘廣五蘊論講記》、《龍舒淨土文》、《戒律學綱要》；勵志散文類：《原子彈掉下來的那一天——37個孩子的手記》、《凡活著的盡皆幸福》、《愛的喜樂——德蕾莎修女嘉言集》（The Joy in Loving: A Guide to Daily Living with Mother Teresa）；傳記小說類：《嬉皮與喇嘛的孩子》（Comes the Peace）、《三等車票》（Third-Class Ticket）、《雪中足跡》（Foot Prints in the Snow: The Autobiography of a Chinese Buddhist Monk）等。最後《凡活著的盡皆幸福》與《龍舒淨土文》，分別獲選學僧組與教職員組中最想閱讀的書籍。

● 10.16　10.19

聖基會執行長楊蓓分享中年觀察與慈悲
結合心理學專長與禪修心得

聖基會執行長楊蓓受邀參加於國家圖書館舉辦的「2013年臺灣國際榮格分析心理研討會暨論壇」，並於10月16日，與西方學者莫瑞・史丹（Murray Stein）對談中年議題；19日則與達里安百達（Dariane Pictet）對談「佛教的慈悲」。

以結合心理學研究與禪修見長於學界的楊蓓老師，同時也是《叛逆中年》一書的作者，在16日的座談中，與《中年之旅》（In Midlife）的作者莫瑞・史丹，皆肯定中年攸關老年的生命狀態。楊蓓老師將中年轉化分為「改變、安頓、

瞭然、豁達、統整」五階段，回應史丹提出的「分離、過渡、再整合」三階段，並從東方的佛法來看中年的轉化與超越；楊蓓老師也分享禪修與心理學的最大差異，在於後者的奉獻只能達到「大我」層次，而禪修最後則達於「無我」。

19日的「佛教的慈悲」論壇中，達里安·百達從比較宗教學的角度剖析西方對佛教的認知及慈悲的意義；楊蓓老師則說明慈悲是「予樂、拔苦」，就是「行菩薩道」，是大乘佛教很重要的精神，而且對象是眾生，而非限於人。

楊蓓老師有關「慈悲」的解讀，使與會的海內外心理學者進一步了解禪修的內涵，現場即邀約楊蓓老師前往西方開設心理學與禪修的課程，讓更多人認識漢傳佛教。

● 10.18～19

佛教學院舉辦「漢譯《長阿含經》國際研討會」
臺灣佛學研究與國際接軌

10月18至19日，佛教學院、中華佛學研究所，以及蔣經國國際學術交流基金會、德國漢堡大學（University of Hamburg）於法鼓山園區海會廳舉辦「漢譯《長阿含經》國際研討會」，與會者皆是長期研究《阿含經》的學者，包括來自日本的辛嶋靜志、遠藤敏一、德國的無著比丘（Bhikkhu Anālayo）、澳洲的白瑞德（Roderick S. Bucknell）、斯里蘭卡的索馬拉達尼（G.A. Somaratne），以及臺灣的中山大學哲學研究所助理教授越建東、蘇錦坤等學者。

這場研討會是法鼓佛教學院佛學資訊中心「《阿含經》研究小組」的研究活動之一，希望藉由這個交流平臺，逐步促進臺灣佛學研究與國際接軌。主辦人資訊中心助理研究員法樂法師（Sāmaṇerī Dhammadinnā）表示，研討會首先由研究小組發表對漢譯《長阿含經》的研究成果，並與參加的國際學者，進行深入討論；由於與會學者學術素養深厚，透過彼此近距離互動，使得研討會在文獻學及文本的批判研究上，具有相當的國際水準；另外，也希望藉由這個交流平臺，促進臺灣佛學研究與國際接軌。

佛教學院主辦「漢譯《長阿含經》國際研討會」，與會者都是長期研究《阿含經》的學者。圖中發表人為佛教學院圖書資訊館館長洪振洲。

「《阿含經》研究小組」自 2010 年開始進行為期十年的計畫,以在臺灣發展及推廣漢譯《阿含經》的研究為目標。

此外,佛教學院與德國漢堡大學亞非中心於 2009 年曾簽署學術合作備忘錄,研討會正是備忘錄的具體成果之一。

● 10.23

佛教學院舉辦「法鼓講座」
阮啟弘教授主講腦科學研究

佛教學院於 10 月 23 日舉辦「法鼓講座」,邀請中央大學認知科學研究所教授阮啟弘主講,以「腦科學與人文科學整合研究的回顧與展望」為主題,引領佛教研究者進入跨學科的知識大門,共有五十多位師生參加。

阮啟弘教授表示,認知神經科學的研究目的,在於了解大腦中的心智歷程如何運作,例如說話、閱讀或感覺環境時,至少有一兆個大腦神經細胞同時反應,等於整個大腦的分工合作,並非只是單一腦區的運作。

佛教學院「法鼓講座」,邀請阮啟弘教授主講腦科學研究。

阮教授進一步說明,心靈與腦(mind & brain)是這個世紀最受關注的主題;目前科學研究已知,衝動型暴力犯罪、憂鬱症、躁動症、精神分裂症等,甚至在兒童階段的自我控制力培養,都與大腦的運作直接相關,了解大腦的功能與發展因此相對重要。隨著儀器工具與研究的開展,腦科學研究已解開許多大腦的謎題,阮啟弘教授以科學研究者的身分,期許做出更多有益於人的貢獻,以科學利益眾生。

● 10.23

佛教學院舉辦海外研習分享會
碩士班學生分享成長與生命新體悟

佛教學院於 10 月 23 日在法鼓山園區海會廳舉辦海外實習分享會,共有八位碩士班學生分享前往印度、泰國與美國的研修學習心得與成長體悟。

2013 年暑假期間,共有碩士生吳宛真、張慧君、李慧萍、吳錫昌、蘇原裕等五人,前往南印度藏傳佛教格魯派下密院雪域佛學院,學習藏文與經典,隨

住眾參加辯經與色拉傑寺法會，課程之餘也融入當地生活，受到居民的和善接待；碩士生陳怡靜則於泰國法身寺研習，進行《巴利文法入門》（下）的翻譯工作。

見寂法師、有曁法師於 2012 年 8 月起在美國加州柏克萊聯合神學院研修一年。在密集的課程、緊湊的生活中，體驗西方學術環境自由開放的氛圍，廣泛參與各類型宗教活動，與來自各國的宗教研究者討論交流。

佛教學院舉辦海外研習分享會，學生分享學習心得與成長體悟。

鼓勵學生前往海外交流學習，是佛教學院辦學方向之一。回憶難得的海外學習經歷，同學們表示，面對全然不同的文化與環境，唯有懷著慈悲、感恩、包容的心，才能盡心體驗、學習。

● 10.26～27

漢傳佛教的跨文化交流研討
多元涵融　進行跨區域對話

法鼓山中華佛研所、佛教學院與政治大學宗教研究所、政治大學華人宗教研究中心聯合主辦「漢傳佛教的跨文化交流」國際學術研討會，於 10 月 26 及 27 日，分別在政治大學、法鼓山園區展開，來自中、日、韓、美、印、以色列等國際學者與會，發表十六篇論文，多面向的跨區域對話，輝映出漢傳佛教多元涵融的特質。

「漢傳佛教的跨文化交流」國際研討會 10 月 26 日於政治大學展開，圖為果鏡法師（左）發表論文。

兩天的會議，分別邀請美國哥倫比亞大學宗教系教授于君方、中華佛研所榮譽所長李志夫，發表主題演講。于君方教授在「西遊與東遊──漢傳佛教與亞洲的跨文化交流」中，將佛教每傳到一地，必然與原有文化交互影響、形成獨特地方傳統的現象，

稱為「本土化」，漢傳佛教則是佛教在亞洲本土化最成功的一例。李志夫教授則於「漢傳佛教在隋唐時代形成了亞洲新的文化運動」演講後，勉勵與會學人，接續聖嚴師父弘揚漢傳佛教的願心，從弘法及學術研究方面，拓展漢傳佛教在國際上的能見度。

此次會議以跨國儀典交流、近代佛教對話、佛教象徵的多元性、亞洲的佛教傳播、東亞禪學等子題，進行六場論文發表、兩場綜合座談，包括中華佛研所所長果鏡法師發表〈唐・北宋時期中日佛教文化交流考——以天臺山與比叡山為主〉、助理研究員陳英善發表〈中韓水陸法會之考察——以召請對象之「踵事增華」為主〉，以及佛教學院助理教授鄧偉仁發表〈中國印度化？佛教中國化？中國佛教文化碰撞的理論思考〉、莊國彬老師發表〈月亮上的兔子〉等。中研院中國文哲所研究員廖肇亨表示，會議論文涵蓋層面廣泛，充分展現交流研究的功能。

● 10.26

于君方教授受聘政大「聖嚴漢傳佛教講座」
開設「中國佛教裡的菩薩信仰」課程

政治大學文學院院長林啟屏代表校方，於 10 月 26 日頒發聘書聘請美國哥倫比亞大學（Columbia University）教授于君方擔任政大「聖嚴漢傳佛教講座」教授，於該校宗教研究所 102 學年度開設「中國佛教裡的菩薩信仰」，上學期課程從 10 月持續到 12 月，以英文授課。

林啟屏院長與聖基會執行長楊蓓致詞時，讚歎于教授為漢傳佛教研究立下重要里程碑，也期望講座的開設，啟發國內學生更寬廣的研究視野。

政大文學院院長林啟屏（左）代表校方，聘請哥倫比亞大學教授于君方（右）擔任「聖嚴漢傳佛教講座」教授。

政大「聖嚴漢傳佛教講座」的開設，起源於聖基會與政大於 2012 年 6 月共同簽署的「聖嚴漢傳佛教學術發展專案」項目之一。于君方教授也是美國哥倫比亞大學首任「聖嚴漢傳佛教講座」教授，在西方學府致力扎根漢傳佛教教育，落實聖嚴師父在西方弘傳漢傳佛教的悲願。

11.01

佛教學院英文部落格上線啟用
相片集錦呈現校園生活實景

佛教學院英文部落格於 11 月 1 日正式上線啟用，首頁標名為「在臺灣，一個研究與實踐佛法的地方」（A Place for the Study and Practice of Buddhism in Taiwan），俾助於外籍學生或英語系人士對佛教學院的了解。

部落格中分門別類介紹佛教學院各項特色、創辦人聖嚴師父理念、法鼓山的緣起與發展等，搭配大量照片，包括禪修、課堂教學、社區服務及自然景觀，呈現校園生活實景，讓人在輕鬆認識園區中，感受在佛教學院求學的多種樣貌。

佛教學院英文部落格頁面。

該部落格是由佛教學院法國籍碩士生陸柯（Luke Gibson），在指導教授杜正民的協助與啟發下所完成，也是陸柯的「畢業行門呈現」成果之一。

佛教學院英文部落格網址：http://ddbc-blog.com。

11.11

「心智與生命研究院」訪佛教學院
以演講、座談會分享研究成果

國際知名「心智與生命研究院」（Mind & Life Institute, MLI）一行十二人，在院長亞瑟・札炯克（Arthur Zajonc）帶領下，參訪佛教學院，除了在國際會議廳舉辦專題演講，並與師生進行座談。

五位負責研究、教育、出版的成員，以「二十六年關於冥想的學習與研究」為題，就禪修與心智研究、心智與生命研究等計畫，做精闢摘要與回顧，共有二百多位佛學、心理學、醫學等研究系所師生到場聆聽，這也是 MLI 於 2013 年度亞洲巡迴演講行程中，在臺灣唯一一場公開演講。

董事會主席格西圖登・晉巴（Geshe Thupten Jinpa），介紹在西藏僧眾教育裡納入腦科學、心理學、認知科學等學門，使佛教更貼近當代需求。加州大學沙朗博士（Clifford Saron）簡介「奢摩他計畫（Shamatha Project）」，研究禪修時的身心變化，從反覆實驗中證實禪修對身心健康的幫助。社會工作學者雅各博士（Carolyn Jacobs）則從實務經驗出發，表示透過人際溝通展現關懷、傾聽與

愛，會在自己的內在創造出平靜祥和的世界。

MLI 此行也與佛教學院師生進行兩場座談交流，期待展開進一步研究合作。一行人並在校長惠敏法師引領下參訪禪堂，成員們對於集禪修、教育於一處的園區留下極佳印象。札炯克院長表示，難以用言語形容法鼓山的美好，參

佛教學院校長惠敏法師（前排左三）帶領心智與生命研究院一行人參訪園區，體驗法鼓山的境教。

訪中接觸到的人事景物，如同看見 MLI 多年所追求的善美目標，選在法鼓山演講，是此行最殊勝之處。

MLI 成立於 1987 年，是達賴喇嘛與科學家共組的研究機構，該機構的發展歷程，皆以佛教修行與義理為基礎，近十年關注於「探索心智」（Investigating the Mind），邀請不同領域的科學家加入，在世界各地從事利益眾生的研究計畫。

● 11.25～28

美國法界大學來臺交流辦學經驗
恆實法師以西方弘化為題進行四場演講

美國法界佛教大學（Dharma Realm Buddhist University）教授、董事會成員恆實法師（Rev. Heng Sure），於 11 月 25 至 28 日帶領各部門師長一行十四人，參訪法鼓山園區、佛教學院，並於海會廳舉辦座談，延續佛教教育辦學經驗的對話。期間恆實法師也以西方弘化經驗為主題，於佛教學院進行四場演講，分享修行與學術的結合。

25 日的座談中，佛教學院校長惠敏法師提問在西方辦佛教教育的困境，法界佛教大學副校長包果勒（Douglas Powers）回應表示，以佛教研究作為一所大學的設立宗旨，在東方學術界很容易被接受，在美國卻是一段漫長的認證過程；經過三十年的摸索，幸而取法佛教學院等各校的辦學經驗，為申辦認證的過程帶來許多啟發。

25 日下午，恆實法師與該校教務長馬丁‧維何文（Martin Verhoeven），從佛教研究者的角度，展開「佛法無國界──溫故、知新」演講，暢談在西方學術

環境中，如何發現佛教研究的特點，並分享研究及英譯《六祖壇經》的心得。晚間，由佛教學院學士班學生設置茶席，擔任茶主人，恆實法師則現場彈唱自編的英文佛曲，在輕鬆的氣氛下舉行「茶禪法談」。

26、28日，恆實法師以其博士論文研究及個人弘法經驗，分別以「修行與學術的結合──華嚴懺儀的研究與實踐」、「東方與西方的交會──當代弘化的教義與教法」為題，與佛教學院師生分享在西方社會弘傳漢傳佛教的經驗。

來訪當天，正值法鼓山大悲心水陸法會籌備期間，一行人巡禮各壇場。該校學務長恆良法師（Heng Liang）讚歎，法鼓山水陸法會不需繁複布置，就能充分呈顯佛國的清淨與莊嚴；雲端牌位的規畫，也為佛教界樹立環保的典範，此行不僅帶回豐碩的辦學分享，更了解簡約中見隆重的漢傳佛教法會。

恆實法師（右）演講「佛法無國界」，與佛教學院師生分享修行與學術的結合。

11.27

藏傳佛教宗南嘉楚仁波切參訪法鼓山
佛教學院演說現代佛法修行

首位獲得西方博士學位的藏傳佛教噶舉派第四世宗南嘉楚仁波切，於11月27日二度參訪法鼓山，除拜會方丈和尚果東法師，與隨行弟子巡禮水陸法會壇場，並於佛教學院為近百位師生進行專題演講。

在方丈和尚陪同下，宗南嘉楚仁波切巡禮各壇場，讚歎法鼓山水陸法會「在科技中蘊含人文」，對於壇場布置融合環保觀念、跨國界的網路共修、隨義工所到之處而顯現的萬行壇、結合慈悲觀修持與三檀等施的雲端牌位等，種種超越傳統的現代化法會創制，深表肯定推崇。

下午的演講，以「現代學術研究情境下的佛法修行」為題，宗南嘉楚仁波切首先以兩則譬喻故事，簡單解釋偏廢「解門」或「行門」的缺失，也透過兩則佛教史實，舉出十二世紀岡波巴（Gampopa）大師在西藏推崇行門修行，一世紀斯里蘭卡僧眾為免口傳佛法湮沒於飢荒頻仍中，轉為重視經教文字，由此引導學生思考解和行的微妙關係。

佛教學院學生也熱烈提出各種問題，包括到西方求學的動機、如何解決經教和修證之間的衝突等，仁波切表示在哈佛大學（Harvard University）求學期間，

以修行者身分研究佛法，並不被西方教育觀念接納，因而經常受到教授的質疑與挑戰，但每一次質疑，都是思考分析的學習機會；至於如何在解行之間保持平衡，如果以開放的心胸接納一切，解行之間並不存在衝突。

宗南嘉楚仁波切（左）分享以開放的心胸修行，才能有更多學習成長。右為現場翻譯的鄧偉仁老師。

最後，仁波切建議，知道哪部經典是佛說或非佛說，有益於學習過程，唯有多讀多了解，培養辨別正法的能力，透過學習論典，也是理解經典的輔助方式。

● 12.06

法鼓大學禪悅書苑取得使用執照
校園工程進度重要里程碑

法鼓大學「禪悅書苑」於 12 月 6 日取得使用執照，這是法鼓大學校園工程進度的重要里程碑，加上同屬第一期校園工程的健康館及綜合大樓，也將於 2014 年初陸續完工，這些校舍空間的完成，是法鼓人文社會學院申請立案的基本條件，讓法鼓大學的設校與成立，又向前邁進一大步。

喜見法鼓大學第一期校園工程陸續完工，佛教學院校長惠敏法師特別分享了對未來「法鼓大學『心』地圖」的校園路名建議，也勾勒出法鼓大學的興學願景。法師建議，為了感恩「法」鼓山「大」眾同心協力成就「法」鼓「大」學之功，進入學校正門的大路，可稱為「法大路」，橋梁可稱為「法大一橋」、「法大二橋」。

法鼓大學「禪悅書苑」取得使用執照，是校園工程進度的重要里程碑。

此外，法鼓大學是「心靈環保」的發光體，也如同代佛宣化

的法輪，因此未來校園主要的環形交通幹道，可以依四面的方位，稱為「法輪東、南、西、北路」，祈願校園「法輪常轉」，校運昌隆。在法輪環形道路內，則有「法藏大道」與「法喜大道」步行道交叉連接。

「禪悅書苑」是七棟建築結合的院落式空間，主要功能涵蓋師生住宿與圖書閱覽、生活、交流、學習等，預計於 2014 年初完成驗收交屋。

● 12.12
馬來西亞佛青總會參訪法鼓山
汲取大學院教育辦學理念

馬來西亞佛教青年總會三十餘位僧俗代表，於 12 月 12 日前來法鼓山園區參訪，方丈和尚果東法師出席關懷，並與大學院教育單位師長進行座談，了解僧大、佛教學院的辦學特色。

參訪團成員大多數是首度來訪的海外佛教青

大馬佛青總會參訪團與大學院教育單位的師長們展開熱烈交流。

年，方丈和尚關懷時，特別指出在法鼓山研修、出家的優秀青年，許多是來自馬來西亞；並與青年分享，學佛是學習以慈悲關懷人、用智慧處理事，用「溫馨的慈悲、清涼的智慧」找回本來面目。此外，也提示轉念的重要，如與人相敬如「冰」時，就學習冰「自我消融」的精神；遇到挫折「難過」時，提起淨念、正念來轉化，便成為「難，過」；凡事正面解讀，才能解「毒」。方丈和尚幽默機趣的開示，讓團員更加體會佛法的妙用。

參訪團並與任教於大學院教育單位的僧團副住持果暉法師、三學院監院果慨法師，與佛教學院助理教授鄧偉仁等，進行座談交流，佛青們對於學僧的審查辦法、學院的授課方式深感興趣。果慨法師特別介紹「生命自覺營」，以及佛教學院的師資陣容。

佛青總會宗教顧問傳聞法師表示，方丈和尚的分享，讓自己想起以往參與聖嚴師父主持的禪四十九，有種回家的溫暖；副會長如潔法師則表示，法鼓山寧靜祥和的攝心氛圍，園區俯拾皆是「禪」的人文美感，正是理想中的道場環境，對法師們安定的威儀，印象深刻。

● 12.16～27

佛教學院舉辦「圖書館週」活動
彰顯圖資館的各項功能與服務

圖書館週活動中，鄧偉仁老師介紹「印順法師佛學著作集 ——TEI 標記專案」成果。

佛教學院於 12 月 16 至 27 日舉辦圖書館週系列活動，2013 年以「人文與科技的相遇」為主題，內容包括冬季五分鐘說書競賽、中西參大賽、資料庫利用課程及專題演講等，回應聖嚴師父對圖書資訊館「減少傳統書本圖書、增加資訊化圖書」的期許。

在 16 日的開幕儀式後，隨即展開三場的資料庫利用課程，協助師生更熟悉運用檢索系統，搜尋美加地區博碩士論文、宗教類學術電子期刊等資料；18 日下午進行廣受學生歡迎的「中西參大賽」，出題範圍以資料庫資源使用為主，鼓勵參加者利用館內電子資源查找答案。

24 日晚上於海會聽，圖資館數位典藏組發表三項剛完成的數位化專案，專案成員報告表示，數位典藏是完善保存佛教文獻的現代方式，讓珍貴的原始資料，以更便利的形式為大眾廣泛運用。其中的「名山古剎——《中國佛寺史志》數位典藏」、「《宋高僧傳》校勘與數位化版本」專案，典藏近三百部寺志，加入新式標點符號，《宋高僧傳》更加入方便參照的注釋，且採用 Google Maps 將書中地名視覺化，已上線供學術使用；「印順法師佛學著作集——TEI 標記專案」，以兩年時間再製電子檔，提昇電子資料品質，符合國際文獻標記標準規範，內容由印順文教基金會厚觀法師等作中文勘誤，佛教學院助理教授鄧偉仁、溫宗堃作外文勘誤，並增納《大乘廣五蘊論講記》。

「五分鐘說書競賽」於 25 日下午舉行，校長惠敏法師在開場時，分享《能量、性、死亡——粒線體與我們的生命》（*Power, Sex, Suicide: Mitochondria and the Meaning of Life*），介紹在人體生存二十億年的細胞；十三位參與者所介紹的書籍，包含科學、人文、哲學、醫療、藝術等類，分享不同領域的閱讀心得。在佛教學院擔任訪問學人的上海大學歷史系講師成慶，也報名加入說書行列，他表示，佛教學院充滿多元化的氛圍，學生閱讀層面廣泛，視野開闊，充分體現適應社會、理解不同族群的能力，正是現代教育所強調的學生特質。

佛教學院期盼藉由活動，促使大眾更了解與支持圖資館的各項功能與服務。

實踐

肆【國際弘化】

為落實對全世界、全人類的整體關懷，

透過多元、包容、宏觀的弘化活動，

經由禪修推廣、國際會議、宗教交流……

消融世間的藩籬及人我的對立與衝突，

成就普世淨化、心靈重建的鉅大工程。

傳承與分享
漢傳佛法芬芳遍全球

國際弘化在2013年，透過跨宗教的對談參與，

在世界舞臺上，分享、傳承了心靈環保的全球倫理；

跨國際的學術締約與合作，屢屢為大學院教育的推展再添新猷；

日益頻繁的兩岸交流，結合跨領域的多元面向，

透過參訪、觀摩及座談等形式，導向經驗傳承及實務切磋；

海外據點的多元弘化，傳薪創新，在國際間普傳漢傳禪法的芬芳。

2013年法鼓山在國際交流及海外發展各方面皆有突破性的進展，包括方丈和尚果東法師首次代表法鼓山，在海外舉辦的跨宗教領袖座談中擔任與談人；法鼓佛教學院校長惠敏法師受邀至羅馬教廷出席宗教對話研討會發表演說；僧伽大學也首度與韓國的佛學院正式締結交流合作關係，可謂跨出國際化的一大步。

跨宗教對談
傳承分享全球倫理

5月初，羅馬教廷「宗教對話委員會」、中華民國外交部駐教廷大使館共同籌辦「國際宗教對話研討會」，以「和平內心創造人類和平」為主題展開對話，邀請義大利天主教、藏傳佛教、日本佛教及漢傳佛教代表參與，惠敏法師代表法鼓山、同時也是唯一臺灣佛教代表與談，並在「佛教徒與天主教徒——推動尊重生命之價值，以一個佛教徒的觀點來看」場次中，發表〈超越自他的倫理觀——佛教對於內在與社會安樂的觀點〉論文，提出實證研究，證實佛法「超越自他的倫理觀」有助個人身心健康、增進社會和諧。

法師表示，聖嚴師父於2000年即已在國際間提倡「心靈環保」，正與此次研討會議的主題相呼應，近年來，法鼓山透過國際會議的參與，展現漢傳佛教在當代的適應與開創，也期望能為世界各宗教的合作、世界和平的理想，貢獻一己之力。

9月，方丈和尚果東法師應邀出席由澳洲墨爾本跨宗教中心（the Interfaith Center）、墨爾本維多利亞省多元文化委員會（Victorian Multicultural

Commisson）、法鼓山墨爾本分會共同舉辦的跨宗教座談，與十一位國際宗教代表，就「珍惜世界‧消弭衝突」（Cherish the World,Bringing an End to Conflict）為為主題進行座談；方丈和尚以「百川匯入大海」，譬喻各宗教其實都在同一法界之中，大海具有包容性，好的、壞的都不排斥，如同漢傳佛教的「海印三昧」觀，森羅萬象都在其中呈現；同時也分享聖嚴師父提出的「建立全球倫理」價值觀，以寬容取代對抗、以敬愛取代暴力、以療傷止痛取代報復仇恨。

聖嚴師父生前極力在國際間推動跨宗教了解與宗教合作，對於推動世界和平提出「求同存異」的建言，獲得各宗教領袖的認同與回響。繼2004年師父首度於墨爾本參與跨宗教座談後，2013年再次由方丈和尚代表法鼓山出席此一國際性跨宗教交流，分享心靈環保的理念與全球倫理，也是傳承師父的信、願、行。

學術與修行並重
大學院國際合作創新猷

除了以學術研討會、活動的舉辦開啟國際學術交流，綜觀大學院教育在國際弘化的推展，法鼓山僧伽大學於3月與韓國海印寺佛學院簽署交流合作協議書，跨出邁向國際姐妹校締盟關係的第一步。海印寺因擁有八萬大藏經的世界文化遺產，素有「法寶寺」之稱，此次法住寺會主月誕大宗師、

海印寺僧伽大學總同門會會長頂宇法師及海印寺住持善海法師等一行近六十名僧眾來訪，並由海印寺僧伽大學校長海月法師與法鼓山僧伽大學院長果東法師代表雙方正式簽署締約，期許展開密切的交流合作。

另外，法鼓山受義大利普世博愛運動（Focolare Movement）之邀，於4月參加在臺灣輔仁大學舉辦的宗教論壇活動，會後包括義大利上智大學學院（Istituto Universit）校長等多位學者至園區參訪，並與僧團法師、佛教學院師生進行座談。

5月，圓滿結束在羅馬舉辦的「國際宗教對話研討會」的惠敏法師，也回訪義大利上智大學學院，除了交流，也參觀福音小城大教堂、產學合作藝術村商店、產學合作「共融」商城等具有特色的設施；法師表示，佛教學院可在國際化、宗教對話、科際整合，以及成立具備人文社會關懷特色的世界佛教教育園區等方面，與上智大學學院展開交流合作。

11月，佛教學院與美國法界大學（Dharma Realm Buddhist University）合辦東西方辦學經驗之交流座談，邀請恆實法師（Rev. Heng Sure）等師長進行數場演講，如何結合學術與修行弘化成為師生們關切的議題。隨後宗南嘉楚仁波切也應佛教學院之邀，以「現代學術研究情境下的佛法修行」為主題進行演講，強調解行必須互資，方能有效學習。

海外據點新發展
漢傳佛法國際發聲

2013年,在體系海外道場及護法據點的發展上亦有長足進步,美國洛杉磯道場於本年度正式營運;在歐洲,新成立英國倫敦聯絡處,可望接引更多西方人士接觸禪法。

在北美地區,美國紐約東初禪寺擴建工程設計案完成;2012年硬體落成啟用的加州洛杉磯道場,本年度正式公告營運,僧團並派遣常住法師至當地關懷,繼續執行部分建物的營繕工程,5月首次在西岸傳授菩薩戒,引起廣大迴響。

而不少北美護法分會也積極為購置永久會所舉辦大型活動以籌募經費,其中新澤西州、加州舊金山,以及加拿大安省多倫多分會已覓得新會所,將開展後續相關文件申請及裝修工程。其中,舊金山分會汲取國內「萬人禪修」的經驗模式,10月在當地舉辦「千人禪修」活動,兼具對外推廣心靈環保及法鼓八式動禪,與對內凝聚悅眾向心力之效,方丈和尚及僧團法師也親臨現場關懷鼓勵。

以接引西方信眾為主的佛羅里達州塔拉哈西聯絡處積極申請為分會,10月底方丈和尚及國發處監院果見法師等一行至當地關懷,除為現場近百名信眾開示,並為當地四十名信眾傳授三皈五戒;隨後前往紐約象岡道場出席北美年會,包括方丈和尚在內共十二

位法師出席,與來自美國、加拿大十一個地區,共一百零八位東、西方悅眾,共商北美弘化的現況與展望。透過年會的召開,肯定法鼓山國際弘化的展望及方向——除了接引大眾走入道場,還須走入社區、走向人群。

北美之外,2013年亞洲香港、馬來西亞、泰國、新加坡等地道場及分會,也戮力於各式弘化活動的舉辦,方丈和尚並於7月至馬、泰、新三地關懷,主持系列的演講及皈依典禮,當地媒體均安排採訪及大篇幅報導。

9月,方丈和尚前往澳洲墨爾本及雪梨,參與兩地護法分會舉辦的系列活動,其中雪梨分會也舉辦了新會所的落成啟用及佛像開光典禮,法鼓山在澳洲的發展可望更進一步。

歐洲部分,除盧森堡聯絡處及英國里茲聯絡點之外,2013年新成立了英國倫敦聯絡處,以推廣法鼓山的禪法為活動主軸,期使漢傳禪法在歐洲奠下有利的發展基礎。

此外,禪修中心副都監果元法師、聖嚴師父法子繼程法師也陸續前往波蘭、瑞士、倫敦以及墨西哥、印尼等地,推廣禪修及弘講。

交流兩岸
分享跨領域經驗

在兩岸部分,近年來更出現多元角度觀摩交流的趨勢,將交流的訴求導向經驗技術的傳承及實務分享切磋,包括2月五臺山真容寺道場建設團隊、3月北

京龍泉寺團體、8月杭州徑山寺及11月河北柏林禪寺暨湖北四祖寺等的相繼參訪，與僧團法師及各執事代表，就人才培育、寺院建築與設計、義工制度、文化出版、弘化課程、慈善關懷等面向，進行觀摩及座談。

此外，學術與教育方面，由新疆塔里木大學西域文化研究所主辦、佛教學院協辦的「2013第二屆海峽兩岸西域暨絲路文化學術研討會」，7月在新疆展開；方丈和尚則應邀出席了6月在廈門舉辦的「第五屆海峽論壇」、8月在香港舉辦的「慈宗國際學術論壇」。辦學相當出色的閩南佛學院及南普陀佛學院師生，也分別來訪總本山，分享佛學院辦學經驗。

結語

2013年，法鼓山國際發展處與國際扶輪社、美國長島大學（Long Island University）再度合作，分別於7月及10月在總本山舉辦兩天一夜青少年營隊及三天兩夜宗教文化營，讓來自各國的年輕學子體驗漢傳佛教禪法及園區境教。宗教文化營隊內容包括佛門禮儀、禪修觀念與方法、梵唄等，引導學員熟悉寺院生活，並透過「漢傳禪佛教與當代社會」、「法鼓

山主軸思想——心靈環保」、「法鼓山的自然環保」等課程，分享漢傳佛教與時俱進的內涵及作為。

暑假期間，外交部委託中國生產力中心承辦之國際青年臺灣文化體驗營，計有英、法語兩梯於法鼓山園區進行單日參訪交流，鮮少接觸佛教的歐、美、非洲國際青年菁英，藉此機會紛紛踴躍提問，而接待的法師、專職與義工也有問必答，親切互動。青年團體之外，德國、比利時、大陸等國際傳媒人士也先後造訪總本山及農禪寺，新加坡《海峽時報》亦針對道場的國際外賓參觀交流情況進行採訪及報導。

就整體國際弘化而言，在2013年，不論道場或護法據點都注入了活水，開展出新的蓬勃氣象，國際交流的面向也更為深入、多元，相信在四眾弟子同心同願努力深耕下，定能承先啟後、傳薪創新，繼續在國際間普傳漢傳佛法的芬芳。

2013法鼓山北美年會於紐約象岡道場舉行，美國、加拿大等地悅眾齊聚，展望弘化新契機。

總論

傳承與分享 漢傳佛法芬芳遍全球

● 01.05～12

法鼓山出席 2013 國際佛教善女人大會
分享臺灣比丘尼眾成長經驗

中華佛研所所長果鏡法師、助理研究員常諗法師代表法鼓山，於 1 月 5 至 12 日參加在印度吠舍離（Vaishali）大愛道比丘尼寺舉行的「第十三屆國際佛教善女人大會」，與來自三十二國、六百多位佛教界代表進行交流，分享臺灣比丘尼眾成長經驗。

此次的會議主題為「草根佛教」，彰顯女性佛教徒入世化世的努力和成就。果鏡法師主持「佛學教育——臺灣經驗」、「茶道」二個工作坊，常諗法師發表論文〈當代女禪師的培養與弘化——以法鼓山比丘尼僧團為例〉，並帶領早晨禪修時段的法鼓八式動禪體驗，也擔任翻譯義工。

會議期間適逢初一，大會特別規畫「國際比丘尼誦戒會」，不分傳承，只要受過比丘尼戒者，均按照戒臘排列，分別以巴利文、中文唱誦戒文。在大愛道首創尼眾僧團二千五百年後的今日，這場誦戒會別具歷史意義。

國際善女人會議中，果鏡法師（左）主持的茶禪工作坊，受到與會人士好評回響。

常諗法師表示，透過與各國代表的交流，感受到二十一世紀的佛教，正如聖嚴師父在 1999 年曾說過的，將成為「世界佛教」；要弘揚漢傳佛教，必須使漢傳佛教與世界佛教會通，接納並發揮各系佛教所長，才能成為未來世界整體佛教的一大主流。

● 01.13

香港護法會壘球嘉年華會推廣禪修
以禪鼓、八式動禪結善緣

香港護法會應邀參加香港壘球總會於九龍天光道舉辦的「七十六週年嘉年華會」，設立專區推廣「聖嚴法師 108 自在語」與相關結緣書籍，並帶領法鼓八式動禪、托水缽等活動，與民眾分享佛法智慧以及禪修方法。

參與嘉年華會的民眾多數是壘球總會的年輕會員，在親身體驗托水缽、法鼓八式動禪以及禪鼓後，表示即使處身沙塵滾滾的壘球場、熱鬧的人聲與音樂聲

香港護法會參加香港壘球總會嘉年華會，於會場上推廣法鼓八式動禪。

中，也能感受內心的自在清涼。

義工也在活動現場贈送結緣品與《法鼓》雜誌，許多民眾不僅滿心歡喜，也表示已認識法鼓山，或看過聖嚴師父《正信的佛教》等著作。

參與的義工表示，藉由此次的社區禪修推廣活動，深深體會到聖嚴師父所說的成功三部曲「隨順因緣、把握因緣、創造因緣」，只要在日常生活中精進不懈，做最好的準備，因緣具足、把握當下，便能夠廣結善緣與淨緣。

● 02.02～24期間

海外四眾弟子緬懷師恩
法鼓傳燈日精進修行

2013年2月，聖嚴師父圓寂四週年，海外四眾弟子緬懷師父的教化恩澤，舉辦「法鼓傳燈日」活動，發願傳承漢傳佛法，利益普世大眾。各地活動概述如下：

美國紐約東初禪寺首先於2月2日舉辦「法鼓傳燈一日禪」，由果明法師帶領，五十多位東西方信眾齊聚一堂，透過禪坐、觀看聖嚴師父的禪修開示影片，重溫師父的教法；3日，舉辦法鼓傳燈日講座，由住持果醒法師主講「《楞嚴經》與中國禪宗」，共有七十多人參加。

另一方面，美國加州洛杉磯道場、北美護法會伊利諾州芝加哥分會於2日舉辦「大悲心起 · 願願相續——法鼓傳燈日」傳燈法會，以念佛共修、傳燈、發願的方式緬懷聖嚴師父；加州舊金山分會、華盛頓州西雅圖分會也於同日舉辦「法鼓傳燈日半日禪」，由悅眾帶領禪坐共修。加拿大溫哥華道場則於23日上午舉辦佛學講座，由經營規畫處監院果傳

加拿大溫哥華道場舉辦傳燈法會，大眾恭敬接捧法師點燃的明燈。

法師主講「《藥師經》概要」；下午舉辦傳燈法會，內容包括念佛、禪坐共修等，並由監院果舟法師主持傳燈儀式，在一盞盞相傳的燭燈中，眾人祈願佛法的明燈不滅。

亞洲的馬來西亞道場，於18日舉辦緬懷師恩活動，僧團女眾副都監果舫法師、馬來西亞護法會首任召委林孝雲分享聖嚴師父的言教與身教；最後在觀世音菩薩聖號聲中，眾人點燃手中的燈，也藉此點亮自己的心燈，法師勉眾不忘與人分享佛法、分享法鼓山的理念。

此外，香港護法會、澳洲護法會墨爾本分會也於23、24日首度舉辦傳燈法會。其中，香港護法會的傳燈法會由僧團果興法師主持，法師勉勵大眾發起大悲願心，傳承聖嚴師父悲願，讓佛法明燈永續不滅。

2013 海外分支道場「法鼓傳燈日」活動一覽

地區	主辦單位	日期	活動內容
美洲	美國紐約東初禪寺	2月2～3日	觀看聖嚴師父開示影片、禪坐共修、傳燈日專題講座
	美國加州洛杉磯道場	2月2日	念佛共修、傳燈、發願
	加拿大溫哥華道場	2月23日	佛學講座、念佛、禪坐共修、傳燈、發願
	北美護法會加州舊金山分會	2月2日	半日禪
	北美護法會伊利諾州芝加哥分會	2月2日	念佛共修、傳燈、發願
	北美護法會華盛頓州西雅圖分會	2月2日	半日禪
	北美護法會新澤西州分會	2月3日	念佛共修、傳燈、發願
亞洲	馬來西亞道場	2月18日	法師、悅眾分享聖嚴師父教澤；傳燈、發願
	香港護法會	2月23日	觀看聖嚴師父開示影片、傳燈、發願
大洋洲	澳洲護法會墨爾本分會	2月24日	念佛共修、傳燈、發願

● 02.03

感恩聖嚴師父好友鼎公護持擴建工程
東初禪寺住持果醒法師專程拜訪

2月3日，美國紐約東初禪寺住持果醒法師、監院常華法師拜訪文壇尊稱「鼎公」的作家王鼎鈞，並致贈聖嚴師父墨跡「大悲心起」，感謝護持東初禪寺的擴建工程。

果醒法師分享，自己十八歲就讀過《開放的人生》，並推崇鼎公的書寫、言教與聖嚴師父一樣，都有很大的影響力，都能利益眾生。

果醒法師（右）將聖嚴師父墨迹「大悲心起」致贈作家王鼎鈞（左），感恩護持東初禪寺的擴建工程。

在回答常華法師提問時，鼎公談起作家的寫作歷程：年輕時，想像力豐富，對生命充滿幻想，適合寫詩；中年時，精力充沛，歷經種種人際關係，適合寫小說；老年時，記憶力衰退，剩下的都是雜念，只能寫雜記；唯有經過宗教信仰或是修行的提昇，才能將雜質去除，寫出清淨的文章，就像蒸餾的過程。鼎公表示，聖嚴師父的佛法分享，讓自己在寫作遇到瓶頸時，產生這樣的蒸餾作用，能夠再度提筆，寫出有生命力的文章。

與聖嚴師父結緣深厚的鼎公，於1月9日在紐約舉辦新書《度有涯日記》、《桃花流水杳然去》發表會上，捐出三百多本書的版稅，護持東初禪寺的擴建工程。

● 02.09～24

海外道場共修迎新春
邀請民眾自在過好年

2月9日除夕至24日春節期間，除了全臺各分支道場規畫系列新春活動之外，海外如美國、加拿大，以及亞洲馬來西亞、香港、新加坡、泰國等地區分支道場，也同步舉辦共修活動，邀請民眾自在過好年。

美洲地區，美國紐約東初禪寺首先於9日除夕夜舉辦大悲懺法會，由常諦法師帶領，為全世界祈福。10日初一上午舉辦普佛法會，由住持果醒法師帶領，法師並以「蛇年龍運」為主題開示；下午則進行藝文表演，包括舞獅、魔術、京劇、川劇變臉、東初合唱團演唱等。而正在整修的隔壁空間，則舉辦活動，為東初禪寺擴建籌募經費，回響熱烈。

美國西岸的洛杉磯道場以「得心自在」系列活動迎接新年。9日除夕當天，由僧團都監果廣法師帶領

溫哥華道場舉辦新春普佛法會，信眾一心禮誦拜懺，體會身、口、意與佛相應。

四位法師，舉行慈悲三昧水懺法會；10 日舉辦普佛法會，近百位信眾參加，並向法師拜年；24 日舉辦元宵燃燈供佛法會，在熱鬧、溫馨和感恩的祝福下，迎接啟用後的第一個新春。

加拿大溫哥華道場於 10 至 11 日連續舉辦新春普佛、大悲懺、藥師法會，共有四百多人次前往禮敬諸佛、懺悔禮拜；11 日初二下午並舉辦新春茶禪，大眾聆聽方丈和尚新春開示與祝福影片、觀看《2012 年法鼓山大事記》；24 日元宵節，則舉辦燃燈供佛法會，六十多位信眾以虔誠恭敬心於佛前燃燈供養。

亞洲地區，馬來西亞道場在 9 日除夕舉辦拜懺法會、初一進行普佛法會、24 日舉辦元宵燃燈供佛法會；香港、新加坡、泰國等地護法會則在 10 日初一同時舉辦新春普佛法會，泰國護法會並於 23 日舉辦元宵燃燈供佛法會，由馬來西亞道場常峪法師、常文法師帶領，會中並進行傳燈儀式，以傳燈、發願來緬懷聖嚴師父，共有八十多人參加。

2013 海外分支道場新春主要活動一覽

區域	地點	日期	活動名稱／內容
美洲	美國紐約東初禪寺	2 月 9 日	大悲懺祈福法會
		2 月 10 日	新春普佛法會、新春講座「蛇年龍運」
		2 月 11～15 日	新春藥師法會
	美國加州洛杉磯道場	2 月 9 日	除夕慈悲三昧水懺法會
		2 月 10 日	新春普佛法會
		2 月 24 日	元宵燃燈供佛法會
	北美護法會加州舊金山分會	2 月 10 日	念佛共修、點燈供佛
	北美護法會華盛頓州西雅圖分會	2 月 3 日	新春大悲懺法會暨聯誼活動
	北美護法會新澤西州分會	2 月 10 日	誦菩薩戒、持誦〈大悲咒〉共修、觀看聖嚴師父開示影片
	加拿大溫哥華道場	2 月 10 日	新春普佛法會、新春大悲懺法會
		2 月 11 日	新春藥師法會、新春茶禪
		2 月 24 日	元宵燃燈供佛法會
	北美護法會安省多倫多分會	2 月 10 日	持誦〈大悲咒〉共修、觀看聖嚴師父「生活禪修體驗」開示影片
亞洲	馬來西亞道場	2 月 9 日	除夕拜懺法會
		2 月 10 日	新春普佛法會
		2 月 24 日	元宵燃燈供佛法會
	泰國護法會	2 月 10 日	新春普佛法會
		2 月 23 日	元宵燃燈供佛法會、傳燈儀式
	香港護法會	2 月 12 日	新春普佛暨祈福法會
		2 月 16 日	新春大悲懺法會
	新加坡護法會	2 月 16 日	新春祈福法會

● 02.16～24

安省分會舉辦新春弘法活動
果醒法師主持佛學講座、帶領禪修

2月16至24日農曆新春期間，北美
護法會安省多倫多分會舉辦多場弘法活
動，由美國紐約東初禪寺住持果醒法師
帶領，共有兩百五十多人次參加。

果醒法師首先於16日在當地北約克
市政中心（North York Civic Centre）帶
領大悲懺法會，並以「得心自在——如
何用禪法來安身、安心、安家、安業」
為主題，進行開示，法師說明運用少欲
知足、勤勞簡樸、互敬互助、敬業樂群，
即可身、口、意三業清淨，而四安之中，

果醒法師於安省分會帶領生活禪，指引禪修在生活中的實用。

最重要的是安心，用安心來安身，身心若能平穩自在，自然能夠安家安業。

17日，果醒法師於分會帶領佛一，並進行佛法講座，講題是「念／拜佛與四
念處」，法師說明用四念處來觀察拜佛，不是企圖要改變、干涉拜佛的行為，
並沒有要把身體的緊改為鬆，不舒服改為舒服，只是清楚地覺察、了知當下的
身心現象，到最後看到這些身心現象的本質，都是無常、無我、空。果醒法師
提醒，只有對現前身體的動作清楚了覺，才會看到更細微的樂受、苦受生起，
如果身心粗重，心也會浮躁散亂，就沒有能力觀照。

在19至20日分會舉辦的「《楞嚴經》與默照、話頭禪」講座上，法師對《楞
嚴經》做了概略介紹，並說明禪宗從直指人心的頓悟法門，逐漸演進為頓悟漸
修的默照與話頭禪法。

除了佛學講座，果醒法師也於23、24日，分別在分會帶領生活禪、禪一，
指引禪眾體驗禪修在生活中的活潑意趣。

● 02.20～06.26

東初禪寺週三佛學課程
常諦法師講授《法華經》

美國紐約東初禪寺於2月20日至6月26日，每週三舉辦中文佛學課程，由
常諦法師導讀《法華經》，有近六十人參加。

課堂中，常諦法師以《法華經》的經本為主，並配合聖嚴師父著作《絕妙說法——法華經講要》，帶領學員深入經典，及經文的旨趣。法師引用聖嚴師父說明《法華經》共七卷二十八品，前十四品是「跡門」，是了解佛陀的種種應化，以及三乘的教法，是佛陀善巧方便示現後留下的軌跡；後十四品「本門」，則開顯了佛壽長遠無疆，說明真如實相及佛性的不生不滅，是一佛乘及佛道的根本；而著名的「法華七喻」等故事，則讓人從種種妙喻中，體會佛陀希望眾生「悟入佛之知見」的本懷。

6月29日《法華經》課程最後一堂，常諦法師帶領學員禮拜《法華三昧懺儀》，勉勵學員「如說修行」，才是真正受持《法華經》。

6月26日最後一堂課，法師並帶領學員，禮拜一部《法華三昧懺儀》。拜懺後，常諦法師進一步說明《法華三昧懺儀》的完整修持，包括禮懺、誦經、禪修三部分，其中最重要的是禮懺誦經之後，對於「空觀」的修持；法師勉眾只有精進地「如說修行」，才是真正的「法供養」，才能真正地報佛恩，才是真正地在受持《法華經》。

上課前，學員們除了預習經文及師父著作，還須整理《法華經》各品中，有哪些佛菩薩在宣講《法華經》，以連貫經文脈絡。有學員表示，這些「前行功課」，讓自己不論在預習或課堂上，都格外認真與專心。

● 02.22

馬來西亞道場舉辦佛學講座
果舫法師導讀《聖嚴法師教淨土法門》

馬來西亞道場於2月22日舉辦佛學講座，由僧團女眾副都監果舫法師導讀聖嚴師父著作《聖嚴法師教淨土法門》，有近八十人參加。

出家近三十年、多年來專修彌陀淨土法門的果舫法師，在講座中分享自己修學淨土法門的因緣，也介紹淨土法門的殊勝，為一切佛國淨土之最，是阿彌陀佛綜合無量佛國淨土的妙勝，發願化現的莊嚴佛國。法師指出，彌陀淨土是「三根普被，利鈍全收」的法門，即便造了五惡十逆罪業的人，若臨命終時得到善知識指引，生大信心而一心稱名念佛，也能蒙佛接引；法師並引《阿彌陀經》、

果舫法師勉勵馬來西亞信眾，時時勤修念佛，才能契合修學淨土法門的要旨。

《無量壽經》、《觀無量壽經》三部經典，進一步講述往生的內容及條件。

　　果舫法師表示，淨土法門易學，卻是簡單難信之法，除了善根福德因緣，更須具備信、願、行：相信有阿彌陀佛和極樂世界、相信自己有能力修學淨土法門，立下臨命終之際往生西方的深願，同時在生活中，更須時時實踐佛法、勤修念佛，才能契合修學淨土法門的要旨。

● 02.23～07.20

新州分會開辦佛學初階、青少年佛學班
推廣佛化家庭　將佛法扎根於青少年

　　北美護法會新澤西州分會於 2 月 23 日至 7 月 20 日期間，隔週週六開辦佛學初階課程，由紐約東初禪寺常諦法師授課，共十一堂，內容包括因緣因果、五戒十善、三學、八正道等，這是普化中心聖嚴書院佛學課程首次在美國東岸開課，有近六十人參加。

　　佛學初階班第一堂課的主題是：「為什麼要學佛？」常諦法師說明學佛的目的，一方面是要幫助自己斷除煩惱，另一方面也發心如何幫助他人斷煩惱。法師以出家人「化緣」的圖文開啟學佛之旅，指出「化緣」不是指金錢，而是指化度的因緣，旨在培植因緣，化一個歡喜，化一份因緣，是化一分心；並提醒，來此上課的因緣是來「學佛」，不是研究「佛學」，鼓勵大眾要發成佛的願心。

　　同時間，新澤西州分會並開辦「聖嚴書院佛學初階班附設兒

新州分會的佛學初階班，是聖嚴書院佛學班首度在美國東岸開課。

童青少年英語佛法班」，由資深悅眾帶領，由於學員年齡從五歲至十八歲，因此分為五至十一歲、十二至十八歲兩班授課，藉由活潑有趣的課程，推廣佛化家庭。

例如為青少年講說「業力」，講師以手指旋轉銅板，當外力移開，銅板仍旋轉許久才停止，以轉動銅板的外力比喻為業力，說明每個人身、口、意的任何造作，都會有持續深遠的影響；也播放動畫影片，了解佛陀童年為悉達多太子時，與提婆達多為了一隻受傷的大雁而起爭執，佛陀細心照料受傷的大雁，待其康復後，讓牠重回大自然懷抱，透過這個關懷眾生的例子，引導兒童討論如何對待身邊的家人。

課程除陸續介紹諸多佛法觀念，並安排團康、演講、郊遊等活動，希望接引下一代親近佛法，讓漢傳佛法扎根於年輕世代。

● 03.18

惠敏法師新加坡講「慈悲禪修之心智科學」
以科學實證角度解析禪修的正向影響力

新加坡護法會、新加坡國立大學中文系於當地大悲佛教中心聯合舉辦講座，由佛教學院校長惠敏法師主講「慈悲禪修之心智科學」，近三百人參加。

惠敏法師首先介紹「慈悲喜捨」，也就是「四無量心」的禪修方法，經由功能性核磁共振攝影（fMRI）等科學腦影像研究後，已證實有助於個人情緒的調適和身心健康，同時也可增進人際關係。法師分享研究實例指出，在播放小孩子快樂的笑聲與大人憤怒的喊罵聲時，研究結果明顯地顯示，小孩快樂的笑聲讓受測者的情緒較為平靜安定。

惠敏法師引用科學研究實例，說明禪修對身心的正向影響力。

另一個例子是將學生分成兩組，一組看「遲鈍」、「健忘」、「沮喪」等負面字眼；另一組看「快樂」、「喜悅」、「活潑」等正向字句，之後安排受測者同樣從 A 點走到 B 點，一邊走路、一邊拼湊看到的完整字句。研究結果指出，接觸負面字句的學生，較慢抵達目的地，反映出情緒對行為的實際影響。

惠敏法師不僅深入理解現代的科技與人們的密切關係，也從「心」體悟佛法

和科技相通相容之處，闡釋佛法的正見正念；並援引諸多實例，說明以「慈悲喜捨」為核心的生命教育，從而提昇現代人的生活品質。

● 03.23

新州分會首辦三昧水懺法會
常華法師領眾虔心拜懺

3月23日，北美護法會新澤西州分會於當地假日皇冠大飯店（Crowne Plaza Hotel）首度舉辦「慈悲三昧水懺法會」，由護法會輔導法師常華法師帶領，共有八十多人參加。

常華法師開示，大眾有很多煩惱，心不安定，原因都是來自四種顛倒見，以為世間的快樂財富是永恆的，但事實並非如此，擁有的時候很快樂，失去時很痛苦，這個擁有就是苦、執著，如果把執著、苦、空、無我的念頭都放掉，就能看到真正的常樂我淨；法師也提醒拜懺時「欲滅三障，興七種心」的正確心態，說明三障就是煩惱障、業障、報障，七種心是指慚愧心、恐怖心、厭離心、菩提心、怨親平等心、念報佛恩心、觀罪性空心。

法會圓滿後，常華法師說明分會已覓得永久會所；分會召集人郭嘉蜀也祈願信眾持續發心護持，讓道場建設早日完成，接引更多人學習佛法的慈悲與智慧。

● 03.23～04.01

果醒法師澳洲雪梨弘法關懷
主持佛法講座 帶領禪修活動

3月23日至4月1日，美國紐約東初禪寺住持果醒法師於澳洲雪梨弘法關懷，內容包括佛法講座、禪修活動等。

果醒法師首先於23日在雪梨華僑文教服務中心主講「《楞嚴經》與心靈環保」，闡明《楞嚴經》中所提「心與現象」的關係，指出心和現象是互動的，心有見、聞、覺和思巧的功能，人沒有一個時刻能和心脫離關係，而被看到、感覺到的則是現象、是物，但是，我們常把物、現象當成是自己，就如同鏡子，鏡中有「我」的影像，但鏡中的我卻不是「我」，「我」才是本尊，才具有思考回應的能力，這就是「心中的媽媽不是媽媽」。

法師進一步指出，把心和現象分開，認清現象只是現象，不是能見、聞、覺、知的心，不是我，不要停留在現象上，心不隨物轉，就可以得心自在，自己作

自己的主人,就是「心靈環保」的實踐。包括雪梨華僑文教服務中心主任鄭介松、前雪梨臺灣貿易中心主任林萍等,共有五十多人參與這場講座。

法師 24 日於當地柏爾斯角保護區(Balls Head Reserve)帶領戶外禪,先學習法鼓八式動禪,體驗運動中的禪意,隨後在公園步道進行「托水缽」,練習身心合一、讓心保持安穩不受外境影響。果醒法師提醒禪眾,所有的外境都是中性的,沒有快樂或憤怒,要常常練習經常把心拉回,用放鬆的心面對外在環境的衝擊。

3 月 30 日至 4 月 1 日,分會於當地英格爾賽德童軍營地(Ingleside Scout Camp)舉辦禪三,在果醒法師的引導下,禪眾進行數息、禪坐、懺悔禮拜,並練習將禪修方法運用在日常生活中。

果醒法師深入淺出地闡明禪法特點,並搭配禪修方法的指導與運用,讓許多信眾深感受益良多,並表示希望法師有機會再到雪梨分享禪法。

● 04.14～28

果祺法師溫哥華弘揚禪法
帶領默照禪七、青年營隊等

青年發展院監院果祺法師、常元法師於 4 月 14 至 28 日,在加拿大溫哥華道場弘法關懷,內容包括舉辦禪七、帶領青年營隊等,共有一百多人參加。

兩位法師首先於 14 日在夢地森林公園(Mundy Park)帶領戶外禪,進行經行、托水缽體驗,引領

默照禪七期間,果祺法師為西方禪眾進行小參。

學員在自然中沉澱身心,深入覺察自我與環境的關係;果祺法師也特別提醒安定身心的要訣:「身在哪裡、心在哪裡;清楚放鬆,全身放鬆。」,並鼓勵大家將禪法運用在生活中。

19 至 26 日,果祺法師於道場主持默照禪七,內容包括早晚觀看聖嚴師父的開示影片、坐禪與動禪練習等;法師以調身、調息、調心為主軸,帶領坐姿要訣與放鬆要領,也適時以師父的開示引導禪眾用功。對於禪修時的身心反應,果祺法師則不斷叮嚀,最好的處理方式就是「不管它」。

27 至 28 日道場舉辦「法青二日心靈成長營」，在果祺法師、常元法師的帶領下，學員藉由彩繪、戲劇表演、團康等方式，了解自己如何面對各種情境，從而更加認識自我，也啟發探索生命的真義。

有學員表示，將從改變生活中小小的習慣出發，隨時回到當下心念的關照，並提起正念，找到轉變內在的力量。

● 04.19～21

香港法青會舉辦「青年卓越禪修營」
學員放鬆身心、紓解壓力、自我成長

香港法青會於 4 月 19 至 21 日在當地薄扶林傷健營，以「人生 Upgrade 3.0」為主題，首度舉辦「青年卓越禪修營」，由青年院常義法師、常灃法師帶領，僧團副住持果品法師、香港護法會常炬法師到場關懷，共有八十位來自香港、中國大陸、澳門、臺灣等地青年參加。

透過堆疊撲克牌活動，練習專注、鍥而不捨的耐心。

三天兩夜的禪修營，包括了初級禪訓班的課程，輔以心靈成長活動。在禪修課程方面，以聖嚴師父過去於「大專禪修營」的開示影片，引導學員建立禪修應有的觀念與心態，並搭配禪修方法，實際練習和體驗；每天早上並安排戶外禪，學員們離開水泥叢林，貼近大自然，在溪水聲、鳥聲、蟲聲合奏的天然交響樂中，感受禪的輕安自在。

心靈活動方面，「撲克人生」、「我的曼達拉」、「心靈勇士」、「寫給未來我」等單元，讓學員進行反思與沉澱。透過堆疊撲克牌，練習專注和鍥而不捨的耐心；經由畫出內心世界的曼達拉，思考生活的全面與未來；藉著欣賞影片、彼此分享，探索內在深沉的自我。最後學員們將滿滿的心得寫在紙上，寄給半年後的自己，提醒不要忘了當下的初發心。

學員分享時表示，參加此次營隊最大的收穫，就是在禪修中體會到放鬆的輕安自在；十三位擔任小隊輔的香港法青也表示，在營隊籌備的過程中，學習良多，也開啟一個好契機，接引更多年輕人學習成長、自利利他。

● 04.20～21

馬來西亞道場舉辦「舒活二日禪」
體驗禪法在日常生活中的活用

馬來西亞道場舉辦「舒活二日禪」，學員體驗禪法在日常生活中的活用。

4月20至21日，馬來西亞道場於當地雲頂高原清水岩廟舉辦「舒活二日禪」，由僧團常藻法師、常峪法師、常律法師帶領，共有七十九位學員參加。

兩天的活動，安排了禪坐、法鼓八式動禪、托水缽、經行，引導學員體驗禪法在日常生活中的活用。活動一開始，常藻法師首先說明禪堂的規矩、動線、環境，以及活動期間的注意事項等，之後隨即展開禪坐，每炷香的禪坐間，並穿插了瑜伽運動和觀看聖嚴師父的影片開示。

由於適逢週末，白天有遊客到訪；到了晚上，聲音少了，環境也安靜下來。不管外境如何變化，學員都認真運用法師教的方法，練習不受外境影響。

許多學員在心得分享時表示，最大的收穫就是聖嚴師父在影片開示中對修行態度的提醒：應該抱持著無所求的心態，只問耕耘，不問收穫；常藻法師也勉勵學員，修行就像在爬一座鋪滿油的「玻璃山」，雖然過程很困難，起起伏伏都是很正常的，最重要的是投入於每個當下，把心安住。

● 05.06

惠敏法師出席國際宗教對話研討會
代表漢傳佛教並發表論文

5月6日，法鼓山獲邀出席於羅馬教廷宗座傳信大學（Pontifical Urbaniana University Auditorium）舉辦的「國際宗教對話研討會」，由佛教學院校長惠敏法師代表參加，法師並發表論文，與義大利天主教馬明哲（Matteo Nicolini-Zani）神父、瑪麗亞（Maria DeGiorgi）修女、昆哲希（Alberto Quattrucci）博士，以及

藏傳佛教代表格西戈頓德欽喇嘛（Ven. Lama Geshe Gedun Tarchin），日本佛教代表野宗廣（Munehiro Niwano）等各國宗教代表對話交流。

「國際宗教對話研討會」由教廷宗教對話委員會、外交部駐教廷大使館共同舉辦，邀請國際間佛教、天主教代表，以「內心平和與人類和平之道」（Through Interior Peace to Peace of People）為題，共有二百多位宗教代表及傳信大學師生與會。

會議當天，由教廷宗教對話委員會主席陶然樞機主教（Cardinal Jean-Louis Tauran）主持，惠敏法師在「佛教徒與天主教徒——推動尊重生命之價值，以一個佛教徒的觀點來看」場次中，發表〈超越自他的倫理觀——佛教對於內在與社會安樂的觀點〉論文，法師以「慈、悲、喜、捨」四無量心的修行方法，擴展出佛法在生活倫理、家庭倫理、校園倫理的應用實例，並從現代的「心智科學腦影像」（Mind Science and Brain Imaging）研究中，證實佛法「超越自他的倫理觀」，有助於個人的情緒調適和身心健康；對於增進和諧的社會行為，也有很大關聯。

綜合座談會時，惠敏法師也分享自己落實身心健康的五個方法：微笑、刷牙、運動、吃對、睡好，簡稱「身心健康五戒」，指出佛法中知足、助人、寂滅的觀念，是微笑的基礎，並拿出隨身攜帶的牙刷、記錄每日走路步數的計數器，令與會人士露出會心、輕鬆的笑容。

會議圓滿後，法師代表法鼓山將創辦人聖嚴師父的「心靈環保」墨寶，致贈教廷宗教對話委員會、各宗教代表，表示早年師父在國際間提倡的「心靈環保」，正與這次會議的主題相呼應；期望透過參與會議，展現漢傳佛教在當代的適應與開創，並能為世界各宗教的合作、世界和平的理想，貢獻一己之力。

惠敏法師（左）出席於教廷舉辦的國際宗教對話研討會，與會議主席陶然樞機主教（中）、外交部駐教廷大使王豫元（右）合影。

● 05.14

方丈和尚北美弘法關懷——新州分會
主持新道場灑淨

5月14日至6月2日，方丈和尚果東法師、關懷中心副都監果器法師展開北美弘法關懷行，內容包括主持新道場灑淨儀式、「在家菩薩戒」、佛學講座

等。14 日甫抵美國紐約，隨即出席北美護法會新澤西州分會新道場灑淨儀式，並前往分會會所，關懷信眾。

灑淨儀式由紐約東初禪寺住持果醒法師、果器法師主法，眾人虔敬隨著法師，在遍灑淨水甘露、莊嚴的〈大悲咒〉音聲中，繞行道場內外。

方丈和尚開示指出，灑淨的意義，在於透過個人身、口、意三業的清淨，消業除障、蠲除垢穢，同時接引一切眾生聽聞佛法。果醒法師則提點眾人，一般人須藉有形道場來修行，其實道場是我們本有清淨內心的體現，最重要的道場建設，是自我慈悲和智慧的長養。

灑淨圓滿後，方丈和尚一行人前往新州分會會所關懷悅眾和義工。活動中，分會召集人郭嘉蜀分享創於 1993 年的分會歷史，因地利之便，東初禪寺法師經常前來關懷，舉辦佛法講座、禪修、法會等，二十年來，除了平日共修，信眾也參與老人院慰問、助念關懷，並推廣各種教育活動。近年來，隨著成員增加，

方丈和尚果東法師於灑淨前，說明灑淨乃透過身、口、意三業清淨，消業除障，並接引眾生聽聞佛法。

租賃場所漸不敷使用，自 2011 年起，經多方勘察，終於在 2013 年覓得新家。

購置的新道場位處新州中部，為華人集中地區，臨近主要交通幹道，第一期整建將以簡約為原則，內部規畫大殿、禪堂、圖書室、齋堂、大寮等空間，室外採人車分道設計，並進行綠化工程，創造出安定的修行環境。

● 05.16～19、05.24～27

紐約象岡、洛杉磯道場在家菩薩戒
方丈和尚勉眾契入法鼓山理念 安頓身心

法鼓山於 5 月 16 至 19 日及 24 至 27 日，分別在美國紐約象岡與加州洛杉磯道場舉辦在家菩薩戒，兩場菩薩戒戒會皆由方丈和尚果東法師、東初禪寺暨象岡道場住持果醒法師、關懷中心副都監果器法師擔任菩薩法師，共有兩百一十五位東、西方信眾受戒。

為期四天的戒期，以演禮及聽戒為主，眾人觀看聖嚴師父說戒的影片，如同師父親臨戒場主持一般。於象岡道場的菩薩戒戒會上，方丈和尚為大眾講解為

洛杉磯道場啟用週年當天，一百一十一位東、西方新戒菩薩也同時迎接「心」生命的開始。

何受菩薩戒前，須先為累劫六親眷屬及有緣眾生授幽冥戒；果醒法師則說明禮懺的重要性，期勉眾人在受戒前，專心懺悔禮佛。

另一方面，在 5 月 27 日洛杉磯道場啟用週年紀念日，則有一百一十一位戒子圓滿菩薩戒期。正授典禮上，方丈和尚以創辦人聖嚴師父提出的四大堅持：堅持法鼓山的理念、三大教育、四種環保、漢傳禪佛教，進一步分享生活化、人間化、現代化的大乘菩薩行；並勉勵新戒菩薩把握因緣契入法鼓山的理念，幫助自己身心安頓，並以自心安頓為全世界祝福。

於洛杉磯道場進行的菩薩戒，除了締寫法鼓山首度於洛杉磯道場舉辦在家菩薩戒之外，由於道場住宿空間有限，四天三夜的戒期，信眾們每晚返回住處，方丈和尚提醒眾人在離開道場期間，時時行持心不放逸，保持禁語，只要提起感恩、報恩心，看待一切人事物因緣，家中、途中，處處是佛菩薩道場。

● 05.29～06.02

方丈和尚北美弘法關懷——溫哥華
舉辦佛學講座、皈依儀式

方丈和尚果東法師、關懷中心副都監果器法師赴北美弘法關懷，5 月 29 日至 6 月 2 日於加拿大溫哥華道場展開，內容包括舉辦佛學講座、皈依儀式等。

首場佛學講座，於 5 月 29 日進行，由果器法師主講「菩提心菩薩行」，法師引《華嚴經》及聖嚴師父的開示，闡釋菩提心的重要在其能出生一切諸菩薩行，能成就無量功德，鼓勵大家發菩薩心，如果能不斷地發願，就不會起退心。

6 月 2 日的佛學講座，由方丈和尚主講「得心自在——演好人生大戲」。講座開始前，現場首先播放《大哉斯鼓》和介紹方丈和尚的影片，接著溫哥華合

方丈和尚果東法師於溫哥華道場,與四百多位聽眾分享生活中時時調心轉念,即能扮演好自己的角色。

唱團演唱清淨、莊嚴的《延命十句觀音經》、《大悲心起》兩首佛曲,搭配法器組的木魚聲和梵唄,讓聽眾如沐一場清涼的心靈饗宴。

講座中,方丈和尚分享正面解讀、逆向思考、積極面對各種境界的方法,接受順、逆因緣的考驗,時時以感恩心、懺悔心、慚愧心、報恩心,處理自己的煩惱;以清淨心、慈悲心、智慧心來處理人事之間的問題;也以《金剛經》上「應無所住,而生其心」說明,以不執著、不雜染的心念,將煩惱轉為正念,化為淨念,當下即可照見淨土。

演講後進行皈依儀式,方丈和尚為五十三位信眾說明三皈五戒的意義,現場觀禮信眾以虔誠、歡喜的心,恭誦「觀世音菩薩」聖號,恭喜新皈依弟子慧命重生,氣氛溫馨感人。

● 05.30～06.02

東初禪寺參與「生命末期療護」華語義工培訓課程
果解法師分享臨終關懷經驗

由美國佛教聯合會支持、「美華慈心關懷聯盟」承辦的首屆「生命末期療護」華語義工培訓,於 5 月 30 日至 6 月 2 日在紐約中華佛教會慈航精舍舉行,東初禪寺除了助念團義工出席參加,果解法師並受邀分享臨終關懷的經驗。

果解法師於 5 月 31 日演講「心靈環保——臨終前正念」,法師表示,只有在如實了解自己後,才比較能夠感同身受,去面對臨終者,也唯有先放空自己,才能如實對應每個當下,給予適當

果解法師於「生命末期療護」華語義工培訓課中,與義工們分享心靈環保臨終關懷。

協助;並進一步說明,臨終者若能全然接受眼前所發生的,則能無懼,心也才能安;對於關懷者,陪伴即是完全同理,讓生死兩安。

法師指出,死亡隨時可能到來,唯有時時練習正面思考,並常懷感恩、慚愧、懺悔心,多念佛,臨終時才能無懼、隨願往生,也就是平時就要做好「心靈環保」,讓自己的心不受污染,所有貪、瞋、癡、慢、疑,平時就要用佛法的觀念和方法,面對它、接受它、處理它、放下它;助人時,也要觀照是對方的需要,還是自己的想要。

最後,果解法師以聖嚴師父著作《自在的告別》與學員結緣,祝福眾人「心無罣礙,無有恐怖,遠離顛倒夢想」。

● 06.01～04
果舫法師西雅圖弘法關懷
帶領禪一、佛法講座等

6月1至4日,僧團果舫法師於北美護法會華盛頓州西雅圖分會展開弘法關懷,內容包括禪一、佛法講座等,共有一百多人次參加。

果舫法師首先於1日在分會帶領念佛禪一,法師勉眾發願一心念佛、求生淨土,並行大願來分享佛法;也提醒眾人,要用至誠懇切的心,加上高聲念佛才能制心一處,由妄念至無念。

果舫法師於西雅圖分會帶領大悲懺法會,勉眾時時收攝身心,保持正念。

2日的大悲懺法會,法師開示參加法會,應對拜懺建立正確的心態與認知,不應抱著參加廟會、趕市集的態度,虛應故事、隨處攀緣,而要懂得收攝身心,讓自己分分秒秒保持在正念上;法師也鼓勵大眾拜懺時,一方面以行動展現自我反省的決心,另一方面則透過眾人凝聚的修行氛圍,相互激發善念,從內心深處來滌清罪業。

4日的佛學講座,果舫法師主講「梵唄與佛事」,說明梵唄是以音聲做佛事,唱誦的時候,重點在從我們內心的誠意發出聲音,再把這個聲音聽到耳根裡面,使心歸一,不散亂,在音聲之中得到一心,也是觀世音菩薩的修持方法。

法師此行,亦參與分會的讀書會,期勉信眾藉由讀書會的共讀共享,為生活帶來佛法的潤澤。

● 06.01～09

香港護法會舉辦系列禪修講座
果醒法師引導大眾體驗禪法的活潑實用

果醒法師在楞嚴禪修營中問學員：「什麼是『我』？」
引導學員了解所有的心都是一體，是妄心將我們分隔。

香港護法會於6月1至9日期間，舉辦系列弘法活動，包括生活禪、佛法講座、楞嚴禪修營等，由美國紐約東初禪寺住持果醒法師帶領，共有逾五百多人次參加。

1至2日舉辦的「生活禪」，果醒法師帶領學員運用一分視覺、九分感覺觀看圖片和影片，到手持乒乓球和彈珠、頭頂識別卡的「三寶加持」等不同形式的活動，引導學員嘗試用細膩的心，觀察自己的想法和感受。

6日的佛法講座，主題是「生生世世菩薩行」，法師親切而平易地分享追隨聖嚴師父學佛修行的生命經驗，並將死亡的真實，連結到生生世世相續的生命軌跡，引導眾人珍惜今生的「當下」因緣。

8至9日進行楞嚴禪修營，果醒法師說明，心有見聞覺知的功能，是無色無相的，也是每個人本具的「佛性」，但我們以六根對六塵互動時，往往對喜愛的事物起貪念、對討厭的生厭惡，天天在抓取這些「相」，將這些「相」當成「我」，包括：以為這個是我、擁有這些才能是我、我的財物是我、甚至三年前的成就是我等，以此種種證實「我」的存在。法師強調，這些「我」不是我，是「能、所」，我們的心是澄明的，凡一切相，都不是真的，只有心是真的。

法師提醒學員，所有的心都是一體，是妄心將我們分隔，色身是廣結善緣的工具，但不是「你」，也不是「我」，放下妄心，不去執著愛惡、不與妄念互動，返妄歸真，就能得到真正的澄明平靜。

學員表示，透過果醒法師的帶領和分享，體驗到禪法的活潑實用和盎然的生命能量，也期待法師再來香江弘法。

● 06.06～20

果元法師六赴墨西哥弘揚漢傳禪法
帶領初級禪訓班、默照禪七

禪修中心副都監果元法師於6月6至20日期間，偕同僧大學僧常展法師、常興法師前往墨西哥帶領禪修，內容包括初級禪訓班、默照禪七等，這也是果

元法師第六度赴墨弘揚漢傳禪法。

法師一行，首先於 8 至 9 日在碧玉海灣中心（Mar de Jade holistic center）帶領初級禪訓班，共有五十多人參加，學員們複習禪修的基本方法，果元法師以調身、調息、調心為主軸，帶領坐姿訣竅與放鬆要領，接著進入於 9 日展開的默照禪七。

禪七期間上午，果元法師以英文開示禪修的基本觀念和方法，晚間則講說《默照銘》，由碧玉海灣負責人蘿拉（Laura Del Valle）擔任西班牙文翻譯，包括保育人士、醫生在內的三十位學員，除了跟隨法師引導精進用功，也把握提問時間，踴躍向法師請益。

法師在禪期當中開示禪修方法時，提到一道越南名菜，由辣椒、酸檸檬、生香蕉等食材組合而成，具有酸甜苦辣鹹各種滋味，而這就是人生。法師以善巧生動的故事與譬喻，將默照層次、活在當下、不思善不思惡等禪法融入開示，讓禪眾當下受用。

禪期結束後，果元法師等應學員邀請，參訪當地致力推動美洲豹保育的非營利組織「捷豹聯盟」（Alianza Jaguar），以及一處透過教育方式幫助居民和兒童學習的社區教育中　心（entre Amigos Centro Comunitario Educativo），感受當地居民實踐環保、推動教育的用心。

果元法師第六度至墨西哥帶領禪修，學員練習運用漢傳禪法來放鬆身心。

● 06.29～30

法鼓山出席「全球慈心大會」
常峪法師分享法鼓山的理念

6 月 29 至 30 日，法鼓山受邀出席在新加坡菩提小學舉辦的「全球慈心大會」，與二百多位人士，交流慈心觀的修行方法，由馬來西亞道場常峪法師代表參加。

這場活動是由新加坡佛教總會主辦，馬來西亞馬興達長老（Venerable Mahinda）主持。常峪法師向與會人士分享法鼓山「提昇人品、建設淨土」的理念，以及用禪修方法感化自己、感動他人，從自己、家庭做起，推廣到整個社會的做法，這也是漢傳佛教菩薩道精神的實踐。

● 07.08～09

新澤西州分會舉辦佛法講座
果如法師弘講念佛禪、默照禪

「默照禪」講座圓滿，果如法師（第二排中坐者）與新州信眾合影。

北美護法會新澤西分會於7月8至9日舉辦兩場佛法講座，邀請聖嚴師父法子果如法師弘講「念佛禪」與「默照禪」，法師提醒眾人，不是坐在蒲團上才叫禪修，而是在日常生活中，時時刻刻、在在處處，都能運用佛法，才是真正的用功禪修。

8日的「念佛禪」講座，果如法師說明，念佛的「念」，是憶念、思念、繫念，就是要時時繫念阿彌陀佛的聖德、慈悲、智慧和願力，將自己的生命與佛相應。如何與佛相應？那就要發願，效法阿彌陀佛的四十八大願，用慈悲和智慧來幫助眾生。

法師於9日續講「默照禪」，強調默照不是坐得身心安穩，或坐到不知不覺，那都是在「相」上修，都是盲修瞎練。法師解說默照時，也分享早年隨聖嚴師父學習禪坐的經驗，首先學的是數息方法，一開始很難從一數到十，常常數著數著，心就被妄念帶走。透過不斷的練習，數目愈來愈清楚，妄想愈來愈少，到最後，數目自然而然不見了。

果如法師指出，禪修須有二大先決認知：首先必須深信，每個人都本具如來智慧德性；再來要有正知見。有了這些認知，才能正確運用方法，解決日常生活中的問題，進一步參究生命不生不滅的實相。

● 07.11～08.26

常延法師美、加弘講關懷
講授《修行在紅塵》、正念修行

7月11日至8月26日，僧大常延法師於美國、加拿大展開弘法關懷行，為當地信眾講授《修行在紅塵》佛學課程。

法師此行，分別於7月11至24日與8月5至26日，在加拿大溫哥華道場

常延法師於溫哥華弘講如何運用正念修行，達到自在安樂。

及北美護法會華盛頓州西雅圖分會，舉辦佛學課程，導讀聖嚴師父著作《修行在紅塵——維摩經六講》，各計八堂及十堂。法師首先說明選擇以《維摩經》為弘講主題的原因，在於其「心淨則國土淨」的觀點，正是法鼓山建設人間淨土的理念依據；透過法師深入淺出的解說，學員了解如何從社會關懷、福慧雙修、淨化人生、心靈環保、慈悲喜捨、人間淨土等六個入世的生活形態，過無拘無束、超脫自在的人生。

另一方面，常延法師也以「時時處處自在安樂——漢傳禪法的正念修行」為主題，分別於 7 月 14 日在溫哥華道場、8 月 3 日在美國西雅圖華僑文化中心舉辦禪學講座，教導大眾如何透過正念修行，達到自在與安樂。

法師指出，修正念即是修四念住，只是觀察、不受內外境界影響，如實觀察身、受、心、法的存在真相，從生命中體驗無常、苦、空、無我的智慧，平等地對待、回應一切內外境界，從觀念的根源，斬斷對一切內外境界起貪、瞋的習性反應，當可脫離各種內外境界的束縛，得自在安樂。

學員表示，感恩法師為大眾建立佛法和禪修的正知見，也對佛法的活潑實用，更有信心。

● 07.12～14

方丈和尚東南亞弘法關懷——馬來西亞

接受媒體聯訪　弘講願力與轉念

方丈和尚果東法師於 7 月 11 至 21 日，偕同關懷中心副都監果器法師、國際發展處監院果見法師、護法總會副總會長周文進等一行，前往東南亞弘法關懷，先後至馬來西亞、泰國、新加坡等地，主要進行多場講座，並接受當地媒體專訪，推廣心六倫。

12 日，首先在馬來西亞道場接受當地《南洋日報》、《星洲日報》，以及

方丈和尚鼓勵馬來西亞新皈依弟子持守五戒，便能生起信心與清淨心。

在怡保共修處，方丈和尚感恩眾人對法鼓山的護持與奉獻。

英文季刊《東方地平線》（Eastern Horizon）等媒體聯合訪問，針對「大環境當中，大家常常充滿抱怨，我們如何不受影響？」的提問，方丈和尚回應，要慎思明辨，不要人云亦云，學習不要被負面情緒所感染；並鼓勵大眾對未來要充滿希望，就不容易產生不平衡之心，進而更要放下自我、奉獻社會，人人自我淨化，社會就能和諧。方丈和尚也期許媒體，一起發揮正面影響力。

晚間方丈和尚在《星洲日報》講堂演講，與近五百位聽眾分享如何「抱願不抱怨」。方丈和尚表示，法鼓山提倡的「心五四」，不論是四安、四它、四要、四感或四福，都是能讓我們「抱願不抱怨」的清涼藥方，當境界出現的時候，要先學習抱持感恩心，感恩有修福修慧的因緣、感恩有成長自己的契機，通過不斷地練習，便能一點一滴降伏無明煩惱。

13日，方丈和尚在馬來西亞道場為近百位求受皈依的民眾，親授三皈五戒。皈依儀式後，方丈和尚以一貫的幽默、風趣，與大眾分享「有願就有力」，也運用許多小故事和聖嚴師父法語，說明如何實踐佛法、運用佛法處理問題。

方丈和尚一行於14日在怡保共修處以心靈茶會的方式，感恩悅眾和義工的護持與奉獻，並為近百位民眾舉辦皈依儀式。在「轉念，轉出新希望」講座中，方丈和尚運用一帖帖調心妙方，分享轉念的方法，希望眾人循序練習放鬆心情、緩和情緒，面對各種變化，都能調適壓力，啟動正面力量，共有七百多人參與聆聽。

● 07.14～21

果啟法師墨爾本弘揚禪法
帶領念佛禪、英文禪三

僧團果啟法師於7月14至21日，前往澳洲弘法關懷，主要帶領念佛禪、英文禪三等。法師弘法期間，正值南半球隆冬時節，學員們不畏嚴寒，初次體驗念佛禪的殊勝、托水缽的禪味，感受難得的安定與放鬆，以及充滿法味的暖意。

14 日於墨爾本分會展開的念佛禪，共有二十八位學員跟隨法師引導，專注念佛、拜佛、繞佛，並到戶外經行，眾人綿密持誦佛號，享受踏步當下的過程。大堂分享時，學員對於能初嘗禪悅法喜，紛紛表示感動與歡喜。

果啟法師並於 15 至 18 日，在分會舉辦佛學課程，內容包括佛教基本認識、基本觀念與生活應用等。緊接著於 19 至 21 日間舉辦英文禪三，學員們清晨五點起床，在法師引導下，學習調身、調息、調心；禪三圓滿日，十二人並皈依三寶，成為學佛新生兒。

為期一週的密集弘法，每位學員和義工都感受到法師用心的關懷，而活潑善巧的說法，讓未曾接觸佛法的學員，也能認識法鼓山理念和正信佛法，特別的是西方學員，最後也開口稱呼聖嚴師父為「Shifu」（師父），心裡生起對法鼓山的認同。

果啟法師於墨爾本弘揚禪法，學員們從中認識法鼓山和正信佛法。

● 07.15～16

「國際青少年宗教體驗營」於法鼓山園區展開
歐美青少年體驗寺院生活

法鼓山國際發展處、國際扶輪社三五二〇地區於 7 月 15 至 16 日，在法鼓山園區共同舉辦「國際青少年宗教體驗營」，共有來自歐、美等十八個國家的三十三位青少年參加。

兩天的體驗營課程內容包括認識佛門禮儀、基礎禪修觀念、禪坐、戶外經行、托水缽等，以及「生命的轉捩點」、「生命的自我超越」兩場工作坊。活潑好動的學員在參學期間，從合掌、問訊、禮佛、用齋等基本的佛門禮儀學起，也從恭敬認真做好的每個動作中，逐步體會身心自在的要訣，即是來自於內心的安定。

在 16 日進行的交流中，青少年學員向僧團法師提問：「輪迴是怎麼一回事？為什麼有些人記得上輩子的事？」「業力如何運作？它和基

國際青少年表示，只有兼具專注、放鬆，才能托好水缽。

督教的上帝一樣嗎？」，學員們對法鼓山將禪法融入生活的理念，表示印象十分深刻，也交換彼此對宗教信仰的看法。

　　來自挪威的學員表示，體驗營透過寺院生活，讓自己更深入佛教傳統文化，回國後會持續練習，並分享給親友。

● 07.17～23

香港護法會參加香港書展
常炬法師受邀分享「晴空在您心」

香港書展中，法師與義工在展區裡，為讀者介紹法鼓山的各項出版品。

　　7 月 17 至 23 日，香港護法會參加於香港會議展覽中心舉行的「2013 香港書展」，展出聖嚴師父著作與法鼓山出版品；20 日並於會議中心舉辦生活佛法講座，由常炬法師主講「晴空在您心」，近一百三十人參加。

　　護法會以「心靈環保」為 2013 年書展主題，除了推廣法鼓山的理念「提昇人的品質，建設人間淨土」外，主場背景是「大願興學」，以代表慈悲與智慧的兩個小沙彌呈現，並以心五四運動的四安、四要、四它、四感、四福等五種布縵，讓會場展現出祥和安定的氛圍。

　　在 20 日「晴空在您心」生活佛法講座中，常炬法師首先分析快樂的來源，再引述日常生活例子說明「自在」、「他在」與人心安寧的關係。法師指出，「自在」是指能夠自主的自由心，「他在」是指因受外境而造成的感受、情緒；並由生理需要至人格圓滿的自我實現，來破解人生最常有的「我執」之情。

　　法師勉勵大眾正面解讀生活中各種際遇、以奉獻精神面對生命中的逆境，以禪修的調身、調息、調心來體會放下的能量，尋回心中本來的光明。

● 07.18

方丈和尚東南亞弘法關懷——泰國
主持皈依儀式　感恩信眾護持

　　圓滿馬來西亞的弘法關懷，方丈和尚果東法師一行於 7 月 18 日在泰國護法會主持皈依儀式，感恩信眾長期護持。

為十一位民眾主持皈依儀式後，方丈和尚並代表僧團感恩泰國臺商總會長期護持，也勉勵眾人在面對逆境時，要學習觀照自己，以及練習同理心，凡事抱持逆向思考、正面解讀的態度，如此一來逆境的因緣反而是成就福業、慧業的保障。

下午，方丈和尚等順應

方丈和尚至曼谷吞武里區關懷，勉勵信眾用自心淨土來建設人間淨土。

當地讀書會信眾的邀請，前往曼谷吞武里區進行關懷，並應機開示「本來面目」與「大雄寶殿」的意涵，表示法鼓山的大殿外觀和陳設，沒有雕梁畫棟，也沒有多餘的裝飾，如同每個人本來就具有清淨的佛性、具有與佛一樣的本來面目。方丈和尚期勉讀書會學員閱讀《法鼓山故事》，從中體會人人有佛性、處處是道場的意涵。

● 07.19～21

方丈和尚東南亞弘法關懷——新加坡
接受媒體專訪　主持佛法講座

方丈和尚果東法師東南亞弘法關懷行，最後一站來到新加坡。先於 7 月 19 日在新加坡護法會新搬遷的會址龍泉寺接受當地《新明日報》、《聯合晚報》等媒體訪問，分享法鼓山「心六倫」與心靈環保的理念，並關懷悅眾。

20 日，新加坡護法會舉辦佛法講座，由方丈和尚主講「抱願不抱怨」，共有

新加坡二百多位聽眾齊聚聆聽方丈和尚主講「抱願不抱怨」。

二百多人參加。方丈和尚表示，聖嚴師父曾說過「山不轉路轉，路不轉人轉，人不轉心轉」，生命中的每個階段，都是一種圓滿，只要能把心念轉為正念，希望光明就會無限。即使景氣不好，只要抱持希望，持續努力，就會有成功的

機會;反之,景氣再好,若放棄機會,一樣也會失去成功的契機。

方丈和尚勉勵眾人,知足、知福,就會有幸福;惜福、培福、種福,就會永遠都有福。不管順逆因緣,凡事都在我們的一念之間,只要懂得感恩,「抱願不抱怨」,就能化解種種問題,度過生命難關。

● 07.20～08.18

舊金山分會舉辦系列弘法活動
常諦法師分享漢傳佛法與禪法的生活運用

7月20日至8月18日,北美護法會加州舊金山分會舉辦系列弘法活動,包括佛學課程、禪修活動等,由美國紐約東初禪寺常諦法師帶領。

兩場佛學課程,其中「《梁皇寶懺》講要」於7月20日至8月17日期間進行,共四堂,法師以深入淺出的方式,引導學員了解經文本意與內在精神,提示如何將佛法的智慧與慈悲,落實在生活之中,進而消解煩惱、淨化心靈,有近六十人參加。

8月10至15日,進行四堂《無量壽經》講座,法師逐一講解阿彌陀佛在因地為法藏比丘時所發的四十八大願,將其分類並對應到《無量壽經》和《阿彌陀經》經文中世尊對彌陀淨土殊勝莊嚴的描繪,說明淨土的種種莊嚴相都是阿彌陀佛的大願力所成就;也諄諄勉勵大眾效法法藏比丘起大悲心,發大願利益眾生。除有近四十位學員現場聽講,課程同時開放網路直播。

《無量壽經》佛學講座圓滿,常諦法師期許學員都是未來諸佛。

另一方面,常諦法師應加州舊金山星島中文電臺之邀,於六次訪談節目中,以「生活禪」為主題,分享禪與現代生活、如何學習放鬆、什麼是禪,以及如何在日常生活中應用禪的智慧等,節目於8月8日至10月10日播出,廣與大眾分享漢傳禪法的生活智慧。

此外,弘法期間,常諦法師亦參與分會於灣區社區推廣法鼓八式動禪活動,開示「身在哪哩,心在哪裡、清楚放鬆、全身放鬆」的動禪心法;也勉勵分會義工,時時以戒為師,發長遠的菩提心,努力成就千人禪修活動。

● 07.24～08.12

果元法師五赴印尼弘揚漢傳禪法
主持默照禪十與初階禪七

禪修中心副都監果元法師於 7 月 24 日至 8 月 12 日，應聖嚴師父印尼籍弟子阿格斯・森多索（Agus Santoso）之邀，第五度前往印尼弘揚漢傳禪法，分別在三寶瓏（Semarang）、茂物（Bogor）二地，帶領默照禪十及初階禪七，香港分會常展法師、僧大學僧常興法師也隨同協助。

果元法師（左）於印尼三寶瓏山主持默照禪十，帶領學員體驗中華禪法鼓宗的禪風。

默照禪十於 7 月 26 日至 8 月 4 日期間在日惹三寶瓏山度假中心展開，由果元法師以英語主持，學員即席翻成印尼語，共有二十五位來自馬來西亞、新加坡、越南、印尼的學員，一同體驗中華禪法鼓宗的禪風。

此次禪十以聖嚴師父於美國紐約象岡道場主持的默照禪十開示為指導，讓學員一窺漢傳禪佛教的堂奧。師父開示影片後的問題與討論，學員反應熱烈，紛紛提問，表示想要對師父開示的內容、禪修方法及教理部分，有更深入的了解。禪十最後一天，果元法師與學員分享品香禪，藉由品香過程中的香味變化，體驗「無常」。

初階禪七則於 8 月 4 至 10 日在印尼華裔本塔里羅（Buntario）提供的禪堂中進行，果元法師引導五十七名學員放鬆、覺察呼吸，從禪修中得到利益，體驗禪法的精髓；禪七以聖嚴師父 1995 年初階禪七的開示為指導，並邀請廣化一乘禪寺學耀法師協助，將師父的開示、果元法師的分享，即席翻譯成印尼語；學志法師則協助安排禪眾小參、外護等工作。

禪修期間，果元法師引導學員放鬆、覺察呼吸，鼓勵大眾付出耐心和毅力，持續綿密地用功，一定能從禪修中得到利益。

最後分享時刻，許多學員提到在草地上拜佛、經行，與大地如此親近，是從來沒有的體驗。解七後，學員紛紛請求法師們明年再來弘法，引領體驗漢傳禪法的精髓。

● 07.26～28

芝加哥分會舉辦禪修弘法活動
邀請吉伯・古帝亞茲帶領

7月26至28日，北美護法會伊利諾州芝加哥分會舉辦系列弘法活動，邀請聖嚴師父法子吉伯・古帝亞茲（Gilbert Gutierrez）帶領，共有一百多人次參加。

古帝亞茲先於26日的「禪的根源」（Roots of Chan）專題演講中，介紹禪的印度源流，與傳入中土後的發展，說明禪的智慧超越語言文字，是在清淨無染的心中，自然呈現；也以禪宗「枯木寒巖，婆子燒庵」的公案為例，闡明禪法的修行，不是要把自己變成像枯木一樣無感情，而是要在沒有自我煩惱束縛的清淨心中，時時抱有「不為己身求解脫，但願眾生得離苦」的悲願。

分會於27日舉辦禪一，古帝亞茲帶領近四十位學員進行數息、禪坐、經行等，並練習將禪修方法運用在日常生活中；28日進行「禪修的方法」講座，指出禪的修行方法並無定法，若得名師指點，一切方法，均可匯歸禪的入門方便，包括念佛、持咒、禮拜等，不僅限於靜坐。

學員均盼望古帝亞茲很快再到芝加哥，和大家分享更多禪修智慧，古帝亞茲則勉勵學員將「禪」融入生活中，如此才能幫助更多的人。

● 07.29～09.01

繼程法師、常聞法師赴歐洲弘法
波蘭主持禪十　瑞士、英國帶領禪七

繼程法師、常聞法師在瑞士指導禪七，參加者表示在禪修及佛法知見上都有突破和進步。

聖嚴師父法子繼程法師於7月29日至9月1日，應邀前往歐洲弘法，美國紐約象岡道場監院常聞法師、常襄法師隨同前往，除了於波蘭主持禪十，在瑞士伯恩禪坐會、法鼓山倫敦聯絡處邀請下，也分別前往帶領禪七，廣獲回響。

繼程法師此行弘法，首站抵達波蘭德露潔芙

（Dłużew），這是繼程法師自 2008 年起，第六度來此指導禪修。禪十於 8 月 1 至 11 日間舉行，由繼程法師主七，常聞法師負責翻譯和小參，常襄法師為總護，禪眾約三十多位，多數是波蘭人，也有許多初次參加的禪眾。

8 月 16 至 24 日，於瑞士沃夫哈登（Wolfhalden）進行的禪七，在一行禪師弟子蓋瑟（Marcel Geisser）成立的佛教中心「道樓」（Haus Tao）展開，對於繼程法師的指導，二十位禪眾表示，在禪修及佛法知見上都有突破和進步；主辦單位伯恩禪坐會期許下次禪期能將法師的指導直接譯成德語。

最後一站於 8 月 26 日至 9 月 1 日在英國克羅伯勒（Crowborough）郊區霍恩農莊（Horne Farm）舉辦禪七，參加的十八位禪眾，有一半是亞裔女性，其他為西方眾，許多人都是剛接觸佛教。繼程法師的教法著重禪修三個階段：入靜、止靜、出靜（entering, sitting still, and exiting meditation），並詳加說明從修行的開始、精進用功，以及禪期後的運用。由於初學者眾多，法師深入講解禪坐基礎，包括坐姿及方法，適時回應禪眾的需要。

延續聖嚴師父在歐洲的弘法足跡，繼程法師一行傳授安全實用的漢傳禪法，引領西方人士對漢傳佛教有進一步的認識。

● 07.31

國際青年代表參訪法鼓山園區
體驗禪悅境教　認識本來面目

二十八位來臺參加外交部「2013 年國際青年臺灣研習營」的海地、布吉納法索、馬達加斯加、法國等八國的青年代表，於 7 月 31 日前來法鼓山園區參訪，由參學室導覽人員帶領與解說，認識漢傳佛教，也體驗禪悅境教。

當天，學員透過觀看簡介影片《大哉斯鼓》，引發認識佛教的興趣，不斷提問與回饋「佛教的核心精神是什麼？」、「法鼓山帶著寧靜喜悅的氣氛，好特別！」在依序參訪各殿堂及開山紀念館時，隨著問訊、禮佛、聆聽導覽解說、體驗觀察，心中的疑惑也一一解開。

法師及導覽人員為來自海地、布吉納法索、馬達加斯加、法國等八國青年代表，解說「本來面目」的意涵。

布吉納法索青年原本十分記掛母親病況，在向祈願觀音祈願後，開心地捧著心靈處方籤，表示獲得前所未有的鼓勵，心中長久的擔憂終於放下，不再氣餒沮喪；來自海地的學員領受了「開山」的意義後，歡喜表示這一趟參訪經驗，足以成為心中永遠珍藏的寶藏。

● 08.02～10

果慨法師馬、新弘法關懷
宣講懺悔法門

果慨法師於馬來西亞道場解析懺悔法門的內涵。

三學院監院果慨法師於8月2至10日，前往馬來西亞、新加坡弘法關懷，此行主要是宣講懺悔法門，並於兩地推廣法鼓山大悲心水陸法會。

於馬來西亞期間，法師首先於2日舉辦「心淨國土淨——懺悔法門之自他兩利」講座，解析懺悔法門的內涵與意義；3至4日講授四堂「細說水懺」佛學課程，說明三昧水懺的歷史由來與意義，建立學員對法會正信正見的修行觀念。

5日，道場舉辦水陸法會說明會，果慨法師介紹水陸法會的意義及法鼓山大悲心水陸法會的創新作法；6日則參與道場舉辦「法水沁涼」系列活動，與企業家蘇意琴對談「以法相會」，分享學佛因緣。

法師於7日轉赴新加坡，8至10日於新加坡護法會主持三天的「《法華三昧懺儀》研習營」，法師以說故事的方式，介紹智者大師及相關祖師的生平事蹟，引領學員了解懺儀的儀軌出處、演變過程和修行內涵，並引用聖嚴師父的言教與身教，提振學員的道心與毅力。10日下午，果慨法師並帶領實修一部《法華三昧懺儀》；晚間舉辦水陸法會說明會，圓滿此行。

● 08.03～09.08

果醒法師溫哥華弘法關懷
主持《楞嚴經》講座　帶領禪修營

美國紐約東初禪寺住持果醒法師於8月3日至9月8日期間，於加拿大溫哥華道場弘法關懷，主要進行《楞嚴經》講座，並帶領禪修營、法會等活動，共

有逾千人次參與。

3 日起進行的《楞嚴經》講座，共十堂課程，法師摘要講述經文，並列舉實例與故事，說明一念心構成了不同的生命型態；也分享修行體驗，引領學員體會心念的生滅過程，並以漢傳禪修的「默照禪」、「話頭禪」，指出淨化心念、提昇生命品質的方法。

道場於 16 至 23 日舉辦話頭禪七，由果醒法師帶領近四十位東西方禪眾精進修行，除了播放聖嚴師父的開示影片，法師也以《楞嚴經》的核心理論，直指話頭的真義——「真心」所在；晚上並安排問答時間，為學員解惑釋疑，引導學員對話頭的觀念與方法，有更深刻的理解。

9 月 2 日的英文禪修營，法師帶領一百二十多位學員探索禪修對鍊心的具體功用，包括體驗肢體鬆緊、托舉乒乓球遊戲，以及分組敘述故事、觀察心態變化等。過程中，學員發現透過自我陳述，不但更明白內心對事件的反應，同時更學到覺察自己對外在刺激的認知與關照。果醒法師提醒，生活中，我們常誤認心所生的影像為真相，其實我們的心可以選擇快樂，可以運用方法去處理情緒，以及與外境互動的反應；即使有時需要反應，但身體是放鬆的，心態也是平穩的。

一個多月的弘法關懷，法師也於念佛禪一、中元報恩慈悲三昧水懺法會中，開示戒、定、慧三學的重要性，鼓勵大眾將修行落實在生活中，利己利人。

果醒法師在溫哥華道場，透過觀看影片、練習放鬆、觀察分享等，引導學員探究自己的心，體驗活潑實用的生活禪法。

● 08.06～18期間

馬來西亞道場「法水沁涼」系列活動
包括兩場座談、首辦三昧水懺法會

馬來西亞道場、馬來西亞佛教青年總會於 8 月 6 至 18 日期間，聯合主辦「法水沁涼——慈悲三昧水懺」系列活動，分別於 6、13 日舉辦「以法相會」、「從佛事談生命關懷」兩場座談，並於 17 至 18 日進行「慈悲三昧水懺法會」，為熱惱的人心注入陣陣清涼法喜。

第一場於馬佛總會雪隆分會舉行的「以法相會」座談，由三學院監院果慨法師、馬來西亞企業家蘇意琴，分享生活中對佛法的體驗。蘇意琴表示學佛以來最大的收穫，就是能夠歡喜面對現實中的人、事、物；果慨法師分享聖嚴師父在六十九歲那年，某一天早齋突然向所有出家弟子說：

常藻法師（左二）、吳青松（右二）、馮以量（右一）座談「從佛事談生命關懷」。

「法在我身上沒有斷掉，在你們身上會不會斷掉，就不知道了。」這句話在法師心中不斷發酵，也時時警醒只有將佛法運用在生活中，才能讓法延續下去。

「從佛事談生命關懷」座談於當地蕉賴孝恩館進行，馬來西亞道場代理監院常藻法師、馬佛青總會長吳青松、馬來西亞孝恩集團顧問馮以量，分享對「生命關懷」的體驗和見解。吳青松談到許多人都是有親友在生命末期，接觸到佛教後，才深入思考生死問題；常藻法師認為，生命關懷就是看到每個人內心的需要，不是從外在去解決問題，而是透過佛法觀念照顧好內心，讓自己做主人；有臨終關懷經驗的馮以量，則分享如何透過佛事來安頓身心，讓生死兩相安。

17 至 18 日的慈悲三昧水懺法會，於八打靈再也市的育才小學舉行，由常藻法師等帶領，法會首次運用「數位牌位」，取代一般紙本牌位，珍惜資源也保護地球環境，共有五百多人次參加。

「法水沁涼」系列活動不只是冥陽兩利的共修勝會，透過觀念推廣，也接引馬來西亞民眾掌握修行方法，使生活過得平安、快樂，共同實踐心靈環保。

慈悲三昧水懺法會於育才小學禮堂舉行，近五百位信眾、義工共同參與。

● 08.13～09.04

果慨法師、常慧法師美國弘法關懷
宣講「法鼓山大悲心水陸法會」等佛法講座

8月13日至9月4日，三學院監院果慨法師、僧才培育室室主常慧法師前往美國紐約東初禪寺、加州洛杉磯道場，以及北美護法會新澤西州分會、加州舊金山分會等四地，展開弘法關懷行，主要巡迴弘講「法鼓山大悲心水陸法會」、「風動？幡動？讓心可以打太極」等佛法講座。

在「法鼓山大悲心水陸法會」講座中，果慨法師首先從歷史角度，帶領眾人認識水陸法會的起源、演變與定義，以及聖嚴師父提出儀軌修訂、未來發展藍圖等，引導大眾重新認識、思考水陸法會的內涵；也介紹2010年起設立的水陸法會線上共修網站，說明法鼓山以現代科技弘法、推動共修的新方式，期能落實「家家是道場，世界成淨土」的理念。法師鼓勵無法親自到法鼓山參加水陸法會的信眾，多多運用網路來精進修行，也參與推廣結合「慈悲觀」修持與「三檀等施」觀念的「雲端牌位」，圓滿此一冥陽兩利的大佛事因緣。

另一方面，常慧法師則在「風動？幡動？讓心可以打太極」講座上，講說《六祖壇經》的要義，並解讀六祖之「不是風動，不是幡動，而是仁者心動」，法師說明，一般人是從外境的現象著眼，透過主觀形成因人而異的判斷。外在的環境如果沒有主觀的人去觀察、體驗，就是毫無意義的；而一旦通過人的觀察、體驗和認識，就失去了客觀事實的標準；法師勉眾如果能夠保持一顆平實不亂的真心，佛性當下就會開顯。

除了佛學講座，兩位法師也參與分會的例行共修，並帶領法會、禪坐監香培訓課程以及地藏法會等。

2013 果慨法師、常慧法師美國弘法關懷一覽

時間	地點	活動內容
8月13至22日	東初禪寺 北美護法會新澤西州分會	（東初禪寺） • 佛法講座：法鼓山大悲心水陸法會 • 佛法講座：風動？幡動？讓心可以打太極 • 佛五 • 地藏法會 • 大悲心水陸法會共修培訓課程 （新澤西州分會） • 佛法講座：法鼓山大悲心水陸法會 • 地藏法會 • 大悲心水陸法會共修培訓課程
8月22至26日	北美護法會加州舊金山分會	• 佛法講座：法鼓山大悲心水陸法會 • 佛法講座：風動？幡動？讓心可以打太極

時間	地點	活動內容
8月22至26日	北美護法會加州舊金山分會	・地藏法會 ・戶外禪 ・大悲心水陸法會共修培訓課程 ・法會、禪坐監香培訓課程
8月28日至9月4日	北美加州洛杉磯道場	・佛法講座：法鼓山大悲心水陸法會 ・佛法講座：風動？幡動？讓心可以打太極 ・佛二 ・地藏法會 ・大悲心水陸法會共修培訓課程

● 08.31

馬來西亞道場舉辦心靈講座
楊蓓老師主講「亂不了您的心」

　　馬來西亞道場於8月31日舉辦心靈講座，由聖基會執行長楊蓓主講「亂不了您的心」，共有一百多位聽眾聽講，希望將安定的力量帶回家。

　　楊蓓老師以一連串的問題，以及生活上的實例，說明現代人心亂的原因，在於「變化」；想讓心安定下來，覺察力扮演很重要的角色，並以自身為例，分享生病後的自我觀照，發現自己的許多習慣，都是在沒有醒覺的情況下養成的，雖然不全然是壞的習慣，但若沒有覺察到，就意味著沒有好好分辨做這些事的原因。

　　面對死亡的威脅時，我們最想做的是什麼事？楊蓓老師分析，面對死亡的威脅時，我們較能夠從「為別人活」當中，活出自己的意義；然而，一旦死亡的威脅解除，又會被「我」深深地影響。楊老師將「能夠覺察自己的心在變動」譬喻為淨土，一刻的覺察，那一刻即是在淨土。想要一心不亂，有兩大要件，第一是「懺悔」，清淨自己的心；第二是「感恩」，感恩世界給予我們一切。

最後，楊蓓老師將修行定義為「與自己的心約會」，時時在生活中懺悔過錯、感恩各種順逆因緣的人，會發現心更容易安定下來，而這就是在「修行」。

楊蓓老師主講「亂不了您的心」，將修行定義為「與自己的心約會」。

● 09.07

方丈和尚果東法師澳洲跨宗教座談
與各宗教領袖代表分享全球倫理

　　方丈和尚果東法師於 9 月 7 日，應邀出席由澳洲墨爾本跨宗教中心（the Interfaith Center）、墨爾本維多利亞省多元文化委員會（Victorian Multicultural Commission）及法鼓山墨爾本分會，於曼寧漢市政中心（Manningham City Center）共同舉辦的跨宗教座談活動，與十一位宗教代表，就「珍惜世界 • 消弭衝突」（Cherish the World,Bringing an End to Conflict）為主題進行座談。這是繼 2004 年聖嚴師父訪墨爾本，參與跨宗教座談後，再次由方丈和尚代表法鼓山參與的國際性跨宗教交流。

　　這次與會的宗教，除了代表漢傳佛教的法鼓山方丈和尚，藏傳佛教茶巴法王森沃仁波切、韓國佛教志光法師、越南佛教新福法師，天主教約翰 • 都普切神父（Fr. John Dupuche）、英國國教會彼得 • 馬汀神父（Fr. Peter Martin），以及伊斯

在跨宗教座談上，方丈和尚與十一位宗教領袖代表，就「珍惜世界 • 消弭衝突」主題進行討論。

蘭教、錫克教、巴哈伊教等各宗教代表都應邀與談。討論內容包括：宗教領袖如何善盡其責，來影響社會及國家，以避免衝突產生？教育對於促進跨宗教的理解及和諧有何效用？

　　方丈和尚在座談中，以「百川匯入大海」，譬喻各宗教其實都在同一法界之中，大海具有包容性，好的、壞的都不排斥，如同漢傳佛教的「海印三昧」觀，森羅萬象都在其中呈現。

　　另一方面，方丈和尚也分享聖嚴師父提出的「建立全球倫理」價值觀，以寬容取代對抗、以敬愛取代暴力、以療傷止痛取代報復仇恨。

　　方丈和尚發言，引起各宗教代表熱烈回響，與會代表皆認為需要持久普遍地推動尊重生命、包容異己的觀念和心量，如同一個家庭裡，需要尊重每位成員不同的想法與做法。

求同存異，建立全球倫理

**9月7日講於澳洲墨爾本曼漢寧市立圖書館
「2013墨爾本跨宗教領袖座談」**

◎果東法師

　　非常歡喜再度來訪澳洲墨爾本，如此多元文化共生共榮的友善都會，也感謝維多利亞多元文化委員會主席 Chin Ta 及墨爾本曼漢寧市市長 Jennifer Yang 珍貴的引言。

　　今天的座談主題是：「珍惜我們的世界並消弭衝突」，期望透過跨宗教的對話與合作，消弭不同宗教、族群及國家之間的誤會、歧視與衝突，挽救地球生態的危機，而保障人類生命共同體的尊嚴。因此，本人非常榮幸代表法鼓山團體，能與諸位宗教領袖及現場貴賓，交換宗教促進世界人類和平的一些想法與作法。

　　我的恩師，法鼓山創辦人聖嚴法師，或許也是諸位宗教領袖的老朋友，自從西元 2000 年起，極力推動跨宗教了解與宗教合作，對於推動世界和平有一建言，獲得各宗教領袖的認同與回響，那便是「求同存異」。

　　事實上，以澳洲這樣一個尊重多元族群文化的社會，以及方才主席提到西方古典樂的交響曲演奏形式，均可說是「求同存異」的表現，而漢文化之中亦有「大海納百川」的比喻，願藉此與諸位分享。各宗教的本質，都是主張尊重生命、愛好和平，例如天主教講博愛、佛教講慈悲、基督教講奉獻、伊斯蘭教講寬恕、憐憫等，都在促進人類社會彼此互敬、互助、互愛、互諒，這是各宗教共通的普世價值。但在追求人類共同利益與促進和平的同時，不妨允許有不同的想法和作法，就好比在一個家庭之中，尊重每個家庭裡的成員，可有不同的想法和作法，這便是大海納百川，即是恩師主張的「求同存異」。

彼此尊重 和平共處

　　換句話說，各種族、族群與宗教，若能以地球為生命共同體，彼此尊重、欣賞、合作，世界和平便有希望。從佛教的觀點，生活的意義在於身心安頓，生命的價值在於服務奉獻，因此恩師聖嚴法師也曾提出：「必須以寬容來取代對抗、以敬愛來取代暴力、以療傷止痛的方式來取代報復仇恨。」如果在各宗教聖典或古籍之中，發現有違背全體人類和平相處的原則，或與尊重他人生命相牴觸之處，均應從全球倫理的視野賦予新的詮釋。

目前全世界所見的問題，一類屬於物質的貧窮，另外一類是精神與心靈的貧窮。前者如飢餓、災害、疾病或資源缺乏，讓人的生命受到威脅。後者則是人的觀念與想法出了問題，由於仇恨、貪婪、嫉妒、憤怒、恐懼及狂傲等，產生對立、衝突，導致人的生活環境失去平安和幸福。

尤其心靈貧窮影響的層面很廣，乃是大多數衝突的肇因。對於心靈貧窮引發的衝突，我們建議，除了透過祈禱之外，也應鼓勵各宗教的信仰者，從自己發願，由自己實踐，從內心的觀念到實際的行動，與我們所祈禱的目標一致。

尊重每一個生命都有生存的權利，欣賞及支持每一個宗教信奉者深入信仰的普世價值；保護及珍惜一切人與環境，進而鼓勵每一個人都能奉獻。奉獻多少不是問題，眾人小小的好，可以成就大大的好，重要在於培養利他的慈悲心與博愛心。唯有如此，衝突才能減少，世界和平才有希望。

以和平的方式推動和平；從內心的和平，影響環境的和平；讓我們自己內心不貧窮，讓這個世界不貧窮。祝福大家。

澳洲跨宗教座談，方丈和尚（第一排右五）與各宗教代表分享全球倫理。

● 09.07～11

方丈和尚澳洲墨爾本弘法關懷
參訪聖公會 弘講「心五四」心生活

方丈和尚將聖嚴師父書法「心靈環保」，致贈墨爾本聖公會哈根斯主教（右二），期許一同促進社會及世界和平。

9月7至11日，方丈和尚果東法師、關懷中心副都監果器法師、國際發展處監院果見法師於澳洲弘法關懷，除了關懷墨爾本、雪梨二地護法信眾外，並出席一場跨宗教座談，與各宗教領袖代表分享法鼓山提倡的全球倫理，此外也拜會聖公會（the Anglican Church of Australia），進行交流。

方丈和尚於7日出席跨宗教座談之後，8日應邀參加墨爾本分會於當地白馬俱樂部（Whitehorse Club）舉辦的講座，與二百多位民眾分享「心靈環保的生活實踐」，墨爾本臺北經濟文化辦事處處長翁瑛敏應邀致詞時，除肯定法鼓山淨化人心的努力，也表示在生活或工作遇到困難時，都會以聖嚴師父「四它」法語來化解問題。

方丈和尚回應翁處長的分享，進一步細談四安、四要、四它、四感、四福的內涵，並說明「心五四」是佛陀的智慧，是一種觀念、一種心法、一種面對現代生活的主張和態度，也是人們應該追求的「心生活」運動。講座圓滿後，並舉行皈依儀式，共有十多人成為正信佛教的三寶弟子。

10日，方丈和尚應澳洲聖公會墨爾本教區菲利普‧哈根斯主教（Bishop Philip Huggins）之邀，前往聖保羅大教堂（St. Paul's Cathedral）參訪交流。主教除分享對佛教徒與基督徒合作上的省思，也表示與其讓他人改變信仰，不如一起發揮無我、慈愛的共同信條。方丈和尚回應指出，聖嚴師父所提倡的佛法及禪法，皆以心靈環保為宗旨，不離慈悲與智慧，正相應了主教所言；也期許藉著宗教間的交流互動，彼此尊重、互相欣賞，一同促進社會及世界和平。

方丈和尚11日至墨爾本分會關懷，感恩護法悅眾的奉獻和支持，讓心靈環保的推廣工作，能在墨爾本全新出發；來自中國大陸、馬來西亞的留學生，也分享皈依三寶的感動、擔任義工的成長。方丈和尚勉勵眾人珍惜學佛因緣，並以「理解現象，包容狀況，持續溝通，成就修行」，鼓勵大眾繼續累積修行資糧。

● 09.09～12期間 09.24～10.02期間

果舫法師舊金山、溫哥華講淨土法門
勉勵學員發願往生西方淨土

　　9月9日至10月2日期間，僧團果舫法師於北美護法會加州舊金山分會與加拿大溫哥華道場，分別進行二場及四場佛學講座，導讀聖嚴師父著作《聖嚴法師教淨土法門》，各有近三十人及五十人參加。

　　法師從經典的記載、自身的體驗，引申講述淨土法門的殊勝。法師說明，念佛是漢傳佛教的共同特色，不論修持哪種法門，都可以結合念佛方法，實實在在累積資糧，以他力加強自力的力量，獲得解脫。

　　果舫法師強調，人的生命有限，無常是誰也不能預料的；也殷切叮囑學員，要把念佛當做像呼吸、飲食般同樣重要，發願往生西方淨土，待成就佛道之後，乘願再來人間，廣度有情眾生。

　　許多學員表示，講座圓滿後，大眾相互問訊一句「阿彌陀佛」，體驗更加攝受，也更令人深具信心。

果舫法師於溫哥華道場弘講淨土法門，勉眾發願往生西方淨土。

● 09.11～10.14

果醒法師多倫多弘法關懷
帶領多元禪修活動　分享禪法智慧

　　9月11日至10月14日，美國紐約東初禪寺住持果醒法師於加拿大安省多倫多弘法關懷，內容包括舉辦禪學講座、帶領禪修活動等，共有三百多人次參加。

　　佛學講座方面，於9月13日至10月11日，每週五晚間舉辦「禪宗祖師語錄」佛學講座，介紹禪宗祖師坐脫立亡、面對病痛的經驗，引領大眾認識生命的本質，透過現象而覺知本體；也進一步解說眾生的佛性何以被遮蔽，以致在苦海中不斷流轉，如果能超越「能、所」的對立，即是登上清淨自在的彼岸。法師強調，放下分別心並不代表消極的放棄，而是隨順因緣、積極地回應，因為無所執著，生命反而得以發揮最大的功能。

「神會禪師的悟境」佛學講座，於9月17日至10月8日期間舉辦，共四堂，法師透過多年實修的體驗，深入淺出地解說神會禪師的悟道心法，提點學員於生活中常常觀照自己的身心狀態，並學習聖嚴師父的行儀，以平等心對待所有人，並練習心與外境

果醒法師於多倫多分會弘講「神會禪師的悟境」，講授神會禪師的悟道心法。

不對立，才能不被善惡所拘、不被靜亂所攝。

禪修活動方面，除了帶領初級禪訓班、念佛禪，果醒法師10月12至14日於當地諾森博蘭高地會議暨避靜中心（Northumberland Heights Conference & Retreat Centre）帶領「三日默照禪修營」。內容包括坐禪、動禪、行禪及禪修基本觀念及方法，法師以「止」、「觀」的方法為基礎教授默照禪法，並指導學員如何將默照禪法應用在日常生活中，讓身心安頓。

為期一個月的弘法活動，果醒法師分享了許多禪法智慧，學員們都表示，希望活用習得的禪修正知見，化解煩惱，讓生命更自在。

●09.14～15

方丈和尚澳洲雪梨弘法關懷
主持新禪堂啟用　演講「禪，隨身幸福」

方丈和尚於雪梨大學分享「禪，隨身幸福」，鼓勵眾人運用禪法，幫助自己將內在的清淨、慈悲和智慧顯露出來。

圓滿墨爾本弘法行後，方丈和尚果東法師等一行接著轉往雪梨。

首先於14日在雪梨分會感恩所有護法菩薩的奉獻，共同成就法鼓山推廣心靈環保，方丈和尚以天氣變化為例，與悅眾分享禪修的精神，「晴天代表著陽光、智慧，多雲代表祥雲來集，偶陣雨則象徵澍大法雨。」方丈和尚表示，雖不能掌握氣候變化，但可以掌握自己的心情，禪就是不起分別，讓內心隨時保持安定和喜悅。

15 日上午，方丈和尚為分會的新禪堂主持灑淨儀式，包括駐澳大利亞代表張小月，共有一百五十多位信眾，歡喜迎接新禪堂的啟用；隨後前往雪梨大學（University of Sydney），與近二百位聽眾分享「禪，隨身幸福」。

第一次到雪梨弘法的方丈和尚，感恩有緣與當地聽眾互動分享，提到人生本來就是在面對各種因緣，並藉著因緣來學習，禪便是教導面對種種順逆因緣時，如何保持心安平安的態度，「禪法就是心法，是幫助我們隨時安心的方法和觀念。」

方丈和尚鼓勵眾人運用禪法，幫助自己將內在的清淨、慈悲和智慧顯露出來，便能隨時隨地感受到安心和幸福。

這場講座，由新南威爾斯省佛教協會主席布瑞恩・懷特（Brian White）擔任引言，懷特主席提到 2004 年聖嚴師父曾到雪梨大學演講，帶給許多人心靈的能量，讓他相信漢傳佛教智慧對人們的幫助。

● 09.14～16

馬來西亞道場舉辦禪三
學員在生活中落實禪法

馬來西亞道場於 9 月14 至 16 日在當地梳邦再也佛教會（Subang Jaya Buddhist Association）舉辦禪三，由監院常藻法師帶領，近七十位禪眾參加。

禪三內容包括：聆聽聖嚴師父開示影片、坐香、經行、拜佛、早晚課誦、出坡作務、大休

禪三圓滿，法師勉眾將習得的方法，活用於日常生活中。

息等。每個共修環節，法師不僅介紹正確的觀念，也指導用功的方法，並於坐香之中穿插拜佛、立姿與坐姿瑜伽運動、法鼓八式動禪等，讓學員在動靜中不斷用功。

三日禪修，法師提醒禪修最重要的是時時帶著覺照心，清楚知道當下的因緣，過程並不是操控或命令身體，更不是想像，而是聆聽和跟隨身體的感受；圓滿當日，並勉勵學員一步一腳印踏實練習，將方法帶回生活中。

●09.18～21

方丈和尚香港關懷行
分享擁抱幸福城市

方丈和尚於香港護法會弘講「擁抱幸福城市」，與近四百位聽眾分享安定身心的生活智慧。

圓滿澳洲關懷行後，方丈和尚果東法師於9月18日飛往香港，繼續展開海外弘法行程。於香港，除了關懷當地護法信眾、義工，並於21日在護法會為近二百位民眾授三皈依，也舉辦佛法講座，與近四百位聽眾分享安定身心的生活智慧。

皈依典禮於分會的新佛堂舉行，一百八十三位民眾身著莊嚴海青，跟隨方丈和尚誦念三皈五戒，發願學習做正信的三寶弟子。方丈和尚勉勵眾人皈依後，開始學習佛法、成長自我，找回原本具有的慈悲和智慧。

晚間的講座，主題是「擁抱幸福城市——從心靈環保說起」，方丈和尚指出，身處香港國際大都會，面對數位時代的來臨，許多人擔心跟不上時代腳步，失去競爭力，內心因而起煩惱，有時甚至會覺得失去希望。

「面對挫折，不要失望，更不要絕望；擁抱願望，才能充滿希望。」方丈和尚表示景氣再好，如果不抱持希望，就會失去希望；相反地，景氣再不好，只要覺得有希望，就會出現希望。運用佛法觀念來轉變心念，可以讓自己充滿面對未來的能量。

方丈和尚建議，透過微笑拉近人與人的距離，散發溫暖和親切，是一種慈悲智慧的展現；也可以透過念佛的方法，讓自己不起煩惱，迴向一切眾生，不僅修福修慧，也能讓身心都自在。

●09.21

安省多倫多分會圓滿購置新會所
舉辦「牽心牽緣」活動　感恩眾緣成就

為購置新會所籌募基金，北美護法會加拿大安省多倫多分會於9月21日舉辦「牽心牽緣」募款活動，美國紐約東初禪寺住持果醒法師、監院常華法師、

果解法師出席關懷，東初禪寺並提供聖嚴師父及師父法子繼程法師多幅墨寶與捐款護持者結緣，共有兩百多人參加。

多倫多分會於 2000 年成立聯絡處及圖書館，十多年來，歷經數次搬遷，來自各界的護持和鼓勵，不曾中斷，使分會一直能延續聖嚴師父將漢傳禪佛教推廣到西方世界的弘願，而購置籌建一處固定道場，接引更多人修學佛法，始終是多倫多義工及信眾最大的心願。

2013 年 5 月，分會決議通過購買目前租用場地的鄰近建物，做為固定會所，為了籌措不足的交屋款項，延續 2012 年 10 月「牽心牽緣，燈燈無盡」募款活動的精神與力量，義工們全體動員，組成活動企畫小組，從場地探勘、節目企畫、媒體聯繫、文宣設計、燈光音效、影音執行等，利用下班後及週末假期，共同腦力激盪，並把握做義工的機緣，學習運用佛法智慧，體會聖嚴師父所說：「義工是菩薩行者，都是在修福修慧。」

此次購置會所及籌辦募款活動，除了多倫多悅眾及義工們的努力，還有來自臺灣和溫哥華道場的護持，且透過當地多家媒體的採訪報導，讓活動更受到關注，接引更多大眾認識法鼓山的理念。新會所於 9 月底順利完成交屋，增添更多的弘法力量。

果醒法師於多倫多分會「牽心牽緣」活動上，感恩各界護持。

● 09.23～25

新澤西州分會舉辦佛法講座
繼程法師講練心工夫

北美護法會新澤西州分會於 9 月 23 至 25 日舉辦佛法講座，邀請聖嚴師父法子繼程法師以其著作《練心工夫——精進禪修指引》為講題，就禪修的層次、修行的心態及如何依智生活三大主題，分享練心功夫，有近八十人參加。

繼程法師說明，有人以為開悟是玄妙神祕的經驗，其實當一個人覺悟空性，即證得心的本然清淨，一切現成，當下即是。雖說開悟是修行的一個目標，但真正精進用功時，要將禪修的每個過程都放下，不論好的、壞的，時時回到方法，如此工夫才能恆持成片。

繼程法師新州分會講練心工夫，勉眾要有修行的信心。

談到修行心態，法師表示，經過一段時間的修行，要避免慢心、瞋心增長；並提醒修行容易有二種現象，一種是以為開悟很容易，就什麼都不做；一種是認為修行很難，乾脆不修行。

最後，法師勉勵，根器雖有利鈍之分，但所有的利根都是磨出來的，平常除了多讀經書、聽聞開示，增長佛法正知見，也要有修行的信心，時時刻刻提起方法，無論是觀呼吸、參話頭、念佛，每一分的用功都是有用的。

● 09.26

紐約漢傳佛教文化協會舉辦英文佛法講座
邀請俞永峯老師主講「禪的藝術」

美國紐約漢傳佛教文化協會於 9 月 26 日，在紐約理工學院（New York Institute of Technology）曼哈頓城區部禮堂舉辦英文佛法講座，邀請佛羅里達州立大學宗教系助理教授俞永峯分享「禪的藝術——如何紓解壓力」，共有兩百多人參加。

由於聽眾多是西方人，俞永峯老師從理性觀點出發，首先分析打坐時的腦波狀態，接著介紹放鬆的意義與方法、打坐的功能和心態，並融入基礎佛法觀念；另一方面，也示範正確打坐的姿勢、肌肉筋骨按摩及法鼓八式動禪，引導聽眾體驗坐禪與動禪的方法和利益，現場不時傳出笑聲、掌聲，臺上臺下互動交流十分熱烈。

最後，俞永峯老師運用西方文化習慣的祈禱方式，進行另一種形式的感恩和迴向。演講雖因時間限制，無法開放現場問答，不過仍有許多聽眾於講座結束後，提出個人疑問，或詢問禪修課程相關細節。

漢傳佛教文化協會每年

俞永峯老師示範正確禪坐的姿勢，並帶領西方聽眾跟著練習。

都在美國紐約地區，舉辦數場中、英語佛法講座，希望以深入淺出、平易近人的內容與方式，接引更多西方人士親近佛法。

●09.29
馬來西亞道場舉辦戶外禪
大自然中放鬆身心、體驗禪心

馬來西亞道場於9月29日於當地瓜拉雪蘭莪自然公園（Kuala Selangor Nature Park）舉辦法青戶外一日禪，由常律法師帶領，共有三十五人參加。

在前往目的地途中，常律法師分享《他的身影——聖嚴法師弘法行履》影片，片中敘述聖嚴師父盡形壽、獻生命的弘化精神，除了讓學

學員於瓜拉雪蘭莪自然公園的戶外禪體驗中，對禪法有初步的認識與學習。

員了解師父如何以豐富的一生奉獻給佛教，也讓學員在未抵達禪修地點前，身心得以沉澱下來。

法師並於活動中開示走路禪的方法，即六根接觸外境時，不給任何名字、不形容、不比較、不分別，單純地看、單純地聽；平時有念佛習慣的學員，也可選擇邊走邊念佛，體驗身心的放鬆與專注、當下每一步，身在哪裡，心就在哪裡，不攀緣外境，也不受環境的影響和干擾。

法師的開示，讓從未接觸禪修的學員對禪法有了初步的概念與認識。

●10.04～06
長島大學師生於園區體驗寺院生活
學習漢傳佛教與時俱進的內涵及作為

10月4至6日，美國長島大學（Long Island University）環球學院師生一行十六人，於法鼓山園區展開三天兩夜的比教宗教及文化學程，進行宗教文化體驗。

營隊課程內容，包括佛門禮儀、禪修觀念與方法、梵唄等，引導學員熟悉寺

院生活，並透過「漢傳禪佛教與當代社會」、「法鼓山主軸思想——心靈環保」、「法鼓山的自然環保」等課程，分享漢傳佛教與時俱進的內涵及作為，並於 5 日晚間，與僧大學僧交流。

本年營隊也特別從行、住、坐、臥入手，不僅有經行、托水缽，還安排書法禪、茶禪等，提醒學員禪修不只在蒲團上打坐，還能融入日常生活應用。

到世界各地體驗不同的宗教文化，是長島大學環球學院比較宗教及文化學程的必修課程，由法鼓山規畫的「宗教體驗營」，多年來獲得師生一致肯定。帶隊助教梅蘭妮（Melannie Levine）表示，四年前還是學生時，便來法鼓山參加宗教體驗營，認識了佛教活潑的一面，例如梵唄，除了認識音聲佛事、練習法器，也穿上海青，跟隨法師一起念佛跑西方，是相當特別的體驗；不少學員也表示，和出家眾互動幫助他們釐清對佛教遁世的偏見，也更能領略出家的意義。

長島大學師生在果見法師（後排左三）引導下，練習書法禪，體驗活潑實用的漢傳禪法。

●10.17～20

方丈和尚北美弘法關懷——舊金山
接受媒體專訪 分享千人禪修活動因緣與展望

10 月 16 日至 11 月 10 日，方丈和尚果東法師展開北美弘法關懷行，偕同美國紐約東初禪寺住持果醒法師、北美護法會輔導法師常華法師等，前往美國舊金山、紐約、塔拉哈希、西雅圖等地，主持北美年會、千人禪修，以及皈依等等活動。

方丈和尚首先於 10 月 17 日在加州舊金山，接受《世界日報》專訪，分享舊金山千人禪修活動因緣及後續展望。方丈和尚表示，現代人生活總是忙碌緊張，引起許多身心問題，因此法鼓山希望藉由禪修，從簡易入門的法鼓八式動禪開始，分享身心放鬆、安定的方法；然而禪修並不等於坐禪，而是能夠運用在日常生活中，幫助我們放下自我中心，開發自心慈悲和智慧，從自私自利轉為利人利己。

19 日舊金山分會舉辦大悲懺法會，由果醒法師主法，開示持誦〈大悲咒〉對

修行的助益，更勉勵眾人向聖嚴師父學習，時時謹記自己能給他人什麼幫助，便是在發菩提心、行菩薩道；法會圓滿後，舉行皈依儀式，由方丈和尚授三皈依，方丈和尚開示皈依不只是掛名，期勉大眾共同努力淨化人心、淨化社會的工作。

方丈和尚果東法師（左）接受《世界日報》記者專訪，分享舊金山千人禪修活動因緣及後續展望。

方丈和尚一行，並於 20 日出席分會於當地山麓學院（Foothill College）運動場舉辦的「千人禪修」活動，關懷祝福大眾。

- 10.20

舊金山分會舉辦千人禪修
近六百位民眾感受身心安定力量

美國加州舊金山分會慶祝成立十週年，於 10 月 20 日在當地山麓學院運動場舉辦「千人禪修」活動，方丈和尚果東法師、美國紐約東初禪寺住持果醒法師等，到場關懷祝福。近六百位民眾以禪法微笑相會，體驗法鼓八式動禪，感受身心安定的力量。

方丈和尚感恩眾人除了親身參加活動，還不遺餘力接引各界人士前來學習。「大家相聚禪修緣，面帶微笑歡喜緣，珍惜當下幸福緣，感恩接受順逆緣，報恩奉獻結善緣，得心自在福慧緣」，方丈和尚以「六緣」做為祝福勉勵，並表示物質、精神環境，其實是生命共同體，只要心淨，則國土淨，期望眾人皆能發

舊金山分會慶祝成立十週年，舉辦「千人禪修」活動，近六百位民眾以禪法微笑相會。

願成為心靈環保的種子。

果醒法師也為大眾開示動禪心法，指出整體的安定來自個體的安定，而個人要保持身心安定，則可以從微笑做起，將動禪心法融入日常生活中。

現場並設置「心靈環保園遊會」，帶給大眾多項生活禪法的體會。其中靜心托缽、乒乓禪法、禪修體驗

在「心靈環保園遊會」上，民眾參與乒乓禪法體驗。

等，引導大、小朋友集中注意力，培養定力；書法禪則是父母握著孩子的手，一筆一筆專注書寫，透過筆畫互動，促進親子關係；盆栽 DIY 則藉由製作小盆景過程，學習自然環保和生活環保。

● 10.25～26

方丈和尚北美弘法關懷──紐約
應邀弘講「抱願不抱怨」

方丈和尚果東法師下半年度北美關懷行，繼 10 月中旬圓滿舊金山弘法之後，轉往紐約及新澤西州。

10 月 25 日，方丈和尚出席東初禪寺義工感恩聯誼分享會，讚歎與會近八十位義工，如觀音菩薩普門示現，隨聲應身。活動中，合唱團演繹「四眾佛子共勉語」佛曲新唱，在老、中、青三代成員合諧的歌聲中，彷彿與東初禪寺成長的軌跡唱和。

方丈和尚於紐約弘講「抱願不抱怨──啟動幸福 DNA」，與三百多位聽眾一起探索最簡單純粹的幸福。

26 日下午，應美國紐約漢傳佛教文化協會之邀，於當地喜來登飯店（Sheraton New York Times Square Hotel）舉行公開講座「抱願不抱怨──啟動幸福 DNA」，與三百多位聽眾分享漢傳佛教的菩提心法。

方丈和尚在演講中指

出，抱怨多來自於心理不平衡，尤以家人之間抱怨最多，過去是所謂愛之深，責之切，如今則是愛之深，怨之切；由於缺乏溝通，或是付出後期望回報，但事與願違，因此心生怨念。

方丈和尚說明，抱怨的紓解之道，須有因果因緣的人生觀，凡事正面解讀，逆向思考，心甘情願償債受報的人平安，心甘情願還願發願的人快樂；而從不抱怨進而抱願的轉念樞紐，在於提起眾生是生命共同體的精神，以成就一切眾生而發願，是向諸佛菩薩最深刻的學習，心懷感恩，直下承擔，隨時安住於自心道場，才能開啟幸福的密碼。

● 10.27

方丈和尚北美弘法關懷——新州分會
感恩義工盡心力分享法鼓山理念

方丈和尚果東法師、美國紐約東初禪寺住持果醒法師、北美護法會輔導法師常華法師一行於 10 月 27 日前往北美護法會新澤西州分會，除了關懷當日參與禪坐共修及觀音法會的信眾，並於午後出席義工聯誼關懷，感恩新州義工

方丈和尚感恩新州義工發揮影響力，分享法鼓山理念。

在各自崗位盡心盡力，發揮影響力，分享法鼓山理念。

當日出席聯誼會的義工近三十人，分別來自香港、臺灣、中國大陸、馬來西亞及緬甸，最年輕的是尚在羅格斯大學（Rutgers, The State University of New Jersey）就學的在校生，平日也參與共修。

由於分會甫覓得新會所，因此，聯誼會上，方丈和尚特別提醒，從現在開始，包括時間進程及空間規畫，必然收到十方各種關心意見，請大家要正面解讀，逆向思考，理解抱怨背後的心理，感恩鞭策之中的期許，互相體諒包容，氣氛和樂溫馨，才能感動人，接引更多的人親近佛法。

方丈和尚此行也前往位於愛迪生市（Edison）的新會址勘查，分會新址預定於 2014 年 5 月落成啟用。

● 10.28

方丈和尚北美弘法關懷──塔拉哈希聯絡處
主持皈依典禮

方丈和尚鼓勵塔城的新皈依弟子們，學習慈悲利他的菩薩精神。

方丈和尚果東法師北美弘法關懷，於 10 月 28 日前往北美護法會佛羅里達州塔拉哈西聯絡處主持皈依典禮，近百位民眾聆聽開示，並有近四十位皈依成為三寶弟子，近乎全場的西方眾，讓活動更顯國際化。

透過翻譯，方丈和尚首先感恩佛羅里達州立大學宗教系助理教授俞永峯，長期在當地教導正確的佛法知見和禪修方法。方丈和尚表示，現代社會物質生活不斷提昇，精神生活卻沒有跟著成長，讓人容易執著己見和利益得失，煩惱往往隨之增多；透過佛法觀念的疏導，開發出潛藏的清淨佛性，才能在快速、多元、緊張的社會中消融自我、解除壓力，保持內心安定的力量。

方丈和尚勉勵大眾，學習以感恩心接受順逆緣，用報恩心奉獻結善緣，把身旁所有人、事、物，都當成是自己修福修慧的資糧、增長智慧的契機。

最後，方丈和尚並期勉新皈依弟子們，常常再回法鼓山各分支道場交流、互動，學習慈悲利他的菩薩精神，接引更多人一起加入「提昇人的品質，建設人間淨土」的行列。

● 11.01～03

2013 北美護法年會象岡道場召開
一百零八位東、西方悅眾展望弘化新契機

北美護法會於 11 月 1 至 3 日在美國紐約象岡道場舉辦「2013 北美護法年會」，方丈和尚果東法師、東初禪寺住持果醒法師、監院常華法師、加州洛杉磯道場副寺果乘法師、國際發展處監院果見法師等十二位法師出席與會，與來自美

國、加拿大十一個地區，共一百零八位東、西方悅眾，共商討論北美弘化的現況與展望。

2013北美年會，以「回家『秀秀』，再出發」為題，除寓有關懷、疼惜之意，1日開幕典禮，方丈和尚進一步說明「回家」也是回歸佛陀本懷，繼起法鼓山「大悲心起」開山精神，勉勵眾人面對家庭、事業、分會到整體世界環境，以生命共同體為念，平等普施學觀音。

年會歷時兩年規畫，北美護法會會長張允雄走訪各地分會、辦事處，了解現實需求；在課程安排上，由果見法師報告法鼓山全球法務發展，護法會輔導法師常華法師則分享東初禪寺擴建計畫，以及新澤西、多倫多、舊金山分會相繼購置新會所的訊息；而溫哥華、洛杉磯兩地道場與舊金山分會簡報法務推展，則提供成立禪鼓隊、舉辦千人禪修等成功經驗。會中，針對如何串連各地資源，整合分享，悅眾也都進行充分交流。

另一方面，聯繫世法與佛法的四堂專業課程，引起熱烈回響。國際建築照明大師周鍊主講「無我，自在的設計觀」、張允雄會長「聖嚴師父與管理專家的對話」、心理學家林晉城（Peter Lin）「發掘個人長處──從自我到無我」、企業領袖艾德華（Edward Lin）「結合現代科技普及佛法」，凸顯他山之石如映照之鏡，讓團體與個人的社會角色更顯清澈。

圓滿日當天，眾人也在方丈和尚果東法師帶領中，持念聖嚴師父「大悲心起──祈願、許願、還願」法偈，發願力行觀音精神，成就他人，成長自己。

北美年會於象岡道場召開，僧團法師與東、西方悅眾展望弘化新契機。

理解現象，包容狀況
持續溝通，成就修行

11月1日講於美國紐約象岡道場「2013法鼓山北美年會」

◎果東法師

歡迎諸位回家，回到象岡道場，回到如來的家。這次年會主題訂為「回家『秀秀』，再出發。」回家，是為了凝聚向心力，彼此關懷、交流、分享，建立共識再出發。

佛陀的本懷，不離「慈悲關懷人，智慧處理事，和樂同生活，尊敬相對待。」我們所處的環境，包括身心世界的生理現象、心理現象和物理現象，修行則是運用正報的色身在依報的環境裡，體驗森羅萬象都在放光說法。因此，我有幾句話和大家共勉，便是「理解現象，包容狀況，持續溝通，成就修行。」

所謂理解現象，包容狀況，就如佛法告訴我們：「心本無生，因境而有。」每個人都有善根，只因面對環境的變動、變化，在互動過程中無意傷及他人，我相信沒有人故意要傷害對方，只因一時起了無明煩惱，而有自擾擾人的言語、行為出現。一旦覺察煩惱，要趕快回到「如來的家」，消融自我，即是智慧；關懷對方，體諒包容，便是慈悲。

所謂持續溝通，成就修行，即如佛法所說：「放捨諸相，休息萬事。」遇到挫折，要放下自我執著的煩惱心，不是放棄願心；要持續溝通，才能凝聚團體的力量，繼續奉獻利他。奉獻即是修行，安心即是成就，自己修學佛法，導正偏差的意念、言語、行為，也能幫助一切眾生離苦得樂，才是真修行。

這次年會，除有北美護法會、國際發展處及各地道場、分會進行成果報告，也從「自我認識與成長」及「他山之石」兩種層面，邀請不同領域的專家，分享護法、弘法的新契機，成果必然非常豐碩。祝福大家：時時心有法喜，念念不離禪悅。（節錄）

漢傳佛教西方普傳芬芳

北美年會——法鼓山西方弘法前哨站

特別報導

2013 年的法鼓山北美年會，以「回家『秀秀』，再出發」為主題，包括方丈和尚果東法師等十二位法師出席關懷，與悅眾們共商討論北美弘化的現況與展望；與會者皆認為，長期穩定地接引初機佛法師資、友善開放的硬體環境，和適應西方社會的社交方便法，是北美弘化當務之急。

回顧北美年會，於 1997 年 10 月底在美國紐約象岡道場首度召開，共有來自全美國六十餘位悅眾代表參加，聖嚴師父全程與會，並開示「法鼓山的萬行菩薩」及「慈悲行」；1998 年，同一時間、地點，主題是「勸募與關懷」，一百多位與會者，除美國本土，並有來自加拿大溫哥華及多倫多兩地。

2013 年的北美年會，出席的百餘位護法悅眾，不乏首次參與者，特別的是，在聖嚴師父圓寂之後，才開始親近學法的東、西方人士，占了大多數。佛羅里達州塔城聯絡處現任召集人法蘭西・貝里（Frances Berry）教授，曾五度訪問臺灣，並上法鼓山參學，卻從未親炙師父，是《雪中足跡——聖嚴法師自傳》（*Footprints in the Snow*）一書，讓她認識了師父，後因佛羅里達州州立大學宗教學系助理教授俞永峯的接引，引領她走入漢傳禪法。

三階段任務 同心同願為先

在「2013 年北美年會」上，北美護法會輔導法師常華法師指出，北美護法的三階段任務，第一階段是同心同願、願願相續，第二階段為推動東西岸重點道場建設；此刻起進入第三階段，以課程開發與師資培養等軟體服務，契機契理的接引大眾。

回顧歷年北美年會舉辦的主題及活動內容，正呼應護法的階段性任務。包括 2000 年以「回顧與展望」為題，聖嚴師父在會中叮嚀「法鼓山的共識及工作項目」；2001 的年會主題是「身心的成長——個人與團體，理性與感性」，師父在活動中諄諄教誨「期勉法鼓山的會員菩薩」；2002 年的「法鼓之音」主題中，師父以「一師一門，同心同願」，引領大眾在學佛路上共修同行。

在第一階段，聖嚴師父可謂全程參與，透過這一前哨站，期望讓漢傳佛法更為世界所熟悉，也期許匯聚更多力量，在西方推展心靈環保與法鼓山的理念。

道場建設陸續完成 與國際接軌

而主軸為推動東西岸重點道場建設的第二階段，成績斐然，至 2013 年，法鼓山在北美地區計有紐約東初禪寺、象岡、加州洛杉磯、加拿大溫哥華等四處道場，及美國紐約、新澤西州、加拿大多倫多等九個分會，其中，新澤西、多倫多、舊金山分會相繼購置新會所；另外，還有散布美國各州的十四個聯絡處、十個聯絡點，這些護法據點，正是法鼓山與國際接軌的第一線。

聖嚴師父的教導，透過下一代弟子及其著作、影像，持續產生影響力，引導東、西方人士走進法鼓山。

聖嚴師父圓寂後，北美年會更展現「承先啟後，願願相續」的力量，2010 年以此為主題，在年會中確立「西方信眾教育與師資培訓的發展方向」，並以推展漢傳禪佛教的國際發展為使命；2011 年「回家與分享」的主題研討中，對於國際化提出了健全組織運作、培養國際人才等八大優先執行的重點項目。

走入道場，走入社區、走向人群

常華法師表示，「聖嚴師父圓寂以後，仍有許多人親近道場，與我們一起學佛，顯然是對師父禪風的認同，這是未來弘化努力的方向。」而師父的教導正透過下一代弟子及其著作、影像，持續產生影響力，已是可證的事實。

這正反映著當代北美各地學法、護法的新生態：愈來愈多的西方人士，透過師父的弟子、禪修指導老師及多元媒介，走進了法鼓山，過去師父長年播耘西方，如今種子已然成熟。

在重點道場已完成基礎建設之際，北美弘化的第三階段已然展開，透過年會的召開，肯定法鼓山國際弘化的展望及方向——除了接引大眾走入道場，還須走入社區、走向人群。相信在四眾弟子同心同願的努力下，定能承先啟後、傳薪創新，繼續在西方普傳漢傳禪法的芬芳。

● 11.03

馬來西亞道場舉辦「菩薩戒」講座
帶領大眾了解成佛的正知見

馬來西亞道場於 11 月 3 日舉辦「成佛必備的資糧——菩薩戒」講座，由監院常藻法師主講，近一百五十位民眾到場聆聽。透過法師次第的解說，建立起正確觀念，了解菩薩戒的意涵。

法師說明，戒律是以人為本，佛陀悲憫眾生，為了幫助弟子們斷除煩惱，因而制定戒律，讓弟子有良好的生活規範，得以培養身、口、意三業的清淨；而菩薩是修持大乘佛法的行者，上求佛道、下化眾生，持守菩薩戒，無需要求自己達到菩薩、聖人的境界；但如果犯了戒，就應自我反省、懺悔、改過，並不斷努力改進，修行路上才會精進，也才能生起信心與力量，逐步消除自己的煩惱。

問答時，聽眾踴躍提問，特別是在生活當中，應該如何判斷、取捨與行動，常藻法師都一一解答，並提醒眾人，菩薩戒的重點在於不斷自我觀照、自我提昇，多了解戒律的內涵，進一步落實在生活中，便能自利利他。

「菩薩戒」講座中，常藻法師講說戒律的重要性。

● 11.08～10

西雅圖分會慶祝成立十二週年
系列活動凝聚力量

北美護法會華盛頓州西雅圖分會慶祝成立十二週年，於 11 月 8 至 10 日舉辦系列活動，包括佛法講座、感恩關懷聯誼會及藥師法會暨皈依典禮等，方丈和尚果東法師、紐約東初禪寺住持果醒法師、監院常華法師等都到場祝福關懷。

8 日的佛學講座，由果醒法師主講「《楞嚴經》與十二因緣」，法師說明每一個當下都離不開十二因緣，也離不開《楞嚴經》中所謂的「心」，只要我們還沒解脫，日常生活的運作模式皆受十二因緣所支配、控制、產生行為，也成為慣性；期勉大眾藉由修行提昇自己，達到能所雙亡、主客不分、物我兩忘，即可返妄歸真。

9 日晚間的「心靈饗宴——感恩關懷聯誼會」，方丈和尚與眾人分享心靈環保、六度萬行和「四它」觀念，並以「正向八望」鼓勵：「人難免有許多期望，

西雅圖分會十二週年活動，義工熱情參與，帶動分會成長茁壯。

但要節制欲望，千望不要奢望，對未來一定要有展望，永遠不要失望，更不要絕望，要擁抱願望，才能充滿希望」；果醒法師也以聖嚴師父曾開示：「這個人與我接觸後，能得到什麼好處」來勉勵大眾，將佛法應用在生活中，積極奉獻利他。

10日分會舉行藥師法會暨皈依典禮，共有近百位信眾參加，方丈和尚提醒新皈依弟子受持三皈五戒的意義，勉勵大眾找到自己清淨的佛性，減少無明煩惱。

這次十二週年活動，西雅圖分會從規畫、場勘、布置到香積安排，義工都熱情主動參與，在過程中學習與成長，這股凝聚力量，將帶動分會繼續成長茁壯。

● 11.16～17

馬來西亞道場舉辦義工成長營
引領義工學習成長、培養團隊精神

馬來西亞道場於11月16至17日，於當地度羅加（Broga）舉辦義工成長營，由監院常藻法師、常妙法師及常律法師帶領，共有六十人參加。

兩天一夜的成長營，安排許多團康遊戲，常藻法師提醒學員，不要以競賽的心態參加，這樣才可以透過遊戲，在身心放鬆中，了解自己，也學習照顧他人。

另一方面，成長營也安排兩場講座，邀請人力資源專家謝文龍主講「了解個性風格」，分析四種不同的個性風格（支配型、表現型、思考型、隨和型），引導學員更圓融地處理人際關係；常藻法師則在「思考點線面」演講中，分享在處理事情時，不能只看片面情況，而要以較寬廣的角度與更高層次的思考，方能找出解決方案。

活動最後，播放《老鼓手》影片，法師期勉學員傳承聖嚴師父的願心，接引更多人親近佛法。

馬來西亞道場舉辦義工成長營，義工在遊戲中學習培養團隊精神。

● 12.01～08期間

海外七分支道場「同步」展開水陸法會網路共修
精進用功 修行零距離

12月1至8日期間，除了全臺各分院、護法會辦事處舉辦水陸法會網路共修外，海外包括美國紐約東初禪寺、加州洛杉磯道場、新澤西州分會、加州舊金山分會，加拿大溫哥華道場，以及香港護法會、新加坡分會等，也「同步」舉辦網路共修，讓海外信眾精進用功零距離。

北美地區，東初禪寺於12月2至8日，與法鼓山園區「大壇」連線，禮拜《梁皇寶懺》；新澤西州分會則於每炷香前後，由東初禪寺常諦法師說明懺文意義，每日有三十多人參加。

東初禪寺常住法師們在法會期間，帶領大眾至誠懺悔，高聲唱誦。

舊金山分會於12月3至8日透過網路，共修大壇佛事，每炷香前後，由監香常文法師說明懺文意義；加拿大溫哥華道場也於12月3至8日，同步舉辦網路共修，每日均有近百位信眾和義工到道場用功，或是專注拜懺、念佛，或在不同的工作上奉獻。為了護持西方眾參與法會，翻譯組義工花了數天時間，為《瑜伽焰口施食要集》加註漢語拼音，並透過翻譯機和耳機，提供即時口譯；法器組也在數週前，勤加練習《梁皇寶懺》的梵唄，當影音檔案或播放設備中斷時，隨時接手執掌法器，領眾繼續唱誦。

亞洲的香港護法會、新加坡分會則於12月1至7日，「同步」與法鼓山園區連線，最後一天送聖儀式圓滿時，螢幕上出現聖嚴師父的身影，以及對大眾的祝福和期許，看著方丈和尚果東法師帶領僧團法師發願，令眾人感恩今生有因緣學佛修行，更珍惜每一次在海外精進共修的機會。

● 12.27～30

新加坡護法會舉辦「心‧生活」fun鬆體驗營
帶領青年學員提昇正向能量

12月27至30日，新加坡護法會於當地聖約翰島（St. John's Island）舉辦「心‧生活」fun鬆體驗營，由青年院常元、常義、常鐸、常澧等四位法師自臺灣前

往帶領，近六十位新加坡、馬來西亞青年學員參加。

體驗營活動分為「fun鬆時間」、「心靈課程」、「小組分享」等三單元。「fun鬆時間」由法師及小隊輔帶領學員進行靜態、動態的身心放鬆法，如法鼓八式動禪、瑜伽；「心靈課程」藉由不同主題的課程及團康遊戲，引導學員探索自我內在，進而改善自我價值觀；「小組分享」鼓勵學員分享學習心得，提昇溝通技巧，拉近人與人之間的距離。

每晚並安排不同主題的晚會，包括心靈晚會、點燈晚會、感恩晚會，凝聚眾人向心力，提昇正向能量；此外，也進行「法師有約」，解答學員學佛及生活上的疑問。

有學員表示，體驗營的多元課程，引導參與者調整身心、檢視自我，也調整人際互動模式，為心靈挹注向上提昇的能量。

● 12.28～29

馬來西亞護法會參與「慈光遍耀世界誦經法會」
為世界和平、眾生祈福

在「慈愛24──慈光遍耀世界誦經法會」中，常藻法師等帶領義工，持誦漢語〈大悲咒〉，為世間送上祝福。

12月28至29日，馬來西亞道場受邀參與馬來西亞慧光基金會、佛教弘法會於當地沙亞南武吉拉迦正定寺舉行的「慈愛24──慈光遍耀世界誦經法會」，由監院常藻法師帶領義工，一同前往響應持誦〈大悲咒〉，祈願世界平安、和諧穩定，讓慈愛遍布十方。

活動以誦經、持咒及禪坐等方式進行，共有三十個當地的佛教團體，以全天二十四小時不間斷在寺內修持，參與響應。此外，來自馬國、新加坡、斯里蘭卡和澳洲的十五個佛教組織，也參與網路連線誦經與持咒，共同祈求眾生的福祉和快樂。

與會的佛教團體中，大部分是以巴利文誦經或持咒，代表漢傳佛教的法鼓山馬來西亞道場，由常藻法師、常妙法師帶領二十一位義工，持誦漢語〈大悲咒〉，為世間送上祝福。

大事記

1月 JANUARY

01.01

◆《人生》雜誌第 353 期出刊。

◆《法鼓》雜誌第 277 期出刊。

◆法鼓文化出版新書:《放鬆禪——上班族 40 則放鬆指引》(禪修 follow me 系列,聖嚴法師著,法鼓文化編輯部選編);《得心自在》(人間淨土系列,聖嚴法師著,法鼓文化編輯部編輯)。

◆《金山有情》季刊第 43 期出刊。

◆《法鼓佛教院訊》第 22 期出刊。

◆桃園齋明別苑舉辦「Fun 鬆一日禪——得心自在迎心會」,由常廞法師帶領,有近一百人參加。

◆高雄三民精舍於精舍所在的大樓中庭舉辦「禪的生活・品茶・書法」活動,內容包括書法班學員現場寫春聯、國畫班、攝影班、花藝班成果展,以及「初心奉茶」等,有近三百位居民與信眾參加。

◆自 1994 年開播的聖嚴師父《大法鼓》節目,普化中心歷經一年半的時間,整理出一千一百五十集的節目,並在 Youtube、土豆網、法鼓網路電視臺以及法鼓山數位學習網完整呈現,大眾隨時隨地可透過網路或智慧手機觀看師父的生活智慧影音寶庫。

◆慈基會延續 2012 年 12 月 15 日起舉辦的 101 年度「法鼓山歲末大關懷」系列活動,至 2013 年 1 月 31 日期間,陸續於全臺各地分院、護法會辦事處展開,合計二十個關懷據點,共關懷兩千三百多戶家庭。

◆美國加州洛杉磯道場舉辦觀音法會,由紐約東初禪寺果明法師帶領,有近一百人參加。

◆加拿大溫哥華道場舉辦禪一,由監院果舟法師帶領,共有四十一人參加。

01.02

◆2 至 4 日,傳燈院於法鼓山園區舉辦禪堂助理監香培訓課程,由常護法師等帶領,共有七十多人參加。

◆2 至 23 日,普化中心每週三晚上於北投雲來寺舉辦「法鼓講堂」佛學課程,由美國紐約東初禪寺住持果醒法師主講「《楞嚴經》與默照禪、話頭禪」,法鼓山數位學習網並進行線上直播。

01.04

◆4 至 6 日,三峽天南寺舉辦禪二,由常乘法師帶領,共有一百零二人參加。

◆4 至 6 日,傳燈院於三義 DIY 心靈環保教育中心舉辦中級 1 禪訓班輔導學長培訓課程,由美國紐約東初禪寺住持果醒法師帶領,共有八十六人參加。

◆ 4至6日，護法總會於法鼓山園區舉辦正副會團長、轄召、召委禪二，由傳燈院監院常源法師帶領，方丈和尚果東法師於6日出席開示，共有一百一十多位悅眾參加。

01.05

◆ 5至12日，法鼓山受邀出席於印度吠舍離（Vaishali）大愛道比丘尼寺舉行的「第十三屆國際佛教善女人大會」，由中華佛研所所長果鏡法師、助理研究員常諗法師代表參加，與來自三十二國的六百多位佛教界代表分享臺灣尼眾成長經驗。

◆ 5至11日，臺南雲集寺舉辦新年祈福藥師法會，由常峯法師帶領，有近八百多人次參加。

◆ 1月5日至6月8日，高雄紫雲寺週六舉辦「生命關懷系列健康人生講座」，共五場。5日進行首場，邀請署立屏東醫院家庭醫學科主任許禮安主講「家庭醫學科與預防保健觀念」，共有一百多人參加。

◆ 5至12日，禪堂於臺東信行寺舉辦初階禪七，由三學院僧才培育室室主常慧法師帶領，有近五十人參加。

◆ 美國紐約象岡道場舉辦禪一，由監院常聞法師帶領，共有十多人參加。

◆ 北美護法會安省多倫多分會舉辦佛學講座，由護法會輔導法師常華法師主講《如來藏經》，有近四十人參加。

◆ 5至6日，香港護法會舉辦初級禪訓班輔導學長培訓課程，由常炬法師帶領，有近二十人參加。

01.06

◆ 1月6日至12月29日，人基會與教育廣播電臺合作製播《幸福密碼》節目，邀請各界知名人士及專家學者，分享生命故事及人生經歷，每季由資深媒體人胡麗桂、陳月卿、聲樂家張杏月與趨勢科技文化長陳怡蓁擔任主持人，節目於每週日下午該臺各地頻道播出。

◆ 1月6日、4月14日，美國紐約東初禪寺舉辦週日講座，由常諦法師主講「阿彌陀佛四十八願」，有近五十人參加。

01.08

◆ 方丈和尚果東法師上午於北投雲來寺大殿，對僧團法師、全體專職精神講話，主題是「心靈環保，得心自在」，全臺各分院道場同步視訊連線聆聽開示，有近三百人參加。

◆ 8至29日，臺北安和分院每週四下午舉辦「輕鬆‧做年菜」課程，邀請素食料理老師王惠淑指導健康、創意的素食年菜，有近四十人參加。

◆ 1月8日至4月1日，法鼓文化心靈網路書店舉辦「追尋覺者的足跡──2013年千種佛書線上博覽會」，除書籍組合特惠，也有禪修系列用品組合，提供讀者在生活中練習身心放鬆，培養安身、安心的第一步。

◆ 慈基會甲仙安心站舉辦「走出戶外、『銀』向陽光」長者關懷活動，安排參訪佛陀紀念館、陽明海洋探索館等地，共有七十一位來自高雄甲仙、小林等地區長者參加。

01.09

◆ 慈基會高雄北區義工於新吉祥護理之家進行慰訪關懷，內容包括念佛、合唱團佛曲演出等，義工並鼓勵長者保持身心愉悅，不受外境困擾。

◆ 佛教學院學生社團行願社聯合該校學生會、魄鼓社、澄心社、書畫社、藥王社等學生社團，前往萬里仁愛之家進行歲末關懷，內容包括念佛共修、鼓隊表演、佛曲演唱、素食饗宴等，共有四十多位師生參加。

01.10

◆ 1月10日至10月17日，普化中心週四於北投雲來寺開辦聖嚴書院福田班，共十堂課，有近一百四十人參加。

01.11

◆ 11至13日，三峽天南寺舉辦初級禪訓班二日營，由常乘法師帶領，有近一百二十人參加。

◆ 11至13日，傳燈院於法鼓山園區舉辦中級1禪訓班，由監院常源法師帶領，共有九十二人參加。

◆ 11至25日，加拿大溫哥華道場每週五舉辦地藏法會，由監院果舟法師帶領，共有兩百七十多人次參加。

01.12

◆ 為接引大眾認識佛法及法鼓山理念，12至26日，普化中心週六於北投農禪寺開辦「快樂學佛人」系列課程，共三堂，有近九十人參加。

01.13

◆ 法鼓山於園區舉辦「第十八屆佛化聯合婚禮」，邀請伯仲基金會董事長吳伯雄擔任證婚人、移民署署長謝立功賢伉儷擔任主婚人、新北市市長朱立倫擔任祝福人，並由方丈和尚果東法師為新人授三皈依，共有六十四對新人參加。

◆ 臺北安和分院舉辦禪一，由監院果旭法師帶領，共有一百一十多人參加。

◆ 臺中分院於寶雲別苑舉辦戶外禪，由果雲法師帶領，共有一百二十七人參加。

◆ 13至19日，臺南分院舉辦新年祈福觀音法會，由監院果謙法師帶領，有近一千三百人次參加。

◆ 臺南雲集寺舉辦Fun鬆一日禪，由美國紐約東初禪寺住持果醒法師帶領，有近兩百人參加。

◆ 美國紐約東初禪寺舉辦週日講座，由果明法師主講《六祖壇經》，有近七十人參加。

◆ 北美護法會加州舊金山分會舉辦禪一，共有二十多人參加。

◆ 香港護法會應邀參加香港壘球總會於九龍天光道舉辦的「七十六週年嘉年華會」，設

立專區推廣「聖嚴法師 108 自在語」與相關結緣書籍，並帶領法鼓八式動禪、托水缽等活動，與民眾分享佛法的智慧及禪修心得。

01.18

◆ 1 月 18 日至 6 月 14 日，桃園齋明別苑週五舉辦「生活禪」系列講座，共六場，18 日進行首場，邀請「豬豬天堂」經營者駱鴻賢分享養豬不賣豬的心路歷程，共有四十人參加。

◆ 美國紐約東初禪寺舉辦電影禪，邀請心理學家林晉城（Peter Lin）帶領賞析影片《臥虎藏龍》片中的佛法意涵，有近二十人參加。

01.19

◆ 桃園齋明寺舉辦「接待禮儀及學佛行儀」成長課程，由資深接待悅眾帶領，監院果耀法師出席關懷，有近百位義工參加。

◆ 傳燈院於北投雲來寺舉辦 Fun 鬆一日禪，由常願法師帶領，共有五十八人參加。

◆ 1 月 19 日至 12 月 21 日，由佛教學院教職師生發起的「淨心淨土，金山環保」社團，於每月第三週或第四週週六在金山磺溪出海口、萬里加投下寮海灘等北海岸海灘以及桃園觀音海岸進行淨灘活動，清理海洋生態環境。

◆ 美國紐約東初禪寺舉辦中級禪訓班，由果解法師帶領，共有十多人參加。

01.20

◆ 法鼓人文社會學院籌備處於德貴學苑舉辦專題講座，邀請聖嚴師父法子繼程法師主講「得心自在」，分享在生活中運用禪修方法和佛法觀念，體驗心的自在，有近四百人參加。

◆ 護法總會及各地分院聯合舉辦「得心自在‧2012 年歲末感恩分享會」，於法鼓山園區、北投農禪寺、三峽天南寺、桃園齋明寺、臺中分院、臺南分院、臺南雲集寺、高雄紫雲寺、臺東信行寺以及護法會花蓮辦事處等十個地點同時展開，海外馬來西亞道場、香港護法會也加入視訊連線，方丈和尚果東法師出席農禪寺主現場，並透過視訊連線對參與信眾表達關懷與祝福，共有七千三百多位信眾參加。

◆ 美國紐約東初禪寺舉辦週日講座，邀請聖嚴師父西方弟子比爾‧賴特（Bill Wright）主講「四依止」，有近三十人參加。

◆ 馬來西亞道場舉辦歲末關懷及歲末聯誼活動，由資深悅眾林忠鴻、黃淑鈴帶領，代理監院常峪法師出席關懷，有近一百五十人參加。

01.21

◆ 21 至 27 日，青年院於三義 DIY 心靈環保教育中心舉辦「第三屆冬季青年卓越禪修營」，由常元法師、常義法師、常灃法師帶領，共有一百一十九位來自臺灣、中國大陸、馬來西亞的年輕學員參加。

◆ 21 至 22 日，慈基會林邊安心站於高雄市仁和國小舉辦「寒假少年探索成長營隊輔培訓」活動，邀請采風戶外探索教育訓練機構講師李志威帶領，共有十多人參加。

◆ 21 日至 28 日，教聯會於三峽天南寺舉辦「2013 寒假教師心靈環保進階研習營」，由中華佛研所所長果鏡法師帶領，共有一百一十二人參加。

01.22

◆ 慈基會六龜安心站舉辦「獎助學金受獎學生服務回饋日」活動，前往屏東縣高樹鄉信愛養護中心進行歲末關懷與祝福，內容包括念佛共修、藝文表演等，共有十四位「百年樹人獎助學金」受獎學生，以及十一位義工參加。

01.23

◆ 慈基會高雄北區義工於惠心護理之家進行慰訪關懷，內容包括念佛、合唱團佛曲演出等，副祕書長常法法師並為長者點燈祈福。

01.24

◆ 24 至 26 日，慈基會林邊安心站於高雄市澄清湖、屏東縣小琉球進行「寒假少年探索成長營」，邀請采風戶外探索教育訓練機構講師李志威帶領，藉由戶外探索帶領學員自我挑戰、激發潛能，共有三十九位高雄市林邊國中及佳冬國中學生參加。

◆ 馬來西亞道場舉辦禪一，由常峪法師帶領，共有六十人參加。

01.26

◆ 桃園齋明寺舉辦 Fun 鬆一日禪，由果澔法師帶領，共有一百一十五人參加。

◆ 1 月 26 日至 12 月 28 日，國際禪坐會（International Meditation Group,IMG）週日在德貴學苑舉辦英文禪一，全年十一場，共有兩百多人次參加。

◆ 聖基會於德貴學苑舉辦「兒童生活教育作文及繪畫比賽」頒獎典禮，由關懷中心副都監果器法師、聖基會董事長蔡清彥、董事傅佩芳等擔任頒獎人，有近三百位獲獎學童與家長參加。

◆ 美國加州洛杉磯道場舉辦禪一，共有三十多人參加。

◆ 北美護法會加州舊金山分會舉辦「心六倫系列講座」，邀請資深悅眾張琛以「言教，身教，關懷，尊重與感恩——協力推行校園倫理」為主題，分享中美教育體制與方式的異同，共有四十多人參加。

01.27

◆ 臺南安平精舍舉辦「親子心靈遊樂園」活動，以「你今天微笑了嗎」為主題，邀請電視兒童節目製作人彭薇霖（蘋果姊姊）帶領大小朋友一起活動身體、手牽手，用擁抱彼此來認識對方，共有十五對親子參加。

◆慈基會甲仙安心站舉辦歲末感恩會，副祕書長常法法師出席關懷與祝福，共有一百多
位關懷家庭成員參加。

01.29

◆29至31日，慈基會六龜、甲仙安心站於南投縣日月潭舉辦「寒假少年探索成長營」，
由副祕書長常法法師帶領，藉由戶外探索讓學員自我挑戰、激發潛能，共有七十位六
龜地區高中生與甲仙地區國中生參加。

◆1月29日至2月6日，僧大於法鼓山園區舉辦「第十屆生命自覺營」，共有一百九十
多位來自臺灣、香港、中國大陸、新加坡、馬來西亞、澳洲等地學員參加。

01.31

◆慈基會林邊安心站舉辦「獎助學金受獎學生服務回饋日」活動，與華山基金會共同進行
「歲末關懷打掃」，協助地區關懷家庭與長者清理家園，學習體驗「施比受有福」的
意涵，共有二十多位「百年樹人獎助學金」受獎學生參加。

◆法鼓山持續關懷中國大陸四川震災災後重建，1月31日至2月3日於安縣綿陽中學舉
辦「生命教育」大學心靈環保營隊活動，由僧團副住持果品法師、常元法師，及人基
會「心劇團」團長蔡旻霓等帶領，並頒發貧困績優大學生獎助學金，共有二十六位學
子獲獎。

◆1月31日至12月26日，法鼓山人基會每月最後一週週四於德貴學苑舉辦「2013得
心自在心靈講座」。31日進行首場，邀請蓮花基金會董事長張寶方主講「死亡教會我
的功課」，共有一百多人參加。

2月 FEBRUARY

02.01

◆《人生》雜誌第354期出刊。

◆《法鼓》雜誌第278期出刊。

◆法鼓文化出版新書：《安心商社——抓狂上班族的慢活悟語》（心靈環保漫畫系列，
萬歲少女著）；《法鼓山之美Ⅱ——法華之美‧溪流之美》DVD（影音系列，法鼓
文化製作）。

◆1至3日，三峽天南寺舉辦初級禪訓班二日營，由常學法師帶領，共有一百二十人參加。

◆1至3日，傳燈院於三義DIY心靈環保教育中心舉辦「萬人禪修共識營」，由禪修中
心副都監果元法師、傳燈院監院常源法師、常願法師等帶領，內容包括萬人禪修活動

續辦緣起、活動精神,以及 2013 年新增之微笑禪及浴佛禪等相關活動說明及演練等,共有一百零八位種子義工參加。

◆「心靈處方籤」結合行動條碼,民眾只要雙手合十祈願,用手機掃描 QR Code,就能請一句與自己相應的法語,隨時為生活注入安心能量。

◆聖嚴師父講經有聲書《心經觀自在》、《金剛經如是說》於臺灣三大電信通路上架,透過 Android 系統的智慧型手機,可至中華電信 Hami Apps、臺灣大哥大 match Apps、遠傳電信 S 市集請購下載,隨時聆聽清涼法音。

02.02

◆美國紐約東初禪寺舉辦聖嚴師父圓寂四週年「法鼓傳燈日一日禪」,由果明法師帶領,共有五十多人參加。

◆美國紐約象岡道場舉辦禪一,由監院常聞法師帶領,共有十多人參加。

◆美國加州洛杉磯道場舉辦「大悲心起‧願願相續——法鼓傳燈日」傳燈法會,以念佛共修、傳燈、發願的方式緬懷聖嚴師父,由副寺果乘法師帶領,共有三十多人參加。

◆北美護法會伊利諾州芝加哥分會舉辦「大悲心起‧願願相續——法鼓傳燈日」傳燈法會,以念佛共修、傳燈、發願的方式緬懷聖嚴師父,共有三十多人參加。

◆北美護法會加州舊金山分會舉辦聖嚴師父圓寂四週年「法鼓傳燈日半日禪」,共有四十多人參加。

◆北美護法會華盛頓州西雅圖分會舉辦聖嚴師父圓寂四週年「法鼓傳燈日半日禪」,共有三十多人參加。

02.03

◆臺東信行寺舉辦禪一,由常越法師帶領,共有二十多人參加。

◆文化中心與中華佛研所合作設立「聖嚴法師文物史料數位典藏與理念推廣研究」專案,由佛教學院教授杜正民、圖書資訊館館長洪振洲、助理研究員辜琮瑜成立工作小組,以聖嚴師父的相關研究為基本導向,包括文物史料的數位典藏、理念研究的推廣等,並定每年 2 月 3 日師父圓寂日為專案成果發表日,預計於 2014 年年初舉行第一次成果發表。

◆美國紐約東初禪寺住持果醒法師、監院常華法師拜訪作家王鼎鈞,並致贈聖嚴師父墨寶「大悲心起」,感謝護持東初禪寺的擴建工程。

◆美國紐約東初禪寺舉辦週日講座,由住持果醒法師主講「《楞嚴經》與中國禪宗」,有近七十人參加。

◆美國加州洛杉磯道場舉辦佛學講座,由副寺果乘法師主講《普門品》,有近二十人參加。

◆加拿大溫哥華道場舉辦歲末感恩祝福聯誼,監院果舟法師出席關懷,感恩大眾的護持與奉獻,常盛法師並帶領大眾持誦〈大悲咒〉、《心經》,共有兩百多人參加。

◆馬來西亞道場舉辦佛學講座,由僧大常慶法師主講「《法華經》概說」,共有四十一人參加。

◆北美護法會新澤西州分會舉辦「大悲心起‧願願相續——法鼓傳燈日」傳燈法會,以念佛共修、傳燈、發願的方式緬懷聖嚴師父,由紐約東初禪寺果明法師帶領,共有

五十多人參加。

◆北美護法會華盛頓州西雅圖分會舉辦新春大悲懺法會，共有四十多人參加。

02.04

◆馬來西亞道場舉辦專題講座，由僧大常慶法師主講「根塵識與反聞自性」，共有二十多人參加。

02.05

◆2月5日至3月31日，文化中心心靈網路書店舉辦「2013法鼓文化國際書展──網路展」，以「禪，是一種生活理念；正念，是一種生活方式」為主題，推廣「心靈環保」的理念，精選書籍及禪坐墊、復刻小佛像等禪修及供佛用品，豐富佛法的生活日用。

02.06

◆北美護法會加州舊金山分會舉辦義工歲末感恩分享會，感恩義工的護持與奉獻，共有六十多人參加。

02.07

◆法行會於臺北國賓飯店舉辦第一四三次例會，由僧大副院長果光法師導讀聖嚴師父著作《公案100》，有近一百五十人參加。

02.08

◆中國大陸四川秀水第一中心小學校長鄭本生偕同教職員主管一行八人，參訪法鼓山園區，感恩法鼓山在震災後援建新校舍，並透過慰訪、發放獎助學金、舉辦營隊等活動，持續為學子們提供安心服務，讓全校師生順利展開新生活。

02.09

◆法鼓山園區舉辦除夕系列活動，先於晚間在大殿舉辦彌陀普佛法會，再於大殿、祈願觀音殿、法華鐘樓、居士寮舉辦祈福法會，接著在法華鐘樓展開「除夕撞鐘」，由僧團法師撞響一百零八下法華鐘，方丈和尚果東法師全程參與，總統馬英九、副總統吳敦義、新北市長朱立倫等來賓觀禮，共有來自海內外近四千位民眾參加。

◆桃園齋明寺舉辦除夕禮佛大懺悔文晚課，由僧團果興法師主法，有近四十人參加。

◆臺中分院於寶雲別苑舉辦除夕彌陀普佛法會，由監院果理法師帶領，共有八十多人參加。

◆高雄紫雲寺舉辦除夕禮佛大懺悔文晚課，由僧團常護法師帶領，有近五十人參加。

◆臺東信行寺舉辦除夕禮佛大懺悔文晚課，由僧團常參法師帶領，共有三十多人參加。

◆慈基會林邊、甲仙、六龜安心站舉辦除夕送暖活動，由義工於除夕當天，為獨居老人、隔代、單親等弱勢家庭，將幸福年菜送到家，共有三十戶家庭受益，也為四十五位獨居長者清掃家園。

◆美國紐約東初禪寺舉辦除夕跨年大悲懺法會，由常諦法師帶領，有近五十人參加。

◆美國加州洛杉磯道場舉辦除夕慈悲三昧水懺法會，由僧團都監果廣法師等帶領，有近九十人參加。

◆馬來西亞道場舉辦除夕拜懺法會，由常峪法師帶領，共有三十多人參加。

02.10

◆10至17日，法鼓山園區舉辦「得心自在年」新春系列活動，包括拜見方丈和尚、法會、供燈祈福、心劇團表演「世界一花──花花的幸福種子」等，共有近四萬人次參與。

◆10至12日，北投農禪寺舉辦新春慈悲三昧水懺法會，由果南法師帶領，共有三千五百多人次參加。

◆10至12日，北投文化館舉辦新春千佛懺法會，由監院果諦法師帶領以臺語誦經，共有近三百多人次參加。

◆臺北安和分院舉辦新春普佛法會，由僧團果舫法師主法，共有五百七十多人參加。

◆10至12日，三峽天南寺舉辦「遊心禪悅喜迎春」新春系列活動，包括點燈供花祈福法會、親子茶禪、禪修體驗、導覽天南風光等，共有逾千人次參加，並展開為期一個月的「遊心禪悅・聖嚴法師書法展」。

◆10至12日，桃園齋明寺舉辦新春慈悲三昧水懺法會，由僧團果興法師主法，有近五百五十人次參加。

◆臺中分院於寶雲別苑舉辦新春普佛法會，由監院果理法師帶領，有近三百人參加。

◆南投德華寺舉辦新春普佛法會，由副寺果弘法師帶領，有近七十人參加。

◆臺南分院舉辦新春普佛法會，由監院果謙法師帶領，有近三百人參加。

◆臺南雲集寺舉辦新春普佛法會，由常蓮法師帶領，共有一百二十多人參加。

◆10至12日，高雄紫雲寺舉辦新春千佛懺法會，由僧團常護法師主法，有近三千五百人次參加。

◆臺東信行寺舉辦新春普佛法會暨輕食園遊會，由常參法師帶領，共有兩百多人參加。

◆美國紐約東初禪寺上午舉辦新春普佛法會，由住持果醒法師帶領；下午舉辦週日講座，由果醒法師主講「蛇年龍運」，共有兩百多人次參加。

◆美國加州洛杉磯道場舉辦新春普佛法會，由經營規畫處監院果傳法師帶領，有近一百人參加。

◆加拿大溫哥華道場上午舉辦新春普佛法會，下午舉辦新春大悲懺法會，皆由監院果舟法師帶領，共有三百多人次參加。

◆馬來西亞道場舉辦新春普佛法會，由常峪法師帶領，有近五十人參加。

◆北美護法會新澤西州分會舉辦新春共修活動，內容包括誦菩薩戒、持誦〈大悲咒〉、觀看聖嚴師父開示影片等，共有四十多人參加。

◆北美護法會加州舊金山分會舉辦「得心自在迎新春」活動，內容包括念佛共修、點燈供佛，有近兩百人參加。

◆北美護法會安省多倫多分會舉辦新春祈福活動，內容包括持誦〈大悲咒〉、觀看聖嚴

師父「生活禪修體驗」開示影片等，由召集人林顯峰帶領，有近三十人參加。

◆泰國護法會舉辦新春普佛法會，由文化中心副都監果賢法師、果顯法師、果樞法師帶領，共有六十多人參加。

02.11

◆11、13至16日，臺北安和分院舉辦新春《藥師經》共修，由監院果旭法師帶領，共有七百多人次參加。

◆臺中分院於寶雲別苑舉辦新春大悲懺法會，由監院果理法師帶領，共有兩百多人參加。

◆臺東信行寺舉辦新春觀音法會，由常參法師帶領，共有五十多人參加。

◆11至15日，美國紐約東初禪寺舉辦新春藥師法會，共五場，有近兩百多人次參加。

◆加拿大溫哥華道場上午舉辦新春藥師法會，由監院果舟法師帶領，有近一百六十人參加；下午舉辦新春茶禪，有近一百人參加。

02.12

◆臺北安和分院舉辦新春大悲懺法會，由文化中心副都監果賢法師主法，有近六百人參加。

◆臺中分院於寶雲別苑舉辦新春慈悲三昧水懺法會，由監院果理法師帶領，共有兩百多人參加。

◆南投德華寺舉辦新春大悲懺法會，由副寺果弘法師帶領，有近五十人參加。

◆臺南分院舉辦新春大悲懺法會，由監院果謙法師帶領，有近兩百一十人參加。

◆臺南雲集寺舉辦新春大悲懺法會，由常蓮法師帶領，有近一百人參加。

◆臺東信行寺舉辦新春大悲懺法會，由常參法師帶領，共有四十多人參加。

◆北美護法會加州舊金山分會舉辦佛學講座，由經營規畫處監院果傳法師主講「藥師如來法門──認識《藥師經》」，法師除講授經文要旨，並帶領持誦佛號和持咒，現場及透過網路參與聽講的信眾共近百人。

◆香港護法會舉辦新春普佛暨祈福法會，由僧團副住持果品法師主法，共有三百五十多人參加。

02.13

◆臺南安平精舍舉辦新春觀音法會，由臺南分院監院果謙法師帶領，共有一百多人參加。

◆高雄三民精舍舉辦新春普佛法會，由常報法師帶領，共有兩百一十多人參加。

◆13至18日，禪堂舉辦初級禪訓五日營，由常鑑法師帶領，共有一百二十二人參加。

02.14

◆14至16日，傳燈院於三義DIY心靈環保教育中心舉辦禪二，由常願法師帶領，有近一百三十人參加。

02.15

◆ 15 至 17 日，基隆精舍舉辦念佛禪三，由副寺果啟法師帶領，有近三百三十人次參加。

◆ 2 月 15 日至 6 月 14 日，臺南分院每週五舉辦佛學課程，邀請成功大學經濟學系副教授許永河導讀《金剛經》，有近七十人參加。

◆ 15 至 17 日，美國紐約象岡道場舉辦禪三，由監院常聞法師帶領，共有十七人參加。

02.16

◆ 臺北市佛教會新春團拜於北投農禪寺舉行，包括理事長明光法師、汐止彌勒內院住持寬裕長老、臨濟護國禪寺住持真光長老、新北市佛教會理事長明空法師、新莊善導庵照定法師、原始佛法三摩地學會強帝瑪法師（Ven Dr. Bodagama Chandima）等二百多位教界長老、法師、護法居士大德齊聚一堂，為社會大眾祈求新年幸福平安。

◆ 臺北安和分院舉辦長者新春祈願祝福活動，由監院果旭法師帶領，共有五百多位七十歲以上長者及親友，以虔誠祝禱的心於佛前發願、獻供，祈願社會自在平安。

◆ 16 至 17 日，臺南雲集寺舉辦念佛禪二，由監院果謙法師帶領，有近一百六十人參加。

◆ 青年院於德貴學苑舉辦禪一，由常元法師帶領，有近四十人參加。

◆ 16 至 24 日，美國紐約東初禪寺住持果醒法師於加拿大安省多倫多弘法關懷，內容包括帶領禪修、佛學講座等。16 日於當地北約克市政中心（North York Civic Centre）帶領大悲懺法會，並以「得心自在——如何用禪法來安身、安心、安家、安業」為主題，進行佛法開示，共有五十多人參加。

◆ 新加坡護法會舉辦新春普佛法會，由女眾副都監果舫法師、常文法師帶領，共有八十多人參加。

◆ 香港護法會舉辦新春大悲懺法會，由僧團副住持果品法師主法，共有兩百五十多人參加。

02.17

◆ 北投農禪寺舉辦禪一，由常和法師帶領，共有一百五十人參加。

◆ 臺北安和分院舉辦新春藥師法會，由監院果旭法師帶領，共有四百六十多人參加。

◆ 17 至 24 日，禪堂於桃園齋明寺舉辦「禪修教理研習營——中觀的智慧」，由僧大副教授果徹法師主講「中觀的智慧」，共有五十五位學員參加。

◆ 美國紐約東初禪寺舉辦週日講座，由經營規畫處監院果傳法師主講「藥師法門略講」，有近七十人參加。

◆ 美國紐約東初禪寺住持果醒法師於加拿大安省多倫多弘法關懷，17 日於分會帶領佛一，並進行佛法講座，主題是「念／拜佛與四念處」，共有四十多人參加。

◆ 香港護法會於當地鶴藪水堂舉辦戶外禪，由常獻法師帶領，共有九十多人參加。

02.18

◆ 馬來西亞道場舉辦「大悲心起‧願願相續——法鼓傳燈日」傳燈法會，並由女眾副都監果舫法師、資深悅眾林孝雲分享聖嚴師父的言教與身教，共有四十多人參加。

02.19

◆ 2月19日至11月18日，法青會週二於德貴學苑舉辦「身心SPA」活動，由青年院常元法師、常義法師帶領，內容包括瑜伽伸展、禪坐體驗、遊戲動中禪等，全年舉辦五梯次，每梯次四堂，皆有二十多人參加。

◆ 美國紐約東初禪寺住持果醒法師於加拿大安省多倫多弘法關懷，19至20日於分會舉辦禪學講座，主講「《楞嚴經》與默照、話頭禪」，有近四十人參加。

02.20

◆ 2月20日至6月19日，臺北中山精舍每週三舉辦佛學講座，由普化中心佛學課程講師謝水庸主講《成佛之道》，有近三十人參加。

◆ 2月20日至4月24日、9月11日至12月18日，青年院週三於德貴學苑舉辦兩梯次「心潮茶主人」培訓課程，由常元法師帶領，課程內容包括兩項基礎課程及兩階段驗收，並安排相關戶外參訪活動、與其他茶藝團體進行交流等，每梯次有近三十人參加。

◆ 2月20日至6月26日，美國紐約東初禪寺每週三舉辦中文佛學課程，由常諦法師導讀聖嚴師父著作《絕妙說法——法華經講要》，有近六十人參加。

02.21

◆ 2月21日至6月20日，臺北中山精舍每週四舉辦佛學講座，由普化中心佛學課程講師朱秀蓉主講《維摩詰經》，有近三十人參加。

◆ 基隆精舍副寺果啟法師應邀出席於司法大廈舉行的「司法院心靈環保讀書會與法務部花藝社鈔經習作暨禪心花藝展」開幕典禮，除了關懷致詞，也以聖嚴師父的法語祝福與會的一百六十多位來賓。

◆ 臺南分院舉辦元宵燃燈供佛法會，由監院果謙法師帶領，共有兩百三十多人參加。

◆ 臺東信行寺舉辦元宵燃燈供佛法會，由常參法師帶領，共有六十多人參加。

◆ 2月21日至5月30日，普化中心週四於高雄紫雲寺開辦「法鼓長青班」，以聖嚴師父的人生哲學為核心，為六十歲以上的長者設計八堂專屬課程，有近九十人參加。

◆ 2月21日至5月30日，普化中心週四於臺東信行寺開辦「法鼓長青班」，以聖嚴師父的人生哲學為核心，為六十歲以上的長者設計八堂專屬課程，有近三十人參加。

02.22

◆ 2月22日至6月21日，臺北中山精舍每週五舉辦專題講座，邀請鹿野苑藝文學會講師鄭念雪主講「佛教藝術」，有近四十人參加。

◆ 臺南雲集寺舉辦元宵燃燈供佛法會，由常蓮法師帶領，有近八十人參加。

◆ 慈基會林邊安心站於元宵節前夕舉辦「提燈遊街」活動，內容包括燈籠DIY、遊街祝福，讓社區民眾感受溫情暖意，共有三十位親子參加。

◆ 馬來西亞道場舉辦佛學講座，由女眾副都監果舫法師導讀聖嚴師父著作《聖嚴法師教淨土法門》，有近八十人參加。

◆ 22至24日，美國紐約東初禪寺果解法師、常齋法師於北美護法會伊利諾州芝加哥分

會弘法關懷，內容包括佛學講座、帶領禪修等。22 日於分會指導法器練習，共有十多
人參加。

02.23

◆ 法鼓山於園區及北投農禪寺、臺北安和分院、三峽天南寺、桃園齋明寺、臺中分院、
臺南分院、臺南雲集寺、高雄紫雲寺、臺東信行寺，舉辦「法鼓傳燈日」傳燈法會，
有近七千位信眾以念佛共修、傳燈、發願的方式緬懷聖嚴師父。

◆ 2 月 23 日至 7 月 20 日，青年院與表演藝術團體優人神鼓每週六在臺北木柵表演三十六
房展開「心潮鼓手」培訓課程，內容包括靜心、打拳、擊鼓等，共有二十五人參加。

◆ 2 月 23 日至 11 月 16 日，普化中心週六於北投農禪寺開辦聖嚴書院福田班，共十堂課，
有近三百人參加。

◆ 佛教學院於法鼓山園區舉辦考生輔導說明會，進行學士、碩士及博士班入學報考說明，
共有五十多位學子參加。

◆ 護法總會啟動「行動報師恩——小沙彌回法鼓山」活動，鼓勵大眾帶小沙彌回法鼓山，
接續聖嚴師父興學願心。北二與北五轄區共四百八十位護法信眾率先響應，帶著小沙
彌撲滿到北投農禪寺、桃園齋明寺捐出善款，圓滿師父的悲願。

◆ 美國加州洛杉磯道場舉辦念佛禪一，由紐約東初禪寺果明法師帶領，共有三十多人
參加。

◆ 加拿大溫哥華道場上午舉辦佛學講座，由經營規畫處監院果傳法師主講「《藥師經》
概要」，有近八十人參加；晚上舉辦「大悲心起·願願相續——法鼓傳燈日」傳燈法
會，由監院果舟法師、果傳法師等帶領，以念佛共修、傳燈、發願的方式緬懷聖嚴師
父，共有七十多人參加。

◆ 2 月 23 日至 7 月 6 日，北美護法會新澤西州分會隔週週六開辦聖嚴書院佛學班初階
課程，共十一堂課，內容包括因緣因果、五戒十善、三學、八正道等，這也是聖嚴書
院首次在美國東岸開班，有近六十人參加。

◆ 2 月 23 日至 7 月 6 日，北美護法會新澤西州分會隔週週六開辦「聖嚴書院佛學初階
班附設兒童、青少年英語佛法班」，共十一堂課，內容包括基本佛法觀念，並安排團
康、演講、郊遊等活動，藉由活潑有趣的課程，接引下一代學佛，推廣佛化家庭，有
近二十人參加。

◆ 美國紐約東初禪寺果解法師、常齋法師於北美護法會伊利諾州芝加哥分會弘法關懷，
23 日上舉辦佛學講座，由果解法師主講「修持大悲咒的原因與方法」；下午帶領大悲
懺法會，共有九十多人次參加。

◆ 美國紐約東初禪寺住持果醒法師於加拿大安省多倫多弘法關懷，23 日上午於分會進行
禪修指導，下午帶領生活禪，共有八十多人次參加。

◆ 新加坡護法會舉辦佛學講座，由佛教學院助理教授溫宗堃主講「《阿含經》和生活」，
共有六十多人參加。

◆ 香港護法會舉辦「大悲心起·願願相續——法鼓傳燈日」傳燈法會，由僧團果興法師
帶領，以念佛共修、傳燈、發願的方式緬懷聖嚴師父，共有三百六十多人參加。

◆ 泰國護法會舉辦元宵燃燈供佛法會，由馬來西亞道場常峪法師、常文法師帶領，會中
並進行傳燈儀式，以傳燈、發願來緬懷聖嚴師父，共有八十多人參加。

02.24

◆ 北投農禪寺舉辦「水月映空感恩音樂會」，內容包括聲樂家張杏月、大提琴家洪婷琦演出及法緣會手語隊、法青合唱團表演等，以悠揚樂音供養大眾、緬懷聖嚴師父，有近一千人參加。

◆ 基隆精舍舉辦元宵燃燈供佛法會，由副寺果啟法師帶領，共有一百三十多人參加。

◆ 24 至 26 日，三峽天南寺舉辦禪二，由常品法師帶領，有近一百人參加。

◆ 桃園齋明寺舉辦元宵燃燈供佛法會，由監院果耀法師帶領，有近一百一十人參加。

◆ 臺中分院舉辦元宵燃燈供佛法會，由監院果理法師帶領，有近兩百人參加。

◆ 南投德華寺舉辦元宵燃燈供佛法會，由副寺果弘法師帶領，有近五十人參加。

◆ 2 月 24 日至 6 月 2 日，普化中心週日於臺北中山精舍開辦「法鼓長青班」，以聖嚴師父的人生哲學為核心，為六十歲以上的長者設計八堂專屬課程，有近五十人參加。

◆ 為接引大眾認識佛法及法鼓山理念，2 月 24 日至 3 月 10 日，普化中心每週日於臺南雲集寺開辦「快樂學佛人」系列課程，共三堂，有近五十人參加。

◆ 美國紐約東初禪寺舉辦週日講座，邀請聖嚴師父西方弟子李世娟（Rebecca Li）主講「淨化身心」，共有五十多人參加。

◆ 美國加州洛杉磯道場舉辦元宵燃燈供佛法會，由副寺果乘法師帶領，共有八十多人參加。

◆ 加拿大溫哥華道場舉辦元宵燃燈供佛法會，由監院果舟法師帶領，共有六十多人參加。

◆ 馬來西亞道場舉辦元宵燃燈供佛法會，由僧團女眾副都監果舫法師主法，有近八十人參加。

◆ 美國紐約東初禪寺果解法師、常齋法師於北美護法會伊利諾州芝加哥分會弘法關懷，24 日帶領禪一，共有三十多人參加。

◆ 美國紐約東初禪寺住持果醒法師於加拿大安省多倫多弘法關懷，24 日於分會帶領禪一，共有三十六人參加。

◆ 新加坡護法會舉辦專題講座，由佛教學院專任助理教授溫宗堃主講「正念減壓和現代生活」，共有六十多人參加。

◆ 澳洲護法會墨爾本分會舉辦「大悲心起·願願相續——法鼓傳燈日」傳燈法會，以念佛共修、傳燈、發願的方式緬懷聖嚴師父，共有三十多人參加。

02.25

◆ 2 月 25 日至 6 月 24 日，臺北安和分院每週一舉辦佛學課程，由心理諮商專家鄭石岩主講「佛法與心理」，有近兩百六十人參加。

◆ 2 月 25 日至 6 月 24 日，臺北中山精舍每週一舉辦佛學講座，邀請華梵大學中文系副教授胡健財主講《楞嚴經》，有近五十人參加。

◆ 國家圖書館公布 2012 年公共圖書館借閱排行榜，聖嚴師父的著作《放下的幸福》名列宗教類借閱排行第十八名。

02.26

◆ 2 月 26 日至 6 月 25 日，臺北安和分院每週二舉辦佛學課程，由僧團果高法師導讀聖

嚴師父著作《心的經典》，有近一百六十人參加。

◆ 2月26日至5月28日，普化中心週二於北投雲來寺開辦「法鼓長青班」，以聖嚴師父的人生哲學為核心，為六十歲以上的長者設計八堂專屬課程，有近九十人參加。

◆ 2月26日至4月16日、5月28日至7月16日，新加坡護法會每週二舉辦心靈環保課程，有近三十人參加。

02.27

◆ 2月27日至6月26日，臺北安和分院每週三舉辦佛學課程，由佛教學院助理研究員辜琮瑜主講「心的鍛鍊與生命轉化──佛法的生命關懷」，有近八十人參加。

◆ 2月27日至5月29日，普化中心週三於北投農禪寺開辦「法鼓長青班」，以聖嚴師父的人生哲學為核心，為六十歲以上的長者設計八堂專屬課程，有近八十人參加。

◆ 2月27日至4月24日，香港護法會每週三舉辦佛學課程，由常炬法師主講「佛學概論（二）」，有近九十人參加。

02.28

◆ 2月28日至12月22日期間，法青會於週日在德貴學苑舉辦「一日心靈茶禪」活動，共六場，由青年院常元法師帶領，每場有近三十人參加。

3月 MARCH

03.01

◆《人生》雜誌第355期出刊。

◆《法鼓》雜誌第279期出刊。

◆ 法鼓文化出版新書：《和平小豬學禪修》（*Peaceful Piggy Meditation*）（故事寶盒系列，凱莉‧李‧麥克林 Kerry Lee MacLean 繪著，蔡孟璇譯）；《暴跳牛的心情罐子》（*Moody Cow Meditates*）（故事寶盒系列，凱莉‧李‧麥克林 Kerry Lee MacLean 繪著，蔡孟璇譯）；《貪心猴和快樂熊貓》（*Mindful Monkey, Happy Panda*）（故事寶盒系列，蘿倫‧艾爾德佛 Lauren Alderfer 著，凱莉‧李‧麥克林 Kerry Lee MacLean 繪，蔡孟璇譯）。

◆ 3月1日至6月21日、8月2日至11月9日，高雄紫雲寺週五舉辦佛學課程，邀請成功大學經濟學系副教授許永河主講「《金剛經》的智慧」，有近兩百人參加。

◆ 1至3日，傳燈院於北投農禪寺舉辦助理監香培訓課程，由常願法師帶領，有近一百三十人參加。

◆ 3月1日至5月31日，普化中心週五於基隆精舍開辦「法鼓長青班」，以聖嚴師父

的人生哲學為核心，為六十歲以上的長者設計八堂專屬課程，有近七十人參加。

◆ 1 至 3 日，美國紐約象岡道場舉辦禪三，邀請聖嚴師父弟子李祺・阿謝爾（Rikki Asher）、南茜・波那迪（Nancy Bondari）帶領，共有十六人參加。

03.02

◆ 法鼓山於北投農禪寺舉辦「社會菁英禪修營第七十五次共修會」，由禪修中心副都監果元法師帶領禪坐共修，共有一百二十多人參加；會中並舉行新舊會長交接儀式，方丈和尚果東法師為新任會長蔡清彥頒發聘書，也頒發「創會會長」聘書予鄭丁旺，為共修會建立三年一任的會長聘任制度。

◆ 2 至 3 日，臺中分院於三義 DIY 心靈環保教育中心舉辦禪二，由果雲法師帶領，有近九十人參加。

◆ 2 至 9 日，禪堂於臺東信行寺舉辦初階禪七，由常護法師帶領，有近九十人參加。

◆ 為接引大眾認識佛法及法鼓山理念，2 至 23 日，普化中心週六於北投農禪寺開辦「快樂學佛人」系列課程，共三堂，有近七十人參加。

◆ 為接引大眾認識佛法及法鼓山理念，2 至 30 日，普化中心週六於加拿大溫哥華道場開辦「快樂學佛人」系列課程，共三堂，有近一百一十人參加。

◆ 3 月 2 日至 7 月 7 日期間，慈基會舉辦國中生心靈成長關懷系列活動，主題是「我相信我做得到」（I Believe I Can Do it），共五場。2 日進行首場，由林邊安心站於高雄市壽山自然公園舉行攀岩初體驗，共有三十六位學員參加。

03.03

◆ 方丈和尚果東法師在臺中分院監院果理法師、寶雲寺工程籌建委員林嘉雄、賴忠明、建築師黃明威、工務所長盛啟雄、洪煥昇等陪同下，前往寶雲寺工地關懷工程進度，讚歎籌建團隊的用心及護法居士的道心。

◆ 傳燈院於北投雲來寺舉辦 Fun 鬆一日禪，由監院常源法師帶領，共有五十人參加。

◆ 為接引大眾認識佛法及法鼓山理念，3 至 31 日，普化中心週日於基隆精舍開辦「快樂學佛人」系列課程，共三堂，有近六十人參加。

◆ 法行會中區分會於臺中寶雲別苑舉辦第五屆第二次會員大會，邀請彰化縣長卓伯源分享「心靈環保與縣政建設」，方丈和尚果東法師到場關懷，共有四十位會員參加。

◆ 美國紐約東初禪寺舉辦週日講座，由紐約象岡道場監院常聞法師主講「什麼是『無』：破除知見的解脫法」，共有六十多人參加。

◆ 3 至 31 日，加拿大溫哥華道場每週日舉辦半日禪，由監院果舟法師帶領，有三十多人參加。

03.04

◆ 3 月 4 日至 12 月 31 日，法鼓山網路電視臺製播新節目《與方丈和尚有約》，並於每週一上傳最新節目，透過每集五分鐘的節目，方丈和尚果東法師針對時下備受關注的「青年學佛」、「生死關懷」等議題，分享多年關懷信眾、投入臨終關懷、生命教育

的寶貴經驗。

03.06

◆ 6 至 27 日，普化中心每週三晚上於北投雲來寺舉辦「法鼓講堂」佛學課程，由華梵大學中文系副教授胡健財主講「尋覓真心——《楞嚴經》卷一導讀」，法鼓山數位學習網並進行線上直播。

03.07

◆ 7 至 10 日，法鼓山於園區舉辦「第十八屆在家菩薩戒」第一梯次，由方丈和尚果東法師、首座和尚惠敏法師、副住持果暉法師擔任菩薩法師，共有五百四十人受戒。

◆ 7 至 9 日，由法鼓佛教學院、佛教蓮花基金會、臺北教育大學教育學系共同主辦的「正念與慈悲禪定國際研討會」於法鼓山園區舉行，包括四場演講、二場座談、三場工作坊，共有三百五十位專家學者齊聚探討佛教的正念及禪修方法於科學、醫學、心理、教育等領域實踐的成果。

◆ 法行會於臺北國賓飯店舉辦第一四四次例會，由僧大講師常延法師主講《維摩詰經》，有近一百九十人參加。

◆ 3 月 7 日至 5 月 23 日及 9 月 5 日至 11 月 28 日，法青會於週四在德貴學苑舉辦「法青哈佛夜」，主題分別是「青年學佛三系列」與「認識《心經》」，分別由青年院常元法師及常義法師帶領，每場有近三十人參加。

◆ 3 月 7 日至 5 月 30 日、7 月 18 日至 11 月 14 日，馬來西亞道場每週四舉辦「學佛五講」佛學課程，由常律法師主講，有近六十人參加。

03.08

◆ 8 至 11 日，三峽天南寺舉辦初級禪訓班二日營，由常應法師帶領，有近一百二十人參加。

◆ 3 月 8 日至 5 月 31 日，普化中心週五於臺北安和分院開辦「法鼓長青班」，以聖嚴師父的人生哲學為核心，為六十歲以上的長者設計八堂專屬課程，有近一百人參加。

03.09

◆ 3 月 9 日起，弘化院參學室全年於法鼓山園區舉辦參訪活動，規畫「法鼓山尋寶趣」、「與大自然共舞」、「探索心花園」、「感恩祈願朝山行」四項主題行程，藉由自然觀察、生態遊戲、禪修體驗等活動，引領大眾學習放鬆身心，全年共有八千多人次參加。

◆ 高雄紫雲寺舉辦「生命關懷系列健康人生講座」，9 日邀請署立屏東醫院家庭醫學科主任許禮安主講「常見疾病之防治與預防癌症」，共有一百多人參加。

◆ 慈基會國中生心靈成長關懷系列活動，9 日由林邊安心站於臺東縣達仁鄉進行阿朗壹古道心靈公路之旅，共有二十五位學員參加。

◆ 法鼓山僧伽大學與韓國海印寺僧伽大學於法鼓山園區簽署學術交流合作協議，由方丈

和尚果東法師與海月法師代表簽署，未來將致力於學僧、教師和研究員的互訪、佛學資訊及出版品的交流，並聯合舉辦研究活動。

◆ 美國紐約東初禪寺舉辦中級禪訓班，由常心法師帶領，共有十多人參加。

◆ 9 至 16 日，美國紐約象岡道場舉辦初階禪七，邀請美國佛羅里達州立大學（Florida State University）助理教授俞永峯帶領，共有二十六人參加。

◆ 9 至 10 日，彰化縣長卓伯源率縣府各局處主管等二十七人，於法鼓山園區禪堂體驗二日禪修，方丈和尚果東法師到場關懷，並為十一位求授三皈五戒的學員主持皈依儀式。

◆ 新加坡護法會於當地佛教總會舉辦大悲懺法會，由馬來西亞道場常文法師、常律法師帶領，有近一百人參加。

03.10

◆ 臺東信行寺舉辦佛學講座，由百丈院監院常遠法師主講「為何學習佛法」，分享親近佛法的因緣與學佛的方法，共有一百多人參加。

◆ 慈基會國中生心靈成長關懷系列活動，10 日由甲仙安心站於高雄市壽山自然公園展開探洞體驗，共有十六位學員參加。

◆ 美國紐約東初禪寺舉辦週日講座，邀請聖嚴師父弟子哈利·米勒（Harry Miller）主講「無我！那正在『看』的人是誰？」，有近三十人參加。

◆ 北美護法會加州舊金山分會舉辦禪一，共有二十多人參加。

03.11

◆ 11 至 12 日，中國大陸北京龍泉寺工程部門監院賢立法師率領法師、信眾一行二十三人，參訪法鼓山。11 日於園區與佛教學院、法鼓大學，針對教育的軟硬體發展和運作進行交流；12 日於北投農禪寺，與慈基會、文化中心、普化中心交流現代弘化經驗。

03.12

◆ 方丈和尚果東法師應邀出席佛光山教團第九任住持陞座法會，並以「胸襟寬廣、眼光深遠、奉獻己力」與新任住持心保和尚共勉。

◆ 3 月 12 日至 6 月 13 日，佛教學院舉辦「禪與現代社會系列講座」，共八場。12 日於法鼓山園區階梯教室進行首場，邀請美國加州大學伯克萊分校（University of California, Berkeley）東亞語言系名譽教授路易斯·蘭卡斯特（Lewis Lancaster）主講「佛教是宗教、哲學或認知科學？」（Is Buddhism a Religion, a Philosophy, or a Cognitive Science?），共有六十多人參加。

03.13

◆ 佛教學院「禪與現代社會系列講座」，13 日於法鼓山園區階梯教室進行，邀請長庚醫院榮譽副院長朱迺欣教授主講「打坐與腦」，共有六十多人參加。

03.14

◆ 14 至 17 日，法鼓山於園區舉辦「第十八屆在家菩薩戒」第二梯次，由方丈和尚果東法師、副住持果暉法師、男眾部副都監果祺法師擔任菩薩法師，共有五百三十一人受戒。

◆ 臺灣時間 14 日凌晨，天主教新任教宗正式選出，由阿根廷樞機主教柏格里奧（Jorge Mario Bergoglio）當選第二百六十六任教宗。方丈和尚果東法師代表法鼓山僧團於當日發表對新任教宗的祝賀聲明，並表示「世界各大宗教雖各有其願景，然而為整體人類謀福祉、為世界和平奉獻努力，則是一致」。

◆ 佛教學院「禪與現代社會系列講座」，14 日於法鼓山園區海會廳進行，邀請長庚醫院榮譽副院長朱迺欣教授主講「宗教的腦副本」，共有六十多人參加。

◆ 香港中文大學文化及宗教研究系學生一行三十人，參訪香港護法會，由常炬法師帶領進行禪修體驗，並分享法鼓山的理念。

03.15

◆ 桃園齋明別苑「生活禪」系列講座，15 日邀請捷和科技股份有限公司總經理徐明楓分享如何運用資訊通路拓展人脈，共有五十三人參加。

◆ 15 至 24 日，禪堂舉辦默照禪十，由常啟法師帶領，有近一百人參加。

◆ 15 至 17 日，傳燈院於三義 DIY 心靈環保教育中心舉辦「法鼓八式動禪——坐姿」義工講師培訓課程，由監院常源法師帶領，共有九十八人參加。

◆ 法鼓山受邀出席於弘光科技大學舉行的「全國大專校院跨區學務中心委員聯席會議」，由文化中心副都監果賢法師代表參加，並於會中與四十位大專院校學務長分享佛法的生命觀，包括教育部學生事務與特殊教育司司長劉仲成，以及臺灣師範大學林淑真、聖約翰科技大學陳建弘、中興大學歐聖榮、成功大學林啟禎等北一、北二、中、南區學務中心召集人，都出席聽講。

◆ 15 至 17 日，護法會大同辦事處於臺東信行寺舉辦「修行與休閒」，除參加大悲懺法會，也至鹿野高臺、森林公園進行戶外禪、鐵馬遊悅禪等活動，共有八十多人參加。

◆ 美國紐約東初禪寺舉辦電影禪，邀請心理學家林晉城帶領賞析影片《龍貓》片中的佛法意涵，有近二十人參加。

03.16

◆ 臺北中山精舍舉辦 Fun 鬆一日禪，由常嘉法師帶領，共有二十五人參加。

◆ 16 至 17 日，桃園齋明寺舉辦禪二，由監院果耀法師帶領，共有一百人參加。

◆ 16 至 22 日，臺南雲集寺舉辦清明地藏法會，由監院果謙法師帶領，共有八百多人次參加。

◆ 高雄三民精舍舉辦生活講座，邀請健仁醫院營養師蔡旻堅主講「飲食健康 so easy」，分享掌握健康的祕訣，從心理與生理一起做環保，有近四十人參加。

◆ 傳燈院於北投雲來寺舉辦 Fun 鬆一日禪，由常願法師帶領，共有三十四人參加。

◆ 為接引大眾認識佛法及法鼓山理念，3 月 16 日至 4 月 20 日，普化中心週六於臺北安和分院開辦「快樂學佛人」系列課程，共三堂，有近一百人參加。

◆ 3 月 16 至 11 月 9 日，法青會舉辦山水禪，共四場。3 月 16 日於北投農禪寺及關渡平原進行首場，由青年院常元法師帶領，有近九十人參加。

◆ 16 至 17 日，香港護法會舉辦悅眾及義工成長營，由文化中心副都監果賢法師帶領，共有五十多人參加。

◆ 行政院院長江宜樺伉儷下午參訪法鼓山園區，由方丈和尚果東法師、副住持果暉法師代表接待，進行茶敘，江宜樺院長除對法鼓山大學院教育的推展表達關心，也至生命園區緬懷聖嚴師父。

03.17

◆ 北投農禪寺舉辦禪一，由果稱法師帶領，共有一百三十多人參加。

◆ 桃園齋明寺舉辦戶外禪，由常琛法師帶領，共有七十八人參加。

◆ 3 月 17 日至 12 月 8 日，傳燈院於週日在德貴學苑舉辦「遇見心自己」入門禪修活動，全年十五場，內容包括臥禪放鬆身心、生活中運用禪法、靜心對治煩惱等，有近五百人次參加。

◆ 僧大於法鼓山園區階梯教室舉辦招生說明會，副院長常寬法師、果光法師等出席介紹僧大的學制與教育理念，共有三十九位學子參加，並有四位家長列席與會。

◆ 美國紐約東初禪寺舉辦週日講座，邀請佛羅里達州立大學宗教系助理教授俞永峯主講「活禪與生活」，有近七十人參加。

◆ 北美護法會新澤西州分會舉辦弘法活動，上午舉辦大悲懺法會，下午進行「大悲懺法」佛學講座，由美國紐約東初禪寺常諦法師帶領、主講，共有八十多人次參加。

◆ 北美護法會伊利諾州芝加哥分會舉辦英文自我成長工作坊，主題是「活在二十一世紀——重新改造生命的未來」（Living in the 21st Century: Rewriting the Future of Your Life），由美國紐約東初禪寺常濟法師、常齊法師帶領，共有三十多人參加。

03.18

◆ 新加坡護法會、新加坡國立大學中文系於當地大悲佛教中心共同舉辦專題講座，由佛教學院校長惠敏法師主講「慈悲禪修之心智科學」，有近三百人參加。

03.21

◆ 21 至 24 日，臺東信行寺舉辦禪悅四日營，由常參法師帶領，有近六十人參加。

03.22

◆ 方丈和尚果東法師應邀在南投中興新村行政院地方行政研習中心舉行的「中興學術文化講座」中，以「心倫理——演好人生大戲」為主題，與近四百位苗栗以南、嘉義以北的公職人員分享從心出發的心倫理。

◆ 22 至 24 日，傳燈院於三義 DIY 心靈環保教育中心舉辦禪二，由監院常源法師帶領，有近六十人參加。

◆ 22至24日，香港護法會於香港大學嘉道理研究中心舉辦悅眾禪三，由禪修中心副都監果元法師帶領，有近六十人參加。

03.23

◆ 方丈和尚果東法師受邀至臺中榮總醫院進行專題演講，以「抱願不抱怨」為主題，與近五百位該院醫護人員、義工及行政人員，分享如何在服務之中常保熱忱。

◆ 北投農禪寺於關渡平原舉辦戶外禪，由常和法師帶領，共有一百三十多人參加。

◆ 臺南雲集寺舉辦清明慈悲三昧水懺法會，由監院果謙法師帶領，共有一百八十多人參加。

◆ 傳燈院於法鼓山園區舉辦 Fun 鬆一日禪，由常願法師帶領，共有九十七人參加。

◆ 慈基會甲仙、林邊、六龜安心站於高雄三民精舍舉辦「慰訪義工知能培訓課程」，邀請燕巢慈德育幼院院長滿春梅主講「說再見的藝術」，副秘書長常法法師到場關懷，共有六十八位義工參加。

◆ 教聯會於桃園齋明寺舉辦教師禪一，由僧團常捷法師帶領，共有八十五人參加。

◆ 美國紐約象岡道場舉辦禪一，由監院常聞法師帶領，共有十七人參加。

◆ 北美護法會新澤西州分會於當地假日皇冠大飯店（Crowne Plaza Hotel）首次舉辦慈悲三昧水懺法會，由護法會輔導法師常華法師帶領，共有八十多人參加。

◆ 3月23日至4月1日，美國紐約東初禪寺住持果醒法師於澳洲雪梨弘法關懷，內容包括佛法講座、禪修活動等。23日於雪梨華僑文教服務中心舉辦佛法講座，主講「《楞嚴經》與心靈環保」，包括雪梨華僑文教服務中心主任鄭介松、前雪梨臺灣貿易中心主任林萍等，共有五十多人參與聆聽。

03.24

◆ 南投德華寺舉辦戶外禪，由副寺果弘法師帶領，共有三十人參加。

◆ 24至30日，臺南分院舉辦清明報恩地藏法會，由監院果謙法師帶領，並開示《地藏經》法要，勉眾深入經文義理，學習地藏菩薩的大願，有近一千九百人次參加。

◆ 24至29日，高雄紫雲寺舉辦清明報恩《地藏經》共修，由監院果迦法師帶領，共有一千三百多人次參加。

◆ 傳燈院於北投雲來寺舉辦般若禪坐會悅眾聯誼活動，由常願法師帶領，有近五十人參加。

◆ 為接引大眾認識佛法及法鼓山理念，3月24日至4月14日，普化中心週日於護法會羅東辦事處開辦「快樂學佛人」系列課程，共三堂，有近九十人參加。

◆ 慈基會甲仙安心站於小林國小舉辦的「心靈陪伴活動」，24日邀請嘉南藥理科技大學嬰幼兒保育系講師邱敏麗帶領「沙箱遊戲治療」（Sandplay Therapy），引領學童透過活動抒發與整理自己的心情，共有三十多位學童參加。

◆ 參加香港東蓮覺苑弘法精舍所主辦「LCS領袖才能與溝通技巧培訓課程」的十八位青年，在精舍負責人法護法師帶領下，參訪法鼓山園區，並體驗禪修、與僧大四年級學僧進行交流。

◆ 護法會中正萬華辦事處舉辦都市經行，從臺北植物園出發，經南海路、青年路來到青

年公園，在車水馬龍間，一步步感受禪修所帶來的安定力量，有近百人參加。

◆ 護法會中壢辦事處舉辦都市經行活動，於平鎮市區街道，全程靜默，感受禪修所帶來的安定力量，共有四十多人參加。

◆ 護法會文山辦事處舉辦勸募會員戶外禪修聯誼活動，內容包括戶外禪、勸募心得分享及參訪桃園齋明寺，有近五十人參加。

◆ 美國紐約東初禪寺舉辦週日講座，由常襄法師主講「學佛的進程」，有近五十人參加。

◆ 北美護法會加州舊金山分會半日禪，共有二十多人參加。

◆ 美國紐約東初禪寺住持果醒法師於澳洲雪梨弘法關懷，24日於當地柏爾斯角保護區（Balls Head Reserve）帶領戶外禪，有近三十人參加。

◆ 來自中國大陸傳播界的高階主管，一行三十餘人參訪法鼓山園區，由僧團副住持果暉法師代表接待，進行交流。

03.27

◆ 僧大於法鼓山園區階梯教室舉辦禪修講座，由傳燈院常啟法師主講「萬人禪修活動緣起與核心精神的分享」，共有一百多位法師及學僧參加。

03.28

◆ 28至31日，法鼓山於三峽天南寺舉辦第八屆自我超越禪修營，由禪修中心副都監果元法師帶領，共有一百零五位學員參加。

◆ 3月28日至5月26日，北投文化館舉辦清明報恩《地藏經》共修，由監院果諦法師帶領，每日有近六十人參加。

◆ 佛教學院「禪與現代社會系列講座」，28日於四樓佛堂進行，邀請前臺北科技大學學生輔導中心主任蔡稔惠主講「《佛法與慈悲地圖》及《慈悲地圖》導讀與研討」，共有五十多人參加。

◆ 人基會「2013得心自在心靈講座」，28日邀請《魅力》雜誌發行人賴佩霞主講「找到回家的路」，共有九十多人參加。

◆ 香港護法會舉辦專題講座，由常炬法師主講「心靈環保」，有近六十人參加。

03.29

◆ 3月29日至4月5日，北投農禪寺舉辦清明報恩佛七，由果稱法師帶領，共有三千多人次參加。

◆ 29至31日，臺東信行寺舉辦清明地藏法會，由監院果增法師帶領，共有三百多人次參加。

◆ 29至31日，傳燈院於法鼓山園區舉辦中級1禪訓班，由常願法師帶領，共有八十二人參加。

◆ 29至31日，普化中心於三義DIY心靈環保教育中心舉辦第一屆「普化教育悅眾充電營」，內容包括禪坐、經行、生命故事分享等，由副都監果毅法師帶領，共有一百一十一人參加。

◆ 29 至 31 日，北美護法會華盛頓州西雅圖分會舉辦默照禪三，由美國紐約東初禪寺果明法師帶領，有近二十人參加。

03.30

◆ 30 至 31 日，桃園齋明寺舉辦清明報恩佛二暨八關戒齋法會，由監院果耀法師帶領，有近兩百八十人參加。

◆ 高雄紫雲寺舉辦清明報恩地藏法會，由監院果迦法師帶領，共有四百六十多人參加。

◆ 六龜安心站於高雄市六龜高中舉辦獎助學金頒獎典禮，由六龜區長宋貴龍、六龜高中校長陳弘裕、慈基會副祕書長常法法師代表頒獎；典禮結束後並安排由當地專業導覽人員帶領學生們實地走訪六龜，了解在地人文、自然及產業的發展。

◆ 30 至 31 日，佛教學院校長惠敏法師受邀出席玄奘大學宗教學系、原始佛法三摩地學會、國際藏傳佛教研究會於臺大國際會議中心舉辦的「國際三傳佛教論壇」，除發表〈佛陀初轉法輪、二轉法輪、三轉法輪說了什麼？〉，並在座談會中回應多位藏傳佛教修行者對於在現代社會中如何增益對佛法聞思修的提問。

◆ 法青會於北投觀音禪院舉辦大悲懺法會，由青年院常元法師帶領，有近六十人參加。

◆ 美國加州洛杉磯道場舉辦禪一，共有三十多人參加。

◆ 美國紐約東初禪寺住持果醒法師於澳洲雪梨弘法關懷，3 月 30 日至 4 月 1 日於當地英格爾賽德童軍營地（ Ingleside Scout Camp）帶領禪三，有近四十人參加。

03.31

◆ 3 月 31 日至 4 月 14 日，臺北安和分院舉辦清明報恩祈福法會，包括 3 月 31 日、4 月 14 日的地藏法會，以及 4 月 1 至 12 日的《地藏經》共修，由監院果旭法師帶領，共有三千四百多人次參加。

◆ 3 月 31 日至 4 月 7 日，臺北中山精舍舉辦清明報恩《地藏經》共修，由常嘉法師帶領，有近六百人次參加。

◆ 3 月 31 日至 4 月 6 日，臺中分院於逢甲大學體育館啟建清明報恩梁皇寶懺法會，方丈和尚果東法師於 4 月 6 日圓滿日親臨壇場關懷，共有六千多人次參加。

◆ 南投德華寺舉辦佛一暨八關戒齋法會，由副寺果弘法師帶領，共有三十三人參加。

◆ 臺南分院舉辦清明慈悲三昧水懺法會，由僧團常持法師主法，共有四百多人參加。

◆ 佛教學院行願社首度參加由教育部主辦的「102 年全國大專校院學生社團評選」，榮獲續優團體獎肯定，31 日並出席於國立中興大學舉辦的頒獎暨觀摩活動，與其他院校展開交流。

◆ 護法會海山辦事處舉辦都市經行活動，於板橋地區街道，全程靜默，感受禪修所帶來的安定力量，有近三十位來自板橋、三峽、樹林、土城的信眾參加。

◆ 美國紐約東初禪寺舉辦週日講座，由紐約象岡道場監院常聞法師主講「大慈大悲拳：禪修與武功」，有近七十人參加。

4月 APRIL

04.01

◆《人生》雜誌第 356 期出刊。

◆《法鼓》雜誌第 280 期出刊。

◆法鼓文化出版新書：《報告師父，我要出家——西洋僧的修行筆記》（琉璃文學系列，常聞法師著）；《當下禪——上班族 40 則活在當下指引》（禪修 follow me 系列，聖嚴法師著，法鼓文化編輯部選編）。

◆《金山有情》季刊第 44 期出刊。

◆《法鼓佛教院訊》第 23 期出刊。

◆聖基會出版結緣新書《阿彌陀佛與淨土法門》，書中篇章摘錄自聖嚴師父著作，介紹阿彌陀佛「無量光、無量壽、平等清淨」的意義及本願、淨土法門「橫出三界、三根普被」的殊勝及念佛的方法，並闡述四種淨土的差異與人間淨土對現代人的重要性。

◆1 至 5 日，美國紐約東初禪寺首度舉辦清明報恩佛五，由果解法師帶領，有近兩百五十人次參加。

◆美國紐約象岡道場舉辦禪一，由監院常聞法師帶領，共有二十八人參加。

◆香港護法會舉辦清明報恩佛一，由常炬法師帶領，有近兩百五十人參加。

04.02

◆新加坡護法會於當地大悲佛教中心舉辦佛學講座，由僧團果弘法師主講「念佛生淨土」，共有八十多人參加。

04.03

◆3 至 24 日，普化中心每週三晚上於北投雲來寺舉辦「法鼓講堂」佛學課程，由僧團常慧法師主講「佛陀的解毒妙方——化解『貪毒』」，法鼓山數位學習網並進行線上直播。

◆法鼓佛教學院「禪與現代社會系列講座」，3 日於法鼓山園區海會廳進行，邀請臺灣大學心理學系副教授連韻文主講「從心流經驗與身心互動談注意力與意識控制的提昇」，共有五十多人參加。

04.04

◆高雄紫雲寺舉辦佛一暨八關戒齋法會，由僧團果舫法師帶領，共有兩百多人參加。

◆4 至 6 日，新加坡護法會於當地大悲佛教中心舉辦清明報恩佛三，由僧團果弘法師、常峪法師等帶領，有近兩百人參加。

04.05

◆ 5至7日，臺南雲集寺舉辦禪三，由監院果謙法師帶領，有近一百人參加。
◆ 5至14日，禪堂於桃園齋明寺舉辦念佛禪十，由常地法師帶領，有近六十人參加。
◆ 5至7日，加拿大溫哥華道場舉辦清明報恩地藏法會，由監院果舟法師帶領，每日均有一百多人參加。

04.06

◆ 慈基會甲仙安心站國中生心靈成長關懷系列活動，6至7日於屏東及臺東縣展開體驗原鄉文化及挑戰自我體能的戶外活動，共有三十五位學員參加。
◆ 林邊安心站於屏東縣仁和國小舉辦獎助學金頒獎典禮，活動以「成長與蛻變」為主題，由受獎學生分享參與法鼓山活動的成長與改變。
◆ 美國紐約東初禪寺舉辦清明報恩地藏法會，由監院常華法師帶領，共有一百五十多人參加。
◆ 6至7日，美國加州洛杉磯道場舉辦清明念佛禪二，由紐約東初禪寺果明法師帶領，有近四十人參加。
◆ 北美護法會加州舊金山分會舉辦清明報恩祈福大悲懺法會，由經營規畫處監院果傳法師帶領，有近六十人參加。

04.07

◆ 4月7日至5月26日及7月7日至8月4日期間，臺北安和分院舉辦十場「自在人生」系列講座。7日進行首場，由美國紐約東初禪寺住持果醒法師主講「夢裡明明有六趣，覺後空空無大千」，分享永嘉大師的修行心得，共有五百多人參加。
◆ 為接引大眾認識佛法及法鼓山理念，4月7日至5月5日，普化中心週日於香港護法會開辦「快樂學佛人」系列課程，共三堂，有近兩百三十人參加。
◆ 4月7日、8月4日、12月8日，美國紐約東初禪寺舉辦週日講座，邀請聖嚴師父西方弟子大衛‧史烈梅克（David Slaymaker）主講「止觀法門」，有近四十人參加。

04.08

◆ 佛教學院舉辦創校六週年校慶活動，內容包括校慶典禮、社團成果展、五分鐘說書競賽等，前臺灣大學校長暨法鼓學校財團法人董事陳維昭、中華佛研所榮譽所長李志夫、法鼓山社會大學校長曾濟群等，與董事長方丈和尚果東法師、校長惠敏法師共同出席典禮，與全校師生一起祝願校運「六六和順」。
◆ 佛教學院校友會正式成立，推選現任嘉義中埔天律山妙法寺住持地印法師為首任會長。

04.10

◆ 臺東信行寺為臺東大學教育學系修習「諮商輔導理論與實務」的學生規畫禪修課程，

內容包括禪修的基礎認識、感官體驗、放鬆體驗、法鼓八式動禪、立禪、坐禪等，由監院果增法師、常參法師等帶領，共有三十多人參加。

◆國立臺灣師範大學附屬高級中學校長卓俊辰於學校成立六十六週年之際，率領家長會、校友會及各處室主管代表共十七人，參訪法鼓山園區，並於開山觀音公園，透過念佛、繞佛等方式，為全校師生祈福。

04.11

◆11 至 25 日，臺北安和分院每週四舉辦佛學講座，由美國紐約東初禪寺住持果醒法師主講「神會禪師的悟境」，有近四百人參加。

◆4 月 11 日至 5 月 30 日，高雄三民精舍每週四上午舉辦「飲食健康大解密」課程，共八堂，邀請高雄市健仁醫院營養師蔡旻堅主講，每場皆有近四十人參加。

◆法行會於臺北國賓飯店舉辦第一四五次例會，由僧大講師常延法師主講《維摩詰經》，有近一百九十人參加。

04.12

◆12 至 14 日，三峽天南寺舉辦初級禪訓班二日營，由常學法師帶領，有近一百二十人參加。

◆12 至 14 日，美國紐約象岡道場舉辦青年禪三，由監院常聞法師帶領，共有十九人參加。

◆北美護法會加州舊金山分會舉辦禪修講座，邀請聖嚴師父西方法子吉伯‧古帝亞茲（Gilbert Gutierrez）主講「禪法的入門方便」，共有三十多人參加。

04.13

◆北投雲來寺舉辦禪一，由監院常貫法師帶領，共有六十多人參加。

◆高雄紫雲寺舉辦「生命關懷系列健康人生講座」，13 日邀請署立屏東醫院家庭醫學科主任許禮安主講「他不是故意忘記的──失智症」，共有九十多人參加。

◆4 月 13 日至 5 月 25 日及 9 月 7 日至 11 月 23 日，聖基會週六舉辦「2013 年經典講座」，由三學院僧才培育室室主常慧法師主講「〈信心銘〉講要──以聖嚴法師《心的詩偈──信心銘講錄》為主」，共十七堂課，有近六十人參加。

◆護法總會「行動報師恩──小沙彌回法鼓山」系列活動，13 至 14 日，五百二十五位來自高雄、屏東、潮州等地護法信眾，帶著小沙彌撲滿於法鼓山園區進行「朝山心體驗」，並捐出善款，接續聖嚴師父興學願心。

◆護法會內湖辦事處於臺北碧湖公園舉辦都市經行活動，內容包括練習法鼓八式動禪、走路禪等，有近三十人參加。

◆禪坐會於草嶺古道舉辦「輕鬆學禪班戶外禪」活動，由傳燈院監院常源法師帶領，共有六十多位內湖、新莊、海山等地區輕鬆學禪班成員，在大自然中體驗放鬆的喜悅。

◆13、20 日，美國加州洛杉磯道場舉辦中級禪訓班，有近二十人參加。

◆北美護法會加州舊金山分會舉辦禪一，邀請聖嚴師父西方法子吉伯‧古帝亞茲帶領，有近四十人參加。

04.14

◆臺南分院、成功大學、臺南市政府於成大成功廳共同舉辦「抱願不抱怨，看見幸福城市」座談會，由方丈和尚果東法師與臺南市長賴清德進行對談，以「心六倫」為探討主軸，分享如何締造友善、幸福的環境，成大校長黃煌煇與成大師生、臺南市民、市府官員等共一千六百多人出席聆聽，領會從「心六倫」做起的幸福願景。

◆臺北安和分院「自在人生」系列講座，14日邀請《靈界的譯者》作者劉柏君主講「索非亞的奇異旅程——從靈異到正信」，分享學佛心路歷程，有近四百人參加。

◆法鼓山持續關懷中國大陸四川震災災後重建工作，4月14至16日，分別於綿陽中學、南山中學、民興中學、秀水第一中心小學舉辦第九次川震獎助學金頒發，總計一百五十二位學子獲獎。

◆甲仙安心站於高雄市壽山國中舉辦獎助學金頒獎典禮，並安排受獎學子分組混齡進行攀岩、爬繩、走繩及垂降等體驗，學習團隊合作精神。

◆護法會內湖辦事處於臺北大湖公園舉辦都市經行活動，內容包括練習法鼓八式動禪、走路禪等，有近三十人參加。

◆14至28日，青年發展院監院果祺法師、常元法師於加拿大溫哥華道場弘法關懷，內容包括舉辦禪七、帶領青年營隊等。14日於當地夢地森林公園（Mundy Park）舉辦戶外禪，共有六十多人參加。

◆北美護法會加州舊金山分會舉辦戶外禪，邀請聖嚴師父西方法子吉伯·古帝亞茲帶領，有近三十人參加。

04.15

◆義大利上智大學學院（Istituto Universitário Sophia）校長彼耶羅·科達（Piero Coda）、美國普度大學（Purdue University）教授唐納德·米契爾（Donald W. Mitchell）及普世博愛運動（Focolare Movement）跨宗教交流中心（Center of Interreligious Dialogue）招婉玲（Stella Chiu Yuen Ling）等一行十一人，參訪法鼓山園區，並與僧團法師，以及佛教學院師生進行座談交流。

04.16

◆方丈和尚果東法師於北投雲來寺大殿，對僧團法師、全體專職精神講話，主題是「千手護持，千眼照見」，全臺各分院道場同步視訊連線聆聽開示，有近三百人參加。

04.17

◆北美護法會加州舊金山分會舉辦專題講座，由經營規畫處監院果傳法師主講「成佛的搖籃——菩薩戒」，共有五十多人參加。

◆二十八位來自宏都拉斯、諾魯、薩爾瓦多、所羅門群島、美國、法國、捷克等國的駐臺外交使節夫人，參訪法鼓山園區，由僧團果舫法師、國際發展處監院果見法師等陪同參觀各殿堂，認識佛教內涵及法鼓山開山理念，並前往法華鐘樓、藥師古佛、臨溪步道，體驗境教之美。

04.18

◆法鼓佛教學院「禪與現代社會系列講座」，18 至 19 日於四樓佛堂進行，邀請美國臨床心理學博士芭芭拉．萊特（B.R. Wright）及美國佛教學者史第夫．龍（Stephen Long）帶領「佛法與慈悲地圖工作坊」（Metta Map Workshop），共有五十多人參加。

◆新竹市政府所屬一級機關副主管、各區部室主任及祕書等一行三十餘人，參訪法鼓山園區，並在僧團果峙法師、常哲法師引領下，體驗法鼓八式動禪、托水缽、禪坐等。

04.19

◆桃園齋明別苑「生活禪」系列講座，19 日邀請中壢家商校長徐明廷分享如何運用佛法增進親子關係，共有二十多人參加。

◆19 至 28 日，禪堂舉辦話頭禪十，由常護法師帶領，有近五十人參加。

◆19 至 21 日，傳燈院於三義 DIY 心靈環保教育中心舉辦禪二，由常啟法師帶領，共有六十二人參加。

◆青年發展院監院果祺法師與常元法師於加拿大溫哥華道場弘法關懷，19 至 26 日於道場舉辦默照禪七，共有五十三人參加。

◆19 至 21 日，香港法青會於當地薄扶林傷健營舉辦青年卓越禪修營，由青年院常義法師、常澧法師帶領，內容包括禪修的基本觀念與方法、禪修的日常運用、心靈成長等課程，共有八十人參加。

04.20

◆傳燈院於法鼓山園區舉辦 Fun 鬆一日禪，由常乘法師帶領，有近八十人參加。

◆為接引大眾認識佛法及法鼓山理念，4 月 20 日至 5 月 25 日，普化中心週六於高雄紫雲寺開辦「快樂學佛人」系列課程，共三堂，有近七十人參加。

◆4 月 20 日至 5 月 20 日，慈基會於全臺各地舉辦「第二十二期百年樹人獎助學金」頒發活動，共有一千七百多位學子受獎。

◆榮譽董事會於北投雲來寺舉辦北區榮譽董事聘書頒發暨聯誼會，方丈和尚果東法師、榮董會會長劉偉剛出席關懷，共有三百多人參加。

◆20 至 21 日，馬來西亞道場於當地雲頂清水岩舉辦舒活二日禪，內容包括禪坐、法鼓八式動禪、托水缽、經行等禪修體驗，由僧團常藻法師、常峪法師、常律法師帶領，共有七十九人參加。

◆香港護法會於九龍孔仙洲中學舉辦結合浴佛法會、皈依、嘉年華市集的佛誕節活動，由僧團副住持果品法師帶領，共有七百多人參加。

04.21

◆法鼓山於園區舉行祈福皈依大典，由方丈和尚果東法師授三皈五戒，共有八百一十六位民眾皈依三寶。

◆方丈和尚果東法師受邀出席表演藝術團體優人神鼓《金剛心》巡迴公演首場演出，於臺北市兩廳院藝文廣場上，帶領現場三萬多位民眾誦念〈祈願文〉，與臺北市長郝龍

斌、優人神鼓藝術總監劉若瑀等，共同為臺灣及世界祈福。

◆ 北投農禪寺舉辦禪一，由常和法師帶領，共有九十六人參加。

◆ 臺北安和分院「自在人生」系列講座，21 日邀請日月光集團研發長暨研發總經理唐和明主講「利人利己的經營哲學」，分享調心轉用，隨緣妙用的殊勝妙法，有近一百八十人參加。

◆ 臺北中山精舍舉辦 Fun 鬆一日禪，由常嘉法師帶領，共有五十三人參加。

◆ 4 月 21 日至 12 月 22 日，臺中分院週日舉辦「寶雲講談」系列講座，共九場。21 日進行首場，邀請電影工作者李青曄主講「我們都是少年 Pi」，共有一百八十多人參加。

◆ 高雄紫雲寺舉辦禪一，由常潤法師帶領，共有五十九人參加。

◆ 為接引大眾認識佛法及法鼓山理念，4 月 21 日至 5 月 19 日，普化中心週日於護法會新莊辦事處開辦「快樂學佛人」系列課程，共三堂，有近六十人參加。

◆ 美國紐約東初禪寺舉辦週日講座，由常濟法師主講「變革的領導者──學習做最重要的事」，有近七十人參加。

◆ 臺南雲集寺舉辦專題講座，邀請成功大學經濟系副教授許永河主講「煩惱麥攔來」，有近一百人參加。

04.22

◆ 鑑於中國大陸四川雅安強震、美國波士頓爆炸案、伊朗地震等災難頻仍，方丈和尚果東法師於 22 日發表談話，籲請法鼓山四眾弟子齊心為受苦受難的民眾祈福，全球各地分院也在法會及例行共修活動中，共同為傷難者、罹難者祈願祝福。

04.23

◆ 4 月 23 至 29 日及 9 月 7 至 13 日，百丈院進行清洗園區祈願觀音池內石頭的活動，包括洗石、曬石、刷池壁、擦池底，舖石等作業，每日有六十多位民眾及義工參與。

04.24

◆ 僧大為即將於 7 月畢業的學僧安排見習慰訪活動，由學務處常悅法師帶領，與慈基會義工一起前往臺北市中山、北投、社子等地區，實地慰訪關懷家庭，行前慈基會祕書長果器法師到場關懷。

◆ 人基會與法務部合作推動生命教育專案，24 日於屏東監獄舉辦音樂會，邀請音樂工作者齊豫演唱，以歌聲關懷收容人。

04.25

◆ 人基會「2013 得心自在心靈講座」，25 日邀請信泰油漆工程公司董事長蔡永富主講「歸零後翻轉的人生」，共有七十多人參加。

◆ 北美護法會新澤西州分會啟動「觀音菩薩千手千眼」勸募方案，籲請大眾共同護持成就新道場的啟建。

◆香港正覺中學師生一行二十三人，參訪香港護法會，由常炬法師介紹認識法鼓山的理念，並帶領法鼓八式動禪、拖水缽等禪修體驗。

04.26

◆ 26 至 28 日，三峽天南寺舉辦慈悲三昧水懺法會，由常願法師帶領，有近一千七百人次參加。

◆鑑於包括美國波士頓、德州連環爆炸，中西部州水患，以及中國大陸四川雅安地震等的頻繁災難，北美護法會新澤西州分會舉辦《地藏經》共修活動，祈願世界和平與平安。

04.27

◆ 27 至 28 日，桃園齋明寺舉辦春季報恩法會，包括 27 日的《地藏經》共修、禮拜《地藏寶懺》，以及 28 日的三時繫念法會，由監院果耀法師帶領，共有三千五百多人次參加。

◆ 27 至 28 日，臺中分院於三義 DIY 心靈環保教育中心舉辦初級禪訓班二日營，由果雲法師帶領，有近一百一十人參加。

◆ 27 至 28 日南投德華寺舉辦禪二，由副寺果弘法師帶領，有近三十人參加。

◆臺東信行寺舉辦專題講座，邀請心理諮商專家鄭石岩主講「尋找生命中的法喜」，分享人生法喜的心法，共有一百多人參加。

◆ 27 至 28 日，普化中心於北投雲來寺舉辦「心靈環保讀書會帶領人基礎培訓課程（一）」，由常用法師、常照法師、資深讀書會帶領人方隆彰老師等帶領，內容包括聖嚴師父眼中的心靈環保讀書會、《法鼓全集》導讀、有效讀書四層次等，有近五十位學員參加。

◆為接引大眾認識佛法及法鼓山理念，4 月 27 日至 5 月 15 日，普化中心週六於臺南分院開辦「快樂學佛人」系列課程，共三堂，有近八十人參加。

◆美國加州洛杉磯道場舉辦禪一，共有三十多人參加。

◆青年發展院監院果祺法師與常元法師於加拿大溫哥華道場弘法關懷，27 至 28 日於道場舉辦「法青二日心靈成長營」，有近三十人參加。

◆香港護法會舉辦超薦祈福大悲懺法會，為 20 日發生於中國大陸四川雅安地震的受難者祈願祝福，由常炬法師帶領，有近四百人參加。

04.28

◆臺北安和分院舉辦禪一，由監院果旭法師帶領，有近一百二十人參加。

◆基隆精舍舉辦佛一暨八關戒齋法會，由副寺果啟法師帶領，有近一百四十人參加。

◆臺南分院於臺南市立圖書館前廣場、臺南公園舉辦「親子快樂禪」，透過活潑有趣的禪悅闖關遊戲，讓親子在大自然中體會動靜皆宜的活潑禪法，有近四十人參加。

◆臺南雲集寺舉辦佛一暨八關戒齋法會，由監院果謙法師帶領，共有一百三十多人參加。

◆美國紐約東初禪寺舉辦週日講座，由常諦法師主講《阿彌陀經》，共有五十多人參加。

04.30

◆ 4月30日至8月6日，普化中心週二於護法會新莊辦事處開辦「法鼓長青班」，以聖嚴師父的人生哲學為核心，為六十歲以上的長者設計八堂專屬課程，有近五十人參加。

◆ 行政中心人力資源處於北投雲來寺舉辦禪修講座，由禪修中心副都監果元法師主講「微笑禪」，分享運用佛法與禪修的觀念調整心態、放鬆身心，微笑享受人生與工作，共有一百多人參加。

5月 MAY

05.01

◆ 《人生》雜誌第 357 期出刊。

◆ 《法鼓》雜誌第 281 期出刊。

◆ 法鼓文化出版新書：《僧肇與吉藏的實相哲學》（漢傳佛教論叢系列，陳平坤著）；《佛法真義》（智慧海系列，東初老人著）；《尋禪──禪的音樂絲路》CD（影音系列，翟春泉製作）。

◆ 聖基會出版結緣書《今生與師父有約》第四集，收錄在美國長年追隨聖嚴師父修學佛法的西方僧俗弟子，包括僧團果乘法師、哥倫比亞大學（Columbia University）教授于君方、北美護法會資深悅眾吳淑芳、長年為師父整理文稿的姚世莊、佛羅里達州立大學宗教系助理教授俞永峯等人的分享。

◆ 護法總會委託文化中心出版心靈環保生活手冊《幸福，從心開始！》，書中收錄六篇聖嚴師父對「心靈環保」與「心五四」的簡要開示，引導讀者從觀念、具體作法，有層次地建立基本的認識。

◆ 5月1日至8月25日，北美護法會加州舊金山分會舉辦「地藏菩薩大願法門」修行活動，於每週一、週五上午鈔寫、恭誦《地藏經》，隔週週三晚上進行梵唄唱誦，並於最後一日舉行中元報恩地藏法會。

◆ 馬來西亞道場舉辦佛一，由常律法師帶領，有近七十人參加。

05.02

◆ 2至4日，臺東信行寺舉辦「認識佛陀」活動，內容包括繪本閱讀、祈福獻花與浴佛等，以啟發環保理念、生活品格，共有七百多位學齡前兒童參與體驗。

◆ 法行會於臺北國賓飯店舉辦第一四六次例會，由僧大講師常延法師主講《維摩詰經》，有近一百九十人參加。

05.04

◆ 北投中華佛教文化館舉辦浴佛法會，由監院果諦法師帶領，共有兩百多人參加。

◆ 桃園齋明別苑舉辦浴佛法會，由常覺法師帶領，共有兩百多人參加。

◆ 高雄三民精舍舉辦浴佛法會，由常潤法師帶領，有近兩百七十人參加。

◆ 為接引社會大眾認識佛法及法鼓山的理念，4 至 25 日，普化中心週六於臺中分院開辦「快樂學佛人」系列課程，共三堂，有近九十人參加。

◆ 合唱團於北投農禪寺舉辦悅眾成長營，內容包括發聲練習、音樂饗宴、練唱共修等，由團本部團長李俊賢帶領，關懷院常捷法師出席關懷，共有兩百七十五人參加。

◆ 美國紐約象岡道場於當地山姆之角（Sam's Point Preserve）舉辦健行禪，由監院常聞法師帶領，共有十多人參加。

◆ 北美護法會伊利諾州芝加哥分會上午舉辦浴佛法會，由護法會輔導法師常華法師帶領，有近三十人參加；下午舉辦佛學講座，由常華法師主講「八正道」，共有二十多人參加。

◆ 香港護法會於當地西貢塔門舉辦山水禪，由常炬法師帶領，共有四十四人參加。

◆ 澳洲雪梨分會於當地僑教中心舉辦專題講座，由人基會副祕書長陳錦宗主講「身心健康與心靈環保」，包括駐雪梨辦事處處長周進發、僑教中心主任鄭介松等，共有五十多人參與聆聽。

05.05

◆ 臺北安和分院「自在人生」系列講座，5 日邀請怡盛集團董事長黃平彰主講「面對順境逆境，迎向自在人生」，與聽眾分享「慈悲沒有敵人，智慧不起煩惱」的行事心法，有近兩百人參加。

◆ 桃園齋明寺舉辦「朝山・浴佛・禮觀音」浴佛節活動，由監院果耀法師帶領，共有二百多人參與朝山、八百多人參加浴佛。

◆ 南投德華寺舉辦浴佛法會暨感恩園遊會，由副寺果弘法師帶領，有近一百五十人參加。

◆ 臺南分院舉辦浴佛法會，由監院果謙法師帶領，共有三百五十多人參加。

◆ 高雄紫雲寺舉辦浴佛法會，由監院果迦法師帶領，有近五百人參加。

◆ 臺東信行寺舉辦浴佛法會暨皈依祈福大典，由方丈和尚果東法師帶領，共有三百多人參加。

◆ 僧大於法鼓山園區階梯教室舉辦第五屆講經交流會，除了以佛教經典為主題，另有學僧以分享法鼓山理念、介紹聖嚴師父的思想行誼、心五四等為內容，共有十四位學僧參加。

◆ 美國紐約東初禪寺舉辦週日講座，由住持果醒法師主講「神會禪師的悟境」，有近五十人參加。

◆ 加拿大溫哥華道場舉辦禪一，由常盛法師帶領，共有四十二人參加。

◆ 北美護法會新澤西州分會舉辦禪一，由紐約東初禪寺常諦法師帶領，共有四十多人參加。

◆ 香港護法會舉辦禪一，由常炬法師帶領，共有七十四人參加。

05.06

◆ 法鼓山獲邀出席教廷宗教對話委員會、外交部駐教廷大使館於羅馬教廷宗座傳信大學（Pontifical Urbaniana University Auditorium）舉辦的「國際宗教對話研討會」，由佛教學院校長惠敏法師代表參加，與各國宗教代表對話交流，法師並在第三個場次中發表論文〈超越自他的倫理觀──佛教對於內在與社會安樂的觀點〉。

05.07

◆ 7至14日，基隆精舍舉辦母親節感恩浴佛系列活動，內容包括浴佛祈福、佛前祈願、供燈等，共有一千一百多人次參加。
◆ 臺中分院「寶雲講談」系列講座，7日邀請資深悅眾楊雪梅主講「從地湧出　如虛空住」，有近一百三十人參加。
◆ 圓滿「國際宗教對話研討會」，佛教學院校長惠敏法師參訪義大利上智大學學院，除了與該校老師交流，也參觀福音小城大教堂、產學合作藝術村商店、產學合作「共融」商城等具有特色的設施。

05.08

◆ 8至29日，普化中心每週三晚上於北投雲來寺舉辦「法鼓講堂」佛學課程，由聖嚴書院佛學班講師朱秀蓉主講「《如來藏經》尋寶去」，法鼓山數位學習網並進行線上直播。
◆ 佛教學院「禪與現代社會系列講座」，8日於法鼓山園區海會廳進行，邀請長庚大學資訊工程學系助理教授趙一平主講「慈悲禪修與大腦功能影像」，共有六十多人參加。

05.09

◆ 9至12日，臺東信行寺舉辦禪悅四日營，由常參法師帶領，有近七十人參加。
◆ 中國大陸四川省雅安於4月底發生強烈地震，5月9至11日，僧團副住持果品法師帶領慈基會勘察團隊，前往震災區勘災，除了代表法鼓山表達關懷，並前往受創最重的蘆山、龍門、天全等地，了解受災情形及重建需求。

05.11

◆ 高雄紫雲寺舉辦「生命關懷系列健康人生講座」，11日邀請署立屏東醫院家庭醫學科主任許禮安主講「病人權利與安寧緩和醫療條例」，共有八十多人參加。
◆ 慈基會林邊安心站結合「百年樹人獎助學金」受獎學生及「國中生心靈成長活動」學員，共同體驗特別的母親節，除了向平日關懷的阿嬤進行慰訪、傳遞祝福，也幫自己的母親洗腳、按摩，表達感恩與祝福，共有三十六位學生參加。
◆ 慈基會甲仙安心站「小林村心靈陪伴活動」於11、12日母親節假期舉辦「日月潭親子探索活動」，帶領小林國小學童與媽媽們三十四人共遊日月潭，期盼透過關懷與陪

伴，增進親子感情，也能開放自己的心胸與視界，學習用更寬廣、喜悅的心迎向未來。

◆ 美國紐約象岡道場舉辦禪一，由監院常聞法師帶領，共有二十三人參加。

◆ 北美護法會新澤西州分會舉行浴佛法會，由輔導法師常華法師帶領，共有四十多人參加。

◆ 11、18 日，北美護法會華盛頓州西雅圖分會於華盛頓大學（University of Washington）舉辦臺灣小吃義賣活動，並設置專區展出法鼓文化出版品、《法鼓》雜誌、結緣書等，分享法鼓山的理念。

◆ 泰國護法會舉辦浴佛法會，由僧團常律法師帶領，共有六十多人參加。

05.12

◆ 法鼓山於臺北市政府前廣場、國父紀念館舉辦「以禪浴心，以心浴佛」萬人禪修活動，包括方丈和尚果東法師、首座和尚惠敏法師，前副總統蕭萬長、臺北市長郝龍斌、臺北市議會議長吳碧珠、富邦文教基金會執行董事陳藹玲、表演工作者張世、柯有倫等來賓也到場參與。

◆ 為接引社會大眾認識佛法及法鼓山理念，5 月 12 日至 6 月 2 日，普化中心週日於臺東信行寺開辦「快樂學佛人」系列課程，共三堂，有近一百一十人參加。

◆ 美國紐約東初禪寺舉辦浴佛法會，並安排親子同樂、孝親茶禪、禪的體驗等活動，由住持果醒法師帶領，並開示「心五四與心靈環保」，共有兩百五十位東西方信眾參加。

◆ 美國紐約東初禪寺舉辦週日講座，由住持果醒法師主講「心佛眾生三無差別」，有近一百一十人參加。

◆ 美國加州洛杉磯道場舉辦浴佛法會，由副寺果乘法師帶領，並安排親子同樂、孝親茶禪、禪的體驗等活動，有近一百二十人參加。

◆ 加拿大溫哥華道場舉辦浴佛法會，由監院果舟法師主法，共有兩百多人參加。

◆ 北美護法會加州舊金山分會舉辦「感恩浴佛媽媽好幸福」活動，內容包括浴佛儀式、觀賞浴佛節故事影片、鈔經祈福、法鼓八式動禪現場學、母親節盆花 DIY 等，共有六十多人參加。

05.14

◆ 5 月 14 日至 6 月 2 日，方丈和尚果東法師、關懷中心副都監果器法師展開北美弘法關懷行，內容包括主持新道場灑淨儀式、傳授「在家菩薩戒」、皈依大典、佛學講座等。14 日出席北美護法會新澤西州分會新道場灑淨儀式，並前往分會會所，關懷信眾。

◆ 5 月 14 日至 6 月 2 日，桃園齋明別苑舉辦佛學課程，由傳燈院監院常源法師導讀聖嚴師父著作《佛教入門》，共八堂，有近一百一十人參加。

05.15

◆ 佛教學院學生社團行願社於萬里仁愛之家舉辦「關懷長者禪心浴佛活動」，以社團活動落實佛法弘化關懷，帶給長者安定身心的力量。

◆ 聖基會與臺灣大學哲學系簽署成立「漢傳佛學研究室」，由聖基會董事長蔡清彥、哲

學系主任苑舉正代表雙方簽約，為期五年，提供設立「聖嚴漢傳佛學研究生獎學金」、「聖嚴佛學博士後研究員」、舉辦「漢傳佛典解讀研習會」等，用於培育漢傳佛學研究人才。

05.16

◆ 佛教學院「禪與現代社會系列講座」，16 日於法鼓山園區海會廳進行，邀請中央大學生物醫學工程研究所助理教授吳昌衛主講「正念禪修與大腦功能影像」，共有五十多人參加。

◆ 16 至 19 日，法鼓山於美國紐約象岡道場舉辦紐約地區「第六屆在家菩薩戒」，由方丈和尚果東法師、東初禪寺住持果醒法師、關懷中心副都監果器法師擔任菩薩法師，包括十九位西方眾，共有一百零四人受戒。

05.17

◆ 17 至 19 日，法鼓山園區舉辦「朝山・浴佛・禮觀音」活動，共有五千多人次參加。

◆ 北投雲來寺舉辦浴佛法會，共有兩百多人參加。

◆ 桃園齋明別苑「生活禪」系列講座，17 日邀請桃園縣消防局急救教官魏哲修分享在急救現場的見聞，共有二十多人參加。

◆ 17 至 26 日，禪堂舉辦「禪修教理研習營——天臺禪觀」，由聖嚴師父法子果如法師講授水陸法會總壇儀軌，有近六十人參加。

◆ 美國紐約東初禪寺舉辦電影禪，邀請心理學家林晉城帶領賞析影片《大藝術家》（*The Artist*）片中的佛法意涵，有近二十人參加。

05.18

◆ 北投農禪寺舉辦浴佛法會，由監院果毅法師帶領，共有五百多人參加。

◆ 臺北中山精舍舉辦 Fun 鬆一日禪，由常嘉法師帶領，有近六十人參加。

◆ 三峽天南寺舉辦浴佛法會，由常乘法師帶領，有近三百人參加。

◆ 關懷院於桃園齋明寺舉辦助念成長課程，內容包括認識法鼓山大關懷教育、佛事的意義、梵唄與法器練習等，由監院常健法師帶領，共有一百多位來自桃園、中壢、新竹等地助念組成員及信眾參加。

◆ 慈基會國中生心靈成長關懷系列活動，18 至 19 日由林邊安心站於臺南縣後壁鄉蓮心園啟智中心關懷慢飛天使，共有三十五位國中生在愛與關懷中，學習感恩、服務與回饋。

◆ 美國加州洛杉磯道場舉辦禪一，共有三十多人參加。

05.19

◆ 北投農禪寺舉辦禪一，由果稱法師帶領，有近一百三十人參加。

◆ 臺北安和分院「自在人生」系列講座，19 日邀請實踐家董事長郭騰尹以「做個有錢

人，做個有情人」為主題，分享如何以有限的財富，做一個無住布施的智者，有近
一百六十人參加。

◆ 臺中分院於寶雲別苑舉辦浴佛法會，由監院果理法師帶領，共有兩百多人參加。

◆ 南投德華寺舉辦禪一，由副寺果弘法師帶領，共有二十五人參加。

◆ 臺南雲集寺舉辦浴佛法會暨「得心自在‧禪悅輕食」環保園遊會，法會由監院果謙法
師帶領，園遊會設有心靈、生活、自然、禮儀四大環保專區，包括臺南市民政局副局
長戴鳳隆，有近一千人參加。

◆ 為接引社會大眾認識佛法及法鼓山的理念，5月19日至6月2日，普化中心週日於護
法總會海山辦事處開辦「快樂學佛人」系列課程，共三堂，有近一百一十人參加。

◆ 護法會東勢共修處舉辦「與陽光有約——心靈環保之旅」活動，十六位百年樹人獎助
學金受獎學生參加，除了安排參與寶雲別苑的浴佛法會，並到東海大學參訪。

◆ 美國紐約東初禪寺舉辦週日講座，邀請聖嚴師父西方弟子李世娟主講「面對自我煩
惱」，有近四十人參加。

◆ 美國加州洛杉磯道場參加南加州佛教界於當地惠地爾公園（Narrow Whittier Park）舉
辦的聯合浴佛節園遊會，展示法鼓山出版品。

◆ 新加坡護法會於當地龍泉寺舉辦浴佛法會，由馬來西亞道場常峪法師帶領，共有八十
多人參加。

◆ 香港護法會於九龍孔仙洲中學舉辦結合浴佛法會、祈福皈依大典的佛誕節活動，由僧
團副住持果品法師帶領，有近八百人參加。

05.24

◆ 24至26日，傳燈院於三義DIY心靈環保教育中心舉辦禪二，由常啟法師帶領，有近
一百四十人參加。

◆ 5月24日至8月30日，普化中心週五於臺東縣成功鎮老人會館開辦「法鼓長青班」，
以聖嚴師父的人生哲學為核心，為六十歲以上的長者設計八堂專屬課程，有近四十人
參加。

◆ 5月24日至6月2日，美國紐約象岡道場舉辦默照禪十，邀請聖嚴師父西方法子賽門‧
查爾得（Simon Child）帶領，共有二十六人參加。

◆ 24至27日，法鼓山於美國加州洛杉磯道場舉辦美西地區「第一屆在家菩薩戒」，由
方丈和尚果東法師、紐約東初禪寺住持果醒法師、關懷中心副都監果器法師擔任菩薩
法師，包括十四位西方眾，共有一百一十人受戒。

◆ 馬來西亞道場舉辦浴佛法會，由僧團常藻法師帶領，共近一百五十人參加。

◆ 24至28日，北美護法會伊利諾州芝加哥分會舉辦禪五，邀請美國佛羅里達州立大學
宗教系助理教授俞永峯帶領，共有二十多人參加。

05.25

◆ 北投農禪寺舉辦慈悲三昧水懺法會，由監院果毅法師帶領，法師期勉大眾以禪修方式，
依序練習放鬆身心、放下身心、隨文作觀、隨時念佛，有近一千三百人參加。

◆ 5月25日至6月16日，臺南分院、雲集寺、安平精舍週六或日聯合舉辦「教育暨關

懷系列講座」，邀請成功大學教育研究所教授饒夢霞主講，共四場。5月25日於雲集寺進行首場，主題是「性別平權與婚姻經營」，共有四十多人參加。

◆普化中心於北投雲來寺舉辦「心靈環保讀書會帶領人基礎培訓課程（二）」，由常用法師、資深讀書會帶領人方隆彰老師等帶領，共有四十多位學員參加。

◆5月25日至6月9日期間，護法總會舉辦「悅眾鼓手成長營」，共兩場。5月25日於桃園齋明寺進行首場，關懷院監院常健法師出席關懷，共有一百四十多位桃園、新竹、苗栗地區悅眾參加。

◆法青會山水禪活動，25日於北投忠義山進行，由青年院常元法師帶領，有近九十人參加。

◆美國加州洛杉磯道場舉辦禪一，共有三十多人參加。

◆馬來西亞道場舉辦浴佛法會，由僧團常藻法師帶領，共有七十多人參加。

◆中國大陸福建省廈門市閩南佛學院常務副院長界象法師，帶領該院師生一百三十六人，參訪法鼓山園區，由僧團副住持果暉法師、禪修中心副都監果元法師、僧大副院長常寬法師等，代表接待，進行交流。

05.26

◆臺北安和分院舉辦浴佛法會，由監院果旭法師帶領，有近五百人參加。

◆臺北安和分院「自在人生」系列講座，26日由文化中心副都監果賢法師主講「夢中做夢不知夢」，共有三百二十多人參加。

◆臺東信行寺舉辦禪一，由常越法師帶領，共有三十多人參加。

◆5月26日至2014年2月23日，普化中心週日於香港護法會開辦聖嚴書院福田班，共十堂課，有近一百七十人參加。

◆慈基會甲仙安心站舉辦「青春棒棒堂國中生系列活動」，在高雄市內門區萃文佛恩養護中心進行陪伴關懷活動，共有二十一位甲仙國中學生、十四位義工參加，副祕書長常法法師及甲仙國中輔導室邱品樺老師也全程參與。

◆護法總會於臺中寶雲別苑舉辦「2013正副會團長、轄召、召委聯席會議」，僧團都監果光法師、文化中心副都監果賢法師、臺中分院監院果理法師，以及護法總會總會長陳嘉男、副總會長黃楚琪皆到場關懷，共有一百四十八位悅眾鼓手齊聚一堂，聆聽年度重要專案活動並分享護法心得。

◆法青會臺中分會於惠蓀林場舉辦山水禪，由常灃法師帶領，共有四十多人參加。

◆美國紐約東初禪寺舉辦週日講座，邀請心理學家林晉城主講「禪修奇幻之旅──如何與內在的野獸開始意想不到的對話」，有近五十人參加。

05.27

◆慈基會甲仙安心站「走出戶外、『銀』向陽光」長者關懷系列活動於臺南展開，安排參訪北門區「井仔腳」鹽田區、七股潟湖生態、安平老街及樹屋等，共有八十三位來自慈濟大愛村、日光小林、五里埔地區的長者參加。

05.29

◆方丈和尚果東法師、關懷中心副都監果器法師北美弘法關懷，29 日於加拿大溫哥華道場舉辦佛法講座，由果器法師主講「菩提心菩薩行」，共有一百多人參加。

05.30

◆30 至 31 日，在慈基會籌畫、臺灣高速鐵路股份有限公司贊助下，五十三位新北市偏遠小學瑞柑國小師生前往高雄，與六龜新發國小師生，展開兩天一夜的生態關懷暨交流之旅。

◆佛教學院「禪與現代社會系列講座」，30 日於法鼓山園區海會廳進行，由助理教授溫宗堃主講「悲智教育課程設計及教授」，共有四十多人參加。

◆人基會「2013 得心自在心靈講座」，30 日邀請音樂工作者李建復主講「旅夢」，有近一百人參加。

◆5 月 30 至 6 月 2 日，由美國佛教聯合會舉辦、美華慈心關懷聯盟承辦的首屆「生命末期療護」華語義工培訓課程，於紐約中華佛教會慈航精舍舉行，東初禪寺除了助念團義工參與課程，果解法師並受邀分享臨終關懷的經驗。

◆方丈和尚果東法師、關懷中心副都監果器法師北美弘法關懷，30 日於加拿大溫哥華道場舉辦戶外禪，由果器法師帶領，共有五十多人參加。

05.31

◆中國大陸「六一兒童節」前夕，慈基會四川秀水安心站於援建的秀水第一中心小學舉辦徵文、繪畫活動，主題是「我愛一小」，透過繪畫、作文歡慶兒童節。

◆5 月 31 日至 7 月 8 日期間，慈基會舉辦端午關懷活動，除攜帶應景素粽前往關懷家庭表達祝福外，慰訪義工並分別至各地社福機關、安養機構，與院民歡度佳節，共計關懷近一千一百戶家庭。

◆教育部「102 年度學海飛颺補助大專校院選送學生出國研修及實習計畫」名單公布，佛教學院學生碩士班林悟石、黃舒鈴兩位同學獲得補助，將分別前往美國加州柏克萊聯合神學院（Graduate Theological Union, Berkeley）、天普大學（Temple University），進行為期一年的短期研修學分。

◆行政中心人力資源處於北投雲來寺舉辦教育訓練課程，主題是「工作流程規畫與管理」，邀請威傑企業管理顧問有限公司講師徐文復主講，分享省時、省力又有效的流程，並透過設置合宜的管控點，增進工作效能，共有八十多人參加。

6月 JUNE

06.01

◆《人生》雜誌第 358 期出刊。

◆《法鼓》雜誌第 282 期出刊。

◆法鼓文化出版新書：《豆腐百味》（禪味廚房系列，蔡斌翰、潘瑋翔著）；《禪門過關──僧伽靜七開示錄》（智慧人系列，繼程法師著）；《中國佛教研究入門》（漢傳佛教譯叢系列，岡部和雄、田中良昭編，辛如意譯）；《空花·水月》CD（影音系列，康吉良製作）。

◆臺南分院、雲集寺、安平精舍聯合舉辦「教育暨關懷系列講座」，1 日於安平精舍進行，邀請成功大學教育研究所教授饒夢霞主講「許孩子一個未來──談親子經營」，共有三十多人參加。

◆傳燈院於三峽天南寺舉辦萬人禪修功德分享會，由常啟法師帶領，有近一百四十人參加。

◆1 至 30 日，慈基會舉辦端午關懷活動，除攜帶應景素粽前往關懷家庭表達祝福外，慰訪義工並分別至各地社福機關、安養機構，與院民歡度佳節，共計關懷逾一千一百戶家庭。

◆1 至 4 日，僧團果舫法師於北美護法會華盛頓州西雅圖分會弘法關懷，內容包括禪一、佛法講座等。1 日舉辦念佛禪一，共有四十多人參加。

◆1 至 9 日，美國紐約東初禪寺住持果醒法師至香港弘法關懷，內容包括生活禪、佛法講座、楞嚴禪修營等。1 至 2 日於護法會舉辦生活禪，共有一百多人參加。

06.02

◆桃園齋明寺舉辦禪一，由果澔法師帶領，共有一百四十多人參加。

◆2、9 日，美國紐約東初禪寺舉辦週日講座，由僧團果傳法師主講「一心繫念西方淨土──三時繫念佛事概說」，有近六十人參加。

◆方丈和尚果東法師、關懷中心副都監果器法師北美弘法關懷，2 日於加拿大溫哥華道場舉辦佛法講座，由方丈和尚主講「得心自在──演好人生大戲」，共有四百多人參加；演講後進行皈依儀式，共有五十三位信眾皈依三寶。

◆僧團果舫法師於北美護法會華盛頓州西雅圖分會弘法關懷，2 日帶領大悲懺法會，並開示懺法意涵，共有五十多人參加。

06.03

◆3 至 28 日，僧團展開 2013 年結夏安居，包括法門研修、禪十與禪七。3 至 7 日於三峽天南寺進行法門研修課程，上午由三學院監院果概法師與普化中心副都監果毅法

師，分別講授戒律和導讀《法鼓全集》；下午及晚上，法師們各自就念佛、禪修、懺悔三種法門，選擇一門深入用功，有近兩百人參加。

◆僧團果舫法師於北美護法會華盛頓州西雅圖分會弘法關懷，3日參與分會的讀書會，並開示「淨土法門」，共有四十多人參加。

06.04

◆僧團果舫法師於北美護法會華盛頓州西雅圖分會弘法關懷，4日舉辦佛學講座，主講「梵唄與佛事」，共有三十多人參加。

06.06

◆6至15日，禪堂舉辦精進禪十，邀請聖嚴師父法子繼程法師帶領，有近一百一十人參加。

◆法行會於臺北國賓飯店舉辦第一四七次例會，由僧大講師果竣法師主講〈普賢菩薩行願讚〉，有近一百九十人參加。

◆6至20日，禪修中心副都監果元法師偕同僧大學僧常展法師及常興法師前往墨西哥帶領禪修，內容包括初級禪訓班、默照禪七等，這也是果元法師第六度赴墨弘揚漢傳禪法。

◆香港護法會舉辦佛學講座，由美國紐約東初禪寺住持果醒法師主講「生生世世菩薩行」，共有四百多人參加。

06.07

◆7至28日，加拿大溫哥華道場每週五舉辦《地藏經》共修，由常盛法師、常覺法師等帶領，共有一百五十多人次參加。

◆7至9日，北美護法會加州舊金山分會舉辦禪三，由紐約東初禪寺果明法師帶領，共有三十五人參加。

06.08

◆高雄紫雲寺舉辦「生命關懷系列健康人生講座」，8日邀請署立屏東醫院家庭醫學科主任許禮安主講「生命關懷與安寧療護理念簡介」，共有八十多人參加。

◆8至9日，慈基會於德貴學苑舉辦「中國大陸四川省生命教育心靈環保體驗營隊輔培訓」，內容包括心靈環保、心五四、團隊帶領技巧等，僧團副住持果品法師出席關懷，共有十六位法青學員參加。

◆佛教學院、僧大於法鼓山園區舉辦畢結業典禮，三十九位畢結業生穿著袈裟、海青，在〈三寶歌〉、〈菩薩行〉等佛曲聲中，依序登壇就位，由師長搭上菩薩衣、傳菩薩行燈，彼此互勉延續菩薩心行，利益眾生。

◆8至9日，香港護法會舉辦「楞嚴禪修營」，由美國紐約東初禪寺住持果醒法師主持，共有一百多人參加。

06.09

◆臺中分院「寶雲講談」系列講座，9日邀請《禪味奈良——大和古寺慢味》作者秦就主講「日本古寺慢味」，共有一百五十多人參加。

◆臺南分院、雲集寺、安平精舍聯合舉辦「教育暨關懷系列講座」，9日於雲集寺進行，邀請成功大學教育研究所教授饒夢霞主講「送您一打 Qs ——全方位的生涯規畫」，共有四十多人參加。

◆護法總會「悅眾鼓手成長營」，9日於北投雲來寺進行，關懷中心副都監果器法師出席關懷，共有一百四十位北部地區悅眾參加。

◆禪修中心副都監果元法師於墨西哥弘法，9至15日於當地碧玉海灣禪堂帶領默照禪七，共有三十多人參加。

◆加拿大溫哥華道場舉辦禪一，由常覺法師帶領，共有四十二人參加。

◆馬來西亞道場舉辦禪一，由監院常藻法師帶領，共有四十七人參加。

06.11

◆方丈和尚果東法師受邀出席罕見疾病基金會、天下文化出版公司於市長官邸沙龍舉辦的《週末的那堂課》新書發表會，分享佛法看待生命行旅的積極價值觀。

◆僧團2013年結夏安居，11至20日於三峽天南寺進行僧眾禪十，白天分念佛、禪修、懺悔三種法門用功深入，晚間則觀看聖嚴師父開示影片，有近兩百人參加。

06.13

◆13至17日，方丈和尚果東法師應邀前往金門及中國大陸福建省廈門，出席「第五屆海峽論壇‧閩臺佛教文化交流週——佛教教育交流研討會」，與二百多位兩岸佛教界代表，分享法鼓山推動佛教教育的理念，並共同為兩岸及世界和平祈福。

◆法鼓佛教學院「禪與現代社會系列講座」，16日於法鼓山園區海會廳進行，邀請國立臺北教育大學教育學系助理教授黃鳳英主講「正念、慈悲與情緒調適」，共有五十多人參加。

06.14

◆桃園齋明別苑「生活禪」系列講座，14日邀請臺北市立聯合醫院仁愛院區減壓療法指導老師陳德中主講「東西禪法在西方社會的現代運用」，共有四十多人參加。

06.15

◆15至20日，禪堂舉辦中英禪五，邀請聖嚴師父法子繼程法師、果峻法師帶領，有近一百一十人參加。

◆北美護法會加州舊金山分會舉辦英文茶禪研習課程，有近二十人參加。

06.16

◆臺南分院、雲集寺、安平精舍聯合舉辦「教育暨關懷系列講座」，16日於安平精舍進行，邀請成功大學教育研究所教授饒夢霞主講「送您一打Qs ──全方位的生涯規畫」，共有四十多人參加。

◆6月16日至7月7日，美國紐約東初禪寺每週日舉辦週日講座，由僧團果舫法師導讀聖嚴師父著作《聖嚴法師教淨土法門》，有近六十人參加。

◆北美護法會加州舊金山分會舉辦半日禪，有近二十人參加。

06.18

◆聖基會、教聯會聯合舉辦「102年兒童生活教育寫畫創作」比賽，於6月18日至9月30日期間展開徵件，以《自在神童3D動畫》為主題，邀請全國各公、私立小學與幼兒園學生參加，透過活動提昇人文素養及推廣生命教育。

◆6月18日至7月28日，北美護法會加州舊金山分會每月舉辦兩梯次法鼓八式動禪心法研習課程，培訓千人禪修種子義工，由美國紐約東初禪寺住持果醒法師視訊連線帶領，有近三十人參加。

06.19

◆19至20日，僧大於法鼓山園區第三大樓階梯教室舉辦101學年度畢業製作暨禪修專題發表會，副院長果光法師、美國紐約東初禪寺住持果醒法師出席關懷，共有十七位四年級學僧運用多元媒材發表成果。

06.20

◆佛教學院博士班「禪與現代社會專題」課程結合該校舉辦的「禪與現代社會」系列講座，於20日最後一堂課上，由三位首屆博士生與一位碩士生分享學習心得，並提出禪對現代社會的實踐計畫，由校長惠敏法師、教授杜正民講評。

◆法鼓大學籌備處於德貴學苑舉辦禪修講座，邀請聖嚴師父法子繼程法師主講「禪門過關」，分享藉由禪修向內探索，撥開雜染妄執，參究生命本性，共有四百多人參加。

06.21

◆僧團2013年結夏安居，21至28日於法鼓山園區禪堂進行僧眾禪七，由聖嚴師父法子繼程法師帶領拜佛、經行，每晚講授禪法開示，僧大七十多位學僧也一同加入用功，共有兩百多人參加。

◆21至30日，美國紐約象岡道場舉辦精進禪十，由聖嚴師父法子果如法師帶領，共有五十一人參加。

◆新加坡護法會舉辦專題講座，由佛教學院助理研究員辜琮瑜主講「佛法與心靈療癒」，有近五十人參加。

◆行政中心人力資源處於北投雲來寺舉辦教育訓練課程，主題是「問題分析與解決」，邀請亞碩國際管理顧問有限公司張震球講師主講，分享透過系統化的思考訓練，強化解決問題的能力，提昇專職工作所需專業知識與技能的基礎，有近三十人參加。

06.22

◆慈基會與臺北市立動物園，邀請一百戶臺北市、新北市的關懷家庭，暢遊動物園，方丈和尚果東法師、動物園園長金仕謙到場關懷。
◆北美護法會新澤西州分會舉辦念佛禪一，由果解法師帶領，共有四十多人參加。
◆新加坡護法會舉辦專題講座，由佛教學院助理研究員辜琮瑜主講「對話中的默與照──從日常到深度的聽與說」，共有五十多人參加。

06.23

◆北美護法會華盛頓州西雅圖分會於當地瑪莉摩爾公園（Marymoor Park）舉辦戶外野餐聯誼活動，分享學佛心得，共有三十多人參加。
◆新加坡護法會舉辦「歡喜看生死工作坊」，由佛教學院助理研究員辜琮瑜帶領，共有五十多人參加。

06.27

◆人基會「2013得心自在心靈講座」，27日邀請誠品聯合會計師事務所負責人黃鴻隆主講「生命的喜悅」，共有八十多人參加。

06.29

◆6月29日至7月2日，僧團於臺中寶雲別苑舉辦僧活營，內容包括參與寶雲寺上梁安寶大典、寶雲基石頒贈、點亮城市等活動，並參訪國立自然科學博物館921地震教育園區、亞洲大學，也實地關懷、感恩護持法鼓山的信眾。
◆6月29日至7月27日，聖基會每週六舉辦經典講座，邀請美國佛羅里達州立大學助理教授俞永峯主講「法鼓禪音──分享聖嚴師父的禪修思想」，講說「中華禪法鼓宗」立宗的歷程、涵義、定位與特色，有近六十人參加。
◆美國紐約東初禪寺舉辦英文禪一，由常文法師帶領，有近二十人參加。
◆美國加州洛杉磯道場舉辦禪一，共有三十多人參加。
◆29至30日，法鼓山受邀出席新加坡佛教總會於當地菩提小學舉辦的「全球慈心大會」，由馬來西亞道場常峪法師代表參加，與二百多位佛教代表，交流慈心觀的修行方法。

06.30

◆臺中分院於寶雲寺建築基地舉辦「上梁安寶暨寶雲基石頒贈」典禮，上梁安寶法會由方丈和尚果東法師、禪修中心副都監果元法師、美國東初禪寺住持果醒法師主法；寶

雲基石頒贈典禮由方丈和尚主持，包括一百四十八位僧團法師和近千位中部地區護法信眾，共同為寶雲寺建設工程祈福。

◆南投德華寺舉辦佛一暨八關戒齋法會，由副寺果弘法師帶領，共有三十七人參加。

◆法青會於德貴學苑舉辦大悲心起祈願茶會，由青年院常元法師帶領，共有一百三十多人參加。

◆北美護法會加州舊金山分會舉辦義工成長課程，內容包括義工的心性與行誼、接待技巧與要領等，由資深悅眾周麗珠、趙汝婷帶領，共有三十多人參加。

7月 JULY

07.01

◆《人生》雜誌第 359 期出刊。

◆《法鼓》雜誌第 283 期出刊。

◆法鼓文化出版新書：《幸福禪——上班族 40 則幸福指引》（禪修 follow me 系列，聖嚴法師著，法鼓文化編輯部選編）；《巧克力吃完了——實用佛教心理學》（*When the Chocolate Runs Out*）（輕心靈系列，耶喜喇嘛 Lama Yeshe 著，妙喜法師譯）。

◆《金山有情》季刊第 45 期出刊。

◆《法鼓佛教院訊》第 24 期出刊。

◆中華佛研所《中華佛學學報》第 26 期出刊。

◆方丈和尚果東法師、副住持果暉法師，率同參加「僧活營」的僧團法師，前往臺中霧峰參訪亞洲大學，並與創辦人蔡長海、校長蔡進發進行座談會，交流興辦教育的理念。

◆1 至 3 日，臺北中山精舍舉辦「2013 法鼓山兒童心靈環保體驗營」第一梯次，有近六十人參加。

◆1 至 2 日，慈基會甲仙安心站「青春棒棒堂」國中生關懷系列活動於臺東展開「東」遊記，共有二十六位學員參加，並安排參訪臺東信行寺。

◆人基會深耕「心六倫」，2013 年起展開每年深耕一個倫理的計畫，本年主題是「家庭倫理」，並於 7 月份起，推動「LINE-LIKE-LOVE 連線爸媽，關心傳回家」活動，鼓勵新世代年輕人透過電話、智慧型手機、平板電腦等，隨時隨地與父母、家人連線，傳遞愛與關懷。

◆加拿大溫哥華道場舉辦佛一，由常盛法師、常覺法師帶領，有近四十人參加。

07.02

◆2 至 10 日，禪堂舉辦青年初階禪七，邀請聖嚴師父法子果峻法師帶領，有近一百人參加。

07.03

◆ 3 至 7 日，美國紐約東初禪寺於象岡道場舉辦「楞嚴教理研習營」，邀請聖嚴師父法子果如法師講授，有近五十人參加。

◆ 3 至 10 日，美國加州洛杉磯道場舉辦默照禪七，由紐約東初禪寺果明法師帶領，共有十多人參加。

07.04

◆ 4 至 25 日，臺北安和分院每週四舉辦佛學講座，由美國紐約東初禪寺住持果醒法師導讀聖嚴師父著作《智慧之劍——〈永嘉證道歌〉講錄》，有近四百人參加。

◆ 4 至 6 日，臺北中山精舍舉辦「2013 法鼓山兒童心靈環保體驗營」第二梯次，有近五十人參加。

◆ 7 月 4 日至 10 月 3 日，普化中心週日於基隆精舍開辦「法鼓長青班」，以聖嚴師父的人生哲學為核心，為六十歲以上的長者設計八堂專屬課程，有近九十人參加。

◆ 慈基會林邊安心站國中生心靈成長關懷系列活動，4 至 7 日於花蓮、臺東的 193 縣道、玉長公路，以及臺 11 線公路舉辦花東縱騎活動，共有三十一名國中生參加。

◆ 法行會於臺北國賓飯店舉辦第一四八次例會，由僧大講師果竣法師主講「六波羅蜜」，有近一百八十人參加。

◆ 美國紐約東初禪寺舉辦念佛禪一，由僧團果舫法師帶領，有近五十人參加。

07.05

◆ 5 至 7 日，高雄紫雲寺舉辦「2013 法鼓山兒童心靈環保體驗營」，有近一百四十人參加。

◆ 7 月 5 至 7 日、8 月 30 日至 9 月 1 日，傳燈院於三義 DIY 心靈環保教育中心舉辦禪坐帶領人培訓課程，由常願法師帶領，有近一百一十人參加。

◆ 5 至 26 日，法青會每週五於德貴學苑舉辦「王道之路——心潮青年四堂課」，內容包括身心覺醒、錄影放影、王與被王、青年的煩惱等四大主題，由美國紐約東初禪寺住持果醒法師帶領，有近六十人參加。

◆ 5 至 6 日，北美護法會安省多倫多分會舉辦梵唄法器研習課程，由美國紐約東初禪寺果解法師帶領，有近二十人參加。

07.06

◆ 法鼓山於三峽天南寺舉辦「社會菁英禪修營第七十六次共修會」，由僧團副住持果品法師帶領，共有一百零四人參加。

◆ 方丈和尚果東法師應臺中市政府之邀，於臺中市神岡區第一公墓崇璞園，分享法鼓山推動環保自然葬的理念。

◆ 為接引社會大眾認識佛法及法鼓山理念，7 月 6 日至 8 月 3 日，普化中心週六於蘆洲共修處開辦「快樂學佛人」系列課程，共三堂，有近六十人參加。

◆ 6 至 7 日，護法會宜蘭辦事處舉辦「2013 法鼓山兒童心靈環保體驗營」，有近四十人參加。

07.07

◆臺北安和分院「自在人生」系列講座，7日由美國紐約東初禪寺住持果醒法師主講「真空妙有，念念無求」，分享如何調伏六根，從熱惱中覺醒的妙法，有近兩百人參加。

◆臺北中山精舍舉辦 Fun 鬆一日禪，由常嘉法師帶領，有近六十人參加。

◆為接引社會大眾認識佛法及法鼓山理念，7月7日至8月4日，普化中心週日於北投農禪寺開辦「快樂學佛人」系列課程，共三堂，有近一百四十人參加。

◆榮譽董事會於臺中寶雲別苑舉辦中區榮譽董事聘書頒發暨聯誼會，方丈和尚果東法師、榮董會會長劉偉剛出席關懷，共有兩百多人參加。

◆7至10日，教聯會於三峽天南寺舉辦「2013暑假教師心靈環保自我成長營」，由僧團法師、資深悅眾分享追隨聖嚴師父學佛，以及佛法和生命連結的體驗、佛法的教學觀念和方法等，共有一百多人參加。

◆加拿大溫哥華道場舉辦禪一，由常盛法師帶領，共有四十八人參加。

◆馬來西亞道場舉辦義工迎新會，代理都監常藻法師出席關懷，並以「廣結善緣——無盡藏」為主題，分享義工的心態與行儀，共有三十多人參加。

◆北美護法會安省多倫多分會舉辦佛學講座，由美國紐約東初禪寺果解法師主講「大悲懺法」，講說禮拜《大悲懺》的內涵與意義，共有四十多人參加。

07.08

◆8至9日，佛教學院、比利時根特大學（Universiteit Gent）佛學研究中心於根特大學會議中心（Het Pand）共同舉辦「阿毘達磨研討會」（From Abhidhamma to Abhidharma：Early Buddhist Scholasticism in India, Central-Asia, and China），研討會共進行八個會議場次，有來自比利時、臺灣、英國、德國、瑞士、俄羅斯、以色列等十二國專研論典的學者參加，佛教學院助理教授鄧偉仁於研討會中擔任場次主持人，並發表論文〈窺基中國佛教的阿毘達磨式的重新情境化〉（Kuiji's Abhidharmic Recontextualization of Chinese Buddhism〉。

◆北美護法會新澤西州分會舉辦佛法講座，邀請聖嚴師父法子果如法師主講「念佛禪」，共有六十多人參加。

07.09

◆方丈和尚果東法師於北投雲來寺大殿，對僧團法師、全體專職精神講話，主題是「肯定自我、信心、願心」，全臺各分院道場同步視訊連線聆聽開示，有近三百人參加。

◆北美護法會新澤西州分會舉辦佛法講座，邀請聖嚴師父法子果如法師主講「默照禪」，共有六十多人參加。

07.11

◆國際臺灣扶輪社前總監張勝鑑帶領社員一行四十餘人，參訪北投農禪寺，由監院果毅法師代表接待，進行交流。

◆11至13日，佛教學院校長惠敏法師應邀前往香港中文大學，參加由人間佛教研究中

心、中國佛教學會合辦的「2013 中國佛教研究研討會」，與來自香港、中國大陸、臺灣及加拿大的佛教學者，交流佛學研究成果。

◆ 11 至 21 日，方丈和尚果東法師、關懷中心副都監果器法師、國際發展處監院果見法師、護法總會副總會長周文進等一行，前往東南亞展開弘法關懷，先後至馬來西亞、泰國、新加坡等地，主要進行多場講座，並接受當地媒體專訪，推廣心六倫。

◆ 7 月 11 日至 8 月 26 日，僧大常延法師於北美弘法關懷，主要進行佛學講座。7 月 11 至 24 日，於加拿大溫哥華道場舉辦佛學講座，導讀聖嚴師父著作《修行在紅塵——維摩經六講》，共八堂，有近一百二十人參加。

07.12

◆ 7 月 12 至 13 日、8 月 10 至 11 日，青年院分別於法鼓山禪堂、三峽天南寺舉辦「第五屆夏季青年卓越禪修營隊輔培訓」，由常元法師、常義法師帶領，共有四十多位學員參加。

◆ 方丈和尚果東法師一行至東南亞弘法關懷，12 日於馬來西亞道場接受當地《南洋日報》、《星洲日報》，以及英文季刊《東方地平線》（*Eastern Horizon*）等媒體聯合訪問，分享法鼓山的理念；並於晚間在《星洲日報》報社禮堂進行佛法講座，主題是「抱願不抱怨」，有近五百人參加。

07.13

◆ 臺南雲集寺舉辦「2013 法鼓山兒童心靈環保體驗營」，共有七十多人參加。

◆ 7 月 13 至 19 日、8 月 11 至 17 日，青年院分別於法鼓山園區禪堂及三峽天南寺舉辦「2013 夏季青年卓越禪修營」，先後由常澧法師與常義法師擔任總護，共有兩百多位青年學員參加。

◆ 13 至 15 日，慈基會於中國大陸四川省秀水民興中學舉辦「生命教育心靈環保體驗營」初中營隊，主題為「從心起、做自己」，帶領八十二位學員認識自我。

◆ 美國紐約東初禪寺舉辦中級禪訓班，由果解法師帶領，有近二十人參加。

◆ 美國紐約象岡道場舉辦禪一，由聖嚴師父西方弟子哈利·米勒帶領，共有十多人參加。

◆ 方丈和尚果東法師一行至東南亞弘法關懷，13 日於馬來西亞道場為近百位信眾舉辦皈依儀式；儀式後並以「有願就有力」為主題，分享佛法的智慧，有近兩百五十人參加。

07.14

◆ 14、28 日，三學院於法鼓山園區舉辦園區義工培訓課程，主題包括道場心態與行儀、各組義工工作內容等，有近九十人參加。

◆ 臺北安和分院「自在人生」系列講座，14 日邀請律師陳政峰主講「多情亦講理，溫柔看是非」，剖析日常可能忽略的法律常識與問題，建立實用的法律正知見，創造清淨而自在的圓滿人生，共有九十多人參加。

◆ 臺中分院「寶雲講談」系列講座，14 日邀請臺中市文山社區大學講師羅耀明主講「如何說再見」，有近兩百人參加。

◆臺南雲集寺舉辦「2013法鼓山兒童心靈環保體驗營」，共有一百多人參加。

◆7月14日至12月8日，高雄紫雲寺週日舉辦「親子好關係系列講座」，共六場，邀請專業諮商心理師、臨床心理師及資深特教老師，分享親子溝通與教養問題。14日進行首場，由諮商心理師廖冠婷主講「淺談親子溝通」，共有三十多人參加。

◆普化中心於臺中寶雲別苑舉辦「聖嚴書院佛學班中區聯合結業典禮」，臺中分院監院果理法師出席祝福，共有一百零七位學員圓滿三年精進學習。

◆2013年7月14日至2014年4月13日，普化中心週日於三峽天南寺開辦聖嚴書院福田班，共十堂課，有近一百七十人參加。

◆護法會新莊辦事處舉辦「2013法鼓山兒童心靈環保體驗營」，共有六十多人參加。

◆美國紐約東初禪寺舉辦週日講座，邀請聖嚴師父西方弟子比爾‧賴特主講「三解脫門」，有近五十人參加。

◆美國加州洛杉磯道場舉辦佛學講座，由僧團果傳法師主講「三時繫念佛事概說」，有近六十人參加。

◆僧大常延法師北美弘法關懷，14日於加拿大溫哥華道場舉辦佛法講座，主題是「時時處處自在安樂——漢傳禪法的正念修行」，共有一百三十多人參加。

◆方丈和尚果東法師一行至東南亞弘法關懷，14日於馬來西亞怡保共修處舉辦心靈茶會，感恩悅眾和義工的護持與奉獻；晚間除為近百位民眾親授三皈五戒，並舉辦佛法講座，主題是「轉念，轉出新希望」，共有七百多人參加。

◆香港護法會舉辦佛一，由常炬法師帶領，並由僧團首座和尚惠敏法師開示念佛的意義與殊勝，共有三百多人參加。

◆澳洲墨爾本分會舉辦念佛禪一，由僧團果啟法師帶領，內容包括念佛、拜佛、繞佛與戶外經行，有近三十人參加。

07.15

◆15至18日，澳洲墨爾本分會舉辦佛學課程，由僧團果啟法師主講，內容包括佛教基本認識、基本觀念與生活應用等，有近三十人參加。

◆15至16日，國際發展處、國際扶輪社三五二〇地區於法鼓山園區共同舉辦「國際青少年宗教體驗營」，內容包括認識佛門禮儀、禪修、戶外經行等，共有三十三位來自歐、美等十八個國家的青少年參加。

07.16

◆16至18日，臺北安和分院舉辦「2013法鼓山兒童心靈環保體驗營」第一梯次，共有一百二十人參加。

◆7月16日至10月22日，普化中心於週二在臺南分院開辦「法鼓長青班」，以聖嚴師父的人生哲學為核心，為六十歲以上的長者設計八堂專屬課程，有近一百人參加。

◆16至27日，人基會「心劇團」受邀參與實踐大學主辦的「2013緬甸偏鄉暑期志工服務」活動，並於該國撣邦省東枝市Demaweku佛教孤兒院、Daw Gyi Daw Nge天主教孤兒院、興華中學等三處，演出劇作《世界一花——花花的幸福種子》，帶領當地小朋友感受奇幻的戲劇藝術，服務共近四百人。

07.17

◆ 17 至 23 日,香港護法會參加於香港會議展覽中心舉行的「2013 香港書展」,展出聖嚴師父著作與法鼓山出版品,推廣心靈環保理念。20 日並於會議中心舉辦生活佛法講座,由常炬法師主講「晴空在您心」,有近一百三十人參加。

07.18

◆ 7 月 18 日至 8 月 10 日,桃園齋明別苑舉辦中元報恩《地藏經》共修,由常廣法師帶領,有近兩千人次參加。

◆ 方丈和尚果東法師一行至東南亞弘法關懷,18 日上午於泰國護法會,為十一位信眾主持皈依三寶的儀式,並向護持法鼓山的臺商總會表達感謝;下午則至曼谷吞武里區,關懷當地護法信眾。

07.19

◆ 19 至 21 日,桃園齋明寺舉辦「2013 法鼓山兒童心靈環保體驗營」第一梯次,有近一百人參加。

◆ 19 至 21 日,傳燈院於三峽天南寺舉辦「法鼓八式動禪——立姿」義工講師培訓課程,由監院常乘法師、常願法師帶領,有近一百一十人參加。

◆ 19 至 28 日,美國紐約象岡道場舉辦精進禪十,邀請聖嚴師父法子繼程法師帶領,共有五十一人參加。

◆ 方丈和尚果東法師一行至東南亞弘法關懷,19 日於新加坡護法會新搬遷的會址龍泉寺接受當地《新明日報》、《聯合晚報》等媒體訪問,分享「心六倫」與心靈環保的理念。

◆ 19 至 21 日,澳洲墨爾本分會舉辦英文禪三,由僧團果啟法師帶領;21 日禪期圓滿,並舉行皈依儀式,共有十二人皈依三寶。

07.20

◆ 20 至 21 日,臺中分院於三義 DIY 心靈環保教育中心舉辦初級禪訓班二日營,由果雲法師帶領,有近一百二十人參加。

◆ 為接引社會大眾認識佛法及法鼓山理念,7 月 20 日至 8 月 3 日,普化中心週六於臺北中山精舍開辦「快樂學佛人」系列課程,共三堂,有近八十人參加。

◆ 7 月 20 日至 9 月 14 日,聖基會與臺灣大學哲學系合作成立的「漢傳佛學研究室」每月第二週週六進行「《大智度論》研讀會」,廣邀學者進行導讀,也鼓勵研究生積極參與提問,並開放對閱讀與探討佛典有興趣者參加。

◆ 7 月 20 日、8 月 17 日、9 月 14 日、11 月 16 日,北美護法會加州舊金山分會舉辦佛學課程,由美國紐約東初禪寺常諗法師主講「《梁皇寶懺》講要」,有近六十人參加。

◆ 方丈和尚果東法師一行至東南亞弘法關懷,20 日上午於新加坡護法會關懷悅眾與義工,感恩多年的護持與奉獻;下午進行佛法講座,由方丈和尚分享「抱願不抱怨」,共有兩百多人參加。

07.21

◆ 北投農禪寺舉辦禪一，由果寰法師帶領，共有一百七十多人參加。

◆ 臺北安和分院「自在人生」系列講座，21 日邀請國立高雄第一科技大學資訊管理系助理教授薛兆亨主講「智慧理財，福慧雙全」，分享如何以智慧處理金錢，變成更多的「善財」，並做為有用的「助緣資糧」，共有一百三十多人參加。

◆ 臺南安平精舍舉辦「2013 法鼓山兒童心靈環保體驗營」，有近七十人參加。

◆ 護法會高雄北區辦事處於屏東縣雙流國家森林風景區舉辦勸募會員戶外聯誼活動，有近八十位勸募會員及義工參與。

◆ 7 月 21 日至 10 月 27 日，普化中心週日於護法會宜蘭辦事處開辦「法鼓長青班」，以聖嚴師父的人生哲學為核心，為六十歲以上的長者設計八堂專屬課程，有近六十人參加。

◆ 21、28 日，美國紐約東初禪寺舉辦週日講座，由監院常華法師主講「探索識界」，有近五十人參加。

◆ 7 月 21 日至 8 月 25 日，美國加州洛杉磯道場舉辦佛學講座，由僧團果舫法師導讀聖嚴師父著作《聖嚴法師教淨土法門》，共五堂，有近六十人參加；8 月 25 日課程圓滿後，並進行皈依儀式，共有九人皈依三寶。

07.22

◆ 22 至 23 日，臺中分院舉辦「2013 法鼓山兒童心靈環保體驗營」第一梯次，有近八十人參加。

◆ 22 至 25 日，慈基會於中國大陸四川省綿陽中學舉辦「生命教育心靈環保體驗營」高中營隊，主題為「閱讀・生命的樂章」，帶領一百三十六位高中生認識自我與生命的意義。

◆ 慈基會甲仙安心站舉辦「敲響法鼓」在地義工關懷活動，於屏東縣瑪家鄉涼山瀑布進行戶外禪，副祕書長常法法師及三位僧大法師到場關懷，共有三十三位義工參加。

◆ 7 月 22 日至 8 月 2 日，佛教學院校長惠敏法師帶領十三位師生，前往中國大陸甘肅省、四川省等地進行學術考察與參訪，地點包括甘南藏族自治區、四川九寨溝等藏族生活地區及拉卜楞寺、郎木寺、炳靈寺等重要藏族寺院。

07.23

◆ 23 至 25 日，臺北安和分院舉辦「2013 法鼓山兒童心靈環保體驗營」第二梯次，共有一百二十人參加。

◆ 23 至 27 日，臺東信行寺舉辦「2013 法鼓山兒童心靈環保體驗營」，有近一百人參加。

07.24

◆ 24 至 25 日，臺中分院舉辦「2013 法鼓山兒童心靈環保體驗營」第二梯次，有近七十人參加。

◆ 7月24日至8月12日，應聖嚴師父印尼籍弟子阿格斯·森多索（Agus Santoso）之邀，禪修中心副都監果元法師第五度赴印尼弘法，主要是帶領禪修活動，香港分會常展法師、僧大常興法師也隨同協助。

07.25

◆ 桃園齋明別苑舉辦心靈環保講座，邀請臺灣大學心理系副教授連韻文主講「從心流經驗與身心互動談注意力與意識控制的提昇」，共有一百多人參加。
◆ 人基會「2013得心自在心靈講座」，25日由法鼓山文化中心副都監果賢法師主講「心是老師，環境是鏡子」，共有一百多人參加。

07.26

◆ 26至28日，三峽天南寺舉辦禪二，由常啟法師帶領，有近一百二十人參加。
◆ 26至28日，桃園齋明寺舉辦「2013法鼓山兒童心靈環保體驗營」第二梯次，有近一百人參加。
◆ 7月26日至8月4日，教聯會於法鼓山園區舉辦「2013暑假教師心靈環保進階研習營」，由中華佛研所所長果鏡法師帶領，共有一百四十六人參加。
◆ 禪修中心副都監果元法師於印尼弘法關懷，7月26日至8月8日於日惹三寶瓏（Semarang）山的度假中心舉辦默照禪十，共有二十五位來自馬來西亞、新加坡、越南、印尼的禪眾參加。
◆ 北美護法會伊利諾州芝加哥分會舉辦專題講座，邀請聖嚴師父法子吉伯·古帝亞茲主講「禪的根源」（Roots of Chan），共有四十多人參加。

07.27

◆ 桃園齋明別苑於當地虎頭山舉辦戶外禪，由常賡法師帶領，共有八十多人參加。
◆ 臺南分院舉辦佛學講座，由美國紐約東初禪寺住持果醒法師主講「神會禪師的悟境」，共有三百多人參加。
◆ 27至28日，護法會員林辦事處舉辦「2013法鼓山兒童心靈環保體驗營」，共有六十多人參加。
◆ 美國紐約東初禪寺舉辦英文禪一，由常文法師帶領，有近二十人參加。
◆ 美國加州洛杉磯道場舉辦禪一，共有三十多人參加。
◆ 北美護法會伊利諾州芝加哥分會舉辦禪一，邀請聖嚴師父法子吉伯·古帝亞茲帶領，共有五十多人參加。

07.28

◆ 北投農禪寺舉辦中元地藏法會，由監院果毅法師帶領，共有五百多人參加。
◆ 7月28日至9月4日，北投中華佛教文化館舉辦中元《地藏經》共修，由監院果諦法師帶領，每日有近六十人參加。

◆ 臺北安和分院舉辦禪一，由監院果旭法師帶領，共有一百二十一人參加。

◆ 南投德華寺舉辦禪一，由副寺果弘法師帶領，共有二十四人參加。

◆ 7月28日至8月24日，護法總會舉辦「感恩與關懷」活動，共四場。7月28日上午及下午於北投雲來寺進行首場及第二場，由僧團都監果光法師、行政中心副執行長常續法師說明法鼓山2014年年度主題、總體策略目標等，關懷中心副都監果器法師到場關懷，共有三百七十四位北一至北四轄區的悅眾參加。

◆ 馬來西亞道場於當地甲洞森林研究院舉辦戶外禪，由常律法師帶領，有近四十人參加。

◆ 北美護法會伊利諾州芝加哥分會舉辦專題演講，邀請聖嚴師父法子吉伯·古帝亞茲主講「禪修的方法」，共有四十多人參加。

07.29

◆ 方丈和尚果東法師受邀為臺中武陵農場設置的首座祈福平安鐘，主持啟用儀式，並期許武陵清淨的平安鐘聲，祝福來訪遊客，也傳遞至世界各個角落。

◆ 7月29日至8月2日，慈基會於中國大陸四川省綿陽中學舉辦「生命教育心靈環保體驗營」大學營隊，主題為「遇見·生命中的自己」，帶領九十一位學員認識自我與生命的本質與內涵。

◆ 7月29日至9月1日，聖嚴師父法子繼程法師前往歐洲弘法，美國紐約象岡道場監院常聞法師、常襄法師也共同前往，協助翻譯、小參與總護事宜。

07.31

◆ 7月31日至8月4日，美國紐約東初禪寺於象岡道場舉辦「2013親子夏令營」，由監院常華法師、果解法師、常齋法師帶領，共有八十多人參加。

◆ 二十八位參與外交部「2013年國際青年臺灣研習營」的海地、布吉納法索、馬達加斯加、法國等八國青年代表，參訪法鼓山園區，由參學室導覽人員帶領與解說，體驗禪悅境教。

◆ 7月31日至12月13日，行政中心人力資源處每月於雲來寺舉辦職能訓練課程，共六場。31日進行首場，邀請鎧瑞國際股份有限公司策略管理顧問莊振家主講「突破性的年度計畫」，共有四十多人參加。

8月 AUGUST

08.01

◆《人生》雜誌第360期出刊。

◆《法鼓》雜誌第 284 期出刊。

◆ 法鼓文化出版新書：《讓世界更美麗——四川賑災五週年紀實》（人生 DIY 系列，鄧沛雯著、李東陽攝影）；《校長的三笑因緣》（般若方程式系列，惠敏法師著）。

◆ 1 至 30 日，基隆精舍舉辦中元《地藏經》共修，由副寺果啟法師帶領，每日有近六十人參加。

◆ 1 至 30 日，齋明別苑舉辦中元《地藏經》共修，由常廣法師帶領，每日有近一百人參加。

◆ 法行會於臺北國賓飯店舉辦第一四九次例會，由方丈和尚果東法師主講「菩提心髓——十隨」，有近兩百三十人參加。

◆ 1 至 11 日，聖嚴師父法子繼程法師、美國紐約象岡道場監院常聞法師、常襄法師於歐洲波蘭德露潔芙（Dluzew）帶領禪十，共有三十多人參加。

08.02

◆ 2 至 4 日，北投中華佛教文化館舉辦中元地藏法會，由監院果諦法師帶領，共有一千五百多人次參加。

◆ 8 月 2 至 4 日、11 月 1 至 3 日，傳燈院於三義 DIY 心靈環保教育中心舉辦中級 1 禪訓班輔導學長培育課程，由常願法師帶領，有近一百人參加。

◆ 馬來西亞道場舉辦專題講座，由三學院監院果慨法師主講「心淨國土淨——懺悔法門之自他兩利」，解析懺悔法門的內涵與意義，有近一百人參加。

◆ 8 月 2 日至 11 月 29 日，高雄紫雲寺每週五舉辦佛學講座，邀請成功大學經濟學系副教授許永河主講「《金剛經》的智慧」，有近一百三十人參加。

08.03

◆ 三峽天南寺舉辦念佛禪一，由常應法師帶領，共有兩百一十多人參加。

◆ 8 月 3 日至 2014 年 5 月 3 日，普化中心週六於臺中寶雲別苑開辦聖嚴書院福田班，共十堂課，有近一百五十人參加。

◆ 為接引社會大眾認識佛法及法鼓山理念，8 月 3 日至 9 月 7 日，普化中心於週六在桃園齋明寺開辦「快樂學佛人」系列課程，共三堂，有近一百人參加。

◆ 青年院與表演藝術團體優人神鼓合作培育的青年鼓隊「心潮鼓手」，於臺北青少年育樂中心進行首次正式對外公演，二十五位鼓手以禪心擊鼓，展現培訓成果，方丈和尚果東法師、青年院監院果祺法師、行政中心副執行長常續法師到場關懷與鼓勵，共有一百多人參加。

◆ 3 至 4 日，甲仙安心站舉辦「暑期在地青年團體動力營」，藉由團康遊戲探索自我，凝聚團體向心力，共有十四位在地青年參加。

◆ 護法會羅東辦事處舉辦梵唄法器教學課程，由關懷院監院常健法師帶領，共有八十多人參加。

◆ 3、10 日，美國加州洛杉磯道場舉辦中級禪訓班，有近二十人參加。

◆ 8 月 3 日至 9 月 4 日，加拿大溫哥華道場舉辦佛學講座，由美國紐約東初禪寺住持果醒法師主講《楞嚴經》，共十堂，有近九十人參加。

◆ 3 至 4 日，馬來西亞道場舉辦佛學課程，由三學院監院果慨法師主講「細說水懺」，有近一百人參加。

◆ 僧大講師常延法師北美弘法關懷，3 日於美國華盛頓州西雅圖華僑文化中心舉辦禪學講座，主題是「時時處處自在安樂──漢傳禪法的正念修行」，共有八十多人參加。

◆ 香港護法會舉辦禪修「心」體驗，藉由動禪和互動遊戲，體驗清楚、放鬆的感覺，由常炬法師帶領，共有九十二人參加。

08.04

◆ 臺北安和分院「自在人生」系列講座，4 日邀請臺北市聯合醫院仁愛院區精神科主治醫師楊雅旭主講「淺談憂鬱症：如何走出藍色幽谷」，介紹憂鬱症的成因、症狀、預防與治療，共有七十多人參加。

◆ 桃園齋明寺舉辦 Fun 鬆一日禪，由果澔法師帶領，共有八十七人參加。

◆ 高雄紫雲寺「親子好關係系列講座」，4 日邀請諮商心理師廖冠婷主講「家有小暴龍──與孩子談情緒」，共有三十多人參加。

◆ 護法會高雄南區辦事處於高雄紫雲寺舉辦勸募會員聯誼活動，慈基會祕書長果器法師出席關懷，有近一百六十位勸募會員及義工參加。

◆ 8 月 4 至 10 日，禪修中心副都監果元法師應邀於印尼華裔本塔里羅（Buntario）提供的禪堂中帶領初階禪七，共有五十七位禪眾參加。

◆ 為接引社會大眾認識佛法及法鼓山理念，8 月 4 日至 9 月 1 日，普化中心週日於香港護法會開辦「快樂學佛人」系列課程，共三堂，有近一百五十人參加。

◆ 慈基會於北投雲來寺舉辦「北區慰訪員初階教育訓練」課程，祕書長果器法師出席關懷，並主講「法鼓山慈善工作之緣起與佛法之間的關係」，共有一百二十多位北部地區慰訪義工參加。

◆ 禪修中心副都監果元法師於印尼弘法關懷，4 至 11 日於茂物（Bogor）的一處禪堂帶領初階禪七，有近五十位禪眾參加。

08.05

◆ 加拿大溫哥華道場舉辦念佛禪一，由美國紐約東初禪寺住持果醒法師帶領，共有七十多人參加。

◆ 馬來西亞道場舉辦水陸法會說明會，由三學院監院果慨法師介紹水陸法會的意義及法鼓山舉辦水陸法會的歷史因緣，有近七十人參加。

◆ 僧大講師常延法師北美弘法關懷，5 至 26 日於北美護法會華盛頓州西雅圖分會舉辦佛學講座，導讀聖嚴師父著作《修行在紅塵──維摩經六講》，共十堂，有近五十人參加。

08.06

◆ 6 至 10 日，慈基會於中國大陸四川省峨眉山大佛禪院舉辦「生命教育心靈環保體驗營」大學營隊，主題為「遇見‧生命中的自己」，帶領九十二位學員認識自我與生命的本質與內涵。

◆ 6 至 18 日，馬來西亞道場、馬來西亞佛教青年總會聯合主辦「法水沁涼——慈悲三昧水懺」系列活動，6 日於馬佛總會雪隆分會舉辦「以法相會」座談，由果慨法師與馬來西亞傑出企業家蘇意琴對談，分享生活中對佛法的體驗，有近一百人參加。

◆ 中國大陸杭州徑山禪寺監院戒興法師帶領十四位僧眾及居士，參訪法鼓山園區，除拜會方丈和尚果東法師，並與僧團法師進行座談交流，期望借鏡法鼓山三大教育理念與經驗，為徑山重興祖庭工作帶來啟發。

08.07

◆ 7 至 14 日，臺南雲集寺舉辦中元地藏法會，由監院果謙法師帶領，共有九百多人次參加。

◆ 北美護法會安省多倫多分會於當地愛德華公園（Edwards Garden）舉辦戶外禪，由加拿大溫哥華道場監院果舟法師帶領，有近二十人參加。

08.08

◆ 8 月 8 日至 10 月 10 日，美國紐約東初禪寺常諦法師應加州舊金山星島中文電臺之邀，於六次訪談節目中，以「生活禪」為主題，分享禪與現代生活、如何學習放鬆、什麼是禪，以及如何在日常生活中應用禪的智慧等。

◆ 8 至 10 日，新加坡護法會舉辦「《法華三昧懺儀》研習營」，由三學院監院果慨法師授課，有近八十位馬來西亞、新加坡等國學員參加。

08.09

◆ 9 至 10 日，臺東信行寺舉辦中元慈悲三昧水懺法會，由文化中心副都監果賢法師、果界法師主法，共有四百多人次參加。

◆ 9 至 11 日，加拿大溫哥華道場舉辦兒童心靈環保體驗營，由臺灣教聯會資深悅眾李素玉老師帶領，共有三十六人參加。

08.10

◆ 10 至 16 日，北投農禪寺啟建中元梁皇寶懺法會，共有逾三萬人次參加。

◆ 臺南安平精舍舉辦中元地藏法會，由臺南分院監院果謙法師帶領，共有一百多人參加。

◆ 8 月 10 日至 2014 年 5 月 10 日，普化中心週六於高雄紫雲寺開辦聖嚴書院福田班，共十堂課，有近一百八十人參加。

◆ 10 至 11 日，法鼓山金山社大舉辦「2013 法鼓山兒童心靈環保體驗營」，有近六十人參加。

◆ 佛教學院校長惠敏法師應世界宗教博物館之邀，於該館舉辦的「大師講座」系列教育活動中，擔任首場主講人，主題是「禪宗〈牧牛圖頌〉的修行理念與實踐」，比較中國禪宗不同類型〈牧牛圖頌〉的特色。

◆ 8 月 10 至 11 日、17 至 18 日、24 至 25 日，人基會於德貴學苑舉辦「2013 幸福體驗

親子營」，共三梯次，每梯次有近六十對親子參加。

◆ 10 至 15 日，北美護法會加州舊金山分會舉辦佛學課程，由美國紐約東初禪寺常諦法師主講《無量壽經》，共四堂，有近五十人參加。

◆新加坡護法會舉辦水陸法會說明會，由三學院監院果慨法師介紹水陸法會的意義及法鼓山舉辦水陸法會的歷史因緣，有近六十人參加。

08.11

◆基隆精舍舉辦中元地藏法會，由副寺果啟法師帶領，共有九十多人參加。

◆桃園齋明別苑舉辦中元地藏法會，由常廣法師帶領，共有三百多人參加。

◆臺中分院「寶雲講談」系列講座，11 日由僧大副院長常寬法師主講「得心自在的人生」，有近兩百人參加。

◆ 11 至 17 日，高雄紫雲寺舉辦中元《地藏經》共修，由監院果迦法師帶領，有近兩千人次參加。

◆臺東信行寺舉辦中元三時繫念法會，由僧團常誐法師帶領，共有一百一十多人參加。

◆護法總會「感恩與關懷」活動，11 日於桃園齋明寺進行，由僧團都監果光法師、行政中心副執行長常續法師說明法鼓山 2014 年年度主題、總體策略目標等，關懷中心副都監果器法師到場關懷，共有九十多位北五轄區悅眾參加。

◆美國紐約東初禪寺舉辦週日講座，由常華法師主講「探索識界」，有近七十人參加。

◆北美護法會加州舊金山分會舉辦念佛禪一，由美國紐約東初禪寺常諦法師帶領，共有三十多人參加。

◆北美護法會加州舊金山分會舉辦千人禪修種子義工說明會，招募禪修種子義工，有近六十人參加。

◆新加坡護法會舉辦中元報恩地藏法會，由三學院監院果慨法師帶領，有近八十人參加。

◆香港護法會舉辦禪一，由常展法師帶領，共有七十七人參加。

◆香港護法會舉辦中元孝親報恩地藏法會，由僧團果興法師主法，共有兩百五十多人參加。

◆美國加州洛杉磯道場舉辦佛學講座，由副寺果乘法師主講「達摩祖師的『二入四行法』」，有近四十人參加。

08.12

◆ 12 至 16 日，美國紐約東初禪寺舉辦中元報孝佛五，由果解法師帶領，有近六十人參加。

08.13

◆ 13 至 16 日，甲仙安心站舉辦暑期兒童心靈環保體驗營，帶領五十七位高雄市甲仙、杉林地區國小學童，造訪臺灣特色鄉鎮，學習知福與感恩，也凝聚守護家園、活化深耕的願力。

◆馬來西亞道場「法水沁涼──慈悲三昧水懺」系列活動，13 日於當地蕉賴孝恩館進行座談，由道場代理監院常藻法師、馬來西亞佛教青年總會會長吳青松、馬來西亞孝恩

集團顧問馮以量座談「從佛事談生命關懷」，分享對「生命關懷」的體驗和見解，共
有九十多人參加。

08.16

◆ 16 至 18 日，臺中分院舉辦中元報恩地藏法會，由禪修中心副都監果元法師主法，共
有八百多人次參加。

◆ 聖嚴師父法子繼程法師、美國紐約象岡道場監院常聞法師、常襄法師於歐洲弘法，16
至 23 日於瑞士沃夫哈登（Wolfhalden）帶領禪七，共有二十多人參加。

◆ 美國紐約東初禪寺舉辦水陸法會說明會，由三學院監院果慨法師介紹水陸法會的意義
及法鼓山舉辦水陸法會的歷史因緣，有近五十人參加。

◆ 16 至 23 日，加拿大溫哥華道場舉辦話頭禪七，由美國紐約東初禪寺住持果醒法師帶
領，有近四十人參加。

08.17

◆ 臺北中山精舍舉辦 Fun 鬆一日禪，由常嘉法師帶領，有近七十人參加。

◆ 美國紐約東初禪寺舉辦中元地藏法會，由三學院監院果慨法師主法，有近一百五十人
參加。

◆ 美國紐約象岡道場於當地山姆之角（Sam's Point Preserve）舉辦健行禪，由常順法師、
演清法師帶領，共有六十人參加。

◆ 馬來西亞道場「法水沁涼──慈悲三昧水懺」系列活動，17 至 18 日於當地育才小學
舉辦慈悲三昧水懺法會，由代理監院常藻法師等帶領，有近五百人次參加。

◆ 北美護法會新澤西州分會舉辦佛學講座，由三學院僧才培育室室主常慧法師主講「風
動？幡動？讓心可以打太極」，有近五十人參加。

08.18

◆ 18 至 25 日，臺北中山精舍舉辦中元報恩《地藏經》共修，由常嘉法師帶領，有近八百
人次參加。

◆ 南投德華寺舉辦中元地藏法會，由副寺果弘法師帶領，有近一百一十人參加。

◆ 高雄紫雲寺舉辦中元三時繫念法會，由監院果迦法師帶領，共有九百多人參加。

◆ 普化中心於北投雲來寺舉辦關懷員培訓課程，邀請資深讀書會帶領人方隆彰主講「如
何在小組內啟發團體動力」，共有三百九十四位快樂學佛人、長青班、福田班、佛學
班、禪學班等課程的關懷員參加。

◆ 僧大於法鼓山園區舉辦求剃度者家屬與方丈和尚果東法師見面會，方丈和尚祝福求剃
度者和與會親友，都能找到生命的著力點，有近兩百位家屬及親友參加。

◆ 護法會三芝石門辦事處受邀與新北市石門區公所於公所聯合主辦中元孝親祈福活動，
有近兩百三十位當地民眾參加。

◆ 美國紐約東初禪寺舉辦電影禪，邀請心理學家林晉城帶領賞析影片《海角七號》片中
的佛法意涵，共有十多人參加。

◆ 美國紐約東初禪寺舉辦週日講座，由三學院僧才培育室室主常慧法師主講「風動？幡動？讓心可以打太極」，共有七十多人參加。

◆ 北美護法會新澤西州分會舉辦中元報恩地藏法會，由三學院監院果慨法師帶領；法會後舉辦水陸法會說明會，介紹法鼓山大悲心水陸法會的修行殊勝，有近一百人參加。

08.19

◆ 19至24日，桃園齋明寺舉辦中元地藏懺法會，由監院果耀法師帶領，有近一千兩百人次參加。

08.20

◆ 法鼓山園區、北投農禪寺水月道場、桃園齋明寺入選為內政部舉辦「臺灣宗教百景」提案選項，全民票選活動自8月20日至10月20日間進行，象徵法鼓山的禪悅境教、建築之美深得社會各界肯定。

◆ 20至21日，美國紐約東初禪寺舉辦大悲心水陸法會共修培訓課程，由三學院監院果慨法師帶領，有近六十人參加。

08.21

◆ 8月21日至9月8日，臺北安和分院舉辦報恩祈福法會，內容包括中元地藏法會、《地藏經》共修等，由監院果旭法師帶領，共有三千多人次參加。

08.22

◆ 桃園齋明別苑舉辦心靈環保講座，邀請蓮花基金會董事張寶方主講「死亡教會我的功課」，有近九十人參加。

08.23

◆ 23至25日，傳燈院於三峽天南寺舉辦初級禪訓班輔導學長培訓課程，由常啟法師帶領，有近七十人參加。

◆ 23至25日，甲仙安心站「青春棒棒堂」國中生課輔暨心靈陪伴活動，帶領二十九位國中生進行「心靈之路感恩行」，內容包括探索舊臺北城、陽金公路步行、法鼓山園區參訪等。

◆ 23至25日，佛教學院校長惠敏法師、助理教授鄧偉仁參加香港慈氏學會舉辦的第一屆「慈宗國際學術論壇」，並發表論文，與各國學者分享研究成果。

◆ 北美護法會加州舊金山分會舉辦佛學課程，由三學院僧才培育室室主常慧法師主講「風動？幡動？讓心可以打太極？」，共有三十多人參加。

◆ 8月23日至9月27日，新加坡護法會每週五晚上舉辦「佛化家庭」課程，由悅眾分享如何在家庭生活中實踐佛法，有近三十人參加。

08.24

◆臺南分院於臺南二中舉辦中元慈悲三昧水懺法會，由監院果謙法師帶領，有近一千人參加。

◆24 至 28 日，青年院於臺東信行寺首次舉辦「心‧生活高中營」，內容包括腳踏車踏浪、電影討論、名人演講、生涯規畫、法鼓八式動禪體驗等，由常元法師擔任總護，有近百位十五至十九歲高中生參加。

◆方丈和尚果東法師受邀出席香港慈氏學會舉辦的第一屆「慈宗國際學術論壇」開幕典禮，並與會來賓共同點亮「慈宗」蓮花燈，祝福世界平安。

◆8 月 24 日至 10 月 19 日，聖基會與臺灣大學哲學系合作成立的「漢傳佛學研究室」，每月第二週週六進行「《大般若經》研讀會」，廣邀學者進行導讀，也鼓勵研究生積極參與提問，並開放對閱讀與探討佛典有興趣者參加。

◆護法總會「感恩與關懷」活動，24 日於法鼓山園區進行，由僧團都監果光法師、行政中心副執行長常續法師說明法鼓山 2014 年年度主題、總體策略目標等，關懷中心副都監果器法師到場關懷，共有一百一十位北六、北七轄區悅眾參加。

◆法青會「What Bands 話頭班音樂創意團隊」於德貴學苑舉辦首場成果發表會「樂樂樂 AMP」live house 話頭班之夜，以流行搖滾、古典音樂、復古藍調、拉丁等多元曲風，演出多首樂曲，包括聖嚴師父作詞、音樂製作人周永涵作曲的〈自在語〉，以及青年院常元法師作詞的〈無悔的步履〉等，以音樂傳遞佛法與心靈環保理念。

◆美國加州洛杉磯道場舉辦禪一，共有三十多人參加。

◆北美護法會加州舊金山分會上午舉辦法會監香培訓課程，由三學院監院果慨法師帶領，共有二十多人參加；下午舉辦「心六倫系列講座」，邀請當地聖荷西市首位華裔市議員朱感生主講「族群倫理」，共有三十多人參加。

08.25

◆桃園齋明寺舉辦中元地藏法會，由監院果耀法師帶領，共有四百七十多人參加。

◆臺中分院於三義 DIY 心靈環保教育中心舉辦禪一，由果雲法師帶領，共有九十八人參加。

◆臺南分院於臺南第二中學舉辦中元三時繫念法會，由監院果謙法師帶領，有近一千人參加。

◆普化中心於臺中寶雲別苑舉辦關懷員培訓課程，邀請資深讀書會帶領人方隆彰與大眾分享「如何在小組內啟發團體動力」，共有八十多位快樂學佛人、長青班、福田班、佛學班、禪學班等課程的關懷員參加。

◆8 月 25 日至 9 月 6 日，僧大舉辦 102 學年度新生報到、講習活動，內容包括過堂教學、作息介紹、威儀訓練，以及僧大簡介、受戒演禮等，共有三位男眾、十一位女眾參加。

◆8 月 25 日、9 月 8 日，11 月 10、24 日，以及 12 月 15、22 日，美國紐約東初禪寺舉辦週日講座，由常諦法師主講「尋找善知識」，有近七十人參加。

◆8 月 25 日、9 月 8 日，加拿大溫哥華道場舉辦助理監香培訓課程，由美國紐約東初禪寺住持果醒法師帶領，有近三十人參加。

◆北美護法會加州舊金山分會舉辦中元報恩地藏法會，由三學院監院果慨法師帶領，有

近六十人參加。

◆ 北美護法會加州舊金山分會舉辦水陸法會說明會，由三學院監院果慨法師說明法鼓山大悲心水陸法會的特色與修行殊勝，共有二十多人參加。

◆ 泰國護法會舉辦中元地藏法會，由馬來西亞道場常律法師帶領，共有七十多人參加。

08.26

◆ 8月26日至9月2日，禪堂於桃園齋明寺舉辦念佛禪七，由聖嚴師父法子果如法師帶領，有近八十人參加。

◆ 聖嚴師父法子繼程法師、美國紐約象岡道場監院常聞法師、常襄法師於歐洲弘法，8月26日至9月1日於英國克羅勃勒（Crowborough）帶領禪七，共有十八人參加。

◆ 北美護法會加州舊金山分會舉辦禪坐監香培訓課程，由三學院僧才培育室室主常慧法師帶領，有近二十人參加。

◆ 26至27日，北美護法會加州舊金山分會舉辦水陸法會共修培訓課程，由三學院監院果慨法師帶領，有近二十人參加。

08.27

◆ 教聯會應桃園快樂國小之邀，於該校分享禪坐及禪修在教學上的運用，共有二十多位老師參加。

08.28

◆ 28、30日，美國加州洛杉磯道場舉辦水陸法會共修培訓課程，由三學院監果慨法師帶領，有近三十人參加。

08.29

◆ 康芮颱風8月底襲臺，造成臺南地區多處淹水，慈基會於第一時間啟動緊急救援系統，了解受災情形、提供物資，並於29至31日由義工協助民眾清理家園及校園。

◆ 人基會「2013得心自在心靈講座」，29日邀請作家任祥主講「中國人的生活智慧」，有近八十人參加。

◆ 美國加州洛杉磯道場舉辦禪學講座，由三學院僧才培育室室主常慧法師主講「心動？幡動？讓心可以打太極」，有近五十人參加。

08.30

◆ 8月30日至9月1日，加拿大溫哥華道場舉辦中元報恩慈悲三昧水懺法會，由美國紐約東初禪寺住持果醒法師主法，共有三百多人次參加。

◆ 行政中心人力資源處職能訓練課程，30日由佛教學院校長惠敏法師主講「領眾之法」，共有五十多人參加。

08.31

◆ 基隆精舍舉辦中元慈悲三昧水懺法會,由副寺果啟法師帶領,共有一百一十多人參加。

◆ 桃園齋明別苑舉辦中元慈悲三昧水懺法會,由常廣法師帶領,共有兩百多人參加。

◆ 臺南分院舉辦中元地藏法會,由監院果謙法師帶領,共有兩百多人參加。

◆ 8月31日至9月2日,美國紐約東初禪寺舉辦禪三,由監院常華法師帶領,有近三十人參加。

◆ 8月31日至9月1日,美國加州洛杉磯道場舉辦中元教孝佛二,由紐約東初禪寺果明法師帶領,共有十多人參加。

◆ 馬來西亞道場舉辦心靈講座,邀請實踐大學社會工作系副教授楊蓓主講「亂不了您的心」,有近兩百人參加。

◆ 新加坡護法會舉辦中元報恩地藏法會,由常律法師帶領,共有八十多人參加。

9月 SEPTEMBER

09.01

◆ 《人生》雜誌第 361 期出刊。

◆ 《法鼓》雜誌第 285 期出刊。

◆ 法鼓文化出版新書《最酷的小鳥》(漫畫系列,常燈法師著);《道與空性──老子與龍樹的哲學對話》(漢傳佛教論叢系列,林建德著)。

◆ 1 至 30 日,弘化院於法鼓山園區展開「禪修月」活動,藉由系列行禪體驗活動,引領民眾放鬆身心,有近萬人次參加。

◆ 高雄紫雲寺舉辦禪一,由常潤法師帶領,共有八十人參加。

◆ 臺東信行寺舉辦禪一,由常越法師帶領,有近二十人參加。

◆ 普化中心於北投農禪寺舉行「聖嚴書院佛學班北區聯合結業典禮」,共有來自農禪、中山、安和、新店、金山、淡水、基隆、羅東等十三個班級、六百零七位學員獲頒結業證書,活動同時舉辦祈福法會,帶領全體學員供燈發願,在學佛路上精進不懈。

◆ 為接引大眾認識佛法及法鼓山理念,1 至 29 日,普化中心週日於臺中分院開辦「快樂學佛人」系列課程,共三堂,有近一百人參加。

◆ 為接引大眾認識佛法及法鼓山理念,9月1日至10月6日,普化中心週日於臺南分院開辦「快樂學佛人」系列課程,共三堂,有近五十人參加。

◆ 新加坡護法會於當地三巴旺公園(Sembawang Park)舉辦戶外禪,共有四十多人參加。

09.02

◆ 9月2日至2014年1月6日,臺北安和分院每週一舉辦佛學講座,邀請心理諮商專

家鄭石岩主講「佛法與心理」，有近兩百人參加。

◆ 9 月 2 日至 2014 年 1 月 6 日，臺北中山精舍每週一舉辦佛學講座，邀請華梵大學中文系副教授胡健財主講《楞嚴經》，有近五十人參加。

◆ 2 至 3 日，僧大於法鼓山園區祈願觀音殿舉辦「剃度大悲懺法會」，邀請二十六位求剃度者的親眷們，以法會共修，為新戒沙彌、沙彌尼獻上敬意與祝福。

◆ 僧大舉辦「新生講習——認識僧大」課程，藉由觀賞聖嚴師父的生平介紹、僧團發展史及介紹院長法鼓山方丈和尚果東法師的影片，引領 102 學年度新生了解法鼓家風，同時在互動過程中認識師長。

◆ 美國加州洛杉磯道場舉辦地藏法會，由三學院監院果慨法師帶領；法會圓滿後並進行水陸法會說明會，有近八十人參加。

◆ 加拿大溫哥華道場舉辦「心的運作——從科學的角度探索自在的生命」英文禪修營，由美國紐約東初禪寺住持果醒法師帶領，共有一百二十五位東、西方學員參加。

09.03

◆ 9 月 3 日至 2014 年 1 月 7 日，臺北安和分院每週二舉辦佛學講座，由三學院僧才培育室室主常慧法師導讀聖嚴師父著作《聖嚴法師教觀音法門》，有近一百三十人參加。

◆ 中國大陸蘇州西園戒幢律寺方丈暨江蘇省佛教協會副會長普仁法師等，一行二十五人參訪法鼓山園區，由方丈和尚果東法師代表接待，進行交流。

09.04

◆ 法鼓山於園區舉辦剃度典禮，由方丈和尚果東法師擔任得戒和尚，副住持果暉法師擔任教授阿闍梨，共有二十六位僧大學僧剃度，並有十一位行者求受行同沙彌（尼）戒，有近六百人觀禮祝福。

◆ 9 月 4 日至 2014 年 1 月 8 日，臺北安和分院每週三舉辦佛學講座，由佛教學院助理研究員辜琮瑜主講《金剛經》，有近一百六十人參加。。

◆ 9 月 4 日至 2014 年 1 月 8 日，臺北中山精舍每週三舉辦佛學講座，由普化中心佛學課程講師謝水庸主講《成佛之道》，有近三十人參加。

◆ 9 月 4 日至 11 月 20 日，普化中心週三於北投農禪寺開辦「法鼓長青班」，以聖嚴師父的人生哲學為核心，為六十歲以上的長者設計八堂專屬課程，有近一百三十人參加。

09.05

◆ 9 月 5 日至 12 月 7 日，第七屆大悲心水陸法會「雲端牌位」上線，轉化並提昇消災超薦的內涵，鼓勵大眾上網寫牌位、修慈悲觀，期間共有近八十萬筆數位牌位加入。

◆ 9 月 5 日至 2014 年 1 月 9 日，臺北中山精舍每週四舉辦佛學講座，由普化中心佛學課程講師朱秀蓉主講《維摩詰經》，有近三十人參加。

◆ 9 月 5 日至 12 月 19 日，普化中心週四於臺東信行寺開辦「法鼓長青班」，以聖嚴師父的人生哲學為核心，為六十歲以上的長者設計八堂專屬課程，有近五十人參加。

◆ 法行會於臺北國賓飯店舉辦第一五〇次例會，由臺南分院監院果謙法師主講《藥師經》，有近兩百一十人參加。

09.06

◆ 9月6日至2014年1月10日，臺北中山精舍每週五舉辦佛學講座，邀請鹿野苑藝文學會講師鄭念雪主講「佛教藝術」，有近四十人參加。

◆ 9月6日至10月25日，新加坡護法會每週五舉辦心靈環保課程，有近二十人參加。

09.07

◆ 法鼓山於北投雲來寺舉辦「社會菁英禪修營第七十七次共修會」，由傳燈院監院常乘法師帶領，有近一百人參加。

◆ 桃園齋明寺舉行心靈充電講座，邀請心理諮商專家鄭石岩主講「培養生活軟實力」，有近二百人參加。

◆ 9月7日至2014年5月31日，普化中心週六於臺北安和分院開辦聖嚴書院福田班，共十堂課，有近兩百四十人參加。

◆ 7至15日，方丈和尚果東法師於澳洲弘法關懷，除了關懷墨爾本、雪梨二地護法信眾，並出席一場跨宗教座談，與各宗教領袖代表分享法鼓山提倡的全球倫理，此外也拜會聖公會（the Anglican Church of Australia），進行交流。7日於曼寧漢市市政中心（Manningham City Center），出席由墨爾本跨宗教中心（the Interfaith Center）、墨爾本維多利亞省多元文化委員會（Victorian Multicultural Commission ）及法鼓山墨爾本分會共同舉辦的跨宗教座談活動，與十一位宗教代表，就「珍惜世界，消弭衝突」（Cherish the World, Bringing an End to Conflict）為主題進行座談。

◆ 美國紐約象岡道場舉辦禪一，由監院常聞法師帶領，共有十多人參加。

09.08

◆ 北投雲來寺舉辦禪一，由監院果會法師帶領，共有七十多人參加。

◆ 臺中分院「寶雲講談」系列講座，8日邀請彰化基督教醫院神經部主任王文甫主講「記得我的好──失智症的照護與治療」，共有一百六十多人參加。

◆ 高雄紫雲寺「親子好關係系列講座」，8日邀請資深特教老師林洵旬主講「有愛無礙──淺談注意力不佳、過動及學障問題」，有近四十人參加。

◆ 8至15日，禪堂於三峽天南寺舉辦念佛禪七，由聖嚴師父法子果如法師帶領，有近一百人參加。

◆ 北美護法會加州舊金山分會舉辦禪一，共有十多人參加。

◆ 方丈和尚果東法師於澳洲弘法關懷，8日於墨爾本白馬俱樂部（Whitehorse Club），與兩百多位民眾分享「心靈環保的生活實踐」；講座圓滿後，並舉行皈依儀式，共有十多人成為正信的三寶弟子。

09.09

◆ 9、12日，北美護法會加州舊金山分會舉辦佛學課程，由僧團果舫法師導讀聖嚴師父著作《聖嚴法師教淨土法門》，有近三十人參加。

09.10

◆ 法鼓山佛教基金會、北投農禪寺、雲來寺，以及臺東信行寺，因長年推動社會關懷與教育，獲頒內政部「102年續優宗教團體」肯定，內政部上午於新北市政府集會堂舉辦表揚大會，由僧團果悅法師、果許法師、果會法師、果增法師代表出席受獎。

◆ 9月10日至11月19日，香港護法會每週二舉辦佛學課程，由果興法師主講「佛學入門」，內容包括佛學基礎概念、禪修入門介紹、學佛行儀等，有近六十人參加。

◆ 方丈和尚果東法師於澳洲弘法關懷，10日應澳洲聖公會墨爾本教區菲利普·哈根斯主教（Bishop Philip Huggins）之邀，前往參訪聖保羅大教堂（St. Paul's Cathedral），並進行交流分享。

09.11

◆ 9月11日至12月18日，美國紐約東初禪寺每週三舉辦中文佛學課程，由常諦法師主講《梁皇寶懺》，有近六十人參加。

◆ 9月11日至10月14日，美國紐約東初禪寺住持果醒法師於加拿大安省多倫多弘法關懷，內容包括舉辦禪學講座、帶領禪修活動等。

◆ 方丈和尚果東法師於澳洲弘法，11日於墨爾本分會關懷，並以「理解現象，包容狀況，持續溝通，成就修行」，勉勵大眾累積修行資糧。

09.12

◆ 12至18日，美國加州洛杉磯道場舉辦佛學講座，邀請聖嚴師父法子繼程法師主講「《心經》的生活」，共五堂，有近七十人參加。

09.13

◆ 9月13日至12月27日，普化中心週五於臺北安和分院開辦「法鼓長青班」，以聖嚴師父的人生哲學為核心，為六十歲以上的長者設計八堂專屬課程，有近一百八十人參加。

◆ 13至15日，美國紐約象岡道場舉辦青年禪三，由監院常聞法師帶領，共有十多人參加。

◆ 美國紐約東初禪寺住持果醒法師於加拿大安省多倫多弘法關懷，9月13日至10月11日，週五於分會展開「禪宗祖師語錄」禪學講座，共四場，有近三十人參加。

◆ 中國大陸國家宗教局副局長蔣堅永、中國佛教協會副會長明生法師，帶領大陸各地寺院的住持、方丈等一行四十六人，前來法鼓山園區參訪，由副住持果暉法師、果品法師，以及禪修中心副都監果元法師代表接待，進行交流。

◆ 臺南市興國高中國中部舉辦畢業旅行，安排五百八十多位畢業班師生前來法鼓山園區參訪，適逢園區「禪修月」活動，活潑好動的同學們在戶外體驗安定放鬆的禪法，釋放身心的壓力。

◆ 行政中心人力資源處職能訓練課程，13日邀請凱創管理顧問有限公司顧問張震球主講「團隊領導與引導」，有近三十人參加。

09.14

◆ 14 至 21 日，禪堂舉辦禪修教理研習營，由僧大副教授果徹法師主講「中觀的智慧」，有近八十位學員參加。

◆ 護法總會「行動報師恩——小沙彌回法鼓山」系列活動，14 日有近兩百位臺北大同區信眾帶著小沙彌撲滿，於北投農禪寺進行朝山活動，並捐出善款，接續聖嚴師父興學願心。

◆ 北美護法會加州舊金山分會舉辦佛學講座，由僧團果舫法師主講「《梁皇寶懺》講要」，有近六十人參加。

◆ 14 至 15 日，美國加州洛杉磯道場舉辦禪二，邀請聖嚴師父法子繼程法師帶領，共有六十多人參加。

◆ 14 至 16 日，馬來西亞道場於當地梳邦再也佛教會（Subang Jaya Buddhist Association）舉辦禪三，由監院常藻法師帶領，有近七十位禪眾參加。

◆ 方丈和尚果東法師於澳洲弘法，14 日於雪梨分會關懷，感恩所有護法信眾的奉獻，共同推廣心靈環保的理念。

09.15

◆ 北投農禪寺舉辦禪一，由果寰法師帶領，有近一百三十人參加。

◆ 桃園齋明寺舉辦戶外禪，由常參法師帶領，共有八十人參加。

◆ 臺南雲集寺舉辦佛一，由監院果謙法師帶領，共有一百三十多人參加。

◆ 臺東信行寺舉辦中秋音樂晚會，結合敦親睦鄰的慰訪關懷，邀請社區居民參與，監院果增法師勉勵大眾，中秋節除了和家人團圓，更要學習佛陀猶如月亮圓滿無缺的慈悲和智慧，常以慈悲心待人待己，方能消融自我、利益他人，共有兩百多人參加。

◆ 9 月 15 日至 2014 年 6 月 1 日，普化中心週日於桃園齋明寺開辦聖嚴書院福田班，共十堂課，有近一百八十人參加。

◆ 9 月 15 日至 2014 年 6 月 1 日，普化中心週日於法鼓山園區開辦聖嚴書院福田班，共十堂課，有近一百七十人參加。

◆ 9 月 15 日至 2014 年 1 月 5 日，普化中心週日於臺北中山精舍寺開辦「法鼓長青班」，以聖嚴師父的人生哲學為核心，為六十歲以上的長者設計八堂專屬課程，有近八十人參加。

◆ 為接引大眾認識佛法及法鼓山理念，1 至 29 日，普化中心週日於基隆精舍開辦「快樂學佛人」系列課程，共三堂，有近八十人參加。

◆ 關懷院於高雄紫雲寺舉辦助念成長課程，內容包括認識法鼓山大關懷教育、佛事的意義、梵唄與法器練習等，由監院常健法師帶領，有近兩百二十位來自大高雄地區義工及信眾參加。

◆ 9 月 15 日至 10 月 20 日，法鼓山陸續於全臺各地分院、辦事處共舉辦十六場「2013年佛化聯合祝壽」活動，共有近三千位長者接受祝福。

◆ 9 月 15 日、10 月 6 日，美國紐約東初禪寺舉辦週日講座，邀請聖嚴師父西方弟子亨利·米勒主講「開悟是什麼？」，有近四十人參加。

◆ 北美護法會加州舊金山分會於當地山麓學院（Foothill College）會堂舉辦千人禪修行

前共識營，由護法會會長張允雄帶領，共有一百一十多人參加。

◆香港護法會舉辦佛一，由常展法師帶領，共有八十多人參加。

◆方丈和尚果東法師於澳洲弘法，15日上午為雪梨分會的新禪堂主持灑淨儀式；隨後前往雪梨大學（University of Sydney），與近兩百位聽眾分享「禪，隨身幸福」。

09.16

◆北美護法會加州舊金山分會舉辦佛學講座，由僧團果舫法師主講「禪淨與解脫」，有近三十人參加。

09.17

◆9月17日至12月19日，人基會、法鼓山社大、群馨慈善基金會合作，於三所重點學校推動為期三年的「新住民深耕計畫」。17日起於新北市萬里區大坪國小展開，為新住民媽媽開設烹飪、臺灣語言與民俗等課程，並為學童舉辦說故事或其他體驗活動。

◆美國紐約東初禪寺暨象岡道場住持果醒法師於加拿大安省多倫多弘法關懷，9月17日至10月8日，週二於多倫多分會展開「神會禪師的悟境」禪學講座，共四場，有近三十人參加。

09.18

◆18至21日，方丈和尚果東法師於香港弘法關懷，內容包括舉辦皈依儀式、佛法講座等。

09.19

◆北投農禪寺舉辦中秋祈願觀音法會，由監院果毅法師帶領，共有六百多人參加。

◆桃園齋明寺舉辦中秋晚會，並由監院果舟法師帶領體驗月光禪，勉勵學習菩薩的慈悲及智慧，將煩惱心經由智慧轉化為清涼心，隨時保持清涼自在，共有五百多人參加。

09.20

◆20至22日，美國紐約象岡道場舉辦禪三，邀請聖嚴師父弟子李世娟、大衛‧史烈梅克帶領，共有十八人參加。

◆加拿大溫哥華道場舉辦「月圓音緣因緣圓」中秋聯誼晚會，內容包括少年法鼓隊表演禪鼓，以及國樂及鋼琴、小提琴演奏等，僧團果舫法師出席關懷，有近一百四十人參加。

09.21

◆9月21日至10月12日，臺北安和分院於每週六舉辦生活講座，邀請國立高雄第一科技大學資訊管理系助理教授薛兆亨主講「圓滿人生的個人理財」，有近六十人參加。

◆ 21至29日，禪堂於桃園齋明寺舉辦初階禪七，由常啟法師帶領，有近一百六十人參加。

◆ 美國紐約東初禪寺舉辦一日禪修活動，邀請聖嚴師父法子繼程法師帶領，上午進行「半日禪」，下午舉行「書法禪」，晚上進行「月光禪」，每場活動皆有四十多人參加。

◆ 美國加州洛杉磯道場舉辦悅眾培訓課程，由北美護法會會長張允雄帶領，內容包括凝聚團隊共識、團隊溝通與帶領技巧等，有近四十人參加。

◆ 北美護法會加拿大安省多倫多分會舉辦「牽心牽緣」募款素宴，籌募道場購置基金，美國紐約東初禪寺住持果醒法師、監院常華法師出席關懷，共有兩百多人參加。

◆ 方丈和尚果東法師於香港弘法關懷，21日於分會為一百八十三位民眾授三皈依；晚上則以「擁抱幸福城市——從心靈環保說起」為題，與近四百位聽眾分享安定身心的生活智慧。

09.22

◆ 22至23日，慈基會於南投竹山舉辦「八八水災專職人員災區經驗分享工作坊」，邀請心理治療師葉明哲帶領，以繪畫、剪貼方式，分享救援與慰訪經驗，副祕書長常法法師全程參與，共有十五人參加。

◆ 美國紐約東初禪寺舉辦週日講座，邀請聖嚴師父法子繼程法師主講「即定即慧的日常修持」，有近一百人參加。

◆ 9月22日至10月20日，桃園齋明別苑隔週週日舉辦義工培訓課程，由監院果舟法師、常參法師等帶領，內容主題包括義工心態與行儀、各組義工工作內容等，有近一百人參加。

09.23

◆ 法青會於德貴學苑舉辦專題講座，由關懷院監院常建法師主講「與摯愛再見——談佛教徒生死大事」，有近五十人參加。

◆ 23至25日，北美護法會新澤西州分會舉辦佛學講座，邀請聖嚴師父法子繼程法師主講「練心工夫——精進禪修指引」，分享禪修的層次、修行的心態及如何依智生活，有近八十人參加。

09.24

◆ 9月24日至10月2日，加拿大溫哥華道場每週二、三舉辦佛學講座，由僧團果舫法師導讀聖嚴師父著作《聖嚴法師教淨土法門》，共四堂，有近五十人參加。

09.25

◆ 人基會結合國泰慈善基金會、群馨慈善基金會等公益團體，以戲劇展現對新住民的關懷而籌備的「2013 轉動幸福」心劇團《媽媽萬歲》巡演活動，於德貴學苑舉辦揭幕儀式；除於10至12月期間，在全臺進行十九場校園巡演與生根計畫，並在新北市、臺南、彰化展開三場戶外公演。

09.26

◆ 桃園齋明別苑舉辦心靈環保講座，邀請《魅力》雜誌發行人賴佩霞主講「找到回家的路」，共有七十多人參加。

◆ 26至29日，臺東信行寺舉辦禪悅四日營，由僧大講師果竣法師帶領，共有八十多人參加。

◆ 人基會、法鼓山社大、群馨慈善基金會合作推動「新住民深耕計畫」，26日於新北市石門區老梅國小展開，為新住民媽媽開設烹飪、臺灣語言與民俗等課程，並為學童舉辦說故事或其他體驗活動。

◆ 人基會「2013得心自在心靈講座」，26日邀請吳鳳技術學院行銷與流通管理系兼任教授紀潔芳主講「做自己的主人」，有近八十人參加。

◆ 美國紐約漢傳佛教文化協會於紐約理工學院（New York Institute of Technology）曼哈頓城區部禮堂舉辦英文佛法講座，邀請佛羅里達州立大學宗教系助理教授俞永峯，與兩百多位西方聽眾，分享「禪的藝術——如何紓解壓力」。

09.28

◆ 臺中分院於南投縣溪頭舉辦戶外禪，由果雲法師帶領，共有八十多人參加。

◆ 禪修中心般若禪坐會於宜蘭九寮溪自然步道舉辦北區聯合戶外禪，共計有十六個地區、近五百位禪眾參加，再加上十六位僧大男眾法師及支援的義工，總人數近六百人。

◆ 9月28日至2014年5月31日，普化中心週六於臺北安和分院開辦聖嚴書院福田班，共十堂課，有近兩百人參加。

◆ 28至29日，人基會於德貴學苑舉辦「2013心幸福兒童教育師資成長營」，邀請新北市老梅國小校長陳佳燕、新北市中角國小校長蔡建文、法鼓山榮譽董事會執行長連智富等主講，分享推動兒童品格教育的重要性，有近九十人參加。

◆ 護法總會於高雄紫雲寺舉辦「2013年南區新勸募會員授證典禮」，方丈和尚果東法師、關懷中心副都監果器法師到場關懷，共有九十九位新進會員傳承「弘揚佛法，續佛慧命」，成為法鼓山鼓手。

◆ 法青會山水禪活動，28日於北投貴子坑親山步道進行，由青年院常義法師帶領，有近六十人參加。

◆ 美國紐約東初禪寺舉辦英文禪一，邀請聖嚴師父西方弟子李世娟帶領，有近十人參加。

◆ 馬來西亞道場舉辦「勸募組心靈茶會」，由代理監院常藻法師分享勸募的意涵，並說明如何以勸募和大眾結法緣，讓大眾藉由護持來學習佛法，安定身心。

09.29

◆ 法鼓山於園區大殿舉辦皈依祈福大典，由方丈和尚果東法師授三皈五戒，有近九百人皈依三寶。

◆ 臺中分院於寶雲別苑舉辦戶外禪，由果雲法師帶領，共有七十多人參加。

◆ 臺南分院舉辦佛一暨八關戒齋法會，由監院果謙法師帶領，有近兩百人參加。

◆ 臺南雲集寺舉辦專題講座，邀請臺灣大學農藝系教授郭華仁主講「農業的3G革命：

從綠色、基因到草根」，解說化肥、農藥、基改作物等對生存環境、人體健康的影響，有近七十人參加。

◆護法會林口辦事處舉辦戶外禪，由信眾服務處常獻法師帶領體驗動禪，並討論分享「人際關係與溝通」，共有五十三人參加。

◆美國紐約東初禪寺舉辦週日講座，由象岡道場監院常聞法師主講「《金剛經》講要──入而不住的積極生活方法」，有近六十人參加。

◆加拿大溫哥華道場舉辦茶禪培訓課程，由常文法師帶領，共有四十多人參加。

◆馬來西亞道場於當地瓜拉雪蘭莪自然公園（Kuala Selangor Nature Park）舉辦戶外禪，由常律法師帶領，共有三十五人參加。

◆北美護法會新澤西州分會舉辦佛學講座，由美國紐約東初禪寺監院常華法師主講「走過生命最後的關卡」，分享生死課題，有近六十人參加。

◆香港護法會舉辦禪一，由常展法師帶領，共有九十一人參加。

09.30

◆臺北市政府民政局於臺大醫院國際會議中心舉行「101年度臺北市績優宗教團體、改善民俗暨102年度孝行模範聯合表揚大會」，中華佛教文化館、北投農禪寺再獲肯定，由臺北市市長郝龍斌頒獎，鑑心長老尼、果昌法師代表出席受獎。

10月 OCTOBER

10.01

◆《人生》雜誌第362期出刊。

◆《法鼓》雜誌第286期出刊。

◆法鼓文化出版新書：《安身禪──上班族40則安身指引》（禪修 follow me 系列，聖嚴法師著，法鼓文化編輯部選編）；《增壹阿含經（Taishō 125）研究論文集》（*Research on the Ekottarika-āgama (Taishō 125)*）（佛教學院論叢系列英文書，法樂法師 Sāmaṇerī Dhammadinnā 編）；《農禪水月》（2014 桌曆）。

◆《金山有情》季刊第46期出刊。

◆《法鼓佛教院訊》第25期出刊。

◆僧大學僧刊物《法鼓文苑》第五期出版，本期主題「僧教育這條路」，學僧們整理了創辦人聖嚴師父對僧才教育的理念脈絡，僧大副院長常寬法師、果光法師，戒長法師果徹法師等，也分享在團體中的安住之道。

◆10月1日至2014年1月7日，普化中心週二於護法會新莊辦事處開辦「法鼓長青班」，以聖嚴師父的人生哲學為核心，為六十歲以上的長者設計八堂專屬課程，有近五十人

參加。

◆ 聖基會出版結緣書《以禪心過好生活》，輯錄聖嚴師父著作中「禪」與日常生活的連結，引導大眾活用禪修，經營快樂、幸福的禪意人生。

10.02

◆ 僧大於法鼓山園區階梯教室舉辦秋季「五分鐘說書」比賽，共有十五位法師、學僧及大學院體系教職、義工參賽者，介紹自己喜愛閱讀的書籍，推廣閱讀風氣。

10.03

◆ 3至6日，法鼓山於三峽天南寺舉辦第九屆自我超越禪修營，由禪修中心副都監果元法師帶領，共有一百一十二位學員參加。

◆ 法行會於臺北國賓飯店舉辦第一五一次例會，由僧大講師常延法師主講「三十七道品」，有近一百八十人參加。

10.04

◆ 4至6日，美國長島大學（Long Island University）環球學院比較宗教及文化學程師生一行十六人，於法鼓山園區展開宗教文化課程，進行宗教體驗，內容包括佛門禮儀、禪修觀念與方法、梵唄等，了解漢傳佛教的內涵及作為，並與僧大學僧進行交流。

10.05

◆ 10月5日至11月15日，法鼓山園區舉辦「水陸季」體驗活動，結合園區各殿堂參學導覽行程，引導大眾感受水陸法會的大悲精神與修行法益。

◆ 為使急救系統更為完善，法鼓山園區內裝置七臺自動體外心臟去顫器（Automated External Defibrillator,AED），並於5、9日舉辦兩場心肺復甦術（Cardio Pulmonary Resuscitation,CPR）及AED培訓，邀請專業講師劉達仁主講，培訓法師、專職與義工的急救技能。

◆ 5至6日，桃園齋明寺舉辦禪二，由監院果舟法師帶領，有近一百二十人參加。

◆ 為接引大眾認識佛法及法鼓山理念，10月5日至11月2日，普化中心週六於北投農禪寺開辦「快樂學佛人」系列課程，共三堂，有近一百四十人參加。

◆ 慈基會南部三處安心站於高雄市勞工局，聯合舉辦獎助學金頒獎典禮，由祕書長果器法師、會長王景益，以及廣達文教基金會執行長徐繪珈代表頒發，共有四百五十二位來自高雄甲仙、六龜以及屏東林邊的學子受獎；受獎學子並於上午在屏東縣大鵬灣海域參與淨灘，實踐自然與心靈環保。

◆ 護法總會「行動報師恩——小沙彌回法鼓山」系列活動，5至6日，有近五百位來自臺南、嘉義等地護法信眾，由臺南分院監院果謙法師帶領，帶著小沙彌撲滿參訪北投農禪寺，捐出善款，接續聖嚴師父興學願心，並於法鼓山園區進行「朝山心體驗」，方丈和尚果東法師到場關懷。

◆美國紐約東初禪寺舉辦英文中級禪訓班,邀請聖嚴師父西方弟子李世娟帶領,共有十多人參加。

◆美國紐約象岡道場舉辦禪一,由監院常聞法師帶領,有近二十人參加。

◆5、12日,美國加州洛杉磯道場舉辦中級禪訓班,有近二十人參加。

◆美國紐約東初禪寺暨象岡道場住持果醒法師加拿大安省多倫多弘法關懷,並於多倫多分會帶領念佛禪一,有近二十人參加。

◆馬來西亞道場舉辦知客義工培訓課程,由常妙法師帶領,有近二十人參加。

10.06

◆南投德華寺舉辦戶外禪,由副寺果弘法師帶領,共有四十三人參加。

◆為接引大眾認識佛法及法鼓山理念,10月6日至11月3日,普化中心週日於永和智光商工開辦「快樂學佛人」系列課程,共三堂,有近一百七十位中永和地區民眾參加。

◆護法總會於北投雲來寺舉辦「2013年北區新勸募會員授證典禮」,共有近一百五十位新進會員傳承「弘揚佛法,續佛慧命」,成為法鼓山鼓手。

◆加拿大溫哥華道場舉辦禪一,由常盛法師帶領,共有三十二人參加。

◆馬來西亞道場舉辦「從心看電影——心靈茶會」,由常律法師帶領賞析影片《深夜加油站遇見蘇格拉底》(*Way of the Peaceful Warrior*)片中的佛法意涵,有近二十人參加。

10.08

◆方丈和尚果東法師於北投雲來寺大殿,對僧團法師、全體專職精神講話,分享對「大地觀」的體會,全臺各分院道場同步視訊連線聆聽開示,有近三百人參加。

◆8至23日,北美護法會華盛頓州西雅圖分會每週二、三舉辦佛學講座,由僧團果舫法師主講「《梁皇寶懺》講要」,共六堂,有近五十人參加。

10.09

◆10月9日至2014年1月8日,普化中心週三於美國加州洛杉磯道場開辦「法鼓長青班」,以聖嚴師父的人生哲學為核心,為六十歲以上的長者設計八堂專屬課程,有近三十人參加。

10.10

◆桃園齋明寺舉辦佛一暨八關戒齋法會,由監院果舟法師帶領,共有兩百六十多人參加。

◆10月10日至2014年2月27日,普化中心週四於高雄紫雲寺開辦「法鼓長青班」,以聖嚴師父的人生哲學為核心,為六十歲以上的長者設計八堂專屬課程,有近九十人參加。

10.11

◆ 11 至 13 日,三峽天南寺舉辦禪二,由常應法師帶領,有近一百二十人參加。

◆ 10 月 11 日至 11 月 20 日,法青會於德貴學苑舉辦「無悔的步履攝影展」,藉由影像與文字的創作,引導年輕人學習關心身旁的人事物,反思內心的迷茫與空虛;11 日並舉行開幕茶會暨頒獎典禮。

10.12

◆ 普化中心副都監果毅法師受邀出席由伽耶山基金會、香光尼眾佛學院圖書館於印儀學苑舉辦的「佛教與數位學習發展研討會」,以〈法鼓山數位學習的發展與現況〉為題,分享「法鼓山心靈環保學習網」建置與發展歷程。

◆ 為接引大眾認識佛法及法鼓山理念,10 月 12 日至 11 月 3 日,普化中心週六或日於臺南雲集寺開辦「快樂學佛人」系列課程,共三堂,有近七十人參加。

◆ 人基會、法鼓山社大、群馨慈善基金會合作推動「新住民深耕計畫」,12 日於新北市金山區中角國小展開,為新住民媽媽開設烹飪、臺灣語言與民俗等課程,並為學童舉辦說故事或其他體驗活動。

◆ 美國紐約東初禪寺舉辦中級禪訓班,由常心法師帶領,共有十多人參加。

◆ 美國紐約東初禪寺住持果醒法師於加拿大安省多倫多弘法關懷,12 至 14 日於當地諾森博蘭高地會議暨避靜中心(Northumberland Heights Conference & Retreat Centre)帶領「三日默照禪修營」,共有四十一人參加。

◆ 香港護法會福田班第六次課程「體驗法鼓山」,在常展法師帶領下,一百二十多位學員來臺參訪北投農禪寺、中華佛教文化館、三峽天南寺及德貴學苑。

10.13

◆ 臺中分院「寶雲講談」系列講座,13 日由禪修中心副都監果元法師主講「微笑生活禪」,共有兩百三十多人參加。

◆ 臺南分院與臺南市政府勞工局於臺南市南門勞工育樂中心舉辦兩場「幸福城市守護您」講座,13 日進行首場,邀請點燈文化基金會董事長張光斗主講「提燈找到幸福」,有近兩百人參加。

◆ 高雄紫雲寺「親子好關係系列講座」,13 日邀請臨床心理師陳妙主講「親子閱讀——協助孩子累積心靈寶藏」,共有四十多人參加。

◆ 13 至 20 日,禪堂於臺東信行寺舉辦初階禪七,由常護法師帶領,有近八十人參加。

◆ 10 月 13 日至 2014 年 7 月 6 日,普化中心週日於北投農禪寺開辦聖嚴書院福田班,共十堂課,有近兩百五十人參加。

◆ 為接引大眾認識佛法及法鼓山理念,10 月 13 日至 11 月 10 日,普化中心週日於馬來西亞道場開辦「快樂學佛人」系列課程,共三堂,有近八十人參加。

◆ 美國紐約東初禪寺舉辦週日講座,由監院常華法師主講「臨終無障礙」,共有六十多人參加。

◆ 天主教聖母聖心傳教修女會(Missionary Sisters of the Immaculate Heart of Mary)總會

長薩芙瑞亞（Saveria Jeganathan）、總顧問泰莉（Tellie Lape）帶領十四位修女至法鼓山園區參訪，並與僧團都監果光法師、國際發展處監院果見法師等僧團代表交流，分享比丘尼及修女的養成教育和修行生活。

10.14

◆ 加拿大溫哥華道場舉辦佛一暨八關戒齋法會，由僧團果舫法師帶領，有近六十人參加。

◆ 14 至 20 日，新加坡護法會於當地光明山普覺禪寺舉辦初階禪七，由臺南分院監院果謙法師帶領，共有六十多人參加。

10.16

◆ 10 月 16 日至 11 月 10 日，方丈和尚果東法師展開北美弘法關懷行，偕同美國紐約東初禪寺住持果醒法師、北美護法會輔導法師常華法師等，前往美國舊金山、紐約、塔拉哈希、西雅圖等地，主要主持北美年會、千人禪修、皈依典禮等活動。

◆ 援助海地共和國地震災後三年重建專案圓滿前，16 至 19 日，慈基會派遣義工訪視當地青少年職業學校、街頭學校以及兒童醫院等多處重點救助單位。

◆ 佛教學院舉辦專題講座，邀請花蓮慈濟大學傳播學系助理教授何日生主講「佛教事業所需要的人才──以慈濟功德會為例」，共有六十多人參加。

◆ 16、19 日，聖基會執行長楊蓓受邀於國家圖書館舉辦的「2013 年臺灣國際榮格分析心理研討會暨論壇」中，分別與西方學者莫瑞・史丹（Murray Stein）對談中年議題，並與達里・安百達（Dariane Pictet）對談「佛教的慈悲」。

10.17

◆ 方丈和尚北美弘法關懷，17 日於舊金山接受《世界日報》專訪，分享舊金山千人禪修活動因緣及後續展望。

10.18

◆ 18 至 20 日，傳燈院於法鼓山園區舉辦中級 1 禪訓班，由常願法師帶領，有近一百人參加。

◆ 18 至 19 日，佛教學院、中華佛學研究所，以及蔣經國國際學術交流基金會、德國漢堡大學（Universität of Hamburg）於法鼓山園區海會廳舉辦「漢譯《長阿含經》國際研討會」，共有十多位來自日本、德國、澳洲、斯里蘭卡等地長期研究《阿含經》的學者，進行《長阿含經》的深入研討。

10.19

◆ 19、27 日，臺北安和分院舉辦「288 送聖供養人培訓課程」，由水陸研究推廣專案召集人果慨法師講說送聖的精神與內涵，並以《華嚴經・行願品》「諸供養中，法供養

最」勉勵供養人，真正的供養是用佛法和清淨的身語意供養諸佛，發願盡形壽修學佛法、護持佛法、廣度眾生。

◆ 三峽天南寺舉辦念佛禪一，由常應法師帶領，共有一百七十多人參加。

◆ 19 至 20 日，臺中分院於三義 DIY 心靈環保教育中心舉辦舒活二日營，由果雲法師帶領，有近一百人參加。

◆ 關懷院於高雄紫雲寺舉辦助念法器教學課程，由監院常健法師帶領，共有五十四人參加。

◆ 護法總會「行動報師恩——小沙彌回法鼓山」系列活動，19 日有近一百二十位臺北士林區信眾帶著小沙彌撲滿，於北投農禪寺進行朝山活動，並捐出善款，接續聖嚴師父興學願心，信眾服務處常獻法師到場關懷。

◆ 教聯會於陽明山童軍活動中心舉辦戶外禪，由僧團常捷法師帶領，共有五十多人參加。

◆ 北美護法會新澤西州分會舉辦禪一，由美國紐約象岡道場監院常聞法師帶領，有近三十人參加。

◆ 北美護法會加州舊金山分會舉辦大悲懺法會，由美國紐約東初禪寺住持果醒法師帶領，並開示持誦〈大悲咒〉對修行的助益；法會圓滿後，舉行皈依儀式，由方丈和尚授三皈依，有近九十人參加。

◆ 香港浸會大學宗教系學生一行三十二人，參訪香港護法會，由常展法師帶領體驗禪修，並講說禪宗精神與現代社會。

10.20

◆ 北投農禪寺舉辦禪一，由果寰法師帶領，有近一百四十人參加。

◆ 10 月 20 日至 11 月 20 日期間，慈基會於全臺各地舉辦「第二十三期百年樹人獎助學金」頒發活動，有近一千七百位學子受獎。

◆ 護法總會「行動報師恩——小沙彌回法鼓山」系列活動，20 日有八十多位中部地區信眾帶著小沙彌撲滿，於臺中分院進行聯誼活動，榮譽董事會執行長連智富分享親近法鼓山的因緣與護持心得。

◆ 美國紐約東初禪寺舉辦週日講座，邀請心理學家林晉城主講「如何從失去的悲痛中重新出發」，有近六十人參加。

◆ 北美護法會加州舊金山分會於當地山麓學院（Foothill College）運動場舉辦「千人禪修」，方丈和尚果東法師、美國紐約東初禪寺住持果醒法師等到場關懷，有近六百人參加；活動現場並設置心靈環保園遊會，引領大眾體驗動禪的活潑實用。

10.22

◆ 香港護法會舉辦佛學講座，邀請聖嚴師父法子果峻法師主講「禪修與快樂遊戲三昧」，共有四百多人參加。

10.23

◆ 佛教學院在園區舉辦「法鼓講座」，邀請中央大學認知科學研究所教授阮啟弘主講，

以「腦科學與人文科學整合研究的回顧與展望」為主題，引領佛教研究者進入跨學科的知識大門，共有五十多人參加。

◆ 佛教學院舉辦海外交流學習分享會，八位碩士班學生分享前往印度、泰國與美國研修學習心得。

◆ 護法會高雄南區辦事處於高雄紫雲寺舉辦新勸募會員說明會，分享勸募時應有的正確心態，以及如何做好募人募心的工作。

◆ 23 至 27 日，香港護法會於當地小童群益會白普理營舉辦禪五，邀請聖嚴師父法子果峻法師帶領，共有六十多人參加。

◆ 行政中心人力資源處職能訓練課程，23 日邀請心理諮商專家鄭石岩主講「衝突與影響」，共有九十多人參加。

10.24

◆ 桃園齋明別苑舉辦心靈環保講座，由僧團果祥法師主講「農法，健康，環保」，有近一百人參加。

10.25

◆ 10 月 25 日至 11 月 3 日，禪堂舉辦話頭禪十，由傳燈院監院常乘法師帶領，有近七十人參加。

◆ 25 至 27 日，傳燈院於三峽天南寺舉辦般若禪坐會組長成長營、由常願法師帶領，有近六十位悅眾參加。

◆ 方丈和尚北美弘法關懷，25 日出席紐約東初禪寺舉辦義工感恩分享聯誼會，讚歎義工的護持奉獻，如觀世音菩薩普門示現，隨聲應身，有近八十人參加。

◆ 北美護法會安省多倫多分會舉辦佛學講座，由美國紐約東初禪寺監院常華法師主講「走過生命最後的關卡」，有近五十人參加。

◆ 行政中心人力資源處舉辦職能訓練課程，25、31 日由僧團常啟法師帶領「初級禪訓密集班」，有近五十人參加。

10.26

◆ 26 至 27 日，北投雲來寺舉辦舒活二日營，由監院果會法師帶領，有近八十人參加。

◆ 10 月 26 至 27 日、11 月 17 日，三峽天南寺舉辦參學員培訓課程，內容包括天南寺自然生態、服務行儀及基礎禪修等，有近三十人參加。

◆ 26 至 27 日，桃園齋明寺舉辦秋季報恩法會，由僧團常諗法師主法，有近兩千七百人次參加，副主持果暉法師於 26 日到場關懷，勉眾多念佛拜懺。

◆ 法鼓山持續關懷中國大陸四川震災災後重建工作，26 至 27 日，分別於綿陽中學、南山中學、民興中學、秀水第一中心小學舉辦第十次川震獎助學金頒發，總計一百八十六位學子獲獎。

◆ 26 至 27 日，甲仙安心站舉辦「在地義工寺院之旅」活動，參訪臺中分院、法鼓山園區，以及北投農禪寺，藉由寺院巡禮，更深入體驗法鼓山的理念，共有三十七位安心站義

工參加。

◆ 26 至 27 日，中華佛研所、佛教學院與政治大學宗教研究所、政治大學華人宗教研究中心聯合主辦「漢傳佛教的跨文化交流」國際研討會，分別於政治大學與法鼓山園區展開，來自中、日、韓、美、印、以色列等國際佛教學者，共發表十六篇論文，進行跨區域對話。

◆ 政治大學文學院院長林啟屏代表校方，於 10 月 26 日頒發聘書聘請美國哥倫比亞大學教授于君方擔任政大「聖嚴漢傳佛教講座」教授，於宗教研究所 102 學年度開設「中國佛教裡的菩薩信仰」課程。

◆ 人基會心劇團「2013 轉動幸福《媽媽萬歲》」巡演，26 日於新北市板橋區第一運動場戶外廣場舉行首場大型戶外公演，共有三百多人參加。

◆ 法青會桃園分會於桃園東眼山森林遊樂區舉辦戶外禪，由青年院常元法師帶領，共有四十多人參加。

◆ 方丈和尚果東法師於北美弘法關懷，26 日應紐約漢傳佛教文化協會之邀，於當地喜來登飯店（Sheraton New York Times Square Hotel）舉辦佛法講座，主講「抱願不抱怨——啟動幸福 DNA」，共有三百多人參加。

◆ 美國紐約東初禪寺舉辦英文禪一，邀請聖嚴師父西方弟子南茜‧波那迪帶領，共有十多人參加。

◆ 美國加州洛杉磯道場舉辦禪一，由副寺果乘法師帶領，共有十多人參加。

10.27

◆ 方丈和尚果東法師於北美弘法關懷，27 日與紐約東初禪寺住持果醒法師於北美護法會新澤西州分會關懷信眾，感恩護持與奉獻；也前往愛迪生市的新會址勘查整建工程進度。

◆ 香港護法會舉辦「大悲心水陸法會地區說明會」，由三學院監院果慨法師主講「水陸法會特色與修行的意義」，有近一百二十人參加。

10.28

◆ 方丈和尚果東法師於北美弘法關懷，28 日於北美護法會佛羅里達州塔拉哈西聯絡處主持皈依典禮，有近百位民眾聆聽開示，並有近四十位皈依成為三寶弟子。

10.29

◆ 29 至 30 日，北美護法會華盛頓州西雅圖分會舉辦水陸法會說明會，由僧團果舫法師介紹水陸法會的意義及法鼓山舉辦水陸法會的歷史因緣，有近五十人參加。

10.31

◆ 人基會「2013 得心自在心靈講座」，31 日邀請清華大學生命科學系教授李家維主講「窗□□□天□」，有近一百人參加。

11月 NOVEMBER

11.01

◆《人生》雜誌第 363 期出刊。

◆《法鼓》雜誌第 287 期出刊。

◆ 法鼓文化出版新書：《禪在哪裡？——漢傳禪法在西方 II》（大智慧系列，聖嚴法師著）；《淨土直說》（智慧海系列，靈源長老著）；《聖嚴研究第四輯》（聖嚴思想論叢系列，聖嚴教育基金會學術研究部主編）。

◆ 佛教學院英文部落格 http://ddbc-blog.com 正式上線啟用，首頁標名為「在臺灣，一個研究與實踐佛法的地方」（A Place for the Study and Practice of Buddhism in Taiwan），分門別類介紹學院各項特色、創辦人理念、法鼓山的緣起與發展等。

◆ 1 至 3 日，北美護法年會於美國紐約象岡道場舉辦，方丈和尚果東法師、東初禪寺住持果醒法師、監院常華法師、加州洛杉磯道場副寺果乘法師、國際發展處監院果見法師等出席與會，來自美國、加拿大十一個地區，共有一百零八位東、西方悅眾參加，共商討論北美弘化的現況與展望。

11.02

◆ 北投雲來寺舉辦禪一，由監院果會法師帶領，共有六十多人參加。

◆ 臺北中山精舍舉辦 Fun 鬆一日禪，由常嘉法師帶領，有近七十人參加。

◆ 基隆精舍於當地海門天險、梅園舉辦 Fun 鬆一日禪，內容包括法鼓八式動禪、自然經行、泡茶禪、攝影禪，由副寺果啟法師帶領，共有八十多人參加。

◆ 慈基會於臺東信行寺舉辦「修行與休閒——義工感恩行」禪修活動，感恩南部三處安心站義工四年多來的護持與奉獻，由副祕書長常法法師帶領，有近一百位義工參加。

11.03

◆ 3 至 10 日，禪堂於三峽天南寺舉辦默照禪七，由常遠法師帶領，有近一百一十人參加。

◆ 護法總會「行動報師恩——小沙彌回法鼓山」系列活動，3 日有兩百一十位北一轄區轄下的北投、石牌、三重蘆洲、淡水四區信眾，帶著小沙彌撲滿參訪北投農禪寺，延續聖嚴師父興學願心。

◆ 馬來西亞道場舉辦佛法講座，由監院常藻法師主講「成佛必備的資糧——菩薩戒」，講說菩薩戒的內容，以及受戒的意義，有近一百五十人參加。

11.04

◆ 北投農禪寺新建水月道場榮獲《建築師》雜誌「2013 臺灣建築獎」首獎。

11.06

◆ 聖基會製作發行的《108自在語——自在神童3D動畫》第二集，獲國家教育研究院「102年度全國優良教育影片」社會組佳作，關懷中心副都監果器法師代表出席在臺北市客家音樂戲劇中心舉辦的頒獎典禮。

11.07

◆ 法行會於臺北國賓飯店舉辦第一五二次例會，由僧大講師常延法師主講「三十七道品」，有近一百八十人參加。

◆ 尼泊爾俱生智慧學院（Rangjung Yeshe Institute）副院長巴卓仁波切（Phakchok Rinpoche）參訪法鼓山園區，並與佛教學院師生進行交流座談，分享該學院的佛經翻譯計畫。

11.08

◆ 8至10日，北美護法會華盛頓州西雅圖分會慶祝成立滿十二週年，舉辦系列活動，包括「心靈饗宴——感恩關懷聯誼會」、藥師法會、皈依典禮與佛學講座等，方丈和尚果東法師、紐約東初禪寺住持果醒法師、監院常華法師等到場祝福關懷。

◆ 高雄市六龜區新發國小「城鄉探訪文化之旅」校外教學活動，安排至法鼓山園區參訪，師生們體驗了水陸法會「水陸季」的共修氛圍，每人並在祝福明信片上，寫下對家人與朋友的真心祝福。

11.09

◆ 9至10日，北投農禪寺舉辦中文導覽員初階培訓課程，由果本法師帶領，有近九十人參加。

◆ 桃園齋明寺舉辦禪一，由常浩法師帶領，共有九十四人參加。

◆ 臺南分院與臺南市政府勞工局「幸福城市守護您」講座，9日邀請成功大學經濟系副教授許永河主講「苦與樂」，有近兩百人參加。

◆ 臺東信行寺舉辦電影禪，由常澂法師帶領賞析影片《小活佛》（Little Buddha）片中的佛法意涵，共有三十多人參加。

◆ 法青會山水禪活動，9日於草嶺古道進行，由青年院常義法師帶領，有近六十人參加。

◆ 美國紐約象岡道場舉辦禪一，由監院常聞法師帶領，共有三十八人參加。

◆ 美國加州洛杉磯道場舉辦念佛禪一，由紐約東初禪寺果明法師帶領，共有十多人參加。

◆ 9至10日，北美護法會加州舊金山分會舉辦英文禪二，邀請美國佛羅里達州立大學宗教學系助理教授俞永峯帶領，有近三十人參加。

11.10

◆ 臺北安和分院舉辦禪一，由監院果旭法師帶領，有近一百三十人參加。

◆桃園齋明別苑舉辦禪一,由副寺常參法師帶領,共有一百零三人參加。

◆臺中分院「寶雲講談」系列講座,10日邀請臺灣大學物理學系教授孫維新主講「在大自然中參科學禪」,共有一百四十多人參加。

◆高雄紫雲寺「親子好關係系列講座」,10日邀請臨床心理師陳妙主講「簡易靜心——親職壓力紓解良方」,共有五十多人參加。

◆美國紐約東初禪寺舉辦週日講座,邀請聖嚴師父西方弟子李世娟主講「愛・執著・修行」,有近六十人參加。

◆臺中分院於寶雲別苑舉辦悅眾佛一,由監院果理法師帶領,共有兩百多人參加。

11.11

◆菲律賓中部地區於8日遭受超級颱風「海燕」(Haiyan)侵襲,造成逾萬人傷亡、六十多萬人受災。慈基會於第一時間啟動緊急救援系統,迅速募集毛毯七十一箱、速食麵一百箱、乾糧一百箱等民生物資,配合外交部統一調度,於11日下午匯集關懷物資送往菲律賓受災地區。

◆國際知名「心智與生命研究院」(Mind & Life Institute,MLI)一行十二人,在院長亞瑟・札炯克(Arthur Zajonc)帶領下,參訪佛教學院,除了在國際會議廳舉辦「二十六年關於冥想的學習與研究」專題演講,並與師生進行兩場座談。

◆11至16日,美國紐約象岡道場舉辦禪五,邀請聖嚴師父法子賽門・查爾得帶領,共有二十四人參加。

11.15

◆15至17日,三峽天南寺舉辦禪二,由常學法師帶領,共有一百一十人參加。

◆15至17日,美國紐約象岡道場舉辦禪三,由監院常聞法師帶領,共有二十六人參加。

11.16

◆16至17日,馬來西亞道場於當地度羅加(Broga)舉辦義工成長營,由監院常藻法師、常妙法師及常律法師帶領,共有六十人參加。

◆北美護法會加州舊金山分會舉辦佛學講座,由護法會輔導法師常華法師主講《梁皇寶懺》,有近五十人參加。

◆香港護法會於香港島大潭水塘舉辦戶外禪,由常展法師帶領,共有七十多人參加。

◆16至17日,中國大陸河北柏林禪寺方丈明海法師、湖北黃梅四祖寺代理住持明基法師,帶領僧團法師及護法居士等一行三十二人,在佛光大學生命與宗教學系副教授游祥洲陪同下,參訪法鼓山園區及北投農禪寺。

11.17

◆17至29日,第七屆法鼓山大悲心水陸法會佛國巡禮活動於園區展開,引導大眾感受水陸法會各壇場殊勝莊嚴,體驗佛國淨土的氛圍,共有逾千人參加。

◆北投農禪寺舉辦禪一，由常佑法師帶領，共有一百六十多人參加。

◆臺南分院舉辦禪一，由監院果謙法師帶領，共有七十多人參加。

◆護法總會「行動報師恩──小沙彌回法鼓山」系列活動，17 日有四十一位海山地區信眾，帶著小沙彌撲滿參訪法鼓山園區，延續聖嚴師父興學願心。

◆護法會雲林虎尾共修處舉辦灑淨法會，由臺南分院監院果謙法師為新成立的共修處主持啟用儀式，有近二百位信眾參加，圓滿全臺各縣市都有法鼓山共修地點的願。

◆北美護法會新澤西州分會舉辦佛學講座，由美國紐約東初禪寺常齋法師主講「照見五蘊皆空　度一切苦厄」，分享《心經》的生活智慧，有近四十人參加。

◆北美護法會加州舊金山分會舉辦半日禪，由護法會輔導法師常華法師帶領，有近二十人參加。

11.19

◆方丈和尚果東法師受邀於彰化縣政府演講「心靈環保──我們是生命共同體」，與近四百位縣府、鄉鎮市公所職員分享建立團隊和諧關係的妙方。

11.20

◆馬來西亞道場舉辦專題演講，由資深悅眾林孝雲主講「不讓食物亂了你的心」，分享素食與禪修的養生之道，有近七十人參加。

◆馬來西亞道場舉辦電影禪，由監院常藻法師帶領賞析影片《當幸福來敲門》（*Pursuit of Happyness*）片中的佛法意涵，有近二十人參加。

11.21

◆桃園齋明別苑舉辦心靈環保講座，邀請《靈界的譯者》作者劉柏君主講「道高一尺？魔高一丈？」，共有一百八十多人參加。

◆慈基會甲仙安心站於屏東縣原住民文化園區舉辦「走出戶外，『銀』向陽光」長者關懷活動，副祕書長常法法師全程陪同，共有一百多位來自甲仙、杉林地區多元族群共住的永久屋長者參加。

11.22

◆法鼓山園區、桃園齋明寺受到社會大眾肯定，經過近兩個月的網路票選，並由宗教、歷史、文化資產、文化創意、休閒觀光與宗教行政等共計二十一位專家學者評審，於內政部舉辦「臺灣宗教百景甄選活動」中，雙雙獲選。

11.23

◆23 至 24 日，美國加州洛杉磯道場舉辦感恩禪二，由紐約東初禪寺果明法師帶領，有近三十人參加。

11.24

◆ 傳燈院於北投雲來寺舉辦 Fun 鬆一日禪學長培訓課程，由常願法師帶領，有近四十人參加。

◆ 護法總會「行動報師恩——小沙彌回法鼓山」系列活動，24 日有一百多位大信南、新莊及林口地區信眾，帶著小沙彌撲滿參訪法鼓山園區，延續聖嚴師父興學願心。

◆ 美國紐約東初禪寺舉辦英文中級禪訓班，邀請聖嚴師父西方弟子李世娟帶領，共有十多人參加。

◆ 香港護法會舉辦佛學講座，由僧團果傳法師主講「洗心——《慈悲三昧水懺》的意涵與修行」，共有八十多人參加。

11.25

◆ 25 至 28 日，美國法界佛教大學（Dharma Realm Buddhist University）教授恆實法師（Rev. Heng Sure），帶領該校各學門師長一行十四人，參訪法鼓山園區、佛教學院，並於海會廳舉辦座談，分享佛教教育辦學經驗；恆實法師也以西方弘化經驗為主題，於佛教學院進行四場演講。

◆ 11 月 25 日至 12 月 29 日，人基會舉辦「關心傳回家，幸福『饗』全家」臉書分享對家人的愛與關懷活動，鼓勵民眾加入人基會心幸福臉書粉絲團，並分享活動期間關心家人或與家庭倫理相關感想文字及照片。

11.27

◆ 藏傳佛教噶舉派第四世宗南嘉楚仁波切，二度參訪法鼓山，除拜會方丈和尚果東法師，與隨行弟子巡禮水陸法會壇場；下午於佛教學院進行專題演講，主題是「現代學術研究情境下的佛法修行」，有近一百人參加。

11.28

◆ 人基會「2013 得心自在心靈講座」，28 日由副祕書長陳錦宗主講「達摩祖師禪法在現代人的生活應用」，有近八十人參加。

◆ 28 至 30 日，北美護法會安省多倫多分會舉辦「Getaway to Chan」英文三日禪修營，播放美國佛羅里達州立大學宗教學系助理教授俞永峯介紹默照禪與話頭禪的心要及練習方法的影片，有近二十五人參加。

11.29

◆ 11 月 29 日至 12 月 8 日，美國紐約象岡道場舉辦默照禪十，邀請聖嚴師父法子查可‧安德烈塞維克（Žarko Andričević）帶領，共有十八人參加。

11.30

◆ 11 月 30 日至 12 月 7 日，法鼓山於園區啟建「2013 大悲心水陸法會」，共有十二個壇場，每日均有逾四千人現場參與；期間共有四十二個國家，逾八十萬人次透過電腦或手機參與法會。

◆ 人基會心劇團「2013 轉動幸福《媽媽萬歲》巡演」，30 日於臺南市政府西側廣場舉行第二場大型戶外公演，有逾三百人參加。

◆ 11 月 30 日至 12 月 1 日，美國紐約東初禪寺舉辦感恩二日禪，由常文法師帶領，有近二十人參加。

12月 DECEMBER

12.01

◆《人生》雜誌第 364 期出刊。

◆《法鼓》雜誌第 288 期出刊。

◆ 法鼓文化出版新書：《我的師父——聖嚴法師智慧小故事》（故事寶盒系列，果祥法師著）；《素便當，好好吃！》（禪味廚房系列，張翡珊著）；《《分別功德論》與《增壹阿含經》譯經史考》（An Early Chinese Commentary on the Ekottarika-āgama）（佛教學院論叢系列英文書，安東尼奧‧帕倫坡 Antonello Palumbo 著）。

◆《法鼓佛教院訊》第 26 期出刊。

◆ 1 至 7 日，高雄紫雲寺與法鼓山園區同步舉辦「2013 大悲心水陸法會」網路共修，每日有近兩百位信眾參加。

◆ 法鼓山與佛衛慈悲臺、生命電視臺及靖天電視臺合作，12 月起在有線電視臺宗教頻道，播出聖嚴師父講經影片《金剛經與心靈環保》，透過十六集的節目，引導閱聽者認識佛教經典，並學習在日常生活中應用《金剛經》的智慧。

◆ 聖基會出版結緣書《今生與師父有約》第五集，書中收錄僧團果祥法師、果舟法師、果燦法師、果慨法師分享聖嚴師父的言教與身教。

◆ 1 至 7 日，新加坡護法會與法鼓山園區同步舉辦「2013 大悲心水陸法會」網路共修，與總本山「大壇」連線，禮拜《梁皇寶懺》，每日有近五十位信眾參加。

◆ 1 至 7 日，香港護法會與法鼓山園區同步舉辦「2013 大悲心水陸法會」網路共修，與總本山「大壇」連線，禮拜《梁皇寶懺》，每日有近八十位信眾參加。

12.02

◆ 2 至 8 日，美國紐約東初禪寺與法鼓山園區同步舉辦「2013 大悲心水陸法會」網路共

修，與總本山「大壇」連線，禮拜《梁皇寶懺》，每日有近四十位信眾參加；授幽冥戒、五大士瑜伽焰口法會及送聖時，有近六十人參與。

◆2至8日，北美護法會新州分會與法鼓山園區同步舉辦「2013大悲心水陸法會」網路共修，與總本山「大壇」連線，禮拜《梁皇寶懺》，每炷香前後，並由東初禪寺常諦法師說明懺文意義。

12.03

◆3至8日，美國加州洛杉磯道場與法鼓山園區同步舉辦「2013大悲心水陸法會」網路共修，與總本山「大壇」連線，禮拜《梁皇寶懺》，每日有近三十位信眾參加。

◆3至8日，加拿大溫哥華道場與法鼓山園區同步舉辦「2013大悲心水陸法會」網路共修，與總本山「大壇」連線，禮拜《梁皇寶懺》，每日有近百位信眾參加。

◆3至8日，北美護法會加州舊金山分會與法鼓山園區同步舉辦「2013大悲心水陸法會」網路共修，與總本山「大壇」連線，禮拜《梁皇寶懺》，每炷香前後，並由監香常文法師說明懺文意義。

12.06

◆法鼓大學「禪悅書苑」取得使用執照，「禪悅書苑」是七棟建築結合的院落式空間，主要功能涵蓋師生住宿與圖書閱覽、生活、交流、學習等，是法鼓大學校園工程進度的重要里程碑。

12.08

◆高雄紫雲寺「親子好關係系列講座」，8日邀請諮商心理師廖冠婷主講「為孩子打造好的生活習慣」，共有三十多人參加。

◆為接引大眾認識佛法及法鼓山理念，8至22日，普化中心週日於香港護法會開辦「快樂學佛人」系列課程，共三堂，有近一百人參加。

12.10

◆文基會獲教育部「102年續優教育基金會」評鑑特優殊榮，教育部上午舉辦頒獎典禮，由文化中心副都監果賢法師代表出席受獎，表示獲獎不僅是肯定僧俗四眾自身對於團體核心價值的實踐，也是勉勵法鼓山日後要更加精進落實，持續推動心靈環保。

12.11

◆佛教學院舉辦專題講座，邀請長期致力於阿含類與漢文佛教文獻的學者蘇錦坤主講「《出曜經》是出自翻譯還是編輯？『澄執梵本，佛念宣譯』可信嗎？」，共有五十多人參加。

12.12

◆法行會於臺北國賓飯店舉辦「感恩音樂晚會暨新舊任會長交接典禮」，方丈和尚果東法師、法行會輔導法師果品法師、關懷中心副都監果器法師，以及廣慈長老到場祝福，新任會長許仁壽帶領許薰瑩、劉敬村、樂秀成、賴杉桂、龐慎予等五位副會長，與前任會長、副會長交接，有近五百位會員及眷屬參加。

◆馬來西亞佛教青年總會僧俗代表一行三十多人，參訪法鼓山園區，方丈和尚果東法師出席關懷，並與大學院教育單位師長進行座談，了解僧大、佛教學院的辦學特色。

12.13

◆方丈和尚果東法師於德貴學苑接受生命電視臺新春特別節目專訪，除了感恩該電視臺長期對於法鼓山弘法節目的推廣、護持，並為該臺十週年臺慶獻上祝福。

◆13至22日，禪堂舉辦念佛禪十，由聖嚴師父法子果如法師帶領，有近一百一十人參加。

◆佛基會獲新北市環境教育獎團體組優等肯定，由參學室室主常統法師代表出席於板橋區晶宴會館舉辦的頒獎典禮。

◆行政中心人力資源處職能訓練課程，13日邀請凱創管理顧問有限公司顧問張震球主講「問題分析與解決」，有近三十人參加。

12.14

◆法鼓山於北投雲來寺為參加2014年第十九屆佛化聯合婚禮的準新人們舉辦婚前講習，除了觀看聖嚴師父的開示影片，認識心靈環保的具體實踐，也安排專業講師以「愛的幸福密碼」為講題，引領新人在婚姻中撒播菩提種子，經營佛化家庭。

◆三峽天南寺舉辦念佛禪一，由常應法師帶領，共有八十人參加。

◆12月14日至2014年1月30日期間，慈基會於全臺各地分院及護法會辦事處，舉辦「102年度歲末關懷」系列活動，共關懷近兩千六百戶家庭，首場分別於北投農禪寺、桃園齋明寺進行祈福法會、致贈慰問金及關懷物資等。

◆美國紐約象岡道場舉辦禪一，由監院常聞法師帶領，共有十多人參加。

◆14、21日，美國加州洛杉磯道場舉辦中級禪訓班，有近二十人參加。

◆14至15日，馬來西亞道場監院常藻法師受邀前往檳城，帶領二日禪修營，共有二十多人參加。

◆北美護法會加州舊金山分會舉辦歲末聯誼會，感恩義工的護持奉獻，有近六十人參加。

◆14至15日，新加坡護法會舉辦兒童心靈環保二日營，有近五十人參加。

◆香港護法會舉辦禪一，由常展法師帶領，共有八十多人參加。

12.15

◆臺中分院於三義DIY心靈環保教育中心舉辦禪一，由果雲法師帶領，共有七十多人參加。

◆南投德華寺舉辦佛一暨八關戒齋法會，由副寺果弘法師帶領，共有三十多人參加。

◆ 臺東信行寺舉辦禪一，由常澂法師帶領，共有二十多人參加。

◆ 傳燈院於北投雲來寺舉辦 Fun 鬆一日禪學長培訓課程，由常願法師帶領，有近二十人參加。

◆ 慈基會 102 年度歲末關懷系列活動，於北投文化館展開，住持鑑心長老尼、監院果諦法師、果祥法師，為大眾一一戴上佛珠，送上祝福，現場並提供義剪、熱食等服務，共有七百五十五戶關懷家庭參加。

◆ 榮譽董事會於臺南雲集寺舉辦南區榮董聘書頒發暨聯誼會，方丈和尚果東法師、榮董會會長劉偉剛出席關懷，共有三百多人參加。

◆ 美國紐約東初禪寺舉辦電影禪，邀請心理學家林晉城帶領賞析影片《飲食男女》片中的佛法意涵，共有十多人參加。

◆ 加拿大溫哥華道場舉辦禪一，由監院常悟法師帶領，有近六十人參加。

◆ 馬來西亞道場於當地武吉加里爾公園（Taman Rekreasi Bukit Jalil）舉辦戶外禪，由常律法師帶領，共有二十六人參加。

12.16

◆ 16 至 27 日，佛教學院舉辦圖書館週系列活動，2013 年以「人文與科技的相遇」為主題，內容包括冬季五分鐘說書競賽、中西參大賽、資料庫利用課程及專題演講等。

12.18

◆ 護法總會「行動報師恩──小沙彌回法鼓山」系列活動，18 日有近四十位高雄南區信眾，帶著小沙彌撲滿回紫雲寺，延續聖嚴師父興學願心。

12.20

◆ 20 至 22 日，傳燈院於三峽天南寺舉辦中級 1 禪訓班，由常啟法師帶領，有近一百一十人參加。

12.21

◆ 法鼓山於北投雲來寺舉辦「社會菁英禪修營第七十八次共修會」，由僧團常遠法師帶領，有近一百人參加。

◆ 21 至 22 日，桃園齋明別苑舉辦義工接待禮儀專業培訓課程，由資深悅眾葉如芳、吳麗卿帶領，共近九十人參加。

12.22

◆ 北投農禪寺舉辦禪一，由常鐘法師帶領，有近一百四十人參加。

◆ 臺中分院「寶雲講談」系列講座，22 日邀請百歲書法家趙慕鶴主講「逆時彎超人不老騎士」，共有一百七十多人參加。

◆高雄紫雲寺舉辦佛一暨八關戒齋法會，由監院果迦法師帶領，有近兩百五十人參加。

12.24

◆新加坡護法會舉辦專題講座，由青年院常澧法師主講「The Present ── 不一樣的『心』禮物」，共有三十多人參加。

12.25

◆新加坡護法會舉辦專題講座，由青年院常鐸法師主講「法鼓山僧大的生活介紹」，共有三十多人參加。

12.26

◆桃園齋明別苑舉辦心靈環保講座，邀請作家吳若權主講「淨瓶常注甘露水」，共有兩百多人參加。

◆ 26 至 29 日，臺東信行寺舉辦禪悅四日營，由常越法師帶領，共有七十多人參加。

◆人基會「2013 得心自在心靈講座」，26 日由僧團常源法師主講「覺醒在當下」，有近一百人參加。

◆ 12 月 26 日至 2014 年 1 月 1 日，美國紐約象岡道場舉辦話頭禪七，邀請美國佛羅里達州立大學助理教授俞永峯帶領，共有五十四人參加。

◆ 12 月 26 日至 2014 年 1 月 1 日，美國加州洛杉磯道場舉辦義工話頭禪七，由紐約東初禪寺住持果醒法師帶領，有近三十人參加。

12.27

◆ 27 至 29 日，護法總會於法鼓山園區舉辦「2014 正副會團長、轄召、召委暨委員授證營」，共有來自全臺各地兩百六十三位悅眾參加。

◆ 27 至 30 日，新加坡護法會於當地聖約翰島（St. John's Island）舉辦「心‧生活」fun鬆體驗營，由青年院常元、常義、常鐸、常澧等四位法師自臺灣前往帶領，有近六十位新加坡、馬來西亞青年學員參加。

◆香港實驗藝術團體「進念‧二十面體」聯合藝術總監胡恩威、監製黃裕偉等人，參訪香港護法會，拜會僧團副主持果品法師，交流對佛法與藝術的共同議題。

◆ 27 至 29 日，韓國最大的佛教宗派曹溪宗，由全國禪院首座福祉會理事長義正禪師帶領禪師、學者、居士等一行十三人，前來法鼓山園區和農禪寺參訪交流，觀摩法鼓山建築、教育、慈善、文化與都市弘法的功能，並與大學院教育單位師長進行兩場座談。

12.28

◆ 12 月 28 日至 2014 年 1 月 4 日，北投農禪寺舉辦彌陀佛七，由果稱法師帶領，共有三千多人次參加。

◆ 28 至 29 日，桃園齋明寺舉辦禪二，由監院果舟法師帶領，有近一百一十人參加。

◆ 28 至 29 日，臺南雲集寺舉辦禪二，由監院果謙法師帶領，有近一百五十人參加。

◆ 人基會心劇團「2013 轉動幸福《媽媽萬歲》巡演」，28 日於彰化縣陽明公園舉行第三場大型戶外公演，有近九百人參加。

◆ 法青會於德貴學院舉辦青年祈願晚會，共有八十多人參加。

◆ 28 至 29 日，美國紐約東初禪寺舉辦省思二日禪，由常齋法師帶領，有近二十人參加。

◆ 28 至 29 日，馬來西亞道場參與馬來西亞慧光基金會、佛教弘法會於當地沙亞南正定寺舉行的「慈愛24 ——慈光遍耀世界誦經法會」，由監院常藻法師帶領二十多位義工，一同前往響應持誦〈大悲咒〉，祈願世界平安、和諧穩定，讓慈愛遍布十方。

◆ 28 至 29 日，香港護法會於當地孔仙洲佛教中學舉辦慈悲三昧水懺法會，由僧團副住持果品法師主法，有近七百人次參加；法會圓滿後並舉行皈依大典，由果品法師授三皈依，共有一百多人皈依三寶。

12.29

◆ 基隆精舍舉辦佛一暨八關戒齋法會，由副寺果啟法師帶領，共有一百二十多人參加。

◆ 12 月 29 日至 2014 年 1 月 19 日，臺北安和分院每週日主辦「烽火家人」系列講座，共四場，邀請實踐大學社會工作學系副教授楊蓓主講，29 日進行首場，主題是「風火家人／原生家庭的烙印」，探討傳統家庭的變遷與崩解，共有近三百二十人參加。

◆ 韓國曹洞宗全國禪院一行十五人，在首座福祉會理事長義正禪師帶領下，由國際發展處監院果見法師陪同參訪北投農禪寺，觀摩學習法鼓山建築、教育、慈善、文化及都市弘法之功能。

12.30

◆ 方丈和尚果東法師應邀出席公益節目《點燈》於中華電視公司舉辦的二十週年記者會，以「淡泊明志，寧靜致遠」，肯定《點燈》為社會公益的奉獻，也祝福大眾在社會的各個角落，都能夠看到良善與感恩的明燈。

◆ 新加坡護法會舉辦專題講座，由青年院常元法師主講「大白牛車——以話頭禪為見性的方法探討」，共有四十多人參加。

12.31

◆ 北投農禪寺首度舉辦跨年活動，以環保迎新的方式，在阿彌陀佛聖號中，齊聚念佛、繞佛、聽法，以好願迎接新年，方丈和尚果東法師也到場參與共修，有近一千七百人參加。

◆ 馬來西亞道場舉辦跨年大悲懺法會，由監院常藻法師帶領，有近一百五十人參加。

◆ 臺中分院舉辦跨年祈福晚會，內容包括小提琴演奏、佛曲帶動唱、祈願供燈等，監院果理法師出席關懷，共有三百三十多人參加。

【附錄】

法鼓山2013年主要法會統計

◎國內（分院、精舍）

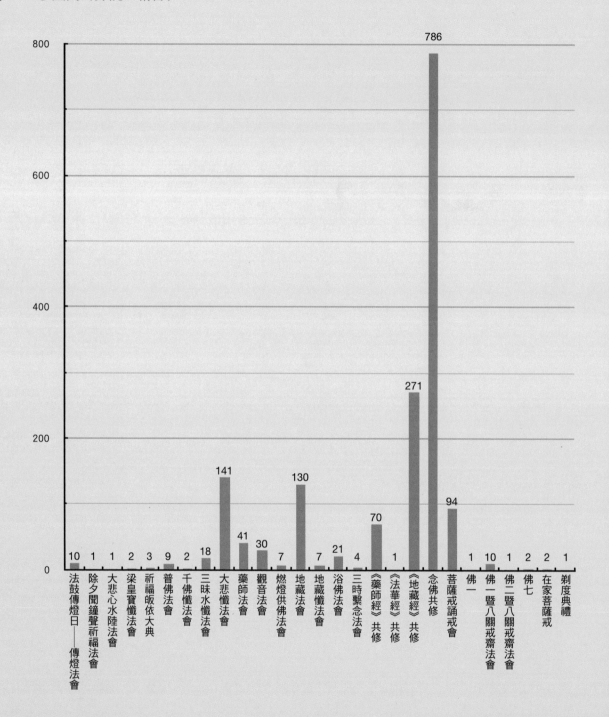

◎海外（道場、分會）

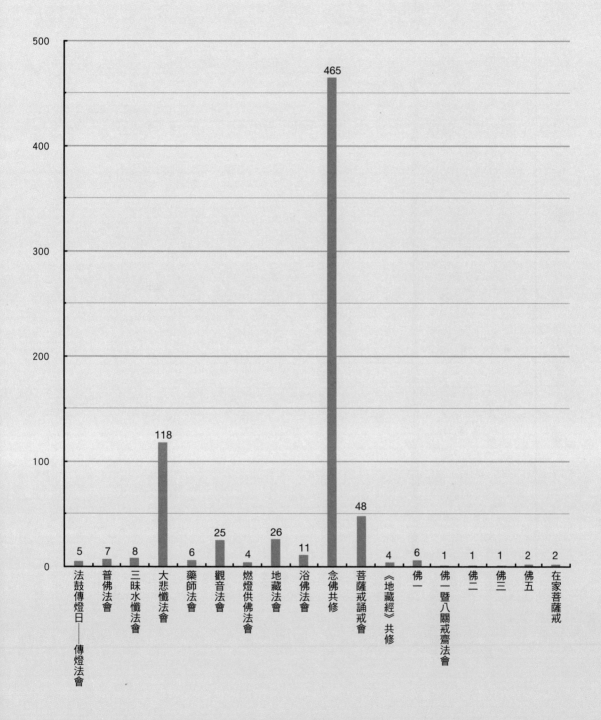

法鼓山2013年主要禪修活動統計

◎國內（分院、精舍）

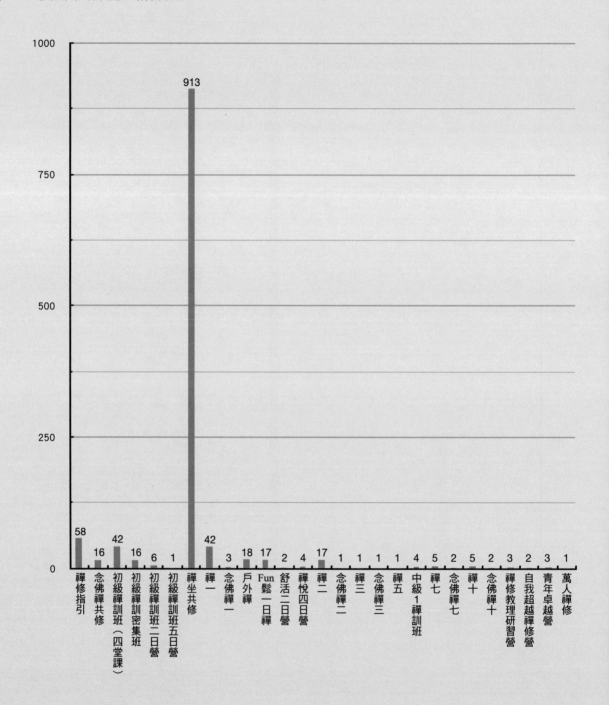

◎海外（道場、分會）

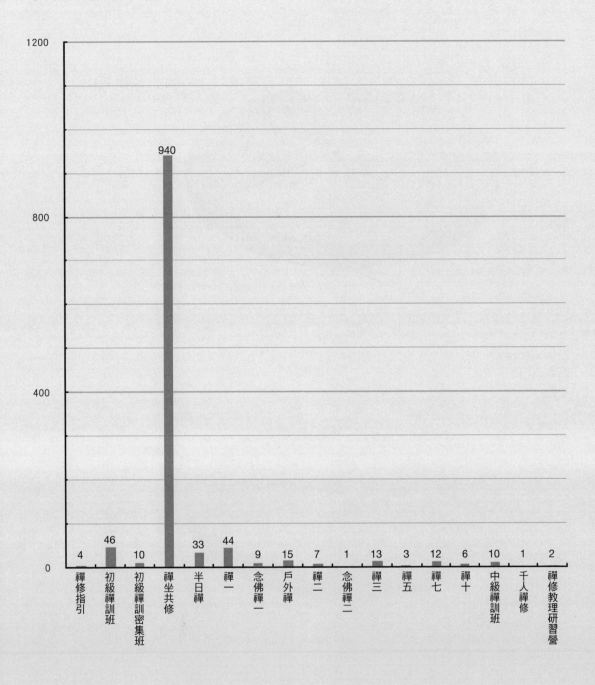

法鼓山2013年主要佛學推廣課程統計

◎普化中心

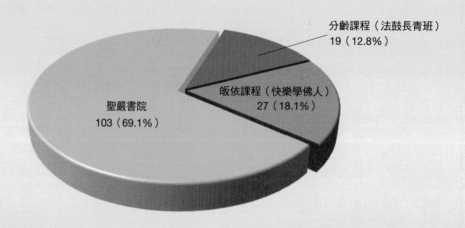

分齡課程（法鼓長青班）
19（12.8%）

皈依課程（快樂學佛人）
27（18.1%）

聖嚴書院
103（69.1%）

◎聖嚴書院

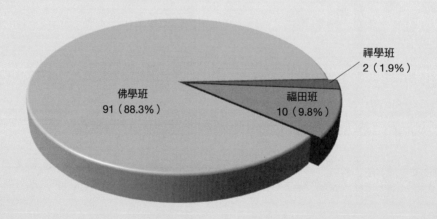

禪學班
2（1.9%）

福田班
10（9.8%）

佛學班
91（88.3%）

◎聖嚴書院佛學班

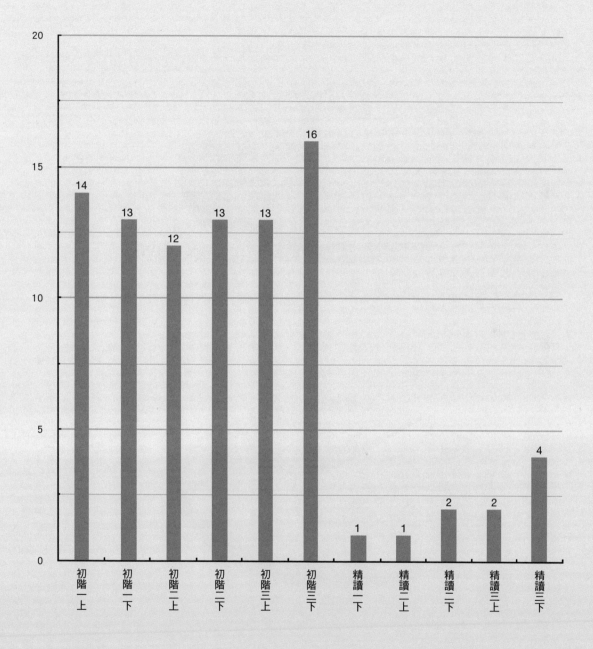

法鼓山2013年心靈環保讀書會推廣統計

◎全球

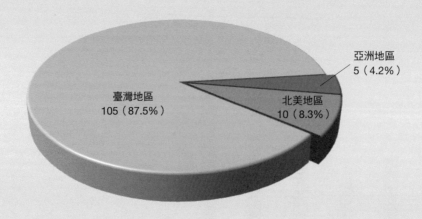

亞洲地區
5（4.2%）

臺灣地區
105（87.5%）

北美地區
10（8.3%）

◎臺灣

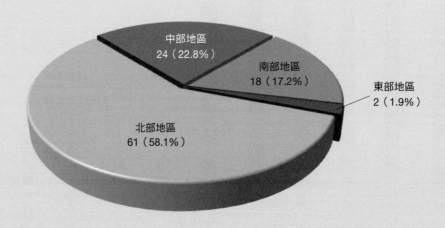

中部地區
24（22.8%）

南部地區
18（17.2%）

東部地區
2（1.9%）

北部地區
61（58.1%）

法鼓山2013年主要出版品一覽

◎法鼓文化

出版月份	書名
1月	《放鬆禪——上班族40則放鬆指引》（禪修 follow me 系列／聖嚴法師著，法鼓文化編輯部選編）
	《得心自在》（人間淨土系列／聖嚴法師著，法鼓文化編輯部選編）
2月	《安心商社——抓狂上班族的慢活悟語》（心靈環保漫畫系列／萬歲少女著）
	《法鼓山之美Ⅱ——法華之美·溪流之美》DVD（影音系列／法鼓文化製作）
3月	《和平小豬學禪修》（Peaceful Piggy Meditation）（故事寶盒系列／凱莉·李·麥克林Kerry Lee MacLean繪著，蔡孟璇譯）
	《暴跳牛的心情罐子》（Moody Cow Meditates）（故事寶盒系列／凱莉·李·麥克林Kerry Lee MacLean繪著，蔡孟璇譯）
	《貪心猴和快樂熊貓》（Mindful Monkey, Happy Panda）（故事寶盒系列／蘿倫·艾爾德佛Lauren Alderfer著，凱莉·李·麥克林Kerry Lee MacLean繪，蔡孟璇譯）
4月	《報告師父，我要出家——西洋僧的修行筆記》（琉璃文學系列／常聞法師著）
	《當下禪——上班族40則活在當下指引》（禪修follow me 系列／聖嚴法師著，法鼓文化編輯部選編）
5月	《僧肇與吉藏的實相哲學》（上）（下）（漢傳佛教論叢系列／陳平坤著）
	《佛法真義》（智慧海系列／東初老人著）
	《尋禪——禪的音樂絲路》CD（影音系列／瞿春泉製作）
6月	《豆腐百味》（禪味廚房系列／蔡斌翰、潘瑋翔著）
	《禪門過關——僧伽靜七開示錄》（智慧人系列／繼程法師著）
	《中國佛教研究入門》（漢傳佛教譯叢系列／岡部和雄、田中良昭編，辛如意譯）
	《空花·水月》CD（影音系列／康吉良製作）
7月	《幸福禪——上班族40則幸福指引》（禪修follow me 系列／聖嚴法師著，法鼓文化編輯部選編）
	《巧克力吃完了——實用佛教心理學》（When the Chocolate Runs Out）（輕心靈系列／耶喜喇嘛Lama Yeshe著，妙喜法師譯）
8月	《讓世界更美麗——四川賑災五週年紀實》（人生DIY系列／鄧沛雯著、李東陽攝影）
	《校長的三笑因緣》（般若方程式系列／惠敏法師著）
9月	《最酷的小鳥》（漫畫系列／常燈法師著）
	《道與空性——老子與龍樹的哲學對話》（漢傳佛教論叢系列／林建德著）
10月	《安身禪——上班族40則安身指引》（禪修follow me 系列／聖嚴法師著，法鼓文化編輯部選編）
	英文書Research on the Ekottarika-āgama (Taishō 125)《增壹阿含經（Taish 125）研究論文集》（佛教學院論叢系列／法樂法師Sāmaṇerī Dhammadinnā編）
	《農禪水月——2014法鼓山桌曆》
11月	《禪在哪裡？——漢傳禪法在西方Ⅱ》（大智慧系列／聖嚴法師著）
	《淨土直說》（智慧海系列／靈源長老著）
	《聖嚴研究第四輯》（聖嚴思想論叢系列／聖嚴教育基金會學術研究部主編）
12月	《我的師父——聖嚴法師智慧小故事》（故事寶盒系列／果祥法師著）
	《素便當，好好吃！》（禪味廚房系列／張翡珊著）
	英文書An Early Chinese Commentary on the Ekottarika-āgama（《分別功德論》與《增壹阿含經》譯經史考）（佛教學院論叢系列／安東尼奧·帕倫坡Antonello Palumbo著）

◎聖嚴教育基金會（結緣書籍）

出版月份	書名
1月	《今生與師父有約》（一）（高鐵版）
4月	《阿彌陀佛與淨土法門》
5月	《今生與師父有約》（四）
6月	*Encounters with Master Sheng Yen I*（《今生與師父有約》（一）英文版）
7月	《今生與師父有約》（二）（高鐵版）
	《今生與師父有約》（三）（高鐵版）
10月	《以禪心過好生活》
12月	《今生與師父有約》（五）
	Encounters with Master Sheng Yen II（《今生與師父有約》（二）英文版）

法鼓山2013年參與暨舉辦之主要國際會議概況

時間	會議名稱	主辦單位	國家	地點	主要參加代表
1月5至12日	第十三屆國際佛教善女人大會	國際佛教善女人協會	印度	吠舍離	果鏡法師、常諗法師
3月7至9日	正念與慈悲禪定國際研討會	法鼓佛教學院、佛教蓮花基金會、臺北教育大學教育學系	臺灣	臺北	惠敏法師、杜正民教授、溫宗堃老師
3月30至31日	國際三傳佛教論壇	玄奘大學宗教學系、原始佛法三摩地學會、國際藏傳佛教研究會	臺灣	臺北	惠敏法師
5月6日	國際宗教對話研討會	教廷宗教對話委員會、外交部駐教廷大使館	義大利	羅馬	惠敏法師
6月29至30日	全球慈心大會	新加坡佛教總會	新加坡	新加坡	常峪法師
7月8至9日	阿毘達磨研討會	法鼓佛教學院、比利時根特大學（Universiteit Gen）佛學研究中心	比利時	比利時	鄧偉仁老師
7月11至13日	2013中國佛教研究研討會	人間佛教研究中心、中國佛教學會	中國大陸	香港	惠敏法師
9月7日	珍惜世界，消弭衝突	墨爾本跨宗教中心（The Interfaith Center）、墨爾本維多利亞省多元文化委員會（Victorian Multicultural Commission）及法鼓山墨爾本分會	澳洲	墨爾本	方丈和尚果東法師
10月18至19日	漢譯《長阿含經》國際研討會	法鼓佛教學院、中華佛學研究所，以及蔣經國國際學術交流基金會、德國漢堡大學（University of Hamburg）	臺灣	法鼓山園區	洪振洲老師
10月26至27日	漢傳佛教的跨文化交流國際研討會	中華佛學研究所、法鼓佛教學院與政治大學宗教研究所、政治大學華人宗教研究中心	臺灣	法鼓山園區、政治大學	果鏡法師、李志夫教授

2012-2013年聖嚴師父暨法鼓山相關學術研究論文一覽

◎期刊論文（與聖嚴師父相關）

論文題目	作者	論文發表處	發表年份	備註
高僧的學習典範——以聖嚴法師「高僧行誼」課程為中心	釋常慶	《中華佛學研究》第十四期	2013	
印順及聖嚴「如來藏」觀點之對比考察	林建德	《臺大中文學報》	2013	
聖嚴禪教之安心法門——「看話禪」與「無住」思想是融貫的嗎？	陳平坤	《國立臺灣大學哲學論評》	2013	

◎期刊論文（與法鼓山及其理念相關）

論文題目	作者	論文發表處	發表年份	備註
關於臺灣人間佛教現象的社會學研究回顧與討論——以三大人間佛教團（慈濟、佛光山、法鼓山）為中心	林瑋婷	《佛教圖書館館刊》第54期	2012	
法鼓山助念團與喪葬禮儀改革運動	釋自憼	《世界宗教學刊》第19期	2012	
從埔里鎮法鼓山德華寺和靈巖山寺看佛教禪宗和淨土宗法門之異同	朱旦鳳	《中國語文》第114期	2012	
《人生》一甲子回顧與展望——從人生佛教到人間淨土的推展	梁金滿	《佛教圖書館館刊》第55期	2012	
Revisiting the Notion of Zong: Contextualizing the Dharma Drum Lineage of Modern Chan Buddhism（再訪「宗」的概念——現代禪佛教的法鼓宗）	Yu, Jimmy（俞永峯）	《中華佛學學報》第26期	2013	
以「法布施」為核心的都市佛教社會福利實踐——以臺灣法鼓山前十年為例（1989-1999）·	譚苑芳	《宗教學研究》	2013	中國大陸期刊

◎專書（與聖嚴師父相關）

論文題目	作者	出版社	出版年	備註
《聖嚴研究第四輯》	聖嚴教育基金會學術研究部編	法鼓文化	2013	收錄「第四屆聖嚴思想國際學術研討會暨法鼓山信眾論壇」部分發表論文

◎專書論文（與聖嚴師父相關）

論文題目	作者	論文發表處	發表年	備註
禪修傳統的復興與東西交流——以聖嚴法師為例	李玉珍	《聖嚴研究》第四輯	2012	2013法鼓文化出版
聖嚴法師對「淨念相繼」與「入流亡所」的詮釋與其體證	陳劍鍠	《聖嚴研究》第四輯	2012	2013法鼓文化出版
再探聖嚴法師的淨土思想——有無二相的念佛觀	釋果鏡	《聖嚴研究》第四輯	2012	2013法鼓文化出版
智旭《四書解》與儒佛關係論——從聖嚴法師的《明末中國佛教之研究》說起	龔雋	《聖嚴研究》第四輯	2012	2013法鼓文化出版

◎專書論文（與法鼓山及其理念相關）

論文題目	作者	論文發表處	發表年份	備註
「人間淨土」的反思	越建東	《聖嚴研究》第四輯	2012	2013法鼓文化出版
法鼓山安心服務站服務模式初探——以莫拉克風災為例	釋常法 黃曉薇 陳宜珍 滿春梅	《聖嚴研究》第四輯	2012	2013法鼓文化出版
「心靈環保」經濟學——二十一世紀的「心」經濟主張	釋果光	《聖嚴研究》第四輯	2012	2013法鼓文化出版
A Study on the Phenomenon of "Sweating All Over" and the Process during Chan (Zen) Enlightenment: Historical Examples and the Case of Master Sheng Yen's Meditation Experience	Guo-huei Shi（釋果暉）	《聖嚴研究》第四輯	2012	2013法鼓文化出版
Promoting Buddhist Environmentalism: The Rhetorical Pairing of Spiritual Environmentalism and a Pure Land on Earth	Seth D. Clippard（谷永誠）	《聖嚴研究》第四輯	2012	2013法鼓文化出版

◎博碩士論文（與聖嚴師父相關）

論文題目	作者	論文發表處	發表年份	備註
聖嚴法師「人間淨土」系列研究	賴信均	國立中興大學中國文學系碩士論文	2013	

◎博碩士論文（與法鼓山及其理念相關）

論文題目	作者	論文發表處	發表年份	備註
宗教型非營利組織如何以社會企業在臺灣生存——以法鼓山、慈濟與福智基金會為例	張馨方	元智大學經營管理班碩士論文（企業管理與服務科學學程）	2013	
青年信徒皈信歷程之研究——以法鼓山世界青年會中區法青會為例	謝惠織	玄奘大學宗教學系在職專班碩士論文	2013	
法鼓山助念團大事關懷研究	鄭文烈	輔仁大學宗教學系碩士論文	2013	
法鼓山大悲心水陸法會的特色	黃敬涵	輔仁大學宗教學系碩士論文	2013	
探討法鼓八式動禪對中老年人身體組成與生活品質影響	張欣愉	輔仁大學宗教學系碩士論文	2012	
Education, Invention of Orthodoxy, and the Construction of Modern Buddhism on Dharma	Daniel Ryan Tuzzeo	M.A., The Florida State University	2012	

（資料提供：中華佛學研究所、僧團三學院）

法鼓山全球聯絡網

【全球各地主要分支道場】

【國內地區】

■北部

法鼓山世界佛教教育園區
電話：02-2498-7171
傳真：02-2498-9029
20842新北市金山區三界里七鄰法鼓路555號

農禪寺
電話：02-2893-3161
傳真：02-2895-8969
11268臺北市北投區大業路65巷89號
11268臺北市北投區大度路112號

中華佛教文化館
電話：02-2891-2550；02-2892-6111
傳真：02-2893-0043
11246臺北市北投區光明路276號

雲來寺
電話：02-2893-9966
　　　（行政中心、普化中心）
電話：02-2893-4646（文化中心）
傳真：02-2893-9911
11244臺北市北投區公館路186號

法鼓德貴學苑
電話：02-8978-2081（青年發展院）
電話：02-2381-2345
　　　（法鼓山人文社會基金會）
電話：02-8978-2110（法鼓大學籌備處）
10044臺北市中正區延平南路77號

安和分院（大安、信義、南港辦事處）
電話：02-2778-5007~9
傳真：02-2778-0807
10688臺北市大安區安和路一段29號10樓

天南寺
電話：02-8676-2556
傳真：02-8676-1060
23743新北市三峽區介壽路二段138巷168號

齋明寺
電話：03-380-1426；03-390-8575
傳真：03-389-4262
33561桃園縣大溪鎮齋明街153號

齋明別苑
電話：03-315-1581
33050桃園縣桃園市大業路一段361號

中山精舍（中山辦事處）
電話：02-2591-1008
傳真：02-2591-1078
10452臺北市中山區民權東路一段67號9樓

基隆精舍（基隆辦事處）
電話：02-2426-1677
傳真：02-2425-3854
20045基隆市仁愛區仁五路8號3樓

北投辦事處
電話：02-2892-7138
傳真：02-2388-6572
11241臺北市北投區溫泉路68-8號1樓

士林辦事處
電話：02-2881-7898
11162臺北市士林區中正路335巷6弄5號B1

社子辦事處
電話：02-2816-9619
11165臺北市士林區延平北路五段29號1、2樓

石牌辦事處
電話：02-2832-3746
傳真：02-2872-9992
11158臺北市士林區福華路147巷28號

大同辦事處
電話：02-2599-2571
10367臺北市大同區酒泉街34-1號

松山辦事處
電話：0916-527-940
10572臺北市松山區民生東路五段28號7樓

中正萬華辦事處
電話：02-2305-2283；02-2351-7205
10878臺北市萬華區萬大路239號4樓

內湖辦事處
電話：02-2793-8809
11490臺北市內湖區民權東路六段123巷20弄3號

文山辦事處
電話：02-2236-4380
傳真：02-8935-1858
11687臺北市文山區和興路52巷9之3號1樓

海山辦事處
電話：02-8951-3341
傳真：02-8951-3341
22067新北市板橋區三民路一段120號7樓

淡水辦事處
電話：02-2629-2458
25153新北市淡水區新民街120巷3號

附錄

429

三重蘆洲辦事處
電話：02-2986-0168
傳真：02-2978-8223
24145新北市三重區正德街61號
4樓

新店辦事處
電話：02-8911-3242
傳真：02-8911-2421
23143新北市新店區中華路9號3樓
之1

中永和辦事處
電話：02-2231-2654
傳真：02-2925-8599
23455新北市永和區中正路417號
10樓

新莊辦事處
電話：02-2994-6176
傳真：02-2994-4102
24242新北市新莊區新莊路114號

林口辦事處
電話：02-2603-0390；02-2601-8643
傳真：02-2602-1289
24446新北市林口區中山路91號
3樓

金山萬里辦事處
電話：02-2408-1844
傳真：02-2408-2554
20841新北市金山區仁愛路61號

三芝石門辦事處
電話：0917-658-698
傳真：0917-658698
25241新北市三芝區公正街三段
10號

桃園辦事處
電話：03-302-4761；03-302-7741
傳真：03-301-9866
33046桃園縣桃園市大興西路
二段105號12樓

中壢辦事處
電話：03-281-3127；03-281-3128
傳真：03-281-3739
32448桃園縣平鎮市環南路184號
3樓之1

新竹辦事處
電話：03-525-8246
傳真：03-523-4561
30046新竹市中山路443號

苗栗辦事處
電話：037-362-881
傳真：037-362-131
36046苗栗縣苗栗市大埔街42號

三義DIY心靈環保教育中心
電話：04-2223-1055；037-870-995
傳真：037-872-222
36745苗栗縣三義鄉廣盛村八股路
21號

■中部
臺中分院（臺中辦事處）
電話：04-2255-0665
傳真：04-2255-0763
40758臺中市西屯區府會園道169號1-2樓

臺中寶雲別苑
電話：04-2465-6899
40764臺中市西屯區西屯路三段
西平南巷6-6號

南投德華寺
電話：049-242-3025；049-242-1695
傳真：049-242-3032
54547南投縣埔里鎮清新里延年巷33號

中部海線辦事處
電話：04-2662-5072；04-2686-6622
傳真：04-2686-6622
43655臺中市清水區鎮南街53號2樓

豐原辦事處
電話：04-2524-5569
傳真：04-2515-3448
42048臺中市豐原區北陽路8號4樓

彰化辦事處
電話：04-711-6052
傳真：04-711-5313
50049彰化縣彰化市中山路二段2號10樓

員林辦事處
電話：04-837-2601；04-831-2142
傳真：04-838-2533
51042彰化縣員林鎮靜修東路33號8樓

南投辦事處
電話：049-231-5956
傳真：049-239-1414
54044南投縣南投市中興新村中學西路
106號

■南部

臺南分院（臺南辦事處）
電話：06-220-6329；06-220-6339
傳真：06-226-4289
70444臺南市北區西門路三段159號14樓

雲集寺
電話：06-721-1295；06-721-1298
傳真：06-723-6208
72242臺南市佳里區六安街218號

安平精舍
電話：06-298-9050
70848臺南市安平區永華路二段248號7樓

紫雲寺（高雄南區辦事處）
電話：07-732-1380；07-731-2310
傳真：07-731-3402
83341高雄市鳥松區鳥松里忠孝路52號

新三民精舍（高雄北區辦事處）
電話：07-225-6692
傳真：07-225-8170
80760高雄市三民區建國一路433號2樓

嘉義辦事處
電話：05-2760071；05-2764403
傳真：05-276-0084
60072嘉義市林森東路343號1樓

屏東辦事處
電話：08-738-0001
傳真：08-738-0003
90055屏東縣屏東市建豐路2巷70號1樓

潮州辦事處
電話：08-789-8596
傳真：08-780-8729
92045屏東縣潮州鎮和平路26號1樓

■東部

信行寺（臺東辦事處）
電話：089-225-199；089-223-151
傳真：089-239-477
95059臺東縣臺東市更生北路132巷
36或38號

宜蘭辦事處
電話：039-332-125
傳真：039-332-479
26052宜蘭縣宜蘭市泰山路112巷8弄
18號

羅東辦事處
電話：039-571-160
傳真：039-561-262
26550宜蘭縣羅東鎮公正路246號1樓

花蓮辦事處
電話：03-834-2758
傳真：03-835-6610
97047花蓮縣花蓮市光復街87號7樓

【海外地區】

■美洲America

美國紐約東初禪寺
（紐約州紐約分會）
Chan Meditation Center
（New York Chapter, NY）
TEL：1-718-592-6593
FAX：1-718-592-0717
E-MAIL：carolymfong@yahoo.com
WEBSITE：http://www.chancenter.org
ADDRESS：90-56 Corona Ave.,
Elmhurst, NY 11373, U.S.A.

美國紐約象岡道場
Dharma Drum Retreat Center
TEL：1-845-744-8114
FAX：1-845-744-8483
E-MAIL：ddrc@dharmadrumretreat.org
WEBSITE：
http://www.dharmadrumretreat.org
ADDRESS：184 Quannacut Rd., Pine Bush,
NY 12566, U.S.A.

美國加州洛杉磯道場
Dharma Drum Mountain Los Angeles Center
TEL：1-626-350-4388
E-MAIL：ddmbala@gmail.com
ADDRESS：4530 N. Peck Rd, El Monte, CA
91732, U.S.A.

加拿大溫哥華道場
Dharma Drum Mountain Vancouver Center
加拿大溫哥華分會
（Vancouver Center, Canada）
TEL：1-604-277-1357
FAX：1-604-277-1352
E-MAIL：info@ddmba.ca
WEBSITE：http://www.ddmba.ca
ADDRESS：8240 No.5 Rd. Richmond,
B.C. V6Y 2V4, Canada

北美護法會
Dharma Drum Mountain Buddhist
Association（D.D.M.B.A.）
TEL：1-718-592-6593
ADDRESS：90-56 Corona Ave., Elmhurst,
NY 11373, U.S.A

◎東北部轄區 North East Region
紐約州長島聯絡處
Long Island Branch, NY
TEL：1-631-689-8548
E-MAIL：haideelee@yahoo.com
WEBSITE：http://longisland.ddmusa.org

康州南部聯絡處
Fairfield County Branch, CT
TEL：1-203-972-3406
E-MAIL：contekalice@aol.com

康州哈特福聯絡處
Hartford Branch, CT
TEL：1-860-805-3588
E-MAIL：ling_yunw@yahoo.com

佛蒙特州伯靈頓聯絡處
Burlington Branch, VT
TEL：1-802-658-3413
FAX：1-802-658-3413
E-MAIL：juichulee@yahoo.com
WEBSITE：http://www.ddmbavt.org

◎中大西洋轄區 Mid-Atlantic Region
北美護法會新澤西州分會
New Jersey Chapter
TEL：1-732-249-1398
E-MAIL：Reception@ddmba-nj.org
WEBSITE：http://www.ddmbanj.org
ADDRESS：56 Vineyard Road, Edison
08817,U.S.A.

賓州州立大學城聯絡處
State College Branch, PA
TEL：1-814-867-9253
E-MAIL：ddmbapa@gmail.com
WEBSITE：http://www.ddmbapa.org

◎南部轄區 South Region
首都華盛頓聯絡處
Washington Branch,DC
TEL：1-301-982-2552
E-MALL：chiehhsiungchang@yahoo.com

德州達拉斯聯絡處
Dallas Branch, TX
TEL：1-817-226-6888
FAX：1-817-274-7067
E-MAIL：ddmba_patty@yahoo.com
WEBSITE：http://dallas.ddmusa.org

佛州奧蘭多聯絡處
Orlando Branch, FL
TEL：1-407-671-6250
E-MAIL：chihho2004@yahoo.com
WEBSITE：http://orlando.ddmusa.org

佛州天柏聯絡處
Tampa Branch, FL
E-MAIL：patricia_h_fung@yahoo.com
WEBSITE：http://tampa.ddmusa.org

佛州塔拉哈西聯絡處
Tallahassee Branch, FL
TEL：1- 850-274-3996
E-MAIL：tallahassee.chan@gmail.com
WEBSITE：http://www.
tallahasseebuddhistcommunity.org

◎中西部轄區 Mid-West Region
北美護法會伊利諾州芝加哥分會
Chicago Chapter, IL
TEL：1-847-219-7508
E-MAIL：ddmbachicago@gmail.com
WEBSITE：http://www.ddmbachicago.org
ADDRESS：1234 North River Rd. Mount
Prospect, IL 60056, U.S.A.

密西根州蘭辛聯絡處
Lansing Branch, MI
TEL：1-517-332-0003
FAX：1-517-332-0003
E-MAIL：lkong2006@gmail.com
WEBSITE：http://michigan.ddmusa.org

密蘇里州聖路易聯絡處
St. Louise Branch, MO
TEL：1-636-529-0085
E-MAIL：acren@aol.com

◎西部轄區 West Region
北美護法會加州舊金山分會
San Francisco Chapter, CA
TEL：1-408-900-7125
FAX：1-650-988-6928
E-MAIL：info@ddmbasf.org
WEBSITE：http://www.ddmbasf.org
ADDRESS：225H. Street, Fremant, CA
94536, U.S.A.

加州省會聯絡處
Sacramento Branch, CA
TEL：1-916-681-2416
E-MAIL：ddmbasacra@yahoo.com
WEBSITE：http://sacramento.ddmusa.org

北美護法會華盛頓州西雅圖分會
Seattle Chapter, WA
TEL：1-425-957-4597
E-MAIL：ddmba.seattle@gmail.com
WEBSITE：seattle.ddmusa.org
ADDRESS：14028 Bel-Red Rd., Suite 205
Bellevue, WA 98007, U.S.A.

北美護法會安省多倫多分會
Antario Chapter, Canada
TEL：1-647-288-3536
E-MAIL：ddmba.toronto@gmail.com
WEBSITE：http:// www.ddmba-ontario.ca

■ 亞洲Asia

馬來西亞道場
Dharma Drum Mountain Malaysia Center
（馬來西亞護法會Malaysia Branch）
TEL：60-3-7960-0841
FAX：60-3-7960-0842
E-MAIL：ddmmalaysia@gmail.com
WEBSITE：http://www.ddm.org.my
ADDRESS：Block B-3-16, 8 Ave.,
Pusat Perdagangan SEK.8, Jalan Sg. Jernih,
46050 Petaling Jaya, Selangor, Malaysia

新加坡護法會
Singapore Branch
TEL：65-6735-5900
FAX：65-6224-2655
E-MAIL：ddrumsingapore@gmail.com
WEBSITE：http://www.ddsingapore.org
ADDRESS：38 Carpmael Rd.,
Singapore 429781

香港護法會
Hong Kong Branch
TEL：852-2865-3110；852-2295-6623
FAX：852-2591-4810
E-MAIL：info@ddmhk.org.hk
WEBSITE：http://www.ddmhk.org.hk
ADDRESS：香港九龍荔枝角永康街
23-27號 安泰工業大廈B座2樓203室
Room 203 2/F, Block B, Alexandra Industrial
Building 23-27 Wing Hong Street,
Lai Chi Kok, Hong Kong

泰國護法會
Thailand Branch
TEL：66-2-713-7815；66-2-713-7816
FAX：66-2-713-7638
E-MAIL：ddmbkk2010@gmail.com
WEBSITE：www.ddmth.com
ADDRESS：1471. Soi 31/1 Pattnakarn Rd.,
10250 Bangkok, Thailand

■ 大洋洲Oceania

雪梨分會
Sydney Chapter
TEL：61-4-1318-5603
FAX：61-2-9283-3168

墨爾本分會
Melbourne Chapter
TEL：61-3-8822-3187
E-MAIL：info@ddmmelbourne.org.au
WEBSITE：www.ddmmelbourne.org.au
ADDRESS：1/38 McDowall Street Mitcham
VIC 3132

■ 歐洲Europe

盧森堡聯絡處
Luxembourg Liaison Office
TEL：352-400-080
FAX：352-290-311
E-MAIL：ddm@chan.lu
ADDRESS：15, Rue Jean Schaack L-2563,
Luxembourg

英國倫敦聯絡處
London Branch
E-MAIL：liew853@btinternet.com
ADDRESS：28 the Avenue, London NW6
7YD, U.K

【教育事業群】

法鼓山僧伽大學
電話：02-2498-7171
傳真：02-2408-2492
網址：http://sanghau.ddm.org.tw
20842新北市金山區三界里七鄰
法鼓路555號

法鼓佛教學院
電話：02-2498-0707轉2364～2365
傳真：02-2408-2472
網址：http://www.ddbc.edu.tw/zh
20842新北市金山區西湖里法鼓路
650號

法鼓佛教學院・推廣教育中心
電話：02-8978-2110轉8011
傳真：02-2311-1126
網址：http://ddbctw.blogspot.com
10044臺北市中正區延平南路77號
8樓

中華佛學研究所
電話：02-2498-7171
傳真：02-2408-2492
網址：http://www.chibs.edu.tw
20842新北市金山區三界里七鄰
法鼓路555號

法鼓大學籌備處
電話：02-2311-1105；02-2191-1011
網址：http://www.ddc.edu.tw
10044臺北市中正區延平南路77號
6-10樓

法鼓山社會大學服務中心
（金山法鼓山社會大學）
電話：02-2408-2593～4
傳真：02-2408-2554
網址：http://www.ddcep.org.tw
20841新北市金山區仁愛路61號

新莊法鼓山社會大學
電話：02-2994-3755；02-2408-2593～4
傳真：02-2994-4102
網址：http://www.ddcep.org.tw
24241新北市新莊區新莊路114號

北投法鼓山社會大學
電話：02-2893-9966轉6135、6141
傳真：02-2891-8081
網址：http://www.ddcep.org.tw
11244臺北市北投區公館路186號

【關懷事業群】

法鼓山社會福利慈善事業基金會
電話：02-2893-9966轉6135、6141
傳真：02-2891-8081
網址：http://charity.ddm.org.tw
11244臺北市北投區公館路186號

法鼓山人文社會基金會
電話：02-2381-2345
傳真：02-2311-6350
網址：http://www.ddmthp.org.tw
10044臺北市中正區延平南路77號

聖嚴教育基金會
電話：02-2397-9300
傳真：02-2393-5610
網址：http://www.shengyen.org.tw
10056臺北市中正區仁愛路二段48之
6號2樓

法鼓山

（聖嚴）

國家圖書館出版品預行編目資料

法鼓山年鑑. 2013／法鼓山年鑑編輯組編輯. --
初版. -- 臺北市：法鼓山文教基金會，
2014.08　面；公分

ISBN 978-986-87502-5-8（精裝）

1.法鼓山　2.佛教團體　3.年鑑

2013 法鼓山年鑑

創 辦 人	聖嚴法師
發 行 人	釋果東
出 版 者	財團法人法鼓山文教基金會
地 址	臺北市北投區公館路186號
電 話	02-2893-9966
傳 真	02-2896-0731
編 輯 企 畫	法鼓山年鑑編輯組
召 集 人	釋果賢
主 編	陳重光
執 行 編 輯	呂佳燕
編 輯	游淑惠、李怡慧
專 文 撰 述	釋果見、釋演化、陳玫娟、胡麗桂
文稿資料提供	法鼓山文化中心雜誌部、叢書部、史料部，法鼓山各會團、海內外各分院及聯絡處等單位
攝 影	法鼓山攝影義工
美 編 完 稿	連紫吟、曹任華、邱淑芳
網 址	http://www.ddm.org.tw/event/2008/ddm_history/index.htm
初 版	2014年8月
發 心 助 印 價	800元
劃 撥 帳 號	16246478
劃 撥 戶 名	財團法人法鼓山文教基金會